Kompetenzerwerb in der Arbeit

Peter Dehnbostel
Uwe Elsholz
Julia Gillen (Hg.)

Kompetenzerwerb
in der Arbeit

Perspektiven arbeitnehmerorientierter
Weiterbildung

Gefördert vom Bundesministerium für Bildung und Forschung (BMBF) sowie aus Mitteln des Europäischen Sozialfonds.

Bibliografische Information der Deutschen Nationalbibliothek

Die Deutsche Nationalbibliothek verzeichnet diese Publikation in der Deutschen Nationalbibliografie; detaillierte bibliografische Daten sind im Internet über http://dnb.d-nb.de abrufbar.

ISBN 978-3-89404-551-7

Druck: Rosch-Buch, Scheßlitz   Printed in Germany

Inhalt

Vorwort   9
Das Projekt KomNetz
Peter Dehnbostel, Uwe Elsholz, Julia Gillen

Konzeptionelle Begründungen und Eckpunkte einer   13
arbeitnehmerorientierten Weiterbildung
Peter Dehnbostel, Uwe Elsholz, Julia Gillen

Teil 1: Lern- und kompetenzförderliche Arbeit

Einführung in das Kapitel   31

Lern- und kompetenzförderliche Arbeitsgestaltung   35
Chancen für die betriebliche Weiterbildung?
Peter Dehnbostel, Uwe Elsholz

Ausgewählte Ergebnisse der Evaluation einer betrieblichen   49
Weiterbildungsinitiative in der chemischen Industrie
Ansätze für die Erschließung arbeitsbezogenen Lernens
Uwe Elsholz, Gerald Proß

Ein Konzept zur Erschließung von Kompetenzentwicklungs-   63
maßnahmen in der Arbeit am Beispiel einer öffentlichen Verwaltung
Gerald Proß, Uwe Elsholz

Herausforderungen für die betriebliche Weiterbildung(sforschung) 77
durch arbeitsintegrierte Lernformen
Uwe Elsholz, Julia Gillen, Gabriele Molzberger

Teil 2: Begleitung und Beratung beruflicher Entwicklungen

Einführung in das Kapitel 91

Arbeitnehmerorientiertes Coaching 95
Konzeptionelle Begründung für die Begleitung und Beratung
beruflicher Entwicklungen aus gewerkschaftlicher Perspektive
Julia Gillen, Peter Dehnbostel, Rita Linderkamp, Jörg-Peter Skroblin

Begleitung und Beratung aus Arbeitnehmersicht – Aufgaben der 111
Gewerkschaften und Interessenvertretungen
Ergebnisse einer empirischen Untersuchung bei der IG BCE, IG Metall
und ver.di
Rita Linderkamp

Begrifflichkeiten, Ansätze und Praxiserfahrungen in der beruflichen 121
Beratung und Begleitung
Ein Überblick
Markus Bretschneider, Bernd Käpplinger, Rosemarie Klein, Anja Wenzig

Berufliche Zukunftsberatung durch den Job-Navigator 139
Vorstellung und Untersuchung eines Konzeptes zur Kompetenzanalyse
Julia Gillen, Thomas Habenicht, Martin Krämer

Von der Kompetenzanalyse zur Kompetenzentwicklung 149
Konzeptionelle Merkmale zur Kompetenzförderlichkeit
Julia Gillen

Teil 3: Netzwerke

Einführung in das Kapitel 165

Netzwerke als gewerkschaftliche Organisationsform und als 169
Lernform in der Weiterbildung
Uwe Elsholz

Entwicklungsphasen und Herausforderungen gewerkschaftlicher 185
Netzwerke
Erkenntnisse aus dem Berufsbildungsnetzwerk „ver.di-KomNetz"
Jörg-Peter Skroblin, Uwe Elsholz

Netzwerke in der Weiterbildung 199
Potenziale und Gefahren für Chancengleichheit und Bildungsgerechtigkeit
Andreas Diettrich, Uwe Elsholz

Teil 4:   Rahmungen und Herausforderungen
          arbeitnehmerorientierter Weiterbildung

Einführung in das Kapitel 215

Betriebliche Weiterbildung, Reflexivität und europäische 219
Perspektiven
Peter Dehnbostel

Beruflichkeit, Employability und Kompetenz 235
Konzepte erwerbsorientierter Pädagogik in der Diskussion
Katrin Kraus

Primat der Ökonomie 249
Arbeitnehmerinteressen in der betrieblichen Weiterbildung
Rita Meyer

EQF und ECVET 263
Meilenstein zur Verwirklichung Lebenslangen Lernens oder Zerstörung
deutscher Beruflichkeit?
Winfried Heidemann

Herausforderungen in der Weiterbildung aus gewerkschaftlicher 279
Perspektive
Michael Ehrke, Uwe Elsholz, Thomas Habenicht, Klaus Heimann

Autorinnen und Autoren 293

Vorwort
Das Projekt KomNetz

Der Kompetenzerwerb in der Arbeit ist im Zuge neuer Arbeits- und Organisationskonzepte und des lebenslangen Lernens immer wichtiger geworden und stellt eine zentrale Herausforderung für die zukünftige Gestaltung arbeitnehmerorientierter Weiterbildung dar. Unter Bezeichnungen wie „lernförderliche Arbeitsgestaltung", „arbeitnehmerorientiertes Coaching", „reflexive Handlungsfähigkeit" und „arbeitsintegrierte Weiterbildung" sind in Zusammenarbeit mit betrieblichen Interessenvertretungen seit Jahren Konzepte entwickelt worden, die dazu dienen, eine humane Arbeitswelt zu schaffen, in der die Kompetenzentwicklung zu mehr Chancengleichheit und verbesserten beruflichen Entwicklungswegen führt. Es geht um eine arbeitnehmerorientierte Weiterbildungsgestaltung, die die Forderungen nach mehr Partizipation und nach Kompetenzentwicklung in und über Arbeit einlöst.

Gewerkschaftsorientierte Entwicklungs- und Forschungsarbeiten hierzu wurden in erheblichem Umfang im Rahmen der Projektreihe „Kompetenzentwicklung in vernetzten Lernstrukturen" (KomNetz) geleistet, die von den Gewerkschaften IG Bergbau, Chemie, Energie, der IG Metall und der Vereinten Dienstleistungsgewerkschaft ver.di verantwortet wurde, die Leitung und wissenschaftliche Begleitung der Projektarbeiten lagen bei der Professur für Berufs- und Arbeitspädagogik der Helmut-Schmidt-Universität in Hamburg. Die zwischen 2001 und 2007 im Rahmen des Programms „Lernkultur Kompetenzentwicklung" des Bundesministeriums für Bildung und Forschung (BMBF) durchgeführten Projekte richteten sich vorrangig an Betriebs- und Personalräte sowie an Beschäftigte und hatten zum Ziel, deren Kompetenzentwicklung und Weiterbildung zu untersuchen, zu gestalten und über innovative Konzepte zu vernetzen. Den Projektarbeiten lag die These zugrunde, dass die Zielsetzung der Integration von Lernen und Arbeiten eine Lern- und Arbeitskultur fördert, in der soziale, arbeitnehmerorientierte und persönlichkeitsbildende Entwicklungsmöglichkeiten gestärkt werden.

Die Entwicklungs- und Forschungsarbeiten gingen von folgenden zentralen Fragestellungen aus:

- Welche Chancen und Risiken bergen moderne Lernansätze und offene Lernstrukturen für Beschäftigte und betriebliche Interessenvertreter?
- Wie kann die Begleitung und Beratung von Arbeitnehmerinnen und Arbeitnehmern bei der Gestaltung der eigenen Kompetenzentwicklung und Weiterbildung erfolgen?

- Wie kann die reflexive Handlungsfähigkeit von Beschäftigten und Interessenvertretungen gefördert werden?
- Wie können Weiterbildung und lernförderliche Arbeit ausgebaut und gestaltet werden?
- Wie kann arbeitnehmerseitig und über Interessenvertretungen zu einer integrierten und sozialen Lern- und Arbeitskultur beigetragen werden?

Die konzeptionelle Arbeit an einer arbeitnehmerorientierten Weiterbildung stand im Vordergrund der Projektreihe. Die Schwerpunktsetzungen der Arbeit wurden in betrieblichen und gewerkschaftlichen Handlungsfeldern konkretisiert, wobei begleitend wissenschaftliche Erkenntnisse gewonnen und in die Theoriediskussion sowie die Entwicklungsarbeiten eingebracht wurden. Im Verlauf der Projektarbeit rückten die folgenden drei Schwerpunkte in den Mittelpunkt: „Begleitung und Beratung beruflicher Entwicklungen", „lern- und kompetenzförderliche Arbeit" und „arbeitnehmerorientierte Weiterbildungsformen".

Die vorliegende Veröffentlichung *„Kompetenzerwerb in der Arbeit – Perspektiven arbeitnehmerorientierter Weiterbildung"* dokumentiert zunächst die zentralen Projektarbeiten und -ergebnisse. Im *ersten Teil* des Bandes wird der Schwerpunkt der lern- und kompetenzförderlichen Arbeit theoretisch fundiert und konzeptionell beschrieben. Der besondere Fokus liegt dabei auf der Gestaltung arbeitsbezogener Lernformen zur Unterstützung lern- und kompetenzförderlicher Arbeit. Der *zweite Teil* stellt die Projektergebnisse und Entwicklungstrends zum Schwerpunkt Begleitung und Beratung beruflicher Entwicklungen dar. Zunächst wird das erprobte und in der Praxis vielfach nachgefragte Konzept des arbeitnehmerorientierten Coachings von KomNetz dargestellt und begründet. Anschließend werden konzeptionelle und empirische Projektergebnisse zur Begleitung und Beratung beruflicher Entwicklungen erörtert und in weiteren Beiträgen werden Begleitungsansätze und damit zusammenhängende kompetenzanalytische Betrachtungen thematisiert. Der *dritte Teil* des Bandes umfasst die Erkenntnisse zur theoretischen und empirischen Arbeit mit Netzwerken. Zentral ist hier die Erschließung von Netzwerken als gewerkschaftliche Organisationsform und als Lernform für die Weiterbildung.

In den zwölf Beiträgen dieser drei Teile werden die Grundzüge einer arbeitnehmerorientierten Kompetenzentwicklung und Weiterbildung in Theorie und Praxis herausgearbeitet. Im *vierten Teil* erfolgt eine Erweiterung um Beiträge, die den Ertrag und die Ergebnisse der Projektarbeit in den Kontext weiterführender Forschungs- und Entwicklungsarbeiten stellen, wobei es besonders um Themen und Perspektiven gewerkschafts- und arbeitnehmerorientierter Positionen zur Weiterbildung geht.

Wir danken allen Autorinnen und Autoren dieses Bandes sowie allen Projektpartnern sehr herzlich für die erfolgreichen Kooperationen. Auch ist auf die ausgesprochen gute Kooperation mit dem Verlag zu verweisen, der nicht zuletzt in inhaltlich-redaktioneller Hinsicht bei der Gestaltung dieser Veröffentlichung wertvolle Hinweise gegeben hat. Besonderer Dank gilt an dieser Stelle unserer Kollegin *Petra Pippow*, die in bewährter Weise entscheidend zur Bearbeitung der Publikation beigetragen hat.

Hamburg, im Mai 2007
Peter Dehnbostel,
Uwe Elsholz,
Julia Gillen

Konzeptionelle Begründungen und Eckpunkte einer arbeitnehmerorientierten Weiterbildung

Peter Dehnbostel, Uwe Elsholz, Julia Gillen

Mit dem Aufkommen posttayloristischer Unternehmens- und Arbeitskonzepte haben das Lernen im Prozess der Arbeit und die beruflich-betriebliche Weiterbildung erheblich an Bedeutung gewonnen. Die Weiterbildung ist zum größten Bildungsbereich geworden und innerhalb der Weiterbildung sind die berufliche und die beruflich-betriebliche Bildung am Bedeutendsten. Konzepte zum selbstgesteuerten und lebensbegleitenden Lernen bringen dies ebenso zum Ausdruck wie empirische Daten über Teilnehmerzahlen und Kosten.

Allerdings sinkt die Teilnahmequote an beruflicher Weiterbildung seit 1997 (vgl. Kuwan et al. 2006, S. 37ff.) und Deutschland liegt bezüglich der Weiterbildungsbeteiligung im internationalen Vergleich der OECD-Staaten inzwischen nur noch im Mittelfeld. Eine wachsende Weiterbildungsabstinenz besonders der Geringqualifizierten und An- und Ungelernten ist in diesem Zusammenhang besonders auffällig. Die statistischen Daten geben über eine fortschreitende soziale Differenzierung und Selektivität Auskunft und bestätigen die starke Abhängigkeit der Weiterbildungsbeteiligung von der beruflichen Vorbildung zwischen den Erwerbstätigengruppen ohne Berufsausbildung, mit anerkannter Berufsausbildung, mit Meister- oder Fachschulabschluss sowie mit Hochschulabschluss (vgl. Kuwan et al. 2006, S. 109ff.). Ehmann kennzeichnet diesen Zusammenhang mit der Formulierung: „Weiterbildung stigmatisiert die Randgruppen" und „privilegiert die Privilegierten" (2006, S. 249ff.; vgl. auch Tippelt/v. Hippel 2005).

Eine Weiterbildung im Interesse von Beschäftigten ist mit der wachsenden Weiterbildungsabstinenz und der damit verbundenen sozialen Selektivität unvereinbar. Employability, Chancengleichheit, Gerechtigkeit und verbesserte berufliche Entwicklungswege sind Grundsätze einer arbeitnehmerorientierten Weiterbildung im Rahmen lebenslangen Lernens. Damit verbunden sind die Zielsetzungen, die Kompetenzentwicklung und reflexive Handlungsfähigkeit von Arbeitnehmern zu fördern, die Persönlichkeitsentwicklung des Einzelnen ebenso wie kollektive Lern- und Arbeitsprozesse zu unterstützen und dem Anspruch auf Förderung von individuellen und kollektiven Interessen zu entsprechen. Im Projekt KomNetz sind vor diesem Hintergrund konzeptionelle Eckpunkte einer zukunftsorientierten Weiterbildung aus arbeitnehmerorientierter Sicht entwickelt worden. Die im Abschnitt 3 dargestellten Eckpunkte stehen, wie im folgenden Abschnitt 1 ausgeführt, im Kontext veränderter Weiterbildungsanforderungen im gesellschaftlich-betrieblichen Wandel. Sie sind zusätzlich aus einer subjektbezogenen Kompetenzentwicklung und der Förderung reflexiver Handlungsfähigkeit zu begründen, die in Abschnitt 2 thematisiert werden.

1.   Weiterbildung und gesellschaftlich-betrieblicher Wandel

In der sich entwickelnden Wissens- und Dienstleistungsgesellschaft verändern sich die gesellschaftlichen und betrieblichen Bedingungen und damit die Anforderungen an Qualifizierung und Weiterbildung elementar. Neue Organisations- und Arbeitskonzepte, die sich in moderne Unternehmensstrategien wie „Lean Production" oder „Lernendes Unternehmen" einordnen, erfordern veränderte Qualifikationen und – als deren zeitgemäße Erweiterung – ganzheitliche Kompetenzen. Sie gehen mit umfangreichen betrieblichen Reorganisations- und Umstrukturierungsprozessen einher, die in ihren Wirkungen auf das Umfeld betrieblicher Qualifizierung und Weiterbildung in mehrfacher Hinsicht ambivalent sind. Einerseits stehen Globalisierung, neue Technologien und erhöhte Produktivität für den massiven Abbau von Arbeitsplätzen, für höhere Belastung und höhere Anforderungen in der Arbeit sowie für die Zunahme von unsicheren Beschäftigungsverhältnissen. Auf der anderen Seite scheinen Enthierarchisierung und Dezentralisierung sowie die Schaffung ganzheitlicher und partizipativer Arbeitsformen durchaus verbesserte Arbeitsbedingungen und erhöhte Lern- und Qualifizierungsmöglichkeiten nach sich zu ziehen.

Sicherlich verlaufen diese Entwicklungen von Branche zu Branche und von Unternehmen zu Unternehmen unterschiedlich. So besteht zum einen in Wirtschaftszweigen wie dem Werkzeugmaschinenbau und der IT-Branche nach wie vor ein hohes Maß an Ganzheitlichkeit und Aufgabenintegration, zum anderen zeichnen sich z.B. in Teilen der Automobilindustrie Tendenzen der Standardisierung und Neotaylorisierung ab (vgl. Dörre et al. 2001; Springer 1999; andererseits Schumann et al. 2006). Die beobachtbaren Entwicklungen sind ohne Zweifel durch Widersprüchlichkeiten und Ambivalenzen gekennzeichnet, wobei auf absehbare Zeit viel für ein Nebeneinander unterschiedlicher Arbeits- und Organisationskonzepte und damit für eine weiterführende Heterogenisierung betrieblicher Arbeits- und Qualifikationsstrukturen spricht.

Gleichwohl ist bei aller Ungleichzeitigkeit und Widersprüchlichkeit davon auszugehen, dass weite Bereiche zukünftiger Arbeit durch die Ablösung tayloristischer und die Herstellung ganzheitlicher Strukturen geprägt sein werden (vgl. Soziologisches Forschungsinstitut et al. 2005, insbes. S. 323ff.). Die Abkehr von tayloristischen Arbeits- und Organisationsweisen seit den 1980er Jahren lässt sich als Weg „von einer funktions-/berufsorientierten zu einer prozeßorientierten Betriebs- und Arbeitsorganisation" (Baethge/Schiersmann 1998, S. 21) beschreiben. Die Renaissance des Lernens in der Arbeit und eine damit verbundene Weiterbildung sind auf diese veränderten Bedingungen zurückzuführen, wobei die Prozessorientierung nicht als gegensätzlich, sondern als komplementär zu einer neuen Beruflichkeit zu verstehen ist.

Einhergehend mit dem Wandel der Arbeit besteht eine elementare Veränderung des Beschäftigungssystems darin, dass feste und unbefristete Beschäftigungsverhältnisse zunehmend durch temporäre und auf Selbstständigkeit beruhende Arbeitsverhältnisse ersetzt werden, bei gleichzeitigem massivem Stellenabbau und einem gesellschaftlich bedrohlich hohen Stand der Arbeitslosigkeit. Die mit der Reduzierung herkömmlicher fester Arbeitsverhältnisse und dem zunehmenden Rückgriff auf temporär Beschäftigte verbundene Unternehmensentwicklung steht in Übereinstimmung mit dem von Castel (2000) aufgestellten Drei-Zonen-Modell, das als Ausdruck einer tiefgreifenden gesellschaftlichen Veränderung Zonen der Integration, der Gefährdung und der Ausgrenzung unterscheidet. Während die Zone der Integration mit stabilen Arbeitsverhältnissen und gesicherten sozialen Verhältnissen abnimmt, wächst die Zone der Gefährdung mit prekären Beschäftigungsverhältnissen und der Infragestellung sozialer Sicherheiten und Kontakte. In der dritten, ebenfalls zunehmenden Zone befinden sich diejenigen, die außerhalb der sozialen Sicherungssysteme stehen und vom Arbeitsmarkt ausgegrenzt sind. Die Zone der Prekarität und stärker noch die verschiedenen Formen der Ausgrenzung werden im Rahmen der Exklusionsdebatte thematisiert und sind als „Gefährdung des Sozialen im hoch entwickelten Kapitalismus" zu verstehen (Kronauer 2002; vgl. Dörre et al. 2004).

Für die betriebliche Weiterbildung bewirken die hier skizzierten gesellschaftlich-betrieblichen Entwicklungen einen Veränderungsprozess, der die Ziele und Inhalte, den Umfang sowie die Formen und Methoden des Lernens gleichermaßen erfasst. Die Veränderung betrieblicher Weiterbildung lässt sich zum einen durch eine Hinwendung zu erfahrungsorientiertem Lernen charakterisieren, das stark auf Methoden der Selbststeuerung, Ganzheitlichkeit und Situationsorientierung zurückgreift. Verbunden damit ist die Erkenntnis, dass das klassische Lernen in Weiterbildungsseminaren und Lehrgängen in erster Linie für die Vermittlung fachlicher Inhalte geeignet ist und nur begrenzt die berufliche Handlungsfähigkeit des Einzelnen fördert. Demgegenüber ermöglicht das erfahrungsorientierte Lernen sowohl die Entwicklung fachlicher Kompetenzen als auch die Förderung sozialer und personaler Kompetenzen, die sich beide unter veränderten Arbeitsbedingungen als zwingend erforderlich erweisen.

Zum anderen wird betriebliche Weiterbildung gegenüber Konzepten des Lernens in der Arbeit verstärkt geöffnet. Informelles Lernen in der Arbeit und arbeitsbezogene Formen des Lernens werden zunehmend ausdifferenziert und tendenziell wichtiger als Lehrgänge und Kurse jenseits des Arbeitsprozesses. Dabei wird Lernen als konstruktiver, selbstgesteuerter und sozialer Prozess verstanden. Im Mittelpunkt steht dabei der Anspruch der Kompetenzentwicklung und des gleichwertigen Erwerbs von fachlichen, sozialen und personalen Kompetenzen.

Aufgrund des gesellschaftlich-betrieblichen Wandels verändern sich – so lässt sich zusammenfassend feststellen – nicht nur Arbeit und Beschäftigung, sondern auch die Zielsetzungen und Fassungen betrieblicher Weiterbildung. Entgrenzung und Pluralität von Lernformen und Lerninhalten gehen mit einem Bedeutungszuwachs arbeitsbezogenen Lernens in Unternehmen einher. Im engeren Sinne sind die Veränderungen ein Ergebnis einer Suche nach ständiger Optimierung von Arbeitsvollzügen durch Reorganisations- und Umstrukturierungsprozesse und der durch veränderte Anforderungen notwendig werdenden neuen Lern- und Arbeitsorganisationsformen.

2. Kompetenzentwicklung und reflexive Handlungsfähigkeit

Angesicht dieser Veränderungsprozesse besteht die Zielsetzung beruflich-betrieblicher Weiterbildung nicht mehr in einer vorrangig auf Fachlichkeit bezogenen Qualifizierung, sondern in der Kompetenzentwicklung und dem Erwerb bzw. der Erweiterung einer umfassenden beruflichen Handlungskompetenz. Der Wandel der Arbeit und darauf bezogene Anforderungen erfordern eine auf das Subjekt und auch auf Gruppen bezogene Kompetenzentwicklung. Der Umgang mit den ambivalenten Auswirkungen von betrieblichen Reorganisations- und Umstrukturierungsprozessen, also mit höheren Belastungen und höheren Anforderungen in der Arbeit und zugleich mit verbesserten Arbeitsbedingungen und erhöhten Lern- und Qualifizierungsmöglichkeiten muss von den Beschäftigten gestaltet werden und ist als zusätzliche Begründung für einen umfassenden Kompetenzerwerb in der beruflich-betrieblichen Weiterbildung anzusehen.

Die Begriffe Kompetenzentwicklung und berufliche Handlungskompetenz sind seit den 1980er Jahren in der außerbetrieblichen und später in der betrieblichen Aus- und Weiterbildung zunehmend eingeführt worden und haben sich auf breiter Basis als Leitbegriff in der Qualifizierung und Berufsbildung durchgesetzt. Dabei ist das Konzept der Kompetenzentwicklung mit dem manifesten Anspruch verbunden, eine über die Qualifizierung hinausgehende Bildungsarbeit und Weiterbildung zu ermöglichen (vgl. Arnold/Steinbach 1998; Dehnbostel 2001, S. 76ff.).

Unter Kompetenzen sind Fähigkeiten, Methoden, Wissen, Einstellungen und Werte zu verstehen, deren Erwerb, Entwicklung und Verwendung sich auf die gesamte Lebenszeit eines Menschen bezieht (vgl. KomNetz 2006, S. 78). Sie sind an das Subjekt und seine Befähigung zu eigenverantwortlichem Handeln gebunden. Der Kompetenzbegriff umfasst Qualifikationen und nimmt in seinem Subjektbezug elementare bildungstheoretische Ziele und Inhalte auf. Entsprechend ist die Kompetenzentwicklung aus der Perspektive des Subjekts, seiner Fähigkeiten und Interessen zu sehen. Die Herausbildung von Kompetenzen als lebensbegleitender Prozess erfolgt in der Arbeits- und Lebenswelt durch individuelle Lern- und Entwicklungsprozesse in unterschiedlichen Lernarten und Lernformen, in individuellen Lernprozessen sowie im Gruppen- und Organisationslernen. Durch die Entwicklung von fachlichen, sozialen und personalen Kompetenzen soll in der beruflichen Bildung der Umgang mit den umfassenden Auswirkungen betrieblicher Veränderungsprozesse gefördert werden.

Als die über die berufliche Handlungskompetenz hinausgehende Zielsetzung beruflicher Bildung ist dabei die Förderung der reflexiven Handlungsfähigkeit anzusehen (vgl. Dehnbostel/Gillen 2005). Mit der reflexiven Handlungsfähigkeit, die als Leitbild in der Projektarbeit von KomNetz bearbeitet und weiterentwickelt wurde, sind Qualität und Souveränität des realen Handlungsvermögens angesprochen. Reflexivität meint die bewusste, kritische und verantwortliche Bewertung von Handlungen auf der Basis von Erfahrungen und Wissen. In der Arbeit bedeutet dies zunächst ein Abrücken vom unmittelbaren Arbeitsgeschehen. Diese Distanzierung ist notwendig, um Ablauforganisation, Handlungsabläufe und -alternativen zu hinterfragen und in Beziehung zu eigenen Erfahrungen und zum eigenen Handlungswissen zu setzen.

Der Begriff der Reflexivität wurde bereits maßgeblich im Diskurs über die reflexive Modernisierung geprägt, der im Wesentlichen auf die Soziologen Beck, Giddens und Lash zurückgeht (vgl. Beck/Giddens/Lash 1996, S. 14f.). Dort bearbeitet Lash die Folgen der reflexiven Modernisierung für das Individuum und sein Verhältnis zur Gemeinschaft. Er geht davon aus, dass die reflexive Moderne „die Individuen selbst aus diesen kollektiven, abstrakten Strukturen wie Klasse, Kernfamilie und uneingeschränktem Glauben an die Gültigkeit der Wissenschaft freigesetzt" (Lash 1996, S. 203) und damit sämtliche Orientierungen des Individuums aufgelöst hat. Diese Freisetzung der Akteure aus der Struktur und die Bewusstmachung dieser Bedingungen wird von ihm im Begriff der Reflexivität gefasst. Die besondere Bedeutung, die der Reflexivität in diesem Zusammenhang zugeschrieben wird, resultiert im Wesentlichen aus „der Minimierung der Unsicherheit" (Lash 1996, S. 205) durch die Bewusstmachung gesellschaftlicher Bedingungsgefüge. Eine so verstandene Reflexivität wird von ihm als notwendig angesehen, um das eigene Leben in Veränderungssituationen zu gestalten. Lash (ebd., S. 203f.) unterscheidet dabei zwei Arten der Reflexivität (vgl. Tab. 1).

Die strukturelle Reflexivität hat die Bewusstmachung der Arbeitsbedingungen und Strukturen, der Regeln und sozialen Existenzbedingungen der Handelnden zum Ziel, während die Selbstreflexivität das Reflektieren der Handelnden über sich selbst beschreibt. Eigenbestimmung und Persönlichkeitsbildung sind

Tab. 1: Zwei Dimensionen der Reflexivität

Reflexivität (nach Lash)	Reflexive Handlungsfähigkeit (KomNetz)
Strukturelle Reflexivität	Hinterfragen und Mitgestalten der Arbeitsumgebung und der Arbeitsbedingungen
Selbst-Reflexivität	Reflexion über eigene Kompetenzen (beruflich und privat) und Gestaltung der individuellen Kompetenzentwicklung

Quelle: Elsholz 2002, S. 39

auf diese Weise mit der Fähigkeit zur Selbstreflexion und dem Erkennen gesellschaftlich-betrieblicher Vorgänge aus eigenem Urteil untrennbar verbunden.

Dem Leitbild der reflexiven Handlungsfähigkeit liegt demzufolge eine Bildungs- und Persönlichkeitsdimension zugrunde, die die Förderung von Emanzipation und Mündigkeit durch Prozesse der Kompetenzentwicklung impliziert und über das konkrete berufliche Arbeitshandeln hinausgeht.

Das Leitbild der reflexiven Handlungsfähigkeit erscheint angesichts der oben beschriebenen umfangreichen betrieblichen Reorganisations- und Umstrukturierungsprozesse als eine notwendige Zielsetzung arbeitnehmerorientierter betrieblicher Weiterbildung, um den Einzelnen beim Umgang mit den Auswirkungen und Ambivalenzen der Veränderungsprozesse zu unterstützen. Sie bildet eine Voraussetzung für den eigenverantwortlichen, reflektierten Umgang mit zieloffenen Veränderungssituationen, da sie sich sowohl auf das Individuum selbst als auch auf seine Umgebungsbedingungen bezieht und über bisherige Zielsetzungen beruflich-betrieblicher Bildung, so auch die umfassende berufliche Handlungskompetenz, hinausgeht.

In der betrieblichen Weiterbildung wird die Förderung reflexiver Handlungsfähigkeit wesentlich über das Lernen im Prozess der Arbeit hergestellt. Wie die Abbildung 1 zeigt, stehen reflexive Handlungsfähigkeit als Potenzial oder Vermögen zur Handlung und reflexives Handeln als real vollzogenes Handeln in einem Bedingungsgefüge mit der Entwicklung beruflicher Handlungskompetenz sowie den betrieblichen Arbeits- und Lernbedingungen. Zu den Arbeits- und Lernbedingungen bzw. Strukturen gehören vor allem die Lern-, Arbeits- und Unternehmenskultur, lernrelevante Dimensionen von Arbeit sowie individuelle Entwicklungs- und Aufstiegswege. Die Entwicklung reflexiver Handlungsfähigkeit wird von diesen Faktoren beeinflusst, ebenso wie von der Entwicklung der beruflichen Handlungskompetenz mit ihren drei Hauptdimensionen der Fach-, Sozial- und Personalkompetenz.

Erfolgreiches reflexives Handeln in der Arbeit verweist auf den Zusammenhang von Lernen und Handeln einerseits und Strukturen des Lernens und Handelns andererseits. Der Dualismus von Handeln und Strukturen findet sich

Abb. 1: Bedingungsrahmen reflexiven beruflichen Handelns

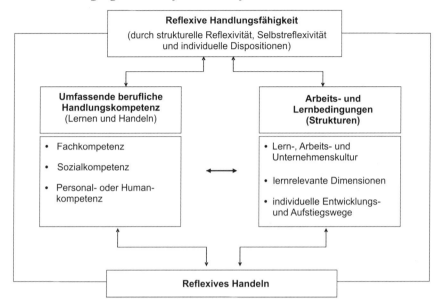

in vielen sozialwissenschaftlichen Aussagen und Studien. Insbesondere dienen strukturationstheoretische Ansätze (vgl. u.a. Goltz 1999; Ortmann et al. 1997; Walgenbach 2001) dazu, das Verhältnis von Handlung und Struktur in analytischer, theoriebildender und anwendungsorientierter Hinsicht zu klären. Sie basieren auf der Strukturationstheorie des englischen Soziologen Giddens, nach der der genannte Dualismus von Handlung und Struktur sich nicht als Widerspruch oder Entgegensetzung zeigt oder als solcher aufgefasst werden muss. Es wird vielmehr davon ausgegangen, dass Verhalten, Handlungen und Entwicklungsprozesse in Organisationen weder vorrangig von den Zwängen der Organisation noch einseitig vom Eigenwillen und der Selbststeuerung der Organisationsmitglieder bestimmt sind.

Die reflexive Handlungsfähigkeit und das reflexive Handeln lassen sich in diesen Theorieansatz einordnen. Wie Abbildung 1 zeigt, verbinden sich im beruflichen Arbeitshandeln die Handlungskompetenz und die strukturell bestimmten Arbeits- und Lernbedingungen. Die Entwicklung von Kompetenzen im realen Arbeitshandeln wirkt auf die Strukturen, die ihrerseits – und hierin besteht der für die Strukturation typische rekursive Prozess – auf die Kompetenzentwicklung rückwirken und diese mit prägen. Somit besteht unter strukturationstheoretischen Gesichtspunkten eine Wechselwirkung von Lernhandeln und Strukturen bzw. von Handlungskompetenz und Arbeits- und Lernbedingungen, die es bewusst zu gestalten gilt und für die Selbstreflexivität und strukturelle Reflexivität zentrale Voraussetzungen darstellen.

Während herkömmliche berufspädagogische Konzepte einseitig die Subjekte unter lern- und bildungstheoretischen Gesichtspunkten in den Vordergrund stellen und den Strukturen eine untergeordnete oder funktionale Bedeutung beimessen, dominieren in der betrieblichen Anpassungsqualifizierung die strukturellen Gegebenheiten, denen die Qualifizierung und die Kompetenzentwicklung untergeordnet werden. Angesichts der Zielsetzung einer Entwicklung reflexiver Handlungsfähigkeit in der betrieblichen Weiterbildung erweisen sich beide Ansätze als einseitig bzw. verkürzt. Aus arbeitnehmerorientierter Perspektive ist es vor diesem Hintergrund für den Kompetenzerwerb notwendig, dass Lernen und Handeln in der Arbeit mit den Strukturen zusammengebracht, keineswegs aber darauf reduziert wird.

Zusammenfassend ist also festzuhalten, dass Kompetenzentwicklung und reflexive Handlungsfähigkeit zentrale Zielsetzungen betrieblicher Weiterbildung darstellen. Sie bilden ebenso wie die Orientierung an der Dualität von individuellen Handlungen und äußeren Strukturen zentrale Leitaspekte arbeitnehmerorientierter Weiterbildung. Mit diesen Zielorientierungen ist arbeitnehmerorientierte Weiterbildung vorrangig an den Interessen der Individuen und ihrer Persönlichkeitsentwicklung sowie der Unterstützung von kollektiven Lern- und Arbeitsprozessen ausgerichtet und entspricht dem Anspruch der Förderung von individuellen und kollektiven Interessen.

3.　　Konzeptionelle Eckpunkte einer arbeitnehmerorientierten Weiterbildung

Die im Projekt KomNetz entwickelten, erprobten und evaluierten Weiterbildungs- und Kompetenzentwicklungsmaßnahmen haben mit Bezug auf die hier diskutierten Tendenzen beruflich-betrieblicher Bildung zur Herausbildung fünf konzeptioneller Eckpunkte einer arbeitnehmerorientierten Weiterbildung geführt, die im Folgenden benannt und begründet werden.

(1)　　Lern- und kompetenzförderliche Arbeitsgestaltung

Aufgrund veränderter Formen der Arbeitsorganisation, der Arbeitsinhalte und Arbeitsplätze müssen in einer arbeitnehmerorientierten Weiterbildung Erkenntnisse und Analysen zur lernförderlichen Arbeit unter Einbeziehung der Diskussion um die Humanisierung der Arbeit aufgenommen und aktiv in die Gestaltung betrieblicher Weiterbildung eingebracht werden. Die Frage einer lernförderlichen Arbeitsgestaltung ist aus arbeitswissenschaftlicher Sicht breit thematisiert, aus der Perspektive der Weiterbildung hingegen kaum. Insofern sind zentrale Entwicklungsfragen zu klären, beispielsweise hinsichtlich der Konstruktionskriterien für arbeitsintegrierte Lernformen und hinsichtlich der Lernmöglichkeiten in der Arbeit unterhalb des Formalisierungsgrades von Lern- und Arbeitsformen.

Die Gestaltung lern- und kompetenzförderlicher Arbeit wird durch Gegebenheiten wie Betriebsgröße und Branche wesentlich bestimmt und zielt vor allem auf die Veränderung von Arbeitsprozessen, Arbeitsaufgaben und Arbeitsbedingungen. Arbeit ist besonders dann lernförderlich, wenn sie problemhaltig, abwechslungsreich und individuell gestaltbar ist und wenn sie vollständige Handlungen umfasst. Darüber hinaus ist der zur Verfügung stehende Handlungsspielraum für die Beschäftigten und die Unterstützung und Anerkennung, die sie von Kollegen und Vorgesetzten erhalten, wichtig für die Nutzung von Lernchancen. Die Entwicklung lern- und kompetenzförderlicher Arbeitsbedingungen ist eine essentielle Möglichkeit, die arbeitsgebundene und arbeitsverbundene Weiterbildung zu fördern. Konzeptionell geht es insbesondere darum, eine Zusammenführung der bisher sowohl wissenschaftlich als auch betrieblich weitgehend getrennten Perspektiven von Weiterbildung und Arbeitsgestaltung unter den Aspekten der Kompetenzförderlichkeit und des lebenslangen Lernens herzustellen (vgl. Bahnmüller et al. 2006, S. 77).

(2)   Arbeitsintegrierte Weiterbildungsformen

In arbeitsintegrierten Weiterbildungsformen muss Erfahrungslernen mit organisiertem Lernen in der Arbeit verbunden werden (vgl. Dehnbostel et al. 2005, S. 145ff.; Dehnbostel in diesem Band, Teil 4). Ohne eine Verknüpfung von Erfahrungslernen und organisiertem Lernen besteht die Gefahr, dass die heute kaum noch genannten Nachteile des Lernens im Prozess der Arbeit wirksam werden: die Abhängigkeit von den Aufgaben und Bedingungen der jeweiligen Arbeitssituation, deren ökonomische Determiniertheit sowie die Zufälligkeit und Beliebigkeit von Lernprozessen. Demgegenüber werden Arbeiten und Lernen in Weiterbildungsformen wie Coaching, Lernstatt und Kompetenzentwicklungsnetzwerken systematisch miteinander verbunden. Solche Weiterbildungsformen sind auszubauen und zu gestalten, wobei sich aus arbeitnehmerorientierter Perspektive auch Fragen der Qualitätssicherung sowie der Anerkennung und Dokumentation des Lernens in und über die Arbeit stellen (vgl. Baethge et al. 2003, S. 53).

Kennzeichnend für diese arbeitsgebundenen oder arbeitsverbundenen Weiterbildungsformen ist eine doppelte Infrastruktur, die zum einen als Arbeitsinfrastruktur im Hinblick auf Arbeitsaufgaben, Technik, Arbeitsorganisation und Qualifikationsanforderungen der jeweiligen Arbeitsumgebung entspricht. Zum anderen stellt sie als Lerninfrastruktur zusätzliche räumliche, zeitliche, sächliche und personelle Ressourcen bereit (vgl. Dehnbostel 2005, S. 113ff.). Das arbeits-

gebundene oder arbeitsverbundene Lernen beschränkt sich nicht auf erfahrungsbezogene Lernprozesse in der Arbeit. Arbeitshandeln und darauf bezogene Reflexionen stehen mit ausgewiesenen Zielen und Inhalten betrieblicher Bildungsarbeit in Wechselbeziehung. Damit wird ein grundlegender Wandel in der betrieblichen Qualifizierungs- und Bildungsarbeit angezeigt. Anstelle von linearen
und hierarchisch angelegten Denk-, Verhaltens- und Orientierungsmustern treten
aktive, partizipative und prozesshaft bestimmte Handlungs- und Lernorientierungen. Es werden Prozesse und Entwicklungen möglich, die arbeitsbezogene
Erfahrungen und subjektive Interessen organisiert aufnehmen und einer Differenzierung von Bildungswegen und Lebensmustern entsprechen.

(3)   Begleitung und Beratung beruflicher Entwicklungen

Der Begleitung und Beratung beruflicher Entwicklungen kommt angesichts des
Wandels herkömmlicher betrieblicher Berufswege und der zunehmenden Komplexität und Fragilität des Arbeitsmarkts eine verstärkte Bedeutung zu. Brüche,
Umbrüche und Neuorientierungen prägen zunehmend die Arbeitsbiografien der
Beschäftigten. Die Notwendigkeit lebenslangen Lernens gestaltet sich auf der
individuellen Ebene zu einem iterativen Prozess der Selbstvergewisserung und
Neuausrichtung beruflicher Entwicklungen. Die reflexive Handlungsfähigkeit
von Beschäftigten und Arbeitslosen bezieht sich nicht nur auf das eigene Arbeitshandeln, sondern ebenso auf die Gestaltung der eigenen Kompetenzentwicklung zum Erhalt und zum Ausbau von Beruflichkeit und Beschäftigungsfähigkeit.
     Es wächst der Bedarf an Orientierung und Unterstützung durch Begleitung
und Beratung (vgl. Linderkamp 2005; Skroblin 2005). Insbesondere Konzepte
zum lebensbegleitenden und selbstgesteuerten Lernen erfordern die Verbesserung von Begleitung und Beratung und den Aufbau eines Weiterbildungsbera-
tungssystems, in dem individuelle Beratung über berufliche Entwicklungsmöglichkeiten sowie Motivation zum Weiterlernen geleistet wird. Zielsetzung ist,
die Unterstützung von Beschäftigten und die Chancengleichheit für die Teilnahme an Weiterbildung und lebensbegleitendem Lernen zu verbinden. Kompetenzanalysen und deren Einbettung in Begleitungs- und Beratungskonzepte kommt
dabei eine besondere Bedeutung zu (vgl. Gillen 2006, S. 233ff.).
     Hier sind neben dem Staat auch die Gewerkschaften gefordert, Konzepte
und Rahmenbedingungen für eine Beratung und Begleitung im Sinne der Beschäftigten zu gestalten. Innerbetrieblich geht es vor allem um die Unterstützung
von Beschäftigten und Interessenvertretern bei der Ausgestaltung und Umsetzung von Qualifizierungsgesprächen, wobei den Personal- und Betriebsräten eine
wesentliche Funktion zukommt. Überbetrieblich und regional geht es um die
Weiterentwicklung und den Ausbau von Angeboten zur beruflichen Begleitung

und Beratung unter besonderer Berücksichtigung von temporär Beschäftigten und Arbeitslosen.

(4)   Ganzheitliche Weiterbildung

Weiterbildung muss sich durch ganzheitliche Konzepte auszeichnen, die über eine Beratung oder einzelne Formen hinausgehen und eine systematische Verbindung von betrieblichem und außerbetrieblichem, zumeist formellem Lernen, schaffen. Eine ganzheitliche Weiterbildung erkennt beruflich erworbene Qualifikationen und Kompetenzen für diese Bildungsgänge an, womit Beschäftigungs- und Bildungssystem verzahnt, die Gleichwertigkeit von beruflicher und allgemeiner Bildung hergestellt und Chancengleichheit erhöht wird. Dabei wird die Anbindung von beruflicher Weiterbildung an allgemein bildende und akademische Bildungsgänge immer wichtiger.

Das IT-Weiterbildungssystem stellt ein Beispiel für ein ganzheitliches Konzept beruflich-betrieblicher Weiterbildung dar. Es ist in einem gemeinsamen Aushandlungsprozess der Sozialpartner entstanden und in Struktur und Reichweite ein Novum im deutschen Bildungssystem. Das zur Zeit im Aufbau befindliche Weiterbildungssystem sieht die Anerkennung von beruflich erworbenen Qualifikationen und Kompetenzen auf unterschiedlichen Berufsabschlusebenen und zugleich für Bachelor- und Masterstudiengänge vor (vgl. den Beitrag von Meyer in diesem Band, Teil 4). Es entspricht in Verbindung mit den seit 1997 bestehenden IT-Ausbildungsgängen erstmals einem eigenständigen Berufsbildungssystem von der Ausbildung über mittlere Positionen bis zu Abschlüssen im tertiären Bereich. Es ist ein gutes Beispiel dafür, wie Kompetenzentwicklung und Aufstiegsfortbildung im Sinne einer ‚diagonalen Karriere‘, wie betriebliche und außerbetriebliche Weiterbildung, wie informelles Lernen und qualitätsgesicherte Weiterbildung, wie Weiterbildung und Personalentwicklung sinnvoll miteinander verbunden werden können. Gegenüber Vorläuferkonzepten bricht das IT-Weiterbildungssystem dabei mit dem Dualismus von betrieblichem und schulischem Lernen und den entsprechenden eigenständigen Organisationsformen im Beschäftigungs- und Bildungssystem. Wissens- und Kompetenzzuwachs finden vorrangig durch Lernen am Arbeitsplatz oder im Arbeitsprozess statt (vgl. Ehrke 2004). Einiges spricht dafür, dass gerade hierin der Erfolg dieses Konzepts liegen könnte.

(5)   Weiterbildungsregelungen und die Rolle von Betriebs- und
        Personalräten

Bei der Umsetzung und Gestaltung arbeitnehmerorientierter Weiterbildung auf betrieblicher Ebene sind Betriebs- und Personalräte besonders gefordert. Die Mitwirkungs- und Gestaltungsmöglichkeiten von Betriebs- und Personalräten können von Betriebsvereinbarungen zur Qualifizierung und Weiterbildung über die Einführung partizipativer Arbeits- und Lernformen bis zur Einflussnahme auf die betriebliche Bildungsarbeit reichen. Auch die Beteiligung an der Gestaltung von Konzepten zur Bildungsbedarfsanalyse und von Begleitungs- und Beratungsgesprächen gehört zu ihrem Aufgabenspektrum.

Die in den letzten Jahren vereinbarten Qualifizierungstarifverträge, die betriebliches Lernen und Qualifizierung über Tarifvereinbarungen fixieren, bilden hier neben dem Betriebsverfassungsgesetz einen wichtigen Anknüpfungspunkt. Mit der Reform der Betriebsverfassung sind die Möglichkeiten der Betriebsräte deutlich gestärkt worden. So wurde z.B. der Fokus auf die Beschäftigungsfähigkeit durch die Einfügung des § 92 a ausdrücklich in den Aufgabenkanon der Räte aufgenommen. Die Umsetzung von Regelungen in die Praxis gestaltet sich dabei vielfach schwierig und insbesondere Klein- und Mittelbetriebe sind auf zusätzliche außerbetriebliche Unterstützung und Beratung angewiesen. Insgesamt sind bundesweit Vereinbarungen zur Geltung zu bringen wie sie von der gewerkschaftlichen Initiative 'Bundesregelungen für die Weiterbildung' und von der Expertenkommission des BMBF 'Finanzierung lebenslangen Lernens' vorgeschlagen worden sind.

4.   Ausblick

Die hier genannten fünf konzeptionellen Eckpunkte einer arbeitnehmerorientierten Weiterbildung stellen eine bildungs- und gewerkschaftspolitische Herausforderung dar, um eine Weiterbildung unter den oben genannten Zielsetzungen der Chancengleichheit, Partizipation und sozialen Gerechtigkeit Wirklichkeit werden zu lassen. Sie sind zugleich in Theorie und Praxis weiterzuentwickeln, da sich abzeichnet, dass für das Leben in der Wissens- und Dienstleistungsgesellschaft die Teilhabe an Weiterbildung zur neuen sozialen Frage wird (vgl. Bayer 2002).

Eine solche Weiterbildung versteht Qualifizierung und Kompetenzentwicklung als Kern moderner Beruflichkeit und beruflicher Entwicklungs- und Aufstiegswege im Rahmen lebensbegleitenden Lernens. Dabei ist die beruflich-betriebliche Weiterbildung Teil eines umfassenden Weiterbildungssystems, das in Verschränkung mit der Berufsausbildung durch Transparenz, öffentliche Bildungsstandards und anerkannte Weiterbildungsgänge gekennzeichnet ist. Die Realisierung eines solchen durchlässigen Weiterbildungssystems ist eine notwendige und unerlässliche staatliche Aufgabe, da Bildungs- und Qualifikationsziele wie Persönlichkeitsentwicklung, Beschäftigungsfähigkeit und Chancengleichheit nicht auf individuelle und einzelbetriebliche Möglichkeiten und Perspektiven reduziert werden dürfen.

Im Rahmen eines umfassenden Weiterbildungssystems sind berufliche Entwicklungs- und Aufstiegswege Teil eines pluralen Systems beruflicher Bildungsgänge von der dualen Ausbildung bis zu Abschlüssen im tertiären Bereich anzusehen. Diese Bildungsgänge verbinden das Beschäftigungs- und Bildungssystem und weisen der betrieblichen Bildungsarbeit eine Scharnierfunktion zwischen beiden zu. In Form von horizontalen und diagonalen Entwicklungswegen im Betrieb, doppeltqualifizierenden Bildungsgängen und unterschiedlichen Varianten dualer Studiengänge gewinnt ein solches System beruflicher Bildungsgänge in den letzten Jahren zunehmend an Konturen. Dessen Ausbau bietet real die Möglichkeit einer gleichwertigen Alternative zum gymnasial-akademischen Bildungsweg. Sie entsprechen dem seit den 1990er Jahren geforderten eigenständigen und gleichwertigen Berufsbildungssystem und stehen in der Tradition des seit den 1920er Jahren geforderten „beruflichen Bildungswegs". Im Rahmen betrieblicher Bildungsarbeit sind vermehrt Wege zu eröffnen, die Arbeiten und Lernen in neuer Weise kombinieren und berufliche Entwicklungsmöglichkeiten mit persönlichen Interessen und individuellen Kompetenz- und Erfahrungsprofilen stärker in Übereinstimmung bringen und in ein kohärentes Berufsbildungssystem integrieren (vgl. IG Metall/ver.di 2006).

Die Weiterentwicklung und Verbreiterung eines Konzepts arbeitnehmerorientierter Weiterbildung wird zukünftig wesentlich von Rahmenbedingungen beeinflusst, die durch die europäische Bildungspolitik gesetzt werden. Wie zur Zeit die von der Bundesregierung forcierte Einführung von Bachelor- und Masterstudiengängen zeigt, entfalten die EU-Beschlüsse von Bologna, Lissabon und Kopenhagen eine normierende Wirkung auf das nationale Bildungssystem wie es bisher kaum für möglich gehalten wurde. Aus dem Blickwinkel einer arbeitnehmerorientierten Weiterbildung sollte ein Nationaler Qualifikationsrahmen zur Reform der Weiterbildung im Sinne der oben genannten Eckpunkte beitragen und zugleich die Schwächen und Gefahren des EQF vermeiden (vgl. die Beiträge von Heidemann und Meyer in diesem Band, Teil 4).

Literatur

Arnold, R.; Steinbach, S. (1998): Auf dem Weg zur Kompetenzentwicklung? Rekonstruktionen und Reflexionen zu einem Wandel der Begriffe. In: Markert, W. (Hg.): Berufs- und Erwachsenenbildung zwischen Markt und Subjektbildung. Baltmannsweiler, S. 22-32

Baethge, M.; Baethge.Kinsky, V.; Holm, R.; Tullius, K. (2003): Anforderungen und Probleme beruflicher und betrieblicher Weiterbildung. Arbeitspapier 76 der Hans-Böckler-Stiftung. Düsseldorf

Baethge, M.; Schiersmann, Chr. (1998): Prozeßorientierte Weiterbildung – Perspektiven und Probleme eines neuen Paradigmas der Kompetenzentwicklung für die Arbeitswelt der Zukunft. In: Arbeitsgemeinschaft Betriebliche Weiterbildungsforschung e.V./Projekt QUEM (Hg.): Kompetenzentwicklung '98: Forschungsstand und Perspektiven. Münster u.a.O., S. 11-87

Bahnmüller, R.; Fischbach, S.; Jentgens, B. (2006): Was nützen und was bewirken Qualifizierungstarifverträge? In: WSI-Mitteilungen, Jg. 59/Heft 2, S. 71-78

Bayer, M. (2002): Arbeitsnehmerorientierte berufliche Aufstiegs- und Entwicklungswege. In: Dehnbostel, P.; Elsholz, U.; Meyer-Menk, J.; Meister, J. (Hg.): Vernetzte Kompetenzentwicklung. Alternative Positionen zur Weiterbildung. Berlin, S. 321-336

Beck, U.; Giddens, A.; Lash, S. (1996): Reflexive Modernisierung. Eine Kontroverse. Frankfurt/M.

Castel, R. (2000): Die Metamorphosen der sozialen Frage. Eine Chronik der Lohnarbeit. Konstanz

Dehnbostel, P. (2001): Perspektiven für das Lernen in der Arbeit. In: Arbeitsgemeinschaft Betriebliche Weiterbildungsforschung e.V./Projekt QUEM (Hg.): Kompetenzentwicklung 2001. Tätigsein – Lernen – Innovation. Münster u.a.O., S. 53-93

Dehnbostel, P. (2005): Lernen – Arbeiten – Kompetenzentwicklung: Zur wachsenden Bedeutung des Lernens und der reflexive Handlungsfähigkeit im Prozess der Arbeit. In: Wiesner, G.; Wolter, A. (Hg.): Die lernende Gesellschaft. Lernkulturen und Kompetenzentwicklung in der Wissensgesellschaft. Weinheim, München, S. 111-126

Dehnbostel, P.; Gillen, J. (2005): Kompetenzentwicklung, reflexive Handlungsfähigkeit, und reflexives Handeln in der Arbeit. In: Gillen, J.; Dehnbostel, P.; Elsholz, U.; Habenicht, T.; Proß, G.; Skroblin, J.-P. (Hg.): Kompetenzentwicklung in vernetzten Lernstrukturen. Konzepte arbeitnehmerorientierter Weiterbildung. Bielefeld, S. 27-42

Dehnbostel, P.; Habenicht, Th.; Proß, G. (2005): Lernförderliche Arbeitsgestaltung und kompetenzfördernde Weiterbildungsformen. In: Gillen, J.; Dehnbostel, P.; Elsholz, U.; Habenicht, T.; Proß, G.; Skroblin, J.-P. (Hg.): Kompetenzentwicklung in vernetzten Lernstrukturen. Konzepte arbeitnehmerorientierter Weiterbildung. Bielefeld, S. 137-150

Dörre, K.; Pickshaus, K.; Salm, R. (2001): Re-Taylorisierung. Arbeitspolitik contra Marktsteuerung. Hamburg

Dörre, K.; Krämer, K.; Speidel, F. (2004): Prekäre Arbeit. Ursachen, soziale Auswirklunge und subjektive Verarbeitungsformen unsicherer Beschäftigungen. In: Das Argument 256, S. 378-397

Ehmann, Chr. (2006): Sozialer Ausschluss und Weiterbildung. In: Meisel, K.; Schiersmann, Chr. (Hg.): Zukunftsfeld Weiterbildung. Bielefeld, S. 247-254

Ehrke, M. (2004): Zukunft der beruflichen Weiterbildung – das Beispiel IT. In: Meyer, R.; Dehnbostel, P.; Harder, D.; Schröder, T. (Hg.): Kompetenzen entwickeln und moderne Weiterbildungsstrukturen gestalten. Münster u.a.O., S. 107-123

Elsholz, U. (2002): Kompetenzentwicklung zur reflexiven Handlungsfähigkeit. In: Dehnbostel, P.; Elsholz, U.; Meyer-Menk, J.; Meister, J. (Hg.): Vernetzte Kompetenzentwicklung. Alternative Positionen zur Weiterbildung. Berlin, S. 31-43

Gillen, J. (2006): Kompetenzanalysen als berufliche Entwicklungschance. Bielefeld

Goltz, M. (1999): Betriebliche Weiterbildung im Spannungsfeld von tradierten Strukturen und kulturellem Wandel. München, Mering

IG Metall/ver.di (2006): Bildung ist keine Ware. Wie wir morgen arbeiten, leben und lernen wollen. Eine Streitschrift zur beruflichen Bildung. Vorgelegt vom Wissenschaftlichen Beraterkreis der Gewerkschaften IG Metall und ver.di. Frankfurt/M., Berlin

KomNetz (2006): Glossar. Handlungshilfe des Projekts „Kompetenzentwicklung in vernetzten Lernstrukturen" (3. überarbeitete und erweiterte Auflage, hrsgg. vom Projekt Kom-Netz; Manuskriptdruck). Hamburg

Kronauer, M. (2002): Die Gefährdung des Sozialen im hoch entwickelten Kapitalismus. Frankfurt/M.

Kuwan, H.; Bilger, F.; Gnahs, D.; Seidel, S. (2006): Berichtssystem Weiterbildung IX. Integrierter Gesamtbericht zur Weiterbildungssituation in Deutschland. (Durchgeführt im Auftrag des Bundesministeriums für Bildung und Forschung). Bonn, Berlin

Lash, S. (1996): Reflexivität und ihre Dopplungen: Struktur, Ästhetik und Gemeinschaft. In: Beck, U.; Giddens, A.; Lash, S. (Hg.): Reflexive Modernisierung. Eine Kontroverse. Frankfurt/M., S. 195-286

Linderkamp, R. (2005): Arbeitnehmerorientierte Beratung und Begleitung – Ergebnisse einer Befragung bei IG BCE, IG Metall und ver.di (hrsgg. vom Projekt KomNetz; Manuskriptdruck). Hamburg

Ortmann, G.; Sydow, J.; Windeler, A. (1997): Organisation als reflexive Strukturation. In: Ortmann, G.; Sydow, J.; Türk, K. (Hg.): Theorien der Organisation. Die Rückkehr der Gesellschaft (2., durchgesehene Aufl.). Wiesbaden, S. 315-354

Schumann, M. et al. (2006): Vom Risiko- zum Vorzeigeprojekt: Auto 5000 bei Volkswagen. In: WSI-Mitteilungen, Jg. 59/Heft 6, S. 299-306

Skroblin, J.-P. (2005): Arbeitnehmerorientiertes Coaching – Begleitung und Beratung beruflicher Entwicklung im Kontext lebenslangen Lernens. In: Gillen, J.; Dehnbostel, P.; Elsholz, U.; Habenicht, T.; Proß, G.; Skroblin, J.-P. (Hg.): Kompetenzentwicklung in vernetzten Strukturen. Konzepte arbeitnehmerorientierter Weiterbildung. Bielefeld, S. 89-108

Soziologisches Forschungsinstitut (SOFI) et al. (Hg.) (2005): Berichterstattung zur sozioökonomischen Entwicklung in Deutschland. Wiesbaden

Springer, R. (1999): Rückkehr zum Taylorismus? Arbeitspolitik in der Automobilindustrie am Scheideweg. Frankfurt/M., New York

Tippelt, R.; v. Hippel, A. (2005): Weiterbildung: Chancenausgleich und soziale Heterogenität. In: Aus Politik und Zeitgeschichte; Heft 37, S. 38-45

Walgenbach, P. (2001): Giddens' Theorie der Strukturierung. In Kieser, A. (Hg.): Organisationstheorien (4., unveränderte Aufl.) Stuttgart u.a.O., S. 355-375

Teil 1
Lern- und kompetenz-
förderliche Arbeit

Einführung in das Kapitel

Die Forderung nach einer umfassenden lern- und kompetenzförderlichen Arbeitsgestaltung stößt allerorten auf Zustimmung. Diese resultiert allerdings aus deutlich unterscheidbaren individuellen, betrieblichen und gesellschaftlichen Interessenlagen. Auch Forschungsergebnisse und wissenschaftliche Erkenntnisse zur lernförderlichen Arbeitsgestaltung lassen sich größtenteils mit diesen drei Sichtweisen in Verbindung bringen. Dabei wird die Arbeitsgestaltung in ihren Zielen und angestrebten Wirkungen unterschiedlich bewertet und ausgerichtet, auch wenn es durchaus ein großes Maß an Gemeinsamkeiten und Schnittmengen gibt.

Für die einzelnen Erwerbstätigen hängen zukünftige Beschäftigungsfähigkeit und Beruflichkeit wesentlich von der Möglichkeit ab, in und bei der Arbeit sowie über die Arbeit zu lernen und ihre berufliche Handlungskompetenz zu erweitern und zu vervollkommnen. Um diese Entwicklungsmöglichkeiten zu eröffnen, muss das Lernen in der Arbeit mit lernförderlicher Arbeitsgestaltung und Weiterbildung verbunden werden. Aus betrieblicher Sicht fordern Innovations-, Optimierungs- und Verbesserungsprozesse sowie eine prospektive Personalentwicklung lernförderliche Arbeitsbedingungen. Diese sind zu einem ökonomischen Faktor geworden, der im Kontext von Innovationsprozessen und einem modernen betrieblichen Wissensmanagement für die Konkurrenz- und Wettbewerbsfähigkeit im globalen Wettbewerb steht. Gesellschaftlich schließlich ist das Lernen in der Arbeit unter lernförderlichen Bedingungen als unverzichtbarer Teil lebensbeglcitenden Lernens in der Arbeits- und Lebenswelt einer Wissens- und Dienstleistungsgesellschaft anzusehen.

Die lern- und kompetenzförderliche Gestaltung von Arbeit und die Anerkennung und Zertifizierung von in der Arbeit erworbenen Kompetenzen sollten zu einer wachsenden Verschränkung von Bildungs- und Beschäftigungssystem führen. In diesem Kontext stoßen individuelle, betriebliche und gesellschaftliche Interessen an einer lern- und kompetenzförderlichen Arbeitsgestaltung unmittelbar aufeinander und ergänzen sich.

Für die individuellen Interessen bzw. die Interessen der Beschäftigten ist die Frage der Gestaltung lern- und kompetenzförderlicher Arbeit auch mit Schutzaspekten hinsichtlich des reflexiven Umgangs mit der eigenen Arbeitskraft und der beruflichen Entwicklung verbunden. Dabei geht es zum einen um Maßnahmen zur lern- und kompetenzförderlichen Gestaltung des Arbeitsplatzes, zum anderen ist lernförderliche Arbeit mit Konzepten zur Verbindung von Lernen und Arbeiten und entsprechenden Lernformen, mit Entwicklungs- und Aufstiegswegen sowie der Lernprozessbegleitung in der Arbeit in einem Zusammenhang zu sehen.

Aus der gewerkschaftspolitischen Sicht sind betriebliche Interessenvertreter, vornehmlich Betriebs- und Personalräte, besonders gefordert, auf unterschiedlichen Ebenen zur Gestaltung lern- und kompetenzförderlicher Arbeit beizutragen. Dies kann von Betriebsvereinbarungen zur Qualifizierung und Weiterbildung über die Einführung partizipativer Arbeits- und Lernformen bis zur Gestaltung eines modernen betrieblichen Wissensmanagements reichen. Die in der IT-Weiterbildung erfolgreich umgesetzte Möglichkeit, über das Lernen in der Arbeit und die Anerkennung dort erworbener Kompetenzen zu beruflichen Fortbildungsabschlüssen zu kommen, eröffnet für Interessenvertretungen ein strategisch bedeutsames Handlungsfeld, über die Ausgestaltung der Lern- und Kompetenzförderlichkeit in der Arbeit betrieblich und überbetrieblich eine präventive Arbeitsmarktpolitik im Sinne der Beschäftigten zu betreiben. Für betriebliche Interessenvertreter und Betriebs- und Personalräte sind Kriterien und Konzepte zur lern- und kompetenzförderlichen Arbeitsgestaltung auch auf die eigene Tätigkeit zu beziehen. Aufgabenbearbeitung, Kooperationen und Vernetzungen in den Interessenvertretungen sind im Hinblick auf ihre Lern- und Kompetenzförderlichkeit zu gestalten, die Teilnahme an kompetenzorientierten Seminaren dient der Befähigung hierfür und einer darüber hinausgehenden Qualifizierung.

Arbeitnehmerorientierte Arbeitgestaltung war ein prominentes Thema in Maßnahmen und Projekten im Rahmen des Programms zur „Humanisierung des Arbeitslebens" in den 1970er und 1980er Jahren. An diese Tradition kann angeknüpft werden, wenn auch die neuerdings angestrebte Schaffung lern- und kompetenzförderlicher Arbeit unter wesentlich veränderten Bedingungen und Interessen erfolgt. Veränderte Lernchancen und Lernmöglichkeiten in der Arbeit gehören zu den veränderten Bedingungen, die in dem ersten Beitrag dieses Kapitels von Peter Dehnbostel und Uwe Elsholz unter dem Titel *Lern- und kompetenzförderliche Arbeitsgestaltung – Chancen für die betriebliche Weiterbildung?* erörtert werden. Die Autoren zeigen zunächst die Gründe für die Wiederentdeckung des Lernens in der Arbeit auf und weisen auf die Chancen hin, die mit arbeitsplatzintegriertem Lernen verbunden sind. Andererseits werden die Risiken des Lernens in der Arbeit thematisiert, die u.a. in einer Verstärkung von Selektion und sozialer Ungleichheit bestehen können. Es werden Kriterien und Dimensionen zur Analyse und Konzepte zur Gestaltung lern- und kompetenzförderlicher Arbeit vorgestellt. Neuen Arbeits- und Weiterbildungsformen, die Arbeiten und Lernen systematisch verbinden, kommt dabei eine wichtige Rolle zu, ebenso wie der Lernprozessbegleitung in der Arbeit und beruflichen Entwicklungs- und Weiterbildungswegen. Abschließend wird nachdrücklich für eine Verschränkung von Arbeitsgestaltung und Weiterbildung plädiert, da die lern- und kompetenzförderliche Arbeitgestaltung über den Kompetenzerwerb auf die Weiterbildung verweist und in Wechselbeziehung zu dieser steht.

Aus der betrieblichen Praxis berichten Uwe Elsholz und Gerald Proß in ihrem Beitrag *Ausgewählte Ergebnisse der Evaluation einer betrieblichen Weiterbildungsinitiative in der chemischen Industrie – Ansätze für die Erschließung arbeitsbezogenen Lernens*. Es wird an Hand eines breit angelegten betrieblichen Konzepts gezeigt, wie aufgrund konkreter Arbeitsanforderungen arbeitsbezogene Lernarrangements entwickelt werden. Die Nähe zu den konkreten Arbeitsanforderungen hat innerbetrieblich bei den Beschäftigten und den Führungskräften wesentlich zur Akzeptanz der Weiterbildungsinitiative beigetragen. Aus der Perspektive des KomNetz-Projekts werden insbesondere arbeitsintegrierte Lernformen hervorgehoben, die im Unternehmen aus den Arbeitsanforderungen heraus entwickelt wurden. Ziel war dabei immer, dass die Beschäftigten mehr Hintergrund- und Prozesswissen erwerben sollten, um ihre Arbeit kompetenter und verantwortlicher wahrnehmen zu können. Einige dieser Lernformen werden exemplarisch vorgestellt und in ihren Merkmalen erläutert.

Auf diese Erkenntnisse baut ein Verfahren auf, das dieselben Autoren im *Konzept zur Erschließung von Kompetenzentwicklungsmaßnahmen in der Arbeit am Beispiel einer öffentlichen Verwaltung* darstellen. Das im KomNetz-Projekt entwickelte beteiligungsorientierte Verfahren nimmt Ergebnisse aus dem Themenfeld Begleitung und Beratung auf und verknüpft diese mit den Erkenntnissen zur Gestaltung arbeitsintegrierter Lernformen. Als Ergebnis ist ein Konzept zur systematischen Erschließung arbeitsbezogener Formen des Lernens entstanden, dessen pilothafte Umsetzung in einer Landesverwaltung dargestellt wird. Diese Umsetzung wird gerahmt durch die Beschreibung der Leitorientierungen des Konzeptes und seiner Grundkonzeption. Abschließend werden Möglichkeiten der Übertragung auf andere Branchen und Kontextbedingungen sowie Perspektiven der Weiterentwicklung des arbeitnehmerorientierten Verfahrens diskutiert.

Der Beitrag *Herausforderungen für die betriebliche Weiterbildung(sforschung) durch arbeitsintegrierte Lernformen* von Uwe Elsholz, Julia Gillen und Gabriele Molzberger richtet seinen Blick auf wissenschaftliche Desiderate und Herausforderungen der Bildungspraxis. Ausgehend von der zunehmenden Relevanz des Lernens in der Arbeit, die sich in vielerlei Forschungs- und Entwicklungsaktivitäten und -projekten manifestiert, werden Leerstellen aufgezeigt. Diese werden zunächst in der konzeptionellen Erschließung und begrifflichen Fassung von betrieblichen Lernformen gesehen. Mit der Gestaltung des Lernens in der Arbeit verändert sich auch die Rolle des betrieblichen Bildungspersonals, die nicht mehr ausschließlich in der Gestaltung von Seminaren besteht. Wie diese neue Rolle aber aussehen kann, die eine engere Zusammenarbeit mit einzelnen Fachabteilungen erfordert, scheint jedoch weitgehend ungeklärt. Zudem stellt die Frage der Dokumentation, Anerkennung und Zertifizierung dessen, was in solchen Lernformen gelernt wird, eine weiter zu bearbeitende Herausforderung dar. Mit den benannten Herausforderungen soll der Blick auf zukünftige Felder von Entwicklung und Forschung geöffnet werden.

Lern- und kompetenzförderliche Arbeitsgestaltung
Chancen für die betriebliche Weiterbildung?

Peter Dehnbostel, Uwe Elsholz

Die lern- und kompetenzförderliche Arbeitsgestaltung ist zu einem wichtigen Thema für Beschäftigte und Unternehmen geworden. Wie in der Einleitung zu diesem Kapitel beschrieben, tangiert es grundlegende individuelle, betriebliche und gesellschaftliche Interessenlagen. Lern- und kompetenztheoretisch verweist es zunächst auf die Grundstrukturen des Lernens in der Arbeit und dessen Stellenwert. Seit den 1980er Jahren wird von einer Renaissance des Lernens in der Arbeit gesprochen, auf die im folgenden Abschnitt 1 dieses Beitrags eingegangen wird. Chancen und Risiken des heute zum Teil kritiklos befürworteten Lernens in der Arbeit, das auch gegen eine organisierte Weiterbildung ins Feld geführt wird, diskutiert der Abschnitt 2. Die Erörterung von Kriterien und Gütemerkmalen der Analyse lernförderlicher Arbeit (3) sowie bestehender Ansätze und Konzepte lern- und kompetenzförderlicher Arbeitsgestaltung schließen sich an (4). Das Fazit (5) tritt für die Zusammenführung von Arbeitsgestaltung und betrieblicher Weiterbildung ein.

1.   Renaissance des Lernens in der Arbeit

Das Lernen in der Arbeit ist die älteste und am weitesten verbreitete Form beruflicher Qualifizierung. In Deutschland ist mit dem Aufkommen neuer Arbeits- und Organisationskonzepte seit den 1980er Jahren von einer Renaissance des Lernens in der Arbeit insofern zu sprechen, als diese Art des Lernens historisch zum Arbeitsleben gehörte und erst mit industriell und tayloristisch organisierten Arbeitsstrukturen an Bedeutung verloren hat, um nun wiederzukehren. Die Wiederentdeckung des Lernens in der Arbeit stellt in Deutschland eine Trendwende in der Entwicklung der Berufsbildung und der Weiterbildung dar (vgl. Dehnbostel 2005, S. 378f.).

Seit Beginn der industriellen Berufsausbildung im letzten Drittel des 19. Jahrhunderts wurde die berufliche Bildung bei gleichzeitiger Differenzierung zunehmend zentralisiert, systematisiert und reguliert. Die Berufsbildungs- und Qualifizierungsdiskussion ging bis weit in die 1980er Jahre von der Annahme weiterhin abnehmender Lernpotenziale und Lernchancen in der Arbeit aus, was im Zuge der Industrialisierung und Taylorisierung von Arbeit auch zutraf. Eine Qualifizierung in der Arbeit wurde aus didaktisch-methodischen, aber auch aus

arbeitsorganisatorischen und ökonomischen Gründen für immer weniger vertret-
bar gehalten. Demgegenüber bot sich die Qualifizierung in zentralen Bildungsstätten an: Hier konnte systematisch und ohne störende Auswirkungen auf den
Arbeitsablauf gelehrt und gelernt werden. Faktisch nahm das formelle und organisierte Lernen in der Berufsbildung stetig zu, was sich lernorganisatorisch und
strukturell u.a. in einem massiven Ausbau von betrieblichen, über- und außerbetrieblichen Bildungsstätten sowie von Bildungsgängen in berufsbildenden Schulen und auch im tertiären Bereich niederschlug.

Es zeigte sich allerdings, dass die Auslagerung des Lernens aus der Arbeit
die Kluft zwischen beruflicher Bildung und realer beruflicher Handlungsfähigkeit vergrößerte, dass sie zu Lern- und Motivationsproblemen bei Aus- und Weiterzubildenden führte. Zwar sind Imitation und Simulation wichtige und für viele
Arbeits-Lern-Situationen – seien sie hochkomplex oder sicherheitsgefährdend –
unerlässliche methodische Herangehensweisen, Betriebs- und Arbeitsrealitäten
können dadurch aber nicht ersetzt werden. Situations- und prozessbestimmte
moderne Arbeitsanforderungen sind immer weniger antizipierbar und simulier-
bar, eine umfassende berufliche Handlungskompetenz ist in zentralen Bildungseinrichtungen nur bedingt einlösbar.

Entscheidender aber als diese berufs- und betriebspädagogischen Argu-
mente sind die ökonomisch-betriebswirtschaftlichen Gründe für die Neubewer-
tung des Lernens in der Arbeit. Vor dem Hintergrund einer fortschreitenden
Wissens- und Dienstleistungsgesellschaft und der damit einhergehenden Verbreitung neuer Informations- und Kommunikationstechnologien, der Abnahme
manueller und der Zunahme wissensbasierter Arbeitstätigkeiten, greifen herkömmliche betriebliche Rationalisierungsformen zu kurz. Der Ressource Wissen
kommt für die Wertschöpfung eine immer wichtigere Rolle zu. Die ständig
wachsende Geschwindigkeit von ökonomischen, technologischen und soziokul-
turellen Veränderungen stellt Organisationen und Unternehmungen vor ständige
Anpassungs- und Innovationsanforderungen. Über kontinuierliches Lernen in
und von Organisationen sollen Innovation ermöglicht, Wissen aufgebaut und erweitert und letztlich Leistungs- und Wettbewerbsfähigkeit gestärkt werden. Lernen im Prozess der Arbeit und das darüber entstehende Wissen sind gegenwärtig
für viele Experten unterschiedlichster Disziplinen zur wichtigsten Produktivkraft
in einer zunehmend kundenorientierten und globalisierten Ökonomie geworden.

Praktisch schlagen sich die Renaissance und der Bedeutungszuwachs des
Lernens in der Arbeit in nahezu allen Bereichen der Berufsbildung und Weiterbildung nieder: In der außerbetrieblichen Berufsbildung, aber auch in allgemeinbildenden Schulen und in Hochschulen haben der Bezug auf das Medium Arbeit
und auf berufliche Inhalte zugenommen. In Unternehmen wird das selbstgesteuerte und erfahrungsbezogene Lernen im Prozess der Arbeit gefördert und dabei
zunehmend mit organisiertem Lernen verbunden. Für Kleinbetriebe wird das

Lernen in der Arbeit durch auftragsorientiertes Lernen und das Lernen in Verbünden und Netzwerken in Qualität und Breite erheblich verbessert. In Groß- und Mittelbetrieben wurden Qualifizierungszeiten am Arbeitsplatz erhöht und Arbeiten und Lernen integrierende Lernformen wie Qualitätszirkel und Lernstatt geschaffen. Aus unternehmensbezogener Sicht geht es bei all diesen Maßnahmen zur Stärkung des Lernens in der Arbeit vor allem darum, Verbesserungen und Optimierungen der Arbeitsorganisation, der Arbeitsprozesse und Arbeitsergebnisse zu fördern und voranzutreiben. Aus individueller und arbeitnehmerorientierter Sichtweise bestehen demgegenüber verstärkt Interessen an beruflichen Entwicklungs- und Aufstiegswegen.

2.   Chancen und Risiken des Lernens in der Arbeit

Lernen in der Arbeit ist analytisch nur interdisziplinär zu erfassen. In der Theorie wird es vorrangig von der Arbeitswissenschaft, der Organisations- und Arbeitspsychologie, der Betriebswirtschaftslehre und der Berufs- und Arbeitspädagogik thematisiert. In der betrieblichen Praxis wird das Lernen in der Arbeit vor allem unter fachlich-aufgabenbezogenen und personalwirtschaftlichen Gesichtspunkten gesehen, in größeren Betrieben spielen die Personal- und Organisationsentwicklung sowie arbeitspsychologische und arbeits- und berufspädagogische Gesichtspunkte und Konzepte eine wichtige Rolle. Mit der Entwicklung neuer Arbeits- und Organisationskonzepte erfolgt in wachsendem Maße eine bewusste Gestaltung des Lernens in der Arbeit, die institutionell und personell an Personal- bzw. Berufsbildungsabteilungen, Betriebs- und Personalräte, Bildungsträger und Lernagenturen sowie Unternehmens- und Qualifizierungsberater gebunden ist. Systematisch ist das Lernen in der Arbeit Teil der betrieblichen Bildungsarbeit als Einheit von Berufs- und Arbeitspädagogik, Personalentwicklung und Organisationsentwicklung (vgl. Dehnbostel in diesem Band, Teil 4).

Generell gilt, dass über das Lernen in der Arbeit informelles und Erfahrungslernen in besonderem Maße zur Geltung kommen und dies vor allem dann, wenn die Arbeit lern- und kompetenzförderlich gestaltet ist. Die Chancen des Lernens in der Arbeit für die berufliche und die Persönlichkeitsentwicklung werden insbesondere aus arbeits- und lernpsychologischer Sicht als konstitutiv angesehen (vgl. u.a. Hacker/Skell 1993; Wächter/Modrow-Thiel 2002). Diese Sichtweise korrespondiert mit dem Stellenwert von Arbeit und Beruf und dem darauf bezogenen Lernen in der Reformpädagogik und der klassischen Berufsbildungstheorie des frühen 20. Jahrhunderts (vgl. Gonon 2002, S. 104ff.). Lernen in der Arbeit wird danach als Teil des menschlichen Entwicklungsprozesses verstanden, als wesentlicher Beitrag zur Selbstverwirklichung des Menschen. Diese Auffassung wurde in der Reformpädagogik zum Teil mit einer idealistischen Auffassung über reale Arbeits- und Berufsbedingungen verbunden. Arbeit wurde per se als anthropologisch wertvoll angesehen. Demgegenüber sind individuelle Lern- und Entwicklungsmöglichkeiten in der Arbeit an reale Arbeitsbedingungen und Handlungsspielräume gebunden, die in Kriterien zur Analyse und zur Gestaltung lernförderlicher Arbeit zum Ausdruck kommen. In jedem Fall ist die Gestaltung der Bedingungen unter denen Arbeit geleistet wird, von elementarer persönlicher und gesellschaftlicher Bedeutung.

Beim Erfahrungslernen in der Arbeit werden Erfahrungen in Reflexionen eingebunden und führen zur Erkenntnis. Die Abfolge von Handlung – Erfahrung – Reflexion und deren kontinuierliche Fortführung unter Berücksichtigung vorheriger Erfahrungs- und Erkenntnisprozesse konstituiert den Prozess des Aufbaus von Erfahrungswissen. Erfahrungslernen ist zwar ein informelles, nicht-organisiertes Lernen, gleichwohl wird es in seinen Wirkungen eingeplant, und zwar vorwiegend aus Gründen betriebswirtschaftlicher Effizienz und Optimierung. Dabei resultiert der Bedeutungszuwachs des Erfahrungslernens wesentlich aus den zu engen Grenzen organisierter, formeller Lernprozesse. Über pädagogisch organisierte Lernprozesse kann nur ein Teil beruflicher Handlungskompetenz erworben werden. Untersuchungen zeigen, dass die Lern- und Entwicklungsprozesse, die dem tatsächlichen Arbeits- und Berufswissen von Fachkräften zugrunde liegen, überwiegend durch informelle Lernprozesse in der Arbeit bestimmt sind (vgl. Dehnbostel et al. 2003; Livingstone 1999). Allerdings sind Erfahrungslernen und der Erwerb von Erfahrungswissen in der Arbeit entscheidend davon abhängig, welche Erfahrungen in der Arbeit gemacht werden, welche sinnlichen, kognitiven, emotionalen und sozialen Prozesse stattfinden.

Aus bildungs- und gesellschaftspolitischer Sicht könnte das Lernen in der Arbeit der vorherrschenden und wachsenden Selektion in der Weiterbildung und der Weiterbildungsteilnahme begegnen. Denn das Lernen in der Arbeit erreicht einen größeren Personenkreis als die traditionelle berufliche Weiterbildung in Form von Seminaren und Kursen (vgl. Kuwan et al. 2006). Aus gewerkschaftspolitischer Sicht ist die Möglichkeit, in der Arbeit formale Bildungsabschlüsse und nicht vorhandene Bildung „aufzuholen", von besonderer Bedeutung. Eine repräsentative empirische Untersuchung zum Lernbewusstsein und -verhalten der deutschen Bevölkerung hat gezeigt, dass die konkreten Erfahrungen im Prozess der Arbeit in einem direkten Zusammenhang mit den aktuellen Lernkompetenzen der Befragten stehen (vgl. Baethge/Baethge-Kinsky 2004). Die Arbeit wirkt sich über Lernhandeln und Erfahrungsprozesse unmittelbar auf die Kompetenzentwicklung und die Lernkompetenzen aus. Bedeutsam ist zudem, dass diese Zusammenhänge unabhängig von früheren Sozialisationserfahrungen wirksam sind. Die Arbeit und das Lernen in der Arbeit können von daher als „zweite Chance" für diejenigen gesehen werden, die einen niedrigen Bildungs- und Ausbildungsstand haben. Eine lern- und kompetenzförderliche Arbeitsgestaltung trägt somit zum Erhalt und Ausbau der eigenen Lernfähigkeit und damit auch der Employability bei. Sie ist im Kontext der beruflich-betrieblichen Weiterbildung und einer präventiven Arbeitsmarktpolitik zu sehen, denn „der Kampf gegen Arbeitslosigkeit [...] beginnt nicht erst auf dem Arbeitsmarkt, sondern bereits in der Arbeit, im Betrieb" (ebd., S. 142).

Neben den Vorteilen und Chancen des Lernens in der Arbeit sind auch die problematischen Aspekte und Schwächen in den Blick zu nehmen. So kommt es in der betrieblichen Praxis vielfach eher zu einer Verstärkung sozialer Ungleichheit, da die Lernchancen in der Arbeit ungleich verteilt sind. Personen mit hoher Formalqualifikation erhalten sehr viel häufiger Arbeitsplätze, an denen gelernt werden kann als Personen mit geringem Qualifikationsgrad. Baethge und Baethge/Kinsky schlussfolgern:

> „Es könnte zu einer doppelten Privilegierung der Gruppen mit guter Ausbildung und lernförderlichen Arbeitsplätzen und einer doppelten Depravierung derjenigen kommen, die auf der Basis schlechter Ausbildung und wenig lernförderlicher Arbeitsumgebung die notwendigen Kompetenzen für lebenslanges Lernen nicht entwickeln bzw. nachholen können." (Ebd., S. 141)

Hierbei stellt sich allerdings zentral die in den nächsten Abschnitten diskutierte Frage, was unter „lernförderlichen Arbeitsplätzen" und „einer lernförderlichen Arbeitsumgebung" zu verstehen ist. Zunehmend setzt sich die Erkenntnis durch, dass die Lernförderlichkeit von Arbeit nicht hauptsächlich oder gar ausschließlich an scheinbar objektiven Gütekriterien gebunden ist, sondern wesentlich von individuellen und gruppenbezogenen Dispositionen abhängt.

Problematisch und letztlich der Weiterbildung widersprechend sind zudem Positionen und Konzepte, die das Lernen im Prozess der Arbeit überbetonen oder die Weiterbildung durch eine auf die Arbeit reduzierte Anpassungsqualifizierung an technische Veränderungen ersetzen wollen. Das Lernen in der Arbeit greift vielfach lern- und kompetenztheoretisch zu kurz, da es ohne eine gezielte Unterstützung zumeist situativ bleibt und nur eingeschränkt zur Komplettierung oder Erweiterung von Kompetenzen führt. Dies gilt besonders dann, wenn es sich um implizites Lernen handelt, also die Art von Erfahrungslernen, die nicht reflexiv erfolgt. Um erweitertes Wissen und Können zu generieren und zu einer umfassenden Kompetenzentwicklung beizutragen, bedarf es ergänzender Formen der Kontextualisierung, der Erfahrung und Reflexion des Gelernten. Lernen im Prozess der Arbeit ist immer im hohen Maße von den Arbeitsaufgaben und den Bedingungen der jeweiligen Arbeitssituationen abhängig. Erst Analysen zur Lernförderlichkeit von Arbeit geben Auskunft über die Güte des Lernens in der Arbeit.

3.   Kriterien zur Analyse lernförderlicher Arbeit

Wie eingangs angesprochen, wird eine lern- und kompetenzförderliche Arbeitsgestaltung in modernen Arbeitsprozessen bereits aus betrieblichen und ökonomischen Gründen angestrebt. Dem Lernen kommt bei der Durchführung von Ver-
besserungs- und Optimierungsprozessen, der Einführung eines modernen Wissensmanagements sowie der Qualitätssicherung und dem Qualitätsmanagement
eine zentrale Rolle zu. Das Lernen in der Arbeit und die Schaffung lernförderlicher Arbeitsbedingungen sind dabei stets mit Spannungen und Widersprüchen
verbunden. Denn die Tätigkeiten am Arbeitsplatz unterliegen betriebswirtschaftlichen Kriterien und Kalkülen, während arbeitnehmerorientierte und persönlich-
keitsbezogene Zielsetzungen vorrangig im Kontext einer humanorientierten Personalentwicklung und beruflicher Entwicklungs- und Aufstiegswege stehen.

Für die Analyse des Lernens und der Lernmöglichkeiten in der Arbeit haben
sich vor allem aus arbeits- und organisationspsychologischer, aber auch aus so-
ziologischer und betriebspädagogischer Sicht eine Reihe von Kriterien oder Dimensionen als tragfähig erwiesen, die in unterschiedlichen Facetten auch als Ge-
staltungsgesichtspunkte empfohlen werden (vgl. Baethge/Baethge-Kinsky 2004,
S. 92ff.; Bergmann 1996, S. 173ff.; Franke 1999, S. 61ff.). Zu nennen sind vor
allem Kriterien wie der Handlungsspielraum in der Arbeit, Partizipationschan-
cen, Problem- und Komplexitätserfahrung, Vollständigkeit und soziale Unterstützung sowie Kommunikations- und Kooperationsintensität. Im Sinne einer arbeitnehmerorientierten Weiterbildung und im Hinblick auf die Zielsetzungen
einer umfassenden beruflichen Kompetenzentwicklung und reflexiven Handlungsfähigkeit haben sich auch im Zuge der KomNetz-Forschungs- und Entwicklungsarbeit folgende Kriterien und Dimensionen als bedeutend herausgestellt:

(1)   Vollständige Handlung/Projektorientierung

Die Beschäftigten sollen mit Aufgaben konfrontiert werden, zu deren Erfüllung
möglichst viele Handlungsoperationen im Sinne einer „vollständigen Handlung"
erforderlich sind. Dazu gehören sowohl Vorbereitungs- und Organisationsschritte
als auch Kontrollschritte in Form von Rückkoppelungs- und gegebenenfalls Kor-
rekturprozessen. In jedem Fall ist die Begrenzung auf ein eingeschränktes Tätig-
keitsspektrum, das kaum Überblicks- und Zusammenhangswissen zulässt, zu
vermeiden. Wie bei der Projektmethode geht es dabei um ein ganzheitlich ange-
legtes Arbeitshandeln, um ein stark selbstgesteuertes Lernen von Einzelnen
ebenso wie von Gruppen.

(2)   Handlungsspielraum

Unter Handlungsspielraum sind die objektiven Freiheits- und Entscheidungsgrade
bei der Ausführung einer Arbeitsaufgabe zu verstehen, also die Menge der vor-

handenen Möglichkeiten, aufgabengerecht zu handeln. Diese hängen vor allem von den Partizipations- und Mitgestaltungschancen der Handelnden im Rahmen der Ablauf- und Aufbauorganisation ab, beispielsweise der Möglichkeit, Einfluss auf die Vorgehensweise bei der Arbeit zu nehmen, neue Wege sowie unterschiedliche Kooperationen erproben zu können. Je höher also die Freiheits- und Entscheidungsgrade, desto größer die Möglichkeiten für selbstgesteuertes Handeln.

(3)   Problem- und Komplexitätserfahrung

Mit Umfang und Vielschichtigkeit der jeweiligen Arbeitsaufgabe wachsen auch das Ausmaß erforderlicher Denkprozesse in der Arbeit und die Möglichkeiten, Problem- und Komplexitätserfahrung zu sammeln. Das Kriterium steht in deutlichem Zusammenhang mit denen des Handlungsspielraums und der vollständigen Handlung. Problem- und Komplexitätserfahrungen werden insbesondere erworben in Arbeitssituationen der Unbestimmtheit, der Vernetztheit und der Aufgabenvielfalt, die durch das Verfolgen mehrerer Ziele gekennzeichnet ist.

(4)   Soziale Unterstützung/Kollektivität

Für Anregungen und Hilfestellungen der Beschäftigten untereinander und von Seiten der Vorgesetzten spielen Kollektivität und Kommunikation eine wichtige Rolle. Diese hängen ihrerseits von den jeweiligen Arbeitsaufgaben und -formen, aber auch von der Unternehmenskultur ab. Gruppenarbeit bringt beispielsweise von vornherein Gemeinschaftlichkeit und ein hohes Maß an formellem und informellem Gruppenlernen mit sich. Über diese Gruppenlernprozesse wird Lernen von einem individuellen zu einem kollektiven Vorgang, wobei kollektive Lernprozesse durch individuelle Lernprozesse konstituiert werden und auf diese rückwirken.

(5)   Individuelle Entwicklung

Diese Forderung bezieht sich auf die Ausrichtung der jeweiligen Aufgaben an der Entwicklung des Individuums. Ziel ist es, weder zu unter- noch zu überfordern. Darüber hinaus soll jedem Beschäftigten ermöglicht werden, eigene Sicht- und Interpretationsweisen der Aufgaben sowie individuelle Arbeitsweisen zu entwickeln. Dies gewährleisten am ehesten Bedingungen, die eine weitgehende Partizipation und Mitgestaltung ermöglichen, und zwar auch an der Gestaltung von Lernarrangements und Lernwegen. Der Selbststeuerung als Erfahrungs- und Ermöglichungsraum kommt ein hoher Stellenwert zu.

(6)   Entwicklung von Professionalität

Für die Entwicklung der Professionalität in der Arbeit ist es charakteristisch, dass die Beschäftigten sich sowohl bei gegebenen Freiheitsgraden als auch unter restriktiven Arbeitsbedingungen in steigendem Maße erfolgreiche Handlungsstrategien zu Eigen machen. Rückkoppelungen und Erfahrungen verbessern stetig die berufliche Handlungsfähigkeit und Expertise des Einzelnen. Dieser Entwicklungsweg ist in Anlehnung an Dreyfus/Dreyfus (1987) als der Weg vom Novizen zum Experten zu bezeichnen.

(7)   Reflexivität

Wie in dem einleitenden Beitrag von Dehnbostel/Elsholz/Gillen dargestellt, wird unter Reflexivität sowohl die strukturelle Reflexivität als auch die Selbstreflexivität der Handelnden verstanden. Reflexivität in der Arbeit heißt, sowohl über Arbeitsstrukturen und -umgebungen als auch über sich selbst zu reflektieren. Reflexivität meint die bewusste, kritische und verantwortliche Bewertung von Handlungen auf der Basis von Erfahrungen und Wissen. Konkret bedeutet dies zunächst ein Abrücken vom unmittelbaren Arbeitsgeschehen, um Ablauforganisation, Handlungsabläufe und -alternativen zu hinterfragen und in Beziehung zu eigenen Erfahrungen und zum eigenen Handlungswissen zu setzen. Im realen Arbeitsvollzug liegt die reflexive Handlungsfähigkeit als Potenzial dem tatsächlichen reflexiven Handeln zugrunde.

In tabellarischer Form sind die referierten Kriterien folgendermaßen zusammenzufassen:

Bei diesen Kriterien steht die Selbststeuerung des Lernens für die Kompetenzentwicklung des Einzelnen und sozialer Gruppen im Mittelpunkt. Individu-

Tab. 1: Kriterien lern- und kompetenzförderlicher Arbeit

Kriterien/Dimensionen	Kurzcharakteristik
Vollständige Handlung/ Projektorientierung	Aufgaben mit möglichst vielen zusammenhängenden Einzelhandlungen im Sinne der vollständigen Handlung und der Projektmethode
Handlungsspielraum	Freiheitsgrade in der Arbeit, d.h. die unterschiedlichen Möglichkeiten kompetent zu handeln (selbstgesteuertes Arbeiten)
Problem-, Komplexitäts erfahrung	Ist abhängig vom Umfang und der Vielschichtigkeit der Arbeit, vom Grad der Unbestimmtheit und Vernetzung
Soziale Unterstützung/ Kollektivität	Kommunikation, Anregungen, Hilfestellungen mit und durch Kollegen und Vorgesetzte; Gemeinschaftlichkeit
Individuelle Entwicklung	Aufgaben sollen dem Entwicklungsstand des Einzelnen entsprechen, d.h. sie dürfen ihn nicht unter- oder überfordern
Professionelle Entwicklung	Verbesserung der beruflichen Handlungsfähigkeit durch Erarbeitung erfolgreicher Handlungsstrategien im Verlauf der Expertiseentwicklung (Entwicklung vom Novizen bis zum Experten)
Reflexivität	Möglichkeiten der strukturellen und Selbstreflexivität

elle und kollektive Selbststeuerung sind dabei nicht als Widerspruch, sondern als Ergänzung anzusehen.

Diese Kriterien können jedoch nicht per se als Gütekriterien gelten, denn ob sie das Lernen in der Arbeit fördern oder hemmen, ist auch von übergeordneten Gegebenheiten wie der Unternehmenskultur und der Ablauf- und Aufbauorganisation abhängig. Zudem sind die Kriterien in Beziehung zum Entwicklungsstand des Einzelnen zu setzen, denn wie das Beispiel „Handlungsspielraum" zeigt, kann dieser bei dem Einen lernförderlich wirken, bei dem Anderen hingegen lernhemmend, wenn zu große Spielräume zu Unsicherheit und Orientierungslosigkeit führen. Die Frage der Lern- und Kompetenzförderlichkeit der Arbeit unterliegt also nicht nur objektiven Kriterien der Lernpotenziale und Lernchancen, sondern ist immer auch in Abhängigkeit von personenseitigen Dispositionen zu sehen. Das Kriterium der individuellen Entwicklung ist in diesem Sinne als Meta-Kriterium anzusehen, aus dem heraus die Notwendigkeit erwächst, dem einzelnen Mitarbeiter Beratungs- und Begleitstrukturen zur Verfügung zu stellen.

Ähnliche Kriterien zur lernförderlichen Arbeitsgestaltung bestehen nach konstruktivistischer Auffassung (vgl. Reinmann-Rothmeier/Mandl 2001; Sonntag 1996, S. 63ff.). Es müssen bestimmte Freiheitsgrade beim Arbeits-Lern-Handeln bestehen, die sich unter anderem darin ausdrücken, dass neue Inhalte nicht als abgeschlossenes System erscheinen und der Lernende Steuerungs- und Kontrollprozesse übernimmt. Er muss eigene Erfahrungen machen und eigene Wissenskonstruktionen und Interpretationen vornehmen können. Die Freiheitsgrade sind bewusst wahrzunehmen, zu nutzen und zu gestalten. Voraussetzung hierfür ist, dass die Lernenden motiviert sind, an den Arbeits- oder Lernhandlungen Interesse haben oder entwickeln und in hohem Maße selbst gesteuert lernen. Dabei ist Lernen immer auch ein sozialer Prozess, in dem die Lernenden und ihre Handlungen interaktiv und soziokulturell beeinflusst werden. Zusammengefasst sind die Grundsätze für die aktive Gestaltung von Lernumgebungen nach diesem Konzept: Authentizität und Situiertheit, multiple Kontexte, multiple Perspektiven und sozialer Kontext.

4.   Konzepte zur Gestaltung lern- und kompetenzförderlicher Arbeit

Eine wichtige betriebliche Entwicklung in Richtung einer lern- und kompetenzförderlichen Arbeitsgestaltung zeigt sich in der Implementierung neuer Arbeits- und Weiterbildungsformen, die das Lernen mehr oder weniger systematisch einbeziehen und auf die die genannten Kriterien zum Teil zutreffen. In diesen neuen Organisationsformen finden sowohl Prozesse der Kompetenzentwicklung als auch Verbesserungs- und Innovationsprozesse statt, für die die Unternehmen erhebliche finanzielle Mittel bereitstellen. Das Beispiel der wöchentlichen Gruppensitzungen in mittleren und großen Unternehmen zeigt dies deutlich. Die hier ablaufenden kontinuierlichen Lernprozesse unterscheiden sich erheblich vom überkommenen betrieblichen Lernen, das hauptsächlich auf eine enge Anpassungsqualifizierung gerichtet ist. Ein genauerer Blick auf die betrieblichen Lernprozesse legt allerdings nahe, dass prinzipiell zwischen „Weiterbildungsformen" und „Arbeitsformen" zu unterscheiden ist (vgl. Dybowski 1999, S. 201ff.).

Während die Implementierung neuer Arbeitsformen wie Gruppenarbeit und Rotation eher eine indirekte Maßnahme zur lernförderlichen Arbeitsgestaltung darstellt, handelt es sich bei neuen Weiterbildungsformen in der Arbeit wie Coaching, Lerninseln, Communities of Practice und Kompetenzentwicklungsnetzwerke um Konzepte, die unmittelbar der lern- und kompetenzförderlichen Arbeitsgestaltung dienen. Sie zeichnen sich dadurch aus, dass sie gezielt formelles bzw. organisiertes Lernen einbeziehen und mit informellem bzw. Erfahrungslernen in der Arbeit verbinden. Ihnen ist gemeinsam, dass Arbeitsplätze und Arbeitsprozesse unter lernsystematischen und arbeitspädagogischen Gesichtspunkten erweitert und angereichert werden. Es wird bewusst ein Rahmen geschaffen, der das Lernen unter organisationalen, personalen und didaktisch-methodischen Gesichtspunkten unterstützt, fordert und fördert.

Konzeptionell ist die Erschließung und Gestaltung des Arbeitsorts als Lernort eine Methode zur Etablierung von Weiterbildungsformen bei gleichzeitiger gezielter Einlösung von Kriterien zur lern- und kompetenzförderlichen Arbeitsgestaltung (vgl. Dehnbostel 2003; 2005, S. 381f.). Es ist aber keine zwingende Methode, da Weiterbildungsformen und andere neue Lernorte im Betrieb (vgl. Elsholz/Molzberger 2005) auch ohne dieses systematische Vorgehen eingerichtet werden können. Wendet man die Methode an, dann umfasst die Erschließung den Prozess der Untersuchung, der Auswahl und Formierung des Arbeitsplatzes als Lernort. Unter Gestaltung ist die gezielte Herstellung lernförderlicher Strukturen, insbesondere durch personale Maßnahmen und hinreichende Ausstattungen zu verstehen. Ein anderes Beispiel für die Erschließung und Gestaltung des Arbeitsorts als Lernort ist das Qualifizierungskonzept der Arbeits- und Lernaufgaben, welches über die Auswahl und didaktische Aufbereitung von Arbeitsaufgaben die dazu gehörigen Arbeitsplätze als lernförderliche Lernumgebungen erschließt und gestaltet.

Ein weiterer Ansatz zur Gestaltung lernförderlicher Arbeit erfolgt über die Begleitung und Beratung der Qualifizierung und des Lernens in der Arbeit. Arbeit wird über die Lernprozessbegleitung vor allem dadurch lernförderlich, dass die Arbeitenden ihre Arbeit als Lernumgebung verstehen und oben dargestellte Kriterien konstruktiv gestaltend anwenden. Für die IT-Weiterbildung ist die Lernprozessbegleitung in diesem Sinne bisher konzeptionell am weitesten entwickelt worden (vgl. Rohs 2004, insbes. S. 138ff.). Für Klein- und Mittelbetriebe kommen Lernprozessbegleiter häufig von außen und nehmen ihre Rolle zumeist in Kooperation mit betrieblichen Vorgesetzten wahr. Sie haben vorrangig die Aufgabe der Prozess- und Entwicklungsbegleitung, wobei die besondere Herausforderung für sie darin liegt, Wissen und Können nicht über herkömmliche Seminarmethoden zu vermitteln, sondern selbstgesteuerte Arbeits- und Lernprozesse weitgehend zuzulassen und zu fördern. Es sind Lernsituationen und Lernmilieus zum Selbstlernen und zum größtenteils selbstständigen Erwerb von Fach-, Sozial- und Personalkompetenzen zu schaffen. An die Stelle bisherigen „Lehrens" und „Instruierens" treten hier Begleit-, Moderations- und Coachingaufgaben, die in Mittel- und Großbetrieben verstärkt von dazu ausgebildeten Gruppenleitern wahrgenommen werden. Diese Aufgaben verlangen vom bisherigen Trainer- und Weiterbildungspersonal eine grundlegende Umorientierung und eine Neudefinition ihrer Rollen (vgl. Kailer 2002; Schiersmann 1999, S. 207).

Die Schaffung individueller Entwicklungs- und Weiterbildungswege in der Arbeit ist zugleich auch als eine Maßnahme zur lern- und kompetenzförderlichen Arbeit anzusehen, zumal in modernen Unternehmen herkömmliche, auf eine tief gegliederte Hierarchie ausgerichtete betriebliche Karrieremuster und Aufstiegsperspektiven abgebaut worden sind. Horizontalen und diagonalen Entwicklungswegen kommt in modernen Arbeitsprozessen eine immer wichtigere Funktion zu. Die lernförderliche Arbeitsgestaltung ist eine wichtige Voraussetzung für ihre Realisierung. Im Rahmen betrieblicher Bildungsarbeit und Weiterbildung müssen zudem vermehrt Möglichkeiten eröffnet werden, die Arbeiten und Lernen kombinieren und berufliche Entwicklungsmöglichkeiten mit persönlichen Interessen und individuellen Kompetenz- und Erfahrungsprofilen stärker in Übereinstimmung bringen. Die zuvor beschriebenen Gestaltungsansätze für Weiterbildungsformen und die Begleitung und Beratung von Lernprozessen zeigen Wege dazu auf, im KomNetz-Projekt wurde ein weiterer Ansatz erprobt (vgl. Proß/Elsholz in diesem Band).

5.   Fazit: Arbeitsgestaltung und betriebliche Weiterbildung verbinden

Die Notwendigkeit und Wichtigkeit einer umfassenden lern- und kompetenzförderlichen Arbeitsgestaltung kommt eindeutig durch individuelle, betriebliche und gesellschaftliche Interessen deutlich zum Ausdruck. Aufgrund veränderter Formen der Arbeitsorganisation, der Arbeitsinhalte und Arbeitsplätze gilt es, bisherige Erkenntnisse und Analysen zur lernförderlichen Arbeit unter Einbeziehung der Diskussion um die Humanisierung der Arbeit aufzunehmen und weiterzuentwickeln. Wie aufgezeigt, umfassen Konzepte und Maßnahmen zur lern- und kompetenzförderlichen Arbeitsgestaltung die Schaffung neuer Weiterbildungsformen und qualifizierender Arbeits- und Lernaufgaben, die Lernprozessbegleitung in der Arbeit sowie die Herstellung von beruflichen Entwicklungs- und Weiterbildungswegen. Die lern- und kompetenzförderliche Arbeitsgestaltung ist somit unmittelbar mit der Weiterbildung verbunden. Wie die Erfahrungen mit tarifvertraglich vereinbarten Qualifizierungen in jüngster Zeit deutlich zeigen, erweist sich diese Verbindung besonders für die betriebliche Weiterbildung als unabdingbar notwendig. Eine arbeitsintegrierte Qualifizierung ohne arbeitsgestaltende Maßnahmen scheint sich als weitgehend wirkungslos herauszustellen. Wie im ersten Eckpunkt der Konzeption einer arbeitnehmerorientierten Weiterbildung betont (vgl. Dehnbostel/Elsholz/Gillen in diesem Band), geht es vor allem um eine Zusammenführung der bisher sowohl wissenschaftlich als auch betrieblich-praktisch weitgehend getrennten Perspektiven von Arbeitsgestaltung und Weiterbildung (vgl. Bahnmüller et al. 2006, S. 77). Wie die Konzeption einer arbeitnehmerorientierten Weiterbildung insgesamt zeigt, ist anstelle einer Verbindung besser von einem Ineinandergreifen oder einer Integration von Arbeitsgestaltung und betrieblicher Weiterbildung zu sprechen. Hierin besteht ein zukunftsorientierter Weg, Arbeiten und Lernen sowie betriebliches Arbeitshandeln und betriebliche Strukturen in eine fruchtbare Wechselbeziehung zu bringen. Vieles spricht für die These, dass erst durch die Verbindung von Arbeitsgestaltung und Weiterbildung ein Kompetenzerwerb in und durch die Arbeit in einem nachhaltigen Sinne wirksam wird.

Literatur

Baethge, M.; Baethge-Kinsky, V. (2004): Der ungleiche Kampf um das lebenslange Lernen: Eine Repräsentativ-Studie zum Lernbewusstsein und -verhalten der deutschen Bevölkerung. In: edition QUEM, Studien zur beruflichen Weiterbildung im Transformationsprozess, Band 18 (hrsgg. von der Arbeitsgemeinschaft Betriebliche Weiterbildungsforschung e.V.). Münster u.a.O.

Bahnmüller, R.; Fischbach, S.; Jentgens, B. (2006): Was nützen und was bewirken Qualifizierungstarifverträge? In: WSI-Mitteilungen, Jg. 59/Heft 2, S. 71-78

Bergmann, B. (1996): Lernen im Prozess der Arbeit. In: Arbeitsgemeinschaft Betriebliche Weiterbildungsforschung e.V./Projekt QUEM (Hg.): Kompetenzentwicklung '96: Strukturwandel und Trends in der betrieblichen Weiterbildung. Münster u.a.O., S. 153-262

Dehnbostel, P. (2003): Neue Konzepte zum Lernen im Prozess der Arbeit: Den Arbeitsplatz als Lernort erschließen und gestalten. In: Grundlagen der Weiterbildung, GdWZ, Jg. 13/ Heft 1, S. 5-9

Dehnbostel, P. (2005): Lernumgebungen gestalten. In: Rauner, F. (Hg.): Handbuch Berufsbildungsforschung. Bielefeld, S. 378-383

Dehnbostel, P.; Molzberger, G.; Overwien, B. (2003): Informelles Lernen in modernen Arbeitsprozessen – dargestellt am Beispiel von Klein- und Mittelbetrieben in der IT-Branche. Berlin

Dreyfus, H. L.; Dreyfus, St. E. (1987): Künstliche Intelligenz. Von den Grenzen der Denkmaschine und dem Wert der Intuition. Reinbek

Dybowski, G. (1999): Betriebliche Innovations- und Lernstrategien. Implikationen für berufliche Bildungs- und betriebliche Personalentwicklungsprozesse. Bielefeld

Elsholz, U.; Molzberger, G. (2005): Neue Lernorte im Betrieb. Herausforderung für die Berufs- und Betriebspädagogik?! In: bwp@ Nr. 9 (Online: http://www.bwpat.de/ausgabe9/elsholz_molzberger_bwpat9.shtml)

Franke, G. (1999): Erfahrung und Kompetenzentwicklung. In: Dehnbostel, P.; Markert, W.; Novak, H. (Hg.): Erfahrungslernen in der beruflichen Bildung – Beiträge zu einem kontroversen Konzept. Neusäß, S. 54-70

Gonon, Ph. (2002): Arbeit, Beruf und Bildung. Bern

Hacker, W.; Skell, W. (1993): Lernen in der Arbeit. Berlin, Bonn

Kailer, N. (2002): Entwicklungstrends in der betrieblichen Personalentwicklung führen zu neuen Anforderungen an Führungskräfte und PE-Experten. Vom Seminarwesen zur arbeitsintegrierten Kompetenzentwicklung. In: Grundlagen der Weiterbildung, GdWZ, Jg. 13/Heft 1, S. 34-37

Kuwan, H.; Bilger, F.; Gnahs, D.; Seidel, S. (2006): Berichtssystem Weiterbildung IX. Integrierter Gesamtbericht zur Weiterbildungssituation in Deutschland (durchgeführt im Auftrag des Bundesministeriums für Bildung und Forschung). Bonn, Berlin

Livingstone, D. (1999): Informelles Lernen in der Wissensgesellschaft. In: QUEM-Report (hrsgg. von der Arbeitsgemeinschaft Betriebliche Weiterbildungsforschung e.V./Projekt QUEM), Heft 60, S. 65-92

Reinmann-Rothmeier, G.; Mandl, H. (2001): Lernen in Unternehmen: Von einer gemeinsamen Vision zu einer effektiven Förderung des Lernens. In: Dehnbostel, P.; Novak, H.; Erbe, H.-H. (Hg.): Berufliche Bildung im lernenden Unternehmen. Zum Zusammenhang von betrieblicher Reorganisation, neuen Lernkonzepten und Persönlichkeitsentwicklung (2. durchges. Auflage). Berlin, S. 195-216

Rohs, M. (2004): Lernprozessbegleitung als konstitutives Element der IT-Weiterbildung. In: Rohs, M.; Käpplinger, B. (Hg.): Lernberatung in der beruflich-betrieblichen Weiterbildung. Münster u.a.O., S. 133-158

Schiersmann, Chr. (1999): Veränderungen der Funktion und Aufgaben des Weiterbildungspersonals vor dem Hintergrund prozessorientierter beruflicher Weiterbildung. In: Arnold, R. et al. (Hg.): Erwachsenenpädagogik – Zur Konstitution eines Faches. Baltmannsweiler, S. 202-211

Sonntag, K. (1996): Lernen im Unternehmen. Effiziente Organisation durch Lernkultur. München

Wächter, H.; Modrow-Thiel, D. (2002): Arbeitsgestaltung als Personalentwicklung. Arbeitsanalyse und die Kritik gängiger Konzeptionen von Personalentwicklung. In: Moldaschl, M. (Hg.): Neue Arbeit – Neue Wissenschaft von Arbeit? Heidelberg, S. 365-382

Ausgewählte Ergebnisse der Evaluation einer betrieblichen Weiterbildungsinitiative in der chemischen Industrie

Ansätze für die Erschließung arbeitsbezogenen Lernens

Uwe Elsholz, Gerald Proß

1. Einleitung

Ein wesentlicher Aspekt der Lernförderlichkeit von Arbeit ist aus gewerkschaftlicher Perspektive der enge Zusammenhang von Arbeitsbedingungen mit dem Erhalt und Ausbau der Lernfähigkeit der Beschäftigten (vgl. Baethge/Baethge-Kinsky 2004). Damit wird die lern- und kompetenzförderliche Gestaltung von Arbeit zu einem strategischen Element präventiver Arbeitsmarktpolitik im Betrieb und Aufgabe für Gewerkschaften und Betriebsräte (vgl. Baethge 2005; ver.di 2005).

Im Zuge der Veränderungen betrieblicher Bildungsarbeit gewinnen arbeitsbezogene Formen des Kompetenzerwerbs zunehmend an Bedeutung (vgl. Dehnbostel 2001; Dehnbostel et al. 2005). Im Rahmen der Arbeiten des KomNetz-Projekts ergab sich die Möglichkeit, eine Weiterbildungsinitiative in einem Unternehmen der chemischen Industrie zu evaluieren, bei der arbeitsbezogene Formen des Lernens eine wichtige Rolle gespielt haben. Für die folgende Darstellung sind dabei besonders die Aspekte hervorgehoben, die diese Formen des Lernens betreffen.

Vor diesem Hintergrund werden zunächst Ausgangspunkt und Durchführung der betrieblichen Weiterbildungsinitiative beschrieben (Kap. 2). Anschließend werden Ziele und Vorgehen bei der Evaluation erläutert (Kap. 3). In der Darstellung ausgewählter Ergebnisse zeigen sich Hinweise darauf, wie betriebliche Akteure die Qualifizierungsmaßnahmen, die sich aus den konkreten Arbeitsanforderungen ergeben haben, wahrnehmen und diese bewerten (Kap. 4).

Aus der Perspektive des KomNetz-Projekts waren insbesondere die arbeitsintegrierten Lernformen von Interesse, die im Zuge der Weiterbildungsinitiative entwickelt und durchgeführt wurden. Es werden daher exemplarisch einige der Lernformen vorgestellt und Gemeinsamkeiten heraus gearbeitet (Kap. 5). Abschließend erfolgen eine zusammenfassende Einordnung und die Ausführung weiterer Herausforderungen (Kap. 6).

2. Ausgangssituation und Beschreibung der Weiterbildungsinitiative

Äußerer Anlass für die verstärkten Aktivitäten des Unternehmens in der Weiterbildung war zunächst die Erkenntnis, dass eine mangelnde Produktqualität in direktem Zusammenhang mit unzureichenden Qualifikationen der Mitarbeiter gebracht wurde. In dem Großunternehmen der chemischen Industrie mit mehreren tausend Mitarbeitern wurde es durch einen unfallbedingten Produktionsausfall notwendig, Bestandteile der Produktion an einen anderen Standort zu verlagern. Die dortigen Mitarbeiter, die bisher andere verfahrenstechnische Aufgaben zu bewältigen hatten, waren jedoch nicht in der Lage, die neuen Produktionsbestandteile mit hinreichender Qualität durchzuführen. Diese Qualitätsmängel wurden daher mit der mangelnden Flexibilität bzw. Qualifikation der Beschäftigten in Verbindung gebracht und waren der konkrete Anlass für den Start der betrieblichen Weiterbildungsinitiative.

Den betrieblichen Sozialpartnern erschien zur Verbesserung der Qualifikationen und Kompetenzen der Mitarbeiter, die in der Regel über den Berufsabschluss des Chemikanten verfügen, eine Strategie der arbeitsbezogenen Qualifizierung der Produktionsmitarbeiter am Erfolgversprechendsten. Dies auch vor dem Hintergrund, dass in dieser Beschäftigtengruppe ein größerer Anteil älterer und lernungewohnter Mitarbeiter beschäftigt ist und traditionelle Formen der seminaristischen Weiterbildung nicht angemessen erschienen.

Der Betriebsrat, der durch einen Tarifvertrag in der chemischen Industrie (vgl. IG BCE/BAVC 2004) für das Thema Qualifizierung besonders sensibilisiert war, zeigte ein großes Interesse für Qualifizierungsfragen und begleitet den gesamten Prozess der Weiterbildungsinitiative. Er sieht darin über die konkrete Verbesserung der Produktqualität hinaus einen Beitrag zur Erhöhung der betriebsinternen Flexibilität der Mitarbeiter und damit auch eine Form der Standort- und Arbeitsplatzsicherung.

Die konzeptionelle Umsetzung der Weiterbildungsinitiative erfolgte federführend durch Mitarbeiter der betrieblichen Bildungsabteilung, jeweils in enger Kooperation mit einzelnen Produktionsbetrieben des Unternehmens.

Für die Durchführung der betriebsintern „Qualifizierungsoffensive (QO)" genannten Weiterbildungsinitiative wurde zunächst eine Konzeption entwickelt, deren fünf Schritte wie nachfolgend dargestellt, aufeinander aufbauen (vgl. Abb. 1):

1. Als erster Schritt der Umsetzung wird eine genaue *Auftragsklärung* zwischen der Bildungsabteilung und dem Leiter des jeweiligen Produktionsbetriebs vorgenommen. Dieser hat für die Durchführung der Weiterbildungsinitiative auch die Kostenverantwortung und ist somit der interne „Kunde" der Bildungsabteilung. Hier wird ein Zeit- und Projektplan verabredet und es werden Verantwortlichkeiten für die Umsetzung im jeweiligen Bereich geklärt.

Abb. 1: Ablauf der Weiterbildungsinitiative

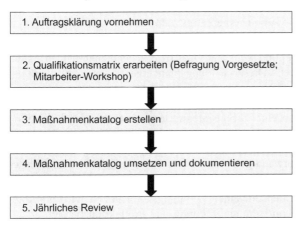

2. Im zweiten Schritt wird von der Bildungsabteilung für den entsprechenden Unternehmensbereich eine *Qualifikationsmatrix* erarbeitet, die die hier benötigten Qualifikationen der Mitarbeiter abbilden soll. Die Qualifikationsmatrix baut in ihrer Grundstruktur auf dem Berufsbild des Chemikanten auf, und wird bezogen auf die Aufgaben des jeweiligen Produktionsbetriebes spezifiziert. In ihr lassen sich die relevanten Qualifikationen eines Chemikanten und die konkreten Aufgaben in diesem Betrieb ablesen. Für ihre Erstellung wird zunächst der direkte Vorgesetzte, in der Regel der zuständige Meister, anhand eines von der Bildungsabteilung entwickelten Leitfadens befragt, welche Qualifikationen aus seiner Sicht von den Mitarbeitern in seinem Bereich benötigt werden. Anschließend wird durch die Bildungsabteilung ein Entwurf einer Qualifikationsmatrix erstellt. Dieser Entwurf wird dann im Rahmen eines Workshops einer Auswahl der betroffenen Mitarbeiter des Produktionsbetriebes vorgestellt. Sie können aufgrund ihrer konkreten Arbeitserfahrung den Entwurf der Qualifikationsmatrix überprüfen sowie Änderungsvorschläge und Erweiterungen einbringen.

Die Matrix enthält in ihrem Kopfteil eine Festlegung von Oberbegriffen, die in der darunter liegenden Zeile auf betriebliche Anforderungen bezogen werden. Diese wiederum werden in weiteren Spalten für die einzelnen Prozessschritte präzisiert.

Ein Beispiel aus einer Qualifikationsmatrix: Unter dem

- *Oberbegriff* „Umgang mit Arbeitsgeräten einschließlich Pflege und Wartung" werden als
- *betriebliche Anforderungen* formuliert: „Bedienung von Geräten", „Ordnung und Sauberkeit im Betrieb", „Dokumentierte Überprüfung der Anlage".

–   Der *Prozessschritt* „Lösung ansetzen" wird dann mit den konkreten Anfor-
    derungen, „pH-Messgerät bedienen können" und „Waage und pH-Messge-
    rät kalibrieren können" auf einzelne Tätigkeiten herunter gebrochen.

3. Auf der Grundlage der so festgestellten Anforderungen werden von den Mitarbeitern der Bildungsabteilung konkrete Qualifizierungsmaßnahmen in einem
Bildungsplan vorgeschlagen. Dieser Bildungsplan ergänzt die Qualifikationsmatrix.

Der Vorschlag der Bildungsabteilung zu den Anforderungen in dem genannten Beispiel war es, in einer arbeitsintegrierten Lernform (innerbetrieblich
„Vor-Ort-Schulung" genannt) den Umgang mit Waagen, Wägevorgänge und
pH-Messungen praktisch unter Anleitung durchzuführen, um dabei neben der
konkreten Handhabung notwendiges Hintergrundwissen z.B. über die Kalibrie-
rung zu erwerben.

4. Der Bildungsplan mit den einzelnen Schulungsmaßnahmen wird anschließend in Zusammenarbeit von Bildungsabteilung und Produktionsbereich umgesetzt. Die Durchführung der einzelnen Schulungen wird prozessbegleitend EDV-
gestützt dokumentiert.

5. In einem jährlichen Reflexionsgespräch (Review) werden mit den Betriebs-
leitern und den zuständigen Meistern die Umsetzung der vereinbarten Maßnahmen und mögliche Hindernisse reflektiert. Zudem werden hier Anpassungen in
der Qualifikationsmatrix vorgenommen, die durch neue Anforderungen, Veränderungen der Prozessabläufe oder neue Techniken und Maschinen notwendig
erscheinen.

Die konkrete Durchführung der hier konzeptionell beschriebenen Weiterbildungsinitiative und insbesondere die Umsetzung von Qualifizierungsmaßnahmen unterscheiden sich in den einzelnen Produktionsbereichen jedoch zum Teil
erheblich. Dies war auch einer der Gründe für das Interesse der betrieblichen
Akteure an einer externen Evaluation. Zum Zeitpunkt der nachfolgend beschriebenen Evaluation der Weiterbildungsinitiative hatte ein Unternehmensstandort
mit ca. 600 Mitarbeitern das Prozedere komplett durchlaufen. Mit der Übertragung auf das weitaus größere Hauptwerk war begonnen worden.

3.   Ziele und Vorgehen bei der Evaluation

Zwischen KomNetz und den Projektverantwortlichen des Unternehmens (Bildungsabteilung und Betriebsrat) wurde vereinbart, eine Evaluation der Weiterbildungsinitiative durchzuführen. Ziel war es, Besonderheiten hinsichtlich der
unterschiedlichen Umsetzung in einzelnen Produktionsbereichen zu beleuchten

sowie Antworten zu gemeinsam vereinbarten Fragestellungen zusammenzutragen. Diese richteten sich in ihrem Hauptfokus insbesondere auf Aspekte des wahrgenommenen *Nutzens* der Weiterbildungsinitiative durch die Beteiligten – die Mitarbeiter als direkt Betroffene, die zuständigen Meister als Umsetzungsverantwortliche und die Bereichsleiter als unternehmensinterner Auftraggeber und Kostenträger. Diesbezüglich sollten Verbesserungsmöglichkeiten und Transferbedingungen auf andere Unternehmens- und Tätigkeitsbereiche herausgearbeitet werden, weswegen wir sowohl nach der konkreten Umsetzung des Vorhabens gefragt und zum anderen Einschätzungen und Bewertungen hinsichtlich der Stärken und Schwächen erhoben haben.

Methodisch wurde zunächst eine Dokumentenanalyse vorhandener Materialien über das Weiterbildungsprojekt durchgeführt. Dazu wurden Präsentationen sowie die eingesetzten Instrumente (Fragebögen; Qualifizierungsmatrix) einbezogen. Auf dieser Grundlage und unter Berücksichtigung der leitenden Fragestellungen wurden Expertengespräche mit den verantwortlichen Organisatoren und Begleitern des Weiterbildungsprojekts geführt. Auf der Grundlage dieser fünf Interviews mit einem Betriebsrat und vier Mitarbeitern der Abteilung Bildung wurde dann ein Interviewleitfaden für 16 qualitative Interviews erstellt. Die Interviewleitfäden wurden auf der Grundlage von Präsentationen zur Qualifizierungsoffensive erstellt und mit dem Betriebsrat und dem Bereich Bildung abgestimmt (vgl. Lamnek 1995).

Die Interviews wurden mit den Beteiligten aus vier Betrieben durchgeführt:

- acht Produktionsmitarbeiter,
- vier Meister als deren direkte Vorgesetzte, die in erster Linie für die konkrete Erstellung der Qualifizierungsmatrix und deren Umsetzung verantwortlich sind, sowie
- vier Betriebsleiter, die im Unternehmen offizielle Auftraggeber für die Durchführung des Projekts in den einzelnen Produktionsbetrieben waren.

Die Interviews hatten eine Länge zwischen 25 und 90 Minuten und wurden im Mai/Juni 2005 von den Verfassern durchgeführt. Alle Interviews wurden vollständig transkribiert und dabei anonymisiert. Die weitere Auswertung erfolgte computergestützt mit Hilfe des Programms MAXQDA (vgl. Kuckartz 1999).

4. Ausgewählte Ergebnisse der Evaluation

Die Evaluation sollte Stärken und Schwachpunkte der Weiterbildungsinitiative aufzeigen und den betrieblichen Akteuren einen besseren Einblick darüber geben, wie denn die Qualifizierungsmaßnahmen in den Augen der Betroffenen wirken. Neben Aspekten, die die konkrete Umsetzung der Weiterbildungsinitiative in einzelnen Unternehmensbereichen betrafen und die daher hier nicht wiedergegeben werden, zielte eine wesentliche Fragestellung der Evaluation auf den erlebten Nutzen. Um den unterschiedlichen Akteuren und ihren Perspektiven gerecht zu werden, haben wir dazu getrennt nach dem Nutzen für die Mitarbeiter, nach dem Nutzen für die Vorgesetzen und dem Nutzen für das Gesamtunternehmen gefragt. Dahinter steht die Vermutung, dass es für die erfolgreiche Durchführung einer Weiterbildungsinitiative notwendig ist, erkennbare Vorteile für die verschiedenen Gruppen und Akteure zu erzielen. Im Einzelnen konnten dabei folgende Nutzenaspekte identifiziert werden:

Die befragten *Mitarbeiter* haben sich insgesamt äußerst positiv zu der Weiterbildungsinitiative geäußert. Auf die Frage nach ihrem eigenen Nutzen wurde die inhaltliche Vermittlung von Hintergrundwissen über Aspekte, die die eigene Arbeitstätigkeit betreffen, hervorgehoben. Dies erhöhe das Verständnis für vor- und nachgelagerte Prozesse und erhöhe die Selbstständigkeit in der Arbeit, bringe Zeitersparnis und führe letztlich zu mehr Verantwortungsübernahme der Mitarbeiter. Die Mitarbeiter gaben zudem an, über die Qualifikationsmatrix eine erhöhte Transparenz hinsichtlich der Qualifikationsanforderungen in der Abteilung zu erlangen, so dass es besser möglich sei, die eigenen Qualifikationen im Vergleich dazu besser einschätzen zu können. Durch die Schulungen werde der Wissensstand der Beschäftigten einander angeglichen, so dass sich die Zusammenarbeit verbessert habe und als „harmonischer" bezeichnet wurde.

Die *Vorgesetzten*, in der Regel Meister, waren in der Beurteilung ihres Nutzens durch die Weiterbildungsinitiative weitgehend gleicher Ansicht. Die Systematisierung und Transparenz der Arbeitsanforderungen, die über die Qualifikationsmatrix hergestellt wird, wurden besonders hervorgehoben. Dadurch gelänge ein schnellerer Überblick über die Qualifikationen der Mitarbeiter, so dass die flexiblere Besetzung von Arbeitsplätzen durch kompetente Mitarbeiter erleichtert werde und so der Ausfall eines Mitarbeiters durch Urlaub oder Krankheit besser ausgeglichen werden könne. Zudem werde durch den gesamten Prozess der Erstellung der Qualifikationsmatrix die Notwendigkeit der Reflexion über Arbeitstätigkeiten unterstützt. Einarbeitungsprozesse erhalten Struktur und Handhabungen, die von verschiedenen Mitarbeitern unterschiedlich durchgeführt wurden, könnten besser miteinander abgestimmt werden. Mitarbeiter, die durch verbessertes Wissen mitdenken und Verantwortung übernehmen, helfen auch den Vorgesetzten, wie herausgestellt wird:

„Bei den Mitarbeitern hat sich ganz klar, [...] verändert, dass die Leute deutlich überblicken, was wir von ihnen verlangen und sich auch darauf einlassen. Vorher war es öfter eine Überzeugungssache, einen Mitarbeiter dazu zu bringen, das zu tun, was man von einem will. Heute ist es eher so, dass man schon häufiger in der Lage ist, einfach mal das Ziel vorzugeben und zu sagen, da musst du hin. Und die Leute überlegen selber, wie sie dahin kommen." (22;47)

Das Unternehmen als Ganzes erhält nach Einschätzung der meisten Befragten ebenfalls deutliche Vorteile durch die Weiterbildungsinitiative. Auch hier werden die höhere Flexibilität und die bessere Einsetzbarkeit gut qualifizierter Mitarbeiter und darüber hinaus auch die Möglichkeit einer vorausschauenden Personalplanung als Nutzen gesehen. Ökonomische Vorteile entstehen durch eine verbesserte Qualität der Produkte und vor allem die Vermeidung von Fehlern und Störungen im Betriebsablauf, ein gerade in der chemischen Industrie bedeutender Faktor.

Zusammengefasst ergibt sich für die Befragten eine „Win-Win-Situation" für Mitarbeiter, Vorgesetzte und für das Unternehmen. Dies kommt besonders durch eine Einschätzung eines Bereichsleiters zur Situation vor der Durchführung der Weiterbildungsinitiative zum Ausdruck:

> „Qualifizierte, motivierte Mitarbeiter – es dient auch der Herausbildung von Partnerschaften. Über diese erhöhte Transparenz sagen oder signalisieren wir doch, wir gehen offen und ehrlich um, wir legen alle Pläne auf den Tisch. Nicht so wie früher, wo irgendwelche Entwicklungspläne in irgendwelchen Aktenschränken weggeschlossen waren. Es durfte keiner sehen – also Geheimnis, um-Gottes-Willen, top-secret. Offenheit, Ehrlichkeit, Partnerschaftlichkeit, Transparenz, Zufriedenheit und Motivation, das sind die Dinge, die ich damit verbinde." (31;80)

Unterschiede in der Wahrnehmung zeigten sich allerdings bezüglich der Frage, inwiefern die Weiterbildungsinitiative auch als Form der Arbeitsplatzsicherung gesehen wurde. Eine erhöhte betriebliche Flexibilität und damit Verbesserung der Beschäftigungsfähigkeit wurde von den Mitarbeitern selbst nicht explizit als Nutzen benannt. Doch alle anderen befragten Gruppen (Meister, Bereichsleiter, Bildungsabteilung und Betriebsrat) haben die höhere Arbeitsplatzsicherheit durch besser qualifizierte Mitarbeiter ausnahmslos betont. Hier zeigt sich ein Wahrnehmungsunterschied hinsichtlich der von den anderen Akteuren postulierten präventiven arbeitsmarktpolitischen Wirkung der Weiterbildungsinitiative bei den Produktionsmitarbeitern.

Aus der Perspektive der Weiterbildung erwiesen sich die so genannten Bildungstage als besonders erfolgreiches Element im Rahmen der Weiterbildungsinitiative. Diese wurden als zusätzliche, bezahlte Schicht für alle beteiligten Mitarbeiter zweimal jährlich durchgeführt. Dieses Vorgehen spricht die Mitarbeiter eher an als frühere Unterrichtungen, die an die Schicht angehängt wurden und bei denen daher weniger Konzentration möglich war. Die Bildungstage werden ebenso zur Verbindung von Theorie und Praxis genutzt, indem darin auch die so genannte „Vor-Ort-Bildung" stattfindet, bei der nicht im Schulungsraum, sondern nah am Arbeitsprozess gelernt wird (Beispiele siehe Kap. 4). Damit soll sowohl das unmittelbare Arbeitshandeln kompetenter möglich werden als auch die Einarbeitung an neuen Maschinen oder in neue Verfahren erleichtert werden.

Festzuhalten bleibt hier, dass die zur Verfügungstellung von Bildungszeit durch das Unternehmen ein Erfolgskriterium der Weiterbildungsinitiative ist, also auch dieses arbeitsbezogene Lernen explizit ausgewiesene Lernzeiten benötigt, um erfolgreich zu sein. Eine besondere Rolle kommt den vorgesetzten Meistern zu. In den Interviews zeigte sich, dass der Zusammenhang zwischen einzelnen Maßnahmen oder den Bildungstagen als zentrale Bestandteile der Weiterbildungsinitiative mit abnehmender Stellung in der Hierarchie weniger gesehen wurde. Dadurch sind die Vorgesetzten in zweifacher Hinsicht gefordert. Zum einen wird deutlich, dass die Befürwortung und aktive Unterstützung durch die Bereichsleiter und Meister eine Grundvoraussetzung für den Erfolg der Initiative ist. Zum andern liegt hierin aber auch die Chance, durch eine stärkere Beteiligung der Produktionsmitarbeiter deren reflexive Handlungsfähigkeit (vgl. KomNetz 2006, S. 136) hinsichtlich der eigenen Qualifikation und Kompetenzentwicklung zu stärken. Eine größere Beteiligung der Mitarbeiter (was auch Freiheitsgrade bei Entscheidungen über die eigene Weiterbildung in den Blick nimmt) ist unseres Erachtens ein entscheidender Punkt für die Nachhaltigkeit und den langfristigen Erfolg einer solchen Weiterbildungsinitiative.

5.   Lernen im Prozess der Arbeit

Die von betrieblicher Seite so genannte „Vor-Ort-Bildung" war aus der Perspektive des KomNetz-Projekts von besonderem Interesse, da hier ein Lernen nah an den Arbeitsprozessen ermöglicht wurde und Weiterbildung jenseits von Seminaren und Kursen gezielt erschlossen wurde. Nachfolgend werden daher zunächst zwei Beispiele dieser Lernformen dargestellt und anschließend gemeinsame Merkmale benannt. Im Rahmen der durchgeführten Evaluation wurden zudem Aspekte der Weiterentwicklung solcher Lernformen auf betrieblicher Ebene herausgearbeitet, um die Potenziale arbeitsbezogenen Lernens noch besser zu nutzen.

5.1   Beispiele und Merkmale arbeitsintegrierter Lernformen

Ein erstes Beispiel bezieht sich auf die Exkursion in ein betriebsinternes Klärwerk. Störfälle, aber auch kleinere Abweichungen im Produktionsbetrieb, können in der chemischen Industrie an anderer Stelle der Prozesskette schädliche Folgen haben, ohne dass dies den Bedienmannschaften unmittelbar bewusst wird. Ein solches Beispiel ist die Belastung von Abwasser mit Schadstoffen und die damit zusammenhängenden Probleme, die im Klärwerk des Unternehmens auftreten können. Eine Exkursion in das Klärwerk kann dazu beitragen, dass die Produktionsmitarbeiter ein größeres Verständnis für die Auswirkungen ihres Arbeitshandelns entwickeln. Der Fachexperte des Klärwerks erläutert ihnen dann, welche Verunreinigungen des Abwassers welche Folgen für eine Klärung besitzen und wann besondere Maßnahmen ergriffen werden müssen. Die Mitarbeiter erhalten so Hintergrundwissen darüber, welche Folgen ihr Arbeitshandeln haben kann. Die Exkursion, die aus einem betrieblichen Anlass (oder Problem) entstanden ist, bietet die Möglichkeit, konkrete Verabredungen für zukünftige problematische Situationen zu treffen. Im hier dargestellten Fall der Abwasserbelastung wurde beispielsweise eine zügige Information des Klärwerks vereinbart, sofern bestimmte Abwasserbelastungen zu befürchten sind.

Im zweiten Beispiel geht es um die Entwicklung einer Vorstellung davon, welche Folgen es haben kann, wenn die Handhabung einer Anlage nicht mit dem nötigen Verständnis vorgenommen wird. In den Worten eines Befragten:

> „Da haben wir im letzten Jahr, um ein Beispiel zu nennen, eine Schulung gemacht, die hat unsere technische Werkstatt durchgeführt als Schulende für die Handhabung von Gleitringdichtungen. [...] Es wurde geschult, was ich da beachten muss, was ist mit der Anzeige, welche Drücke brauche ich da, was muss ich über Druck innen wissen, damit ich weiß, wie der Druck außen ist, wie fülle ich da nach und wem muss ich Bescheid sagen. Woran kann es überhaupt liegen, wenn sich der Füllstand ändert in so einer Gleitringdichtung. Was kann das für Konsequenzen haben, wenn es außen raus läuft."

In beiden Fällen wird die Weiterbildung von der Bildungsabteilung lediglich geplant, aber nicht selbst durchgeführt. Als gemeinsame Merkmale dieser Lernformen kann insofern festgehalten werden:

Als „Lehrende" fungieren häufig nicht professionelle Weiterbildner, sondern Kolleginnen und Kollegen aus anderen Abteilungen (hier Klärwerk und technische Werkstatt) oder Vorgesetzte – und zwar abhängig davon, wer jeweils Experte für ein bestimmtes Thema oder den spezifischen Arbeitsablauf ist.

Es handelt sich um Lernen, das sich auf Arbeit und Arbeitsprozesse bezieht und damit arbeitsbezogen ist im Gegensatz etwa zu Seminaren oder Kursen (vgl. Dehnbostel 2001, S. 56). Der Lernort und der reale Arbeitsplatz sind manchmal identisch, auf jeden Fall besteht zwischen ihnen immer eine direkte räumliche und organisatorische Verbindung. Im Unterschied zum arbeitsimmanenten Lernen in der Arbeit, bei dem nicht bewusst und gezielt gelernt wird (Arbeiten und Lernen verschmelzen), steht bei diesen Lernformen explizit Lernzeit zur Verfügung.

Die Lerninhalte entstehen aus den Anforderungen, die an die Beschäftigten gestellt werden und den Lernbedürfnissen der Arbeitnehmerinnen und Arbeitnehmer. Die Anforderungen sind für die Mitarbeiter transparent und werden zwischen ihnen und ihren Vorgesetzten kommuniziert. Kenntnisse über vor- und nachgelagerte Arbeitsschritte, der Blick über Schnittstellen hinweg, interne und externe Kundenanforderungen ordnen die eigenen Aufgaben in größere Abläufe entlang der Prozesskette ein. Die Lernformen bilden einen angemessenen Ausschnitt aus den komplexen betrieblichen Abläufen ab. Sie sind den Erfordernissen der jeweiligen Zielgruppen angepasst, unterschreiten aber auch nicht die Grenze zur Ebene der Unterweisung und Einarbeitung, die ohne die Vermittlung von Hintergrundwissen auskommt und nur auf die Durchführung von Arbeitstätigkeiten gerichtet ist.

5.2 Betriebliche Herausforderungen zur Weiterentwicklung der arbeitsbezogenen Lernformen

Aus Sicht von KomNetz haben sich bezogen auf diese Lernformen vor allem Fragen hinsichtlich der Qualitätssicherung gestellt, da sich gezeigt hat, dass die Umsetzung der identifizierten Schulungsmaßnahmen in den einzelnen Produktionsbereichen sehr unterschiedlich erfolgt ist. Folgende Herausforderungen zur Weiterentwicklung und Qualitätssicherung der arbeitsintegrierten Lernformen wurden herausgearbeitet und den betrieblichen Akteuren empfohlen:

Die systematische Erfassung und Identifizierung der Lernformen erfolgt bisher vorwiegend über die Qualifikationsmatrix und wird aus ihr deduktiv abgeleitet. Die Vorgesetzten und besonders die Mitarbeiter waren bei der Erschließung arbeitsintegrierter Lernformen bisher nur unzureichend in den Prozess einbezogen. Wie die Betroffenen also noch stärker zu Beteiligten gemacht werden können, stellt sich als eine Herausforderung dar, um deren Erfahrungswissen über die Produktionsabläufe in die Gestaltung des Lernens in der Arbeit zu nutzen.

Die Art der Verbindung von Praxis und Theorie ist noch weitgehend zufällig und ungeklärt: Wann, wie und wo sollte die Verbindung von praktischem Wissen mit Hintergrundwissen erfolgen? In welchem Umfang ist es erforderlich und wünschenswert, dass die Mitarbeiter über Hintergrundwissen verfügen, um die Übertragbarkeit und damit die Flexibilität der Beschäftigten zu gewährleisten? Eine solche Übertragbarkeit sollte sowohl aus Unternehmensinteresse als auch aus Sicht der Beschäftigten anzustreben sein.

In den Beispielen waren betriebliche Fachleute als Lehrende tätig (der Mitarbeiter des Kraftwerkes bzw. der technischen Werkstatt), für deren reguläre berufliche Tätigkeit in der Regel keine didaktischen Kenntnisse notwendig sind. Es stellt sich daher die Frage, welche professionelle Hilfestellung die „neuen" Lehrenden durch die betrieblichen Weiterbildungsprofis erhalten können (vgl. Elsholz/Molzberger 2005).

Diese konkreten Hinweise zur Weiterentwicklung der arbeitsintegrierten Lernformen verweisen zugleich auf weiter gehende Herausforderungen, die abschließend aufgegriffen werden.

6. Einordnung und weitere Herausforderungen

Im Rahmen der Evaluation der Weiterbildungsinitiative hat sich gezeigt, dass Formen arbeitsbezogenen Lernens mit den Mitteln eines Unternehmens gezielt zu implementieren sind. Zudem zeigt sich, dass Lernen in der Arbeit als „zweite Chance" (Baethge/Baethge-Kinsky 2002) mit eigenem Personal realisierbar ist und die Unternehmen daher einen eigenen qualitativen Beitrag zu einer erhöhten Beschäftigungsfähigkeit für ihre Mitarbeiter leisten können. Damit wird durch Projekte wie das hier vorgestellte eine Form *präventiver Arbeitsmarktpolitik* geleistet (vgl. Baethge/Baethge-Kinsky 2004). Dies wird im Zuge der demografischen Entwicklung an Bedeutung zunehmen, denn besonders Tätigkeiten mit hoher körperlicher Belastung bergen die Gefahr, von den betroffenen Arbeitnehmern nicht bis ins Rentenalter ausgefüllt werden zu können. Um da nicht als alternativlose Personalpolitik zu Entlassungen greifen zu müssen, erscheint es erforderlich, dass die Mitarbeiter möglichst viele der vor- und nachgelagerten und der eigenen Prozessschritte begreifen und beherrschen. Das erhöht die Flexibilität für einen alternsgerechten Personaleinsatz.

Für eine weitere Bearbeitung des Themas der arbeitsplatznahen Weiterbildung deuten sich darüber hinaus unterschiedliche Perspektiven an:

In der betrieblichen Praxis stellt bereits der erste Schritt der Identifizierung von Lerninhalten und Lernmethoden, die sich für arbeitsbezogenes Lernen eignen, oft eine Hürde dar. Auf der Umsetzungsebene sind daher Unterstützungsstrukturen notwendig. Neben dem Beratungsangebot durch eine entsprechende Bildungsabteilung, wie sie im oben beschriebenen Beispiel vorhanden war, stellt sich insbesondere die Frage nach der pädagogischen Qualifizierung für die unmittelbar Vorgesetzten und nach geeigneten Beratungsangeboten und -strukturen für die Betriebe, die auf Grund ihrer Größe über keine internen Bildungsfachleute verfügen.

Ein wichtiger Schritt besteht in der Weiterentwicklung von Kriterien für die Gestaltung des Lernens in der Arbeit. Aus der praktischen Perspektive, um den betrieblichen Gestaltern von arbeitsintegrierten Lernformen Orientierung und Hilfestellung zu bieten, jedoch auch, theoretisch motiviert, um eine Abgrenzung vorzunehmen (vgl. den Beitrag Elsholz/Gillen/Molzberger in diesem Band), einerseits gegenüber Unterweisungen, mit denen eine nur geringe oder keine pädagogische Intention verbunden ist, andererseits gegenüber aufwändigeren Lernformen, beispielsweise, wenn eine dauerhaft zur Verfügung stehende Lerninfrastruktur aufgeboten wird und gegenüber eher arbeitsfernen Lernformen, durch die sich viele Seminar- und Trainingsprogramme auszeichnen.

Ein weiteres Problem stellt sich hinsichtlich der Frage, wie sich die Lernerfolge der Mitarbeiter *dokumentieren* und letztendlich in ein Anerkennungssystem integrieren lassen. Diese Frage stellt sich zunächst betriebsintern und ist mit unterschiedlichen, sich aber nicht zwangsläufig widersprechenden Interessen von Beschäftigten und Unternehmen hinsichtlich der Übertragbarkeit und Anrechnung arbeitsbezogenen Lernens verbunden. Über die Betriebsgrenzen hinaus sind auch sozialpartnerschaftlich gestaltete Branchenlösungen als Zwischenschritt zu Formen nationaler oder europäischer Anerkennung denkbar.

Eine Notwendigkeit aus gewerkschaftlicher Perspektive, in dem Entwicklungsarbeit zu leisten ist, besteht bei den Beteiligungsmöglichkeiten und Gestaltungsoptionen für fachlich versierte *Betriebsräte*. Während die Mitbestimmungsmöglichkeiten bei der seminaristischen Weiterbildung durch die Betriebsverfassung gut abgesichert und in den Unternehmen häufig in einen Vereinbarungsrahmen gefasst sind, bestehen Defizite bei der Mitbestimmung arbeitsbezogener Formen des Lernens. Hier sind Konzepte nötig, die die Mitgestaltungsoptionen der Arbeitnehmerinnen und Arbeitnehmer in den Mittelpunkt stellen und für die Betriebsparteien einen Gestaltungsrahmen schaffen.

Literatur

Baethge, M. (2005): Die Zukunft der (Dienstleistungs-)arbeit anders Denken. 10 Thesen. Vortrag im Rahmen der ver.di-Programmdebatte im Mai 2005. (Online: http://www. verdi.de/positionen/programmdebatte/data/vortrag_martin_baethge; Zugriff: 31.07.2006)

Baethge, M.; Baethge-Kinsky, V. (2002): Arbeit – die zweite Chance. Zum Verhältnis von Arbeitserfahrungen und lebenslangem Lernen. In: Arbeitsgemeinschaft Betriebliche Weiterbildungsforschung e.V./Projekt QUEM (Hg.): Kompetenzentwicklung 2002. Auf dem Weg zu einer neuen Lernkultur. Münster u.a.O., S. 69-140

Baethge, M.; Baethge-Kinsky, V. (2004): Der ungleiche Kampf um das lebenslange Lernen: Eine Repräsentativ-Studie zum Lernbewusstsein und -verhalten der deutschen Bevölkerung. In: Baethge, M.; Baethge-Kinsky, V. (Hg.): Der ungleiche Kampf um das lebenslange Lernen. Münster u.a.O., S. 11-200

Dehnbostel, P. (2001): Perspektiven für das Lernen in der Arbeit. In: Arbeitsgemeinschaft Betriebliche Weiterbildungsforschung e.V./Projekt QUEM (Hg.): Kompetenzentwicklung 2001. Tätigsein – Lernen – Innovation. Münster u.a.O., S. 53-93

Dehnbostel, P.; Habenicht, T.; Proß, G. (2005): Lernförderliche Arbeitsgestaltung und kompetenzfördernde Weiterbildungsformen. In: Gillen, J.; Dehnbostel, P.; Elsholz, U.; Habenicht, T.; Proß, G.; Skroblin, J.-P. (Hg.): Kompetenzentwicklung in vernetzten Lernstrukturen. Konzepte arbeitnehmerorientierter Weiterbildung. Bielefeld, S. 137-150

Elsholz, U. (2002): Kompetenzentwicklung zur reflexiven Handlungsfähigkeit. In: Dehnbostel, P.; Elsholz, U.; Meyer-Menk, J.; Meister, J. (Hg.): Vernetzte Kompetenzentwicklung. Alternative Positionen zur Weiterbildung. Berlin, S. 31-43

Elsholz, U.; Molzberger, G. (2005): Neue Lernorte im Betrieb. Herausforderung für die Berufs- und Betriebspädagogik?! In: bwp@ Nr. 9 (Online: http://www.bwpat.de/ausgabe9/elsholz_molzberger_bwpat9.shtml; Zugriff: 21.04.2006)

IG Bergbau, Chemie, Energie/Bundesarbeitgeberverband Chemie (2004): Qualifizierungstarifvertrag für die chemische Industrie. Hannover, Wiesbaden

KomNetz (2006): Glossar des Projekts KomNetz (3. überarbeitete und erweiterte Aufl.; Manuskriptdruck). Hamburg

Kuckartz, U. (1999): Computergestützte Analyse qualitativer Daten. Eine Einführung in Methoden und Arbeitstechniken. Opladen

Lamnek, S. (1995): Qualitative Sozialforschung. Band 2. Methoden und Techniken. Weinheim

ver.di (2005): Lernförderliche Arbeitsplatzgestaltung tarifvertraglich regeln und gestalten! Positionspapier der Berufsgruppe MTI von ver.di (unveröffentlicht). Berlin

Ein Konzept zur Erschließung von Kompetenzentwicklungsmaßnahmen in der Arbeit am Beispiel einer öffentlichen Verwaltung

Gerald Proß, Uwe Elsholz

1. Einleitung

Das Lernen in der Arbeit ist seit den 1990er Jahren verstärkt wieder in den Blick geraten und wird zunehmend auch durch die betriebliche Bildungsarbeit gefördert und unterstützt (vgl. u.a. Dehnbostel 2001; Dehnbostel/Elsholz in diesem Band). Dies hat sich auch in der zuvor dargestellten Evaluation einer betrieblichen Weiterbildungsinitiative in der chemischen Industrie gezeigt, bei der arbeitsbezogene Formen des Lernens eine wichtige Rolle gespielt haben (vgl. Elsholz/ Proß in diesem Band).

Im Sinne der zyklischen Projektphasen des KomNetz-Projektes (vgl. Dehnbostel/Elsholz 2005) stellte sich im Anschluss an die Evaluation der Weiterbildungsinitiative nunmehr als eine Herausforderung, wie eine systematische Erschließung arbeitsbezogener Formen des Lernens erfolgen kann. Unter der Maßgabe der Arbeitnehmerorientierung wurde daher ein solches Verfahren konzipiert und erprobt. Nachfolgend werden zunächst die konzeptionellen Hintergründe und Kernaspekte des Verfahrens beschrieben (Kap. 2). Im Kern dieses Beitrags werden die einzelnen Schritte einer konkreten Umsetzung des Konzepts dargestellt, die in einer öffentlichen Verwaltung erfolgt ist (Kap. 3). Anschließend erfolgt eine Reflexion des Verfahrens (Kap. 4), bevor in einem Ausblick die Möglichkeiten der Weiterentwicklung formuliert werden (Kap. 5).

2. Grundzüge des Verfahrens

Das nachfolgend beschriebene Verfahren dient der Erschließung von betrieblichen Kompetenzentwicklungsmaßnahmen unter arbeitnehmerorientierten Gesichtspunkten. Im Kern des Konzepts geht es um drei aufeinander aufbauende Verfahrensschritte:

- 1. Schritt: Erarbeitung von allseits akzeptierten Kompetenzprofilen
- 2. Schritt: Durchführung individueller Entwicklungsgespräche
- 3. Schritt: Gemeinsame Vereinbarung betrieblicher Kompetenzentwicklungsmaßnahmen

Im ersten Schritt werden unter Beteiligung der Beschäftigten *Kompetenzprofile* erarbeitet, die Qualifikations- und Kompetenzanforderungen beschreiben. Dabei ist festzulegen, für welche Gruppen von Mitarbeitern jeweils ein Kompetenzprofil erstellt werden soll. Ein solches Kompetenzprofil setzt sich aus drei wesentlichen Quellen zusammen:

–   aus den unterschiedlichen Perspektiven von Vorgesetzten und Mitarbeitern hinsichtlich aktueller und zu erwartender Anforderungen an Qualifikationen und Kompetenzen,
–   aus schriftlich niedergelegten oder in anderer Form kodifizierten Anforderungen durch Stellenbeschreibungen, Curricula, Ausbildungsordnungen o.ä.,
–   aus längerfristigen Bildungszielen. Diese richten sich in erster Linie auf die reflexive Handlungsfähigkeit der Mitarbeiter und umfassen sowohl Elemente struktureller Reflexivität, die über den eigenen Arbeitsplatz hinausweisen als auch eine notwendige Selbstreflexivität der eigenen Kompetenzentwicklung (vgl. Elsholz 2002).

Im zweiten Schritt werden *individuelle Entwicklungsgespräche* mit den Beschäftigten geführt. Eine Grundlage für die Entwicklungsgespräche sind die zuvor erstellten Kompetenzprofile, die subjektiv auf den eigenen Arbeitsplatz und die eigene Person bezogen werden. Die Perspektive wird jedoch über den Kontext des aktuellen Arbeitsplatzes erweitert. Hier ist der Vertrauensschutz ein wichtiges Kriterium für die konkrete Durchführung. Im Rahmen der Entwicklungsgespräche werden die Aspekte festgehalten, bei denen aus individueller Sicht eine Kompetenzentwicklung erforderlich ist oder wo sie erwünscht wird (so z.B. Verbesserung der Präsentationsfähigkeit) und es werden Ideen gesammelt, wie – als mit welcher konkreten Form – ein solches Ziel verfolgt werden könnte.

Im dritten Schritt werden dann *gemeinsam Vereinbarungen zu betrieblichen Kompetenzentwicklungsmaßnahmen* in der Arbeit getroffen. Dazu werden im Rahmen eines Workshops die wichtigsten Kompetenzentwicklungsziele aus den individuellen Entwicklungsgesprächen zusammengetragen. Der Fokus liegt auf der Frage, mit welchen Maßnahmen diese Ziele verfolgt werden können und es werden nach Möglichkeit konkrete Verabredungen getroffen. Besonders arbeitsbezogene Formen des Lernens jenseits von Seminaren und Kursen geraten dabei in den Blick. In dieser systematischen Erschließung betrieblicher Kompetenzentwicklungsmaßnahmen in der Arbeit liegt der Hauptfokus des Vorgehens.

Die konkrete Umsetzung dieses Verfahrens wird in einem Fallbeispiel im nachfolgenden Kapitel geschildert. Bei der Entwicklung des Konzepts wurden Vorarbeiten des KomNetz-Projekts aus dem Themenfeld Begleitung und Beratung genutzt (vgl. Dehnbostel et al. in diesem Band; Proß/Gillen 2005). Daher orientieren sich die Essentials des Konzepts an Anforderungen aus Arbeitnehmerperspektive, die besonders für Kompetenzanalysen herausgearbeitet wurden (vgl. KomNetz 2004; Gillen 2006; Bretschneider et al. in diesem Band). Leitend bei der Entwicklung des Verfahrens waren deswegen folgende Aspekte:

– Vertrauens- und Informationsschutz für die Beschäftigten,
– Transparenz des Vorgehens und Beteiligungsorientierung in der Durchführung,
– Freiwilligkeit der Teilnahme,
– Individualität und
– Kompetenzorientierung statt Qualifikationsorientierung.

Bei der Schilderung des konkreten Vorgehens wird gezeigt, wie und an welchen Stellen diese Essentials auf das Verfahren gewirkt haben.

3.   Umsetzungskontext und Durchführung des Verfahrens

Auf der Grundlage der vorgestellten Kernaspekte des Verfahrens haben wir das Vorgehen in einem Anwendungsbeispiel in einem Dezernat einer Landesverwaltung erprobt und zu den einzelnen Schritten angemessene Instrumente entwickelt. Der Ausgangspunkt für die Kooperation war hier, dass die zuständigen Personalräte einen erheblichen Qualifizierungsbedarf der Mitarbeiter sahen, der sich aus den alltäglichen Aufgaben und aus neuen Anforderungen im Zuge der Verwaltungsmodernisierung ergeben haben. Dieser Bedarf schien mit den vorhandenen Instrumenten der Weiterbildung und Laufbahnqualifizierung, der vorrangig auf den Besuch von Seminaren abgestellt ist, nur unzureichend gedeckt werden zu können. Insbesondere Prozessabläufe und Kooperations- bzw. Führungsstrukturen, die im Prozess der Verwaltungsmodernisierung grundsätzlich hinterfragt und neu überdacht werden, legten es nahe, die Mitarbeiter durch arbeitsbezogene Formen des Lernens bei der Bewältigung neuer Aufgaben zu unterstützen. Aus dieser Einschätzung heraus – und mit Billigung des zuständigen Regierungsdezernenten – wurden zunächst zwei so genannte Sachgebiete eines Dezernats einer Landesbehörde für ein Pilotvorhaben „Gestaltung lern- und kompetenzförderlicher Arbeit" ausgewählt. Insgesamt waren zunächst acht Beschäftigte in den Prozess einbezogen, die überwiegend einen Hochschulabschluss bzw. einen mittleren Bildungsabschluss besaßen.

Die konkrete Umsetzung erfolgte auf Grundlage der zuvor ausgeführten Kernaspekte in mehreren aufeinander folgenden Schritten, die in der Abbildung chronologisch nachgezeichnet sind.

Abb. 1: Chronologischer Ablauf

Informationsworkshop

Erarbeitung der Kompetenzprofile • Interviews mit Vorgesetzten • Workshops mit allen Beteiligten

Individuelle Entwicklungsgespräche • Persönliche Vorbereitung • Durchführung der Gespräche

Gemeinsamer Entwicklungsworkshop zur **Vereinbarung von** **Kompetenzentwicklungsmaßnahmen**

Phase der Umsetzung der vereinbarten Kompetenzentwicklungsmaßnahmen

Evaluation und Weiterentwicklung

3.1   Informationsveranstaltung

Zunächst wurden die beteiligten Mitarbeiter im Rahmen einer gut einstündigen Informationsveranstaltung über das gesamte Vorhaben und die einzelnen Verfahrensschritte informiert. Dabei wurden auch die zehn Mitarbeiter des Dezernats einbezogen, die zunächst nicht in die Pilotphase einbezogen waren. Es wurde auf die Freiwilligkeit der Teilnahme hingewiesen und es gab ausreichend Gelegenheit, Nachfragen zu stellen und Bedenken gegen das Vorgehen zu äußern. Hier wurde auch deutlich darauf hingewiesen, dass die im Rahmen des Prozesses gewonnenen Erkenntnisse geschützt sind und nicht für eine etwaige Personalauswahl in der Personalarbeit der Behörde verwendet werden können. Durch diesen Informationsschutz und die frühe Form der Beteiligung sollte zugleich die notwendige Transparenz hergestellt werden, die für eine von Vertrauen geprägte Zusammenarbeit nötig ist.

Der zuständige Personalrat hat an diesem Informationsworkshop teilgenommen und wurde laufend über das geplante Vorhaben informiert.

3.2   Entwicklung der Kompetenzprofile

In diesem Verfahrensschritt ging es darum, Kompetenzprofile für einzelne Tätigkeitsbereiche als Grundlage für die weitere Arbeit zu entwickeln, die von allen Beteiligten akzeptiert sind. Eine erste Konkretisierung und Entscheidung musste hier hinsichtlich des Geltungsbereichs eines Kompetenzprofils getroffen werden. Der Zuschnitt der Kompetenzprofile bezog sich im vorliegenden Fall auf zwei verschiedene Hierarchiestufen, d.h. es wurde ein Profil für die Ebene der Sachbearbeiter und ein Profil für die Führungsebene der Dezernenten erstellt.

Für die Erarbeitung der Profile wurden folgende Quellen herangezogen:

–   Erstens wurden die Einschätzungen von Vorgesetzten und von den Mitarbeitern selbst einbezogen hinsichtlich der Anforderung und erforderlichen Kompetenzen an den Arbeitsplätzen. Hierzu wurden mit den Vorgesetzten leitfadengestützte Interviews durchgeführt. Die Sichtweise der Mitarbeiter wurde im Rahmen des unten beschriebenen Workshops einbezogen.

–   Zweitens wurden bestehende schriftlich gefasste Anforderungen ausgewertet. Dazu lag im vorliegenden Fall ein so genannter Produkt- und Leistungskatalog der Behörde vor, in dem die zu erbringenden Leistungen der einzelnen Sachgebiete hinterlegt sind.

–   Drittens, auch um über aktuelle Arbeitsplatzanforderungen hinauszugehen und längerfristig die Beschäftigungsfähigkeit zu sichern, kamen Bildungsziele in Form reflexiver Handlungsfähigkeit hinzu. Dabei sei darauf verwiesen, dass das gesamte Verfahren selbst, von der Reflexion der aktuellen und zukünftig zu erwartenden Arbeitsplatzanforderungen über die Selbsteinschätzung eigener Kompetenzen bis zur Identifikation und Auswahl geeigneter Maßnahmen wesentlich zur Reflexion beiträgt (vgl. Kap. 4).

Um die Beteiligung aller Betroffenen bei der Erarbeitung der Kompetenzprofile sicherzustellen, wurde zunächst aus den genannten Quellen ein Entwurf erstellt, der im Rahmen eines Workshops vorgestellt und mit allen Beteiligten diskutiert wurde. Veränderungsvorschläge wurden in die Profile eingearbeitet und es wur-

Tab. 1: Ausschnitt aus einem Kompetenzprofil

Soziale Kompetenzen
Mitarbeiter führen und einarbeiten können
Stärken und Schwächen der Mitarbeiter erkennen
Mitarbeitern das Vertrauen geben, dass sie eigenständig arbeiten können
Einschätzungsvermögen, wann Vorgesetzte oder andere Dienststellen einbezogen werden müssen
Fähigkeit der Zusammenarbeit mit Dritten, z.B. Stellungnahmen entgegen nehmen
Aufgaben delegieren können
Kooperieren un sich vernetzen mit anderen Behörden/Kooperationspartnern

den Formulierungen zur Beschreibung der Kompetenzen gewählt, die dem Sprachgebrauch der Betroffenen eingängig waren. Als Ergebnis dieses Schrittes lagen zwei unterschiedliche Kompetenzprofile vor, eines für die Führungsebene und eins für die Ebene der Sachbearbeiter. Anhand der Kompetenzbereiche Sozial-, Fach-, Methoden- und Personalkompetenz konnten so die gemeinsam erarbeiteten wichtigsten Kompetenzen abgebildet werden. Durch diese gemeinsame Erarbeitung und intensive Diskussion waren damit „allseits akzeptierte" Kompetenzprofile entstanden.

3.3   Individuelle Entwicklungsgespräche

Das Kompetenzprofil bildete einen wichtigen Ausgangspunkt für die individuellen Entwicklungsgespräche mit den Beschäftigten im nächsten Schritt des Vorgehens. Zur Vorbereitung dieses Gesprächs erhielt jeder Beschäftigte ein Vorbereitungsformular. Dies bestand zum einen aus dem Kompetenzprofil und zum anderen aus einem einseitigen Reflexionsbogen. Dieser Bogen weist über den konkreten Arbeitsplatz hinaus, soll zum Nachdenken über die persönlichen Stärken und Schwächen anregen und dabei helfen, sich über individuelle Entwicklungsinteressen klarer zu werden.

Das Kompetenzprofil wird bei der Gesprächsvorbereitung von jedem Beschäftigten für sich zunächst daraufhin geprüft, ob und inwiefern die einzelnen Kompetenzanforderungen für ihn selbst relevant erscheinen oder ob damit gerechnet wird, dass sie zukünftig an Bedeutung gewinnen (durch Veränderungen seines Arbeitsplatzes oder eines absehbaren bzw. erstrebten Arbeitsplatzwechsels). Dabei sollen alle beschriebenen Anforderungen auf den eigenen Arbeitsplatz und auf die eigene Person bezogen werden. Mit dieser sehr konkreten „individualisierten" Auseinandersetzung erfolgt eine erneute Reflexion der Kompetenzanforderungen, in deren Folge ein individuelles Kompetenzprofil entsteht. Zudem geht es bei der Vorbereitung auf das eigentliche Entwicklungsgespräch darum, zu überlegen, ob es zu dem konkreten Aspekt einen akuten oder mittelfristigen Bedarf an Weiterbildung gibt bzw. wo die persönlichen Kompetenzentwicklungsinteressen oder -notwendigkeiten liegen. In der Abbildung ist ein solches individualisiertes Kompetenzprofil zur Vorbereitung des Entwicklungsgesprächs dargestellt.

Das Vorbereitungsformular beinhaltet neben dem Kompetenzprofil den Reflexionsbogen, der stärker die persönlichen Interessen und Aspekte jenseits des Arbeitsplatzes aufnimmt. Die Vorbereitung umfasst daher zwei Perspektiven: eine Sicht auf die Anforderungen, die sich am Arbeitsplatz ergeben und eine Perspektive persönlicher Interessen und Bedürfnisse, die davon zwar nicht gänzlich abweichen, aber den Blick über die momentane Tätigkeit hinaus ausweiten.

Tab. 2: Ausschnitt aus einem individualisiertem Kompetenzprofil

Kompetenzen und Fähigkeiten	Berufliche Relevanz				Weiterbildung		
	Hat große Bedeutung	Hat Bedeutung	Hat kaum Bedeutung	Kann/soll wichtiger werden	Akuter Bedarf	Mittelfristiger Bedarf	Kein Bedarf
Soziale Kompetenzen							
Mitarbeiter führen und einarbeiten können		X			X		
Stärken und Schwächen der Mitarbeiter erkennen	X					X	
Mitarbeitern das Vertrauen geben, dass sie eigenständig arbeiten können		X				X	
Einschätzungsvermögen, wann Vorgesetzte oder andere Dienststellen einbezogen werden müssen			X				X
Fähigkeit zur Zusammenarbeit mit Dritten, z.B. Stellungnahmen entgegen nehmen			X				X
Aufgaben delegieren können		X					X
Kooperieren und sich vernetzen mit anderen Behörden/Kooperationspartnern				X	X		

Auf der Grundlage des ausgefüllten Vorbereitungsformulars erfolgte dann das *individuelle Entwicklungsgespräch* zwischen dem einzelnen Beschäftigten und dem Prozessbegleiter (im hier beschriebenen Fall ein Mitarbeiter des KomNetz-Projektes), das zwischen einer und eineinhalb Stunden dauerte. Die Struktur des Gesprächs orientierte sich an den Schritten des KomNetz-Kompetenzreflektors (vgl. Proß/Gillen 2005). Der Kompetenzreflektor beinhaltet einen Rückblick in die eigene berufliche Entwicklung sowie eine Besinnung auf Entwicklungsnotwendigkeiten und -wünsche und auf individuell zu realisierende Maßnahmen. Die wesentlichen Inhalte, d.h. die Aspekte, die für konkrete Überlegungen zur Weiterbildung relevant erschienen, wurden vom Moderator notiert und dem Gesprächsteilnehmer anschließend ausgehändigt. Eine Kopie blieb zum Zwecke der Auswertung und Vorbereitung des späteren gemeinsamen Entwicklungsworkshops beim Prozessbegleiter und wurde anschließend vernichtet. Vorgesetzte und die Personalinstitutionen hatten somit keinen Zugriff auf die Gesprächsinhalte.

Um die Vertraulichkeit der Erkenntnisse, die im Gespräch gewonnen werden, zu gewährleisten, wurde an dessem Ende vereinbart, welche Vorschläge vom Gesprächsteilnehmer selbst, welche vom Prozessbegleiter in den folgenden Entwicklungsworkshop eingebracht werden sollen und welche Gesprächsinhalte dort keine Rolle spielen dürfen. Letzteres betrifft zum Beispiel Weiterbildungsaspekte, die sehr individuell sind oder außerhalb der beruflichen Tätigkeiten lie-

gen und es betrifft mögliche Defizite, die der betroffene Mitarbeiter nicht vor
der gesamten Gruppe thematisieren möchte. Dieses Vorgehen hat den Vertrauensschutz und die Freiwilligkeit betont.

In diesem Schritt der individuellen Entwicklungsgespräche geht es um zwei
wesentliche Aspekte: Zum einen werden individuelle Ziele, Bedarfe und Maßnahmen zur Kompetenzentwicklung erarbeitet und festgehalten. Zum anderen
werden durch die Auseinandersetzung mit potenziellen Möglichkeiten des Kompetenzerwerbs in der Arbeit Ideen und Vorschläge generiert, um arbeitsbezogene Formen des Lernens zu verabreden.

3.4   Vereinbarung von Maßnahmen zur Kompetenzentwicklung

Im Anschluss an die individuellen Entwicklungsgespräche fand ein gemeinsamer
Workshop aller Beteiligten statt mit dem Ziel, konkrete Verabredungen über
geeignete Maßnahmen zu treffen, die den zuvor erarbeiteten Kompetenzentwicklungszielen gerecht werden. Dazu wurden durch die Prozessbegleiter zunächst die wichtigsten Weiterbildungsbedarfe und Kompetenzentwicklungsziele
eingebracht, die sich aus der Gesamtschau der individuellen Entwicklungsgespräche abgezeichnet haben. Diese Aspekte – in Form einer Auflistung an der
Wandzeitung – wurden zunächst erläutert und gemeinsam diskutiert. So wurde
die Mehrzahl der Vorschläge bestätigt und einige verändert oder neu zugeordnet. Es entstand somit eine „allseits akzeptierte" Aufstellung der wichtigsten
Kompetenzentwicklungsziele, die von den Teilnehmerinnen und Teilnehmern
getragen werden.

Bezogen auf einzelne Kategorien von Kompetenzentwicklungszielen werden anschließend in der Gruppe potenzielle Maßnahmen gesammelt und zusam-
mengestellt. Als heuristischer Rahmen diente dabei eine Dreiteilung von Maßnahmen, die weitgehend einer von Moraal/Grünewald (2004) vorgeschlagenen
Unterscheidung folgt. Während Moraal und Grünewald ihre Differenzierung
zum Zwecke der statistischen Erfassbarkeit vorgenommen haben, dient sie hier
der Konstruktion und Findung geeigneter Maßnahmen zur Kompetenzentwicklung. Es wird danach gefragt, durch welche

–   lernförderlichen Maßnahmen in der Arbeit (z.B. die Vereinbarung von In-
    formationsaustausch an bestimmten Stellen),
–   arbeitsintegrierten Lernformen – also intern durchzuführende Kompetenz-
    entwicklungsmaßnahmen, bei denen vorwiegend voneinander bzw. von be-
    trieblichen Experten gelernt wird (vgl. Elsholz/Proß in diesem Band) – und
–   Veranstaltungen jenseits der Arbeit, wie z.B. Seminarbesuche, der erkannte
    Bildungsbedarf gedeckt werden kann.

Während bei den arbeitsorganisatorischen Maßnahmen weiter das Arbeiten im
Vordergrund steht, steht bei Verabredungen zur zweiten Kategorie das Lernen

an erster Stelle, wobei im Unterschied zu den rein arbeitsorganisatorischen Maßnahmen eine explizite Lehr-/Lernintention vorhanden ist und Lernzeiten vereinbart werden. Der klassische Seminarbesuch ist zwar nicht ausgeschlossen, im Vordergrund aber stehen Maßnahmen, die nah am Arbeitsprozess und durch Vorgesetzte, Mitarbeiter und andere betriebliche Experten zu realisieren sind. Als Orientierung gilt dabei das Subsidiaritätsprinzip, d.h. es ist zu fragen, wie arbeitsnah einem Bildungsbedarf entsprochen werden kann.

Mit der Sammlung potenzieller Kompetenzentwicklungsmaßnahmen entstand – bezogen auf die zuvor identifizierten wichtigsten Aspekte der Kompetenzentwicklung – zunächst eine Art Themenspeicher.

Tab. 3: Ausschnitt aus der Sammlung möglicher Kompetenzentwicklungsmaßnahmen

	Lernförderliche Maßnahme in der Arbeit	Interne Veranstaltung/ arbeitsintegrierte Lernform	Seminare o.ä.
Arbeitsorganisation Projektmanagement Prioritäten setzen Arbeit strukturieren können	„Kleine" Besprechungen im Sachgebiet Infotafel einheitliche Laufwerkstruktur	Feedback-Gespräche Lernpartnerschaften vereinbaren	Zeitmanagement Projektmanagement
Präsentationstechniken reden üben kurz und prägnant darstellen können		kleine Module präsentieren (üben) Seminarbesuche gezielt mit Kollegen vor- und nachbereiten	
Reflexionsprozesse eigene Schwächen erkennen Fremdeinschätzung zu Stärken und Schwächen	vorhandene Führungsinstrumente konsequent anwenden (Zielvereinbarungen; Mitarbeitergespräche) Störungs-Briefkasten	über Führungsinstrumente und Anwendung gemeinsam reflektieren	

Nach dieser Sammlung wurden die einzelnen Ziele gemeinsam auf Möglichkeiten der Verwirklichung durch konkrete Kompetenzentwicklungsmaßnahmen hin überprüft. Eine *Liste mit Vereinbarungen*, welche Ziele mit welchen Maßnahmen verfolgt werden, bildet das Endergebnis des Workshops. Dabei werden eindeutige Zuständigkeiten und Zeithorizonte zur Verwirklichung der Verabredungen festgelegt, um so die Verbindlichkeit der Absprachen zu erhöhen.

Das Lernen in der Arbeit kann und soll durch ein solches Verfahren zwar gestärkt werden, aber nicht seminaristisches Lernen ersetzen. Vielmehr ist zu prüfen, wo ein stärker systematisches Lernen notwendig bleibt. In dem beschriebenen Vorgehen wurden die Lernformen durchaus differenziert identifiziert. Ein Beispiel: In den Gesprächen mit den Vorgesetzten wurde darauf hingewiesen, dass ein großer Bedarf besteht, untereinander über die jeweiligen Arbeitsgebiete

mehr zu erfahren. Dies wurde in den individuellen Gesprächen ebenfalls angesprochen und ist somit folgerichtig im Entwicklungsworkshop als Bildungsbedarf erkannt worden. Daraus abgeleitet wurde die Verabredung, dass die Mitarbeiter ihr jeweiliges Arbeitsgebiet in der kommenden Zeit im Rahmen einer
Präsentation vorstellen. Dadurch kann der Mitarbeiter über seine Aufgaben und
Tätigkeiten informieren und gleichzeitig seine Fähigkeit, Zusammenhänge darzustellen und in einer Power Point Präsentation zum Ausdruck zu bringen, weiterentwickeln. Damit wurden mehrere der im Themenspeicher gesammelten potenziellen Maßnahmen aufgenommen und miteinander verbunden.

3.5 Phase der Umsetzung der vereinbarten Kompetenzentwicklungsmaßnahmen

Mit dem Entwicklungsworkshop endete zunächst der begleitete Prozess durch
das KomNetz-Projekt, der sich auf die *Erschließung* arbeitsbezogener Formen
des Lernens konzentrierte. Die Umsetzung der Kompetenzentwicklungsmaßnahmen blieb in diesem Fallbeispiel in der Hand und in der Verantwortung der Beteiligten, wobei sich für jede Maßnahme Verantwortliche gefunden haben. Hier
sind unter anderen Rahmenbedingungen andere Lösungen und eine intensivere
Begleitung des Umsetzungsprozesses vorstellbar.

Zur Unterstützung der Umsetzung wurde ein Instrument erarbeitet, dass jedem Mitarbeiter eine monatliche Reflexion über vorgenommene und realisierte
Formen des Lernens und der Kompetenzentwicklung erlaubt.

3.6 Evaluation und Weiterentwicklung

In einem Workshop zur Evaluation und Weiterentwicklung sollen ein halbes Jahr
nach dem Entwicklungsworkshop die individuellen Erfahrungen wieder zusam-
mengeführt werden. Hier ist zu fragen, ob und welche Kompetenzentwicklungsmaßnahmen realisiert wurden und welche Lernerfolge dabei erzielt wurden. Insbesondere ist aber auch zu fragen, welche Verabredungen nicht eingehalten werden konnten und warum, stellt doch die Umsetzung von vereinbarten Maßnahmen häufig einen kritischen Punkt dar (vgl. Artelt et al. 2006).

Neben dieser Evaluation und Reflexion geht es auch um die Erweiterung
des Vorgehens und darum, neue Verabredungen zu treffen für das folgende
halbe Jahr. Der Themenspeicher des Entwicklungsworkshops dient dabei als
Grundlage und kann aufgrund aktueller Entwicklungen und Veränderungen erweitert werden. Anschließend sind erneut Verabredungen zu treffen, wobei die
Erfahrungen des letzten halben Jahres, hier bezogen auf Erfolgs- und Misserfolgsfaktoren, einfließen sollen.

4.   Reflexion des Verfahrens

Im Rahmen einer Gruppendiskussion im Anschluss an den Entwicklungsworkshop wurde die Vorgehensweise von den Beschäftigten bewertet und eingeschätzt. Neben einigen Hinweisen zu technischen und Verfahrensfragen wurden dabei vor allem zwei Aspekte hervorgehoben:

Es wurde deutlich benannt, dass die *Vertrauensbasis* unverzichtbar war, damit die Beteiligten die notwendige Offenheit in den Prozess einzubringen bereit waren. Dies zeigt, dass die Bedeutung ausreichenden Vertrauens von den Beschäftigten reflektiert wird und an das Vorhandensein die Bereitschaft zur Beteiligung geknüpft wird. Das bedeutet auch, dass der Aufbau einer Vertrauenskultur entscheidend ist, wenn Verfahren wie das hier dargestellte erfolgreich etabliert werden sollen.

Ein zweiter wesentlicher Aspekt, der von den Beteiligten hervorgehoben wurde, war die Tatsache, dass durch das Verfahren selbst erhebliche *Reflexionsprozesse* stattgefunden haben. Und zwar sowohl Reflexion über den eigenen Arbeitsplatz als auch über die Anforderungen und Wünsche gegenüber Kollegen, Vorgesetzten und Mitarbeiter. Die Reflexion und Kommunikation über diese (Kompetenz-)anforderungen kann als wichtiges Ergebnis festgehalten werden und ist in diesem Sinne bereits Kompetenzentwicklung und Bestandteil von Weiterbildung, so dass diese Form der Kompetenzanalyse damit selbst kompetenzförderlich wirken kann (vgl. Gillen 2006).

Die Umsetzung der vereinbarten Maßnahmen liegt in der Hand und Verantwortung aller Beteiligten, wobei für jede Verabredung ein Mitarbeiter die Federführung übernommen hat. Zum Zeitpunkt der Entstehung dieses Beitrags hatte die Umsetzungsphase gerade begonnen. Erste Rückmeldungen deuten darauf hin, dass die Orientierung an den von den Beteiligten als realisierbar erscheinenden Maßnahmen sowie die Vereinbarung von klaren Verantwortlichkeiten dazu beiträgt, dass die getroffenen Verabredungen tatsächlich umgesetzt werden.

5.   Fazit und Ausblick

Die hier vorgestellte Verfahrensweise verbindet eine Form der beruflichen Entwicklungsberatung und eine Bildungsbedarfserhebung mit der Konstruktion und Verabredung von betrieblichen Kompetenzentwicklungsmaßnahmen. Eine solche Verknüpfung bedarf eines gewissen Aufwands, insbesondere, wenn dies zum ersten Mal durchgeführt wird. Andererseits ist die intensive Beteiligung der Mitarbeiter eben selbst qualifizierend und dient der Kompetenzentwicklung. Bei der Übertragung auf andere Abteilungen oder Behörden ist jedoch zu berücksichtigen, dass auf vorliegende Ergebnisse zurückgegriffen werden kann, wenn bereits früher Kompetenzprofile erstellt wurden, die gegebenenfalls angepasst werden können.

Zudem erscheint es möglich, die einzelnen Schritte mit anderen Maßnahmen zu kombinieren, beispielsweise indem die individuellen Gespräche im Rahmen eines Mitarbeitergesprächs durchgeführt werden. Jedoch ist zu beachten, dass die Veränderungen die zu erwartenden Ergebnisse beeinflussen und es muss geprüft werden, welche Wirkung erzielt werden kann und welche Qualität die Resultate haben können. Insofern ist das hier beschriebene Fallbeispiel ein Vorschlag, wie Instrumente kombiniert werden können, um durch arbeitsbezogene Formen des Lernens die Kompetenzentwicklung der Mitarbeiter zu unterstützen.

Eine weiter gehende Entwicklungsaufgabe, die über dieses Fallbeispiel weit hinaus weist, besteht in der Form der Umsetzung sowie der Anerkennung und Zertifizierung der Lernerfolge, die aus dem arbeitsbezogenen Lernen erwachsen. In der Fortführung und im Anschluss an das vorgestellte Verfahren ist eine Verknüpfung mit beruflichen Entwicklungs- und Aufstiegswegen herzustellen. Hier sind – auch im Hinblick auf eine nationale Umsetzung des Europäischen Qualifikationsrahmens – weitere Entwicklungs- und Forschungsarbeiten notwendig, die zudem mit politischen Strategien verzahnt werden sollten.

Literatur

Artelt, J.; Hemme, C.; Vogel-Lahrmann, H. (2006): Das Projekt HIT – Handlungskompetenz im Team. Präsentation auf der Abschlusstagung des Programmbereichs Lernen im Prozess der Arbeit der AG QUEM am 30./31.05.06 in Berlin

Dehnbostel, P. (2001): Perspektiven für das Lernen in der Arbeit. In: Arbeitsgemeinschaft Betriebliche Weiterbildungsforschung e.V./Projekt QUEM (Hg.): Kompetenzentwicklung 2001. Tätigsein – Lernen – Innovation. Münster u.a.O., S. 53-93

Dehnbostel, P. (2005): Arbeitsbezogene Lernformen und lernförderliche Arbeit als Perspektive arbeitnehmerfreundlicher Weiterbildung. In: Fischer, A.; Hahn, G.; Semmler, D. (Hg.): Berufliches Lernen und gesellschaftliche Entwicklung. Bielefeld, S. 137-151

Dehnbostel, P.; Elsholz, U. (2005): Entwicklung und Perspektive des Projekts „Kompetenzentwicklung in vernetzten Lernstrukturen" (KomNetz). In: Gillen, J.; Dehnbostel, P.; Elsholz, U.; Habenicht, T.; Proß, G.; Skroblin, J.-P. (Hg.): Kompetenzentwicklung in vernetzten Lernstrukturen. Konzepte arbeitnehmerorientierter Weiterbildung. Bielefeld, S. 11-22

Dehnbostel, P.; Habenicht, T.; Proß, G. (2005): Lernförderliche Arbeitsgestaltung und kompetenzfördernde Weiterbildungsformen. In: Gillen, J.; Dehnbostel, P.; Elsholz, U.; Habenicht, T.; Proß, G.; Skroblin, J.-P. (Hg.): Kompetenzentwicklung in vernetzten Lernstrukturen. Konzepte arbeitnehmerorientierter Weiterbildung. Bielefeld, S. 137-150

Elsholz, U. (2002): Kompetenzentwicklung zur reflexiven Handlungsfähigkeit. In: Dehnbostel, P.; Elsholz, U.; Meyer-Menk, J.; Meister, J. (Hg.): Vernetzte Kompetenzentwicklung. Alternative Positionen zur Weiterbildung. Berlin, S. 31-43

Gillen, J. (2006): Kompetenzanalysen als berufliche Entwicklungschance. Bielefeld

Kohl, M.; Molzberger, G. (2005): Lernen im Prozess der Arbeit – Überlegungen zur Systematisierung betrieblicher Lernformen in der Aus- und Weiterbildung. In: Zeitschrift für Berufs- und Wirtschaftspädagogik, Bd. 101/Heft 3, S. 349-363

KomNetz (2004): Profiling-TÜV. Eine Handreichung des Projektes KomNetz für die Prüfung von Kompetenzanalysen aus Arbeitnehmersicht (Manuskriptdruck). Hamburg

KomNetz (2006): Glossar des Projekts KomNetz (3. überarb. und erw. Auflage; Manuskriptdruck). Hamburg

Moraal, D.; Grünewald, U. (2004): Moderne Weiterbildungsformen in der Arbeit und Probleme ihrer Erfassung und Bewertung in Europa. In: Dehnbostel, P; Pätzold, G. (Hg.): Innovationen und Tendenzen der betrieblichen Berufsbildung. Zeitschrift für Berufs- und Wirtschaftspädagogik, Beiheft 18. Stuttgart, S. 174-187

Proß, G.; Gillen, J. (2005): Der KomNetz-Kompetenzreflektor – Konzept und Praxis der individuellen Beratung von Arbeitnehmerinnen und Arbeitnehmern. In: Gillen, J.; Dehnbostel, P.; Elsholz, U.; Habenicht, T.; Proß, G.; Skroblin, J.-P. (Hg.): Kompetenzentwicklung in vernetzten Lernstrukturen. Konzepte arbeitnehmerorientierter Weiterbildung. Bielefeld, S. 57-77

Herausforderungen für die betriebliche Weiterbildung(sforschung) durch arbeitsintegrierte Lernformen

Uwe Elsholz, Julia Gillen, Gabriele Molzberger

1. Zur Relevanz von betrieblichen Lernformen in der Arbeit

Mit den aktuellen Veränderungen von Arbeit und Beruf befinden sich auch die Formen und Inhalte der betrieblichen Weiterbildung im Wandel. In den 1970er Jahren verstand der Deutsche Bildungsrat unter Weiterbildung die Wiederaufnahme organisierten Lernens nach Abschluss einer ersten Bildungsphase (vgl. Deutscher Bildungsrat 1974, S. 197). Er fasste darunter Formen des organisierten, vom Arbeitsprozess getrennten Lernens. Angesichts des technologischen und sozialen Wandels der 1980er und 1990er Jahre hat sich der auf seminarförmig organisiertes Lernen bezogene Begriff der Weiterbildung allerdings als zu eng ausgelegt erwiesen, da er neuere Formen des Lernens nicht einbezieht und das Potenzial des Betriebs als Lern- und Weiterbildungsort zu wenig beachtet. Seit den 1990er Jahren ist das Lernen im Prozess der Arbeit wieder verstärkt in den Blick geraten und gewinnt zunehmende Aufmerksamkeit in der betrieblichen Weiterbildungsforschung und Theoriebildung (vgl. u.a. Dehnbostel 2001).

Diese Veränderung lässt sich anhand verschiedener Entwicklungen in Empirie, Theorie und Praxis verdeutlichen. So widmet sich etwa das Berichtssystem Weiterbildung, welches seit 1979 im Abstand von drei Jahren mittels einer repräsentativen Befragung die Entwicklung der Weiterbildungsteilnahme ausweist, seit Mitte der 1990er Jahre umfassend „Arten des informellen beruflichen Kenntniserwerbs" und geht damit über die Untersuchung formeller Lernformen hinaus (vgl. BMBF 2006, S. 188ff.). In ähnlicher Weise gilt dies auch für die Untersuchungen im Rahmen der europäischen Unternehmensbefragungen CVTS (Continuing Vocational Training Survey) zur betrieblichen Weiterbildung, die vermehrt Lernformen jenseits von Seminaren und Kursen in den Blick nehmen (vgl. Grünewald et al. 2003).

Ein weiteres Indiz für die zunehmende Relevanz von betrieblichen Lernformen in der Arbeit für die Weiterbildung ist darin zu sehen, dass die Thematik in unterschiedlichen öffentlich geförderten Projekten behandelt wird. Im Rahmen von Modellversuchen werden seit den 1990er Jahren Konzepte erprobt, um Lernformen in der Arbeit systematisch zu entwickeln. Dies kam besonders in der Modellversuchsreihe „Dezentrales Lernen" des Bundesinstituts für Berufsbildung zum Ausdruck (vgl. Dehnbostel et al. 1992). In aktuellen Konzepten wird an unterschiedlichen betrieblichen Zielgruppen und Wirtschaftsbranchen angesetzt. Die Beschäftigten selbst sollen dazu befähigt werden, Lernchancen in der Arbeit zu entdecken (vgl. z.b. Geldermann/Mohr 2003) oder es wird versucht, die Führungskräfte und Vorgesetzten dabei zu unterstützen, zu Beratern und Begleitern ihrer Mitarbeiter zu werden (vgl. Krauß/Mohr 2004a, b). In ähnlicher Weise sind auch im Rahmen des BMBF geförderten Forschungsprogramms „Lernkultur Kompetenzentwicklung" – und hier insbesondere im Programmbereich Lernen im Prozess der Arbeit – verschiedene betriebliche Gestaltungsprojekte gefördert worden, die sich mit Formen des betrieblichen Lernens beschäftigen (vgl. Pfeiffer et al. 2005; Breidenbach et al. 2006; Zimmermann 2006). Auch im Projekt KomNetz, welches im Rahmen des erwähnten Programms durchgeführt wird, wurde ein Verfahren entwickelt, das der systematischen Erschließung betrieblicher Lernformen dient (vgl. Proß/Elsholz in diesem Band).

Vor dem Hintergrund dieser zunehmenden Aufmerksamkeit hinsichtlich der empirischen Erfassung und der Konzeptentwicklung betrieblicher Lernformen wird deutlich, dass auch die Weiterbildungsforschung dieses Themenfeld eingehender bearbeiten sollte. Der vorliegende Beitrag konzentriert sich deswegen darauf, zunächst den Stand der Theorie und Praxis auf verschiedenen Ebenen zu skizzieren und die zentralen Herausforderungen auszuweisen (Kap. 2). In der Zusammenschau wird argumentiert, dass die Bearbeitung der Thematik als interdisziplinäre Aufgabe gesehen werden muss und nur durch einen engen Transfer von Theorie und Praxis erfolgen kann (Kap. 3).

2.   Herausforderungen für Praxis und Theorie betrieblicher Weiterbildung

Durch die Prozess- und Kompetenzorientierung in den Betrieben und die Bedeutungszunahme des Lernens im Prozess der Arbeit ist das Bezugsfeld von Weiterbildung sowie ihre theoretische und empirische Erfassung in Bewegung geraten. Betriebliche Weiterbildungsforschung verhält sich unserem Verständnis nach nicht nur beschreibend, sondern auch gestaltend zur sozialen Wirklichkeit, da sie auf die betrieblichen Arbeits- und Lernprozesse rückwirkt.

Aus unserer Sicht sind seitens der Entwicklung wie auch der Forschung insbesondere in Bezug auf arbeitsintegrierte Lernformen theoretisch-konzeptionelle Aufgaben zu leisten (Abschnitt 2.1), die Herausforderung eines Rollenwandels für das betriebliche Weiterbildungspersonal aufzugreifen (Abschnitt 2.2) und Ansätze für die Zertifizierung von Kompetenzen im Rahmen von arbeitsintegrierten Lernformen zu entwickeln (Abschnitt 2.3). Für diese drei wichtigen Herausforderungen zeigen wir jeweils den aktuellen Diskussionsstand auf und führen dann konkrete Herausforderungen an, die sich in Theorie und Praxis stellen.

2.1 Begrifflich-konzeptionelle Einordnung arbeitsintegrierter Lernformen

Eine genauere Beschreibung des Gegenstands – den wir (vorläufig) als „arbeitsintegrierte Lernformen" bezeichnet haben – erweist sich als schwierig, da bereits definitorisch wenig Einigkeit herrscht. Dies gilt besonders dann, wenn man auch die laut Berichtssystem Weiterbildung weit verbreiteten Lernformen wie das Unterweisen und Anlernen am Arbeitsplatz durch Kollegen oder durch Vorgesetzte in den Blick nimmt. In der betrieblichen Weiterbildungsforschung bemühen sich verschiedene Ansätze zur Definition und konzeptionellen Fassung von Gestaltungsvarianten betrieblicher Lernformen, indem sie eine systematische Differenzierung der Nähe zum Arbeitsprozess sowie eine Unterscheidung von Lernen und Arbeiten zu leisten versuchen (vgl. Schiersmann/Remmele 2002, S. 31f.; Kohl/Molzberger 2005).

Dehnbostel unterscheidet arbeits*bezogenes* Lernen systematisch nach arbeitsgebundenem, arbeitsverbundenem und arbeitsorientiertem Lernen (vgl. Dehnbostel 2001, S. 182). Als Kriterium zur Differenzierung dient dabei das Verhältnis von Lern- und Arbeitsort, d.h. die Trennung der organisatorischen Einheiten. In Kombination mit den organisatorischen Einheiten werden verschiedene Arten des Lernens, also informelle oder formelle Lernprozesse ausgewiesen.

Schiersmann/Remmele (2002) bevorzugen den Terminus „Lernarrangements". Sie unterscheiden zwischen arbeitsnahen Lernkontexten (wie die Lernstatt, Lerninseln und Computergestützten Lernformen) und lernförderlichen Arbeitsformen (wie die Gruppen- und Projektarbeit sowie Qualitätszirkel). Sie befassen sich zusätzlich mit der Abgrenzung zwischen selbstgesteuertem Lernen und informellem Lernen und öffnen die Perspektive für die Auswirkungen individuellen Lernens in Organisationen, die mit den Arbeits- und Lernformen verbunden sind.

Die Autoren der CVTS/Force Erhebungen unterscheiden für die betriebliche Weiterbildung zwischen drei Lernumgebungen. Entscheidendes Kriterium für die Zuordnung ist dabei die jeweilige Zielsetzung. Als „Lernumgebung 1" bezeichnen sie Maßnahmen, die das alleinige Ziel der Kompetenzentwicklung haben und für Zwecke des Lernens geschaffen wurden. Lernumgebungen, die überwiegend auf Kompetenzvermittlung zielen und die in einer Umgebung stattfinden, die normalerweise anderen Zwecken dient, aber für Lernzwecke umgestaltet wurde, bezeichnen die Autoren als „Lernumgebung 2". Beispiele sind hier die Job Rotation, die Unterweisung oder Einarbeitung. Schließlich dient die „Lernumgebung 3" üblicherweise anderen Zwecken, jedoch finden akzidentelle

Lernprozesse statt (vgl. Moraal/Grünewald 2004, S. 183). Deutlich wird in diesem Konzept das Bestreben, als Unterscheidungskriterium auch die Zielsetzung einer Maßnahme zu berücksichtigen, um engere definierbare Grenzen dessen zu setzen, was unter betriebliche Weiterbildung zu subsumieren ist.

In Auseinandersetzung mit den verschiedensten definitorischen Ansätzen haben Kohl/Molzberger (2005) eine weitere Begriffsdefinition entwickelt, die stärker Bezug auf klassische Kriterien pädagogischen Handelns nimmt. Betriebliche Lernformen sind demnach „organisatorisch eigenständige zu Lernzwecken initiierte und mit einer ausgewiesenen pädagogischen Lehr-Lernintention geschaffene Lernkontexte, in denen anhand von möglichst realen Arbeitsaufgaben unter didaktisch-methodisch geplanten Strukturen" (Kohl/Molzberger 2005, S. 359) und unter Beachtung pädagogischer Grundprinzipien reflektiert gelernt werden kann. Durch diese Definition ist das Betrachtungsfeld relativ stark eingegrenzt auf Lernformen, die personell und sachlich einer besonderen Ausstattung bedürfen.

Aufgrund von weiterführenden eigenen Untersuchungen gehen wir von unterschiedlichen Ausprägungen verschiedener Lernformen in der Arbeit aus und fassen hierunter auch die arbeitsintegrierten Lernformen, die nicht dauerhaft konzeptionell in die Betriebsorganisation verankert sind, sondern sich temporär konstituieren und sich fluide in die Arbeitsorganisation einpassen (vgl. Elsholz/ Molzberger 2005). Als *Lern*formen – in Abgrenzung zu Arbeitsformen – konstituieren sie sich erst durch die bewusste Lehr-Lernintention der beteiligten Akteure. Wie weiter unten auszuführen sein wird, agieren professionelle Weiterbildner oder Betriebspädagogen dabei eher als Prozessbegleiter denn als Wissensvermittler. Zu bilanzieren ist, dass es eine gemeinhin anerkannte Systematisierung von Lernformen in der Arbeit nicht gibt.

Eng verknüpft mit der konzeptionellen Auseinandersetzung und Systematisierung ist die empirische Erfassung sowie praktische Erschließung und Gestaltung von betrieblichen Lernformen. Derzeit werden Ergebnisse wissenschaftlicher Projektbegleitungen aus den vergangenen Jahren zusammengetragen und die in den Modellprojekten entwickelten Formen betrieblichen Lernens in kleinen und mittleren Unternehmen in einer Matrix erhoben und systematisiert (vgl. Pfeiffer et al. 2005). Dahinter steht die These, dass bestimmte Kombinationen von Lernorganisationsformen in Unternehmen zu einer je spezifischen Wirkung führen.

Eine praktisch bedeutsame Herausforderung besteht darin, *Gestaltungsprinzipien des organisationalen Rahmens* für das Lernen in arbeitsintegrierten Lernformen genauer zu bestimmen. Dass ein (fremd-)organisierter Rahmen für selbstgesteuertes Lernen in arbeitsintegrierten Lernformen notwendig ist, zeigen diverse Modellprojekte (vgl. Zimmermann 2006). Offen bleibt jedoch, wie ein solcher Rahmen zu realisieren ist und welche Art von organisationaler Infrastruktur für einzelne Unternehmen angemessen ist.

In Reaktion auf die bestehenden Defizite steht die Weiterbildungsforschung vor der Herausforderung, *theoretische Ansätze* zu prüfen, die es erlauben, das Lernhandeln der Akteure im Rahmen von arbeitsintegrierten Lernformen in seiner *Wechselwirkung mit betrieblichen Strukturen* zu untersuchen. In der Realisierung betrieblicher arbeitsintegrierter Lernformen konkretisieren sich die Normen, Werte, Potenziale und Motivationen der betrieblichen Akteure sowie das strukturelle Machtgefüge innerhalb des Betriebs. Die Weiterbildungsforschung steht vor der Anforderung, empirisch begründet Bedingungen für die Entstehung, Realisierung und Verstetigung von arbeitsintegrierten Lernformen zu ermitteln und in eine Theorie des Lernens in der Arbeit zu integrieren. Subjektbezogene Faktoren (Motivationen, Lernerfahrungen etc.), Faktoren der sozialen Interaktion (Vorgesetztenrolle, Teamstrukturen etc.) und organisationale Faktoren (Arbeitsorganisationsformen, Lernkultur etc.) prägen die Qualität von Lernprozessen. Aus unserer Sicht könnten hier strukturationstheoretische Überlegungen helfen, diese soziale Wirklichkeit in Erweiterung eines individuumszentrierten pädagogischen Blicks zu erfassen. Die Strukturationstheorie (vgl. Giddens 1984), als allgemeine Sozialtheorie, betrachtet das Handeln von Menschen weder als unabhängig noch als determiniert von strukturellen Bedingungen. Dieses Wechselverhältnis gilt auch für die arbeitsintegrierten Lernformen, die gleichsam ein Scharnier zwischen betrieblichen Strukturen und dem Lernhandeln darstellen. In arbeitsintegrierten betrieblichen Lernformen sind betriebliche Strukturen und individuelles Lernen in der Arbeit aufeinander bezogen. Diese Integration von strukturellen und individuellen Bedingungen für Lern- und Kompetenzentwicklungsprozesse gilt es zu erfassen (vgl. Dehnbostel/Gillen 2005).

2.2   Zur Rolle des Bildungspersonals in arbeitsintegrierten Lernformen

Durch die zunehmende Bedeutung arbeitsintegrierter Lernformen in der betrieblichen Weiterbildung ändert und erweitert sich auch die Rolle des innerbetrieblichen und externen Weiterbildungspersonals. Die früher auf die Vermittlung fachlicher Inhalte begrenzte Funktion des Weiterbildungspersonals wird derzeit um stärker moderierende, begleitende Funktionen erweitert, die den Lernprozess der Individuen flankieren (vgl. z.B. Baethge/Schiersmann 1998, S. 30). Auch Krauß/Mohr konstatieren mit Blick auf das Lernen in der Arbeit, dass es Aufgabe von Bildungsfachleuten sein muss, „die Mitarbeiter zur Selbstreflexion bis hin zur systematischen Selbstevaluation des eigenen Arbeitshandelns anzuregen und ihnen Hilfestellung bei der Beurteilung ihrer Lernfortschritte zu geben" (Krauß/Mohr 2004a, S. 120).

Eine konzeptionelle Rollenbeschreibung des Weiterbildungspersonals gibt es z.b. für die *Lernprozessbegleitung* im Rahmen des IT-Weiterbildungssystems und der so genannten arbeitsprozessorientierten Weiterbildung (APO) (vgl. Loroff/Einhaus 2006). Die Begleitung der Lernenden erfolgt dort größtenteils am Arbeitsplatz und wird ggf. durch Lernformen außerhalb der Arbeit ergänzt. Die Lernprozessbegleitung wird durch Vorgesetzte, Fachkollegen, betriebliche Experten oder ausgebildete Lernprozessbegleiter erbracht (vgl. Dehnbostel 2006, S. 10). Die Aufgabe der Lernprozessbegleitung in diesem Konzept ist es, die Teilnehmer in ihren selbstgesteuerten Lernprozessen zu unterstützen, Erkenntnisse und Einsichten über fachliche, personale und soziale Herausforderungen der Arbeit zu gewinnen, Defizite im Lernbedarf aufzudecken und zu reflektieren. Obwohl die Lernprozessbegleitung in eine formale Qualifizierung eingebunden ist und arbeitsintegrierte Lernformen hier einen Aspekt eines übergeordneten, stärker strukturierten Prozesses darstellen, weist dieses Beispiel darauf hin, dass die Rolle des Bildungspersonals im Wesentlichen in der Organisation, Begleitung und Anleitung zur Reflexion des Lernens besteht und über die Vermittlung von Fachinhalten weit hinausgeht. Diese Beschreibungen bilden auf der konzeptionellen Ebene jedoch noch eine Ausnahme.

Für die Praxis und Theorie der betrieblichen Weiterbildung lassen sich auf dieser Grundlage unterschiedliche Forschungs- und Entwicklungsherausforderungen ausweisen. Sie ergeben sich angesichts der Frage, wer in der betrieblichen Praxis die Rolle der Begleitung und Organisation von arbeitsintegrierten Lernformen übernimmt und übernehmen sollte: Einerseits stellt die Organisation und Begleitung von Beschäftigten in arbeitsintegrierten Lernformen für die *Rolle von Vorgesetzten und Führungskräften* eine Herausforderung dar, weil die Kompetenzentwicklung und Qualifizierung von Beschäftigten durch sie gezielt gefördert werden muss. Besonders Führungskräfte der mittleren Managementebene sind dabei diejenigen Schlüsselpersonen, die über „Einsatzfelder, Arbeitsplatzwechsel, Stattfinden und Gestaltung von Arbeitsbesprechungen und anderen lernhaltigen Aktivitäten entscheiden" (Krauß/Mohr 2004b, S. 36) und damit die Kompetenzentwicklung der Beschäftigten entscheidend beeinflussen.

Andererseits stellt sich auch für *Bildungspersonal* die Herausforderung, die eigene Rolle auszuloten. Wenn die Steuerung des Lernens und der Kompetenzentwicklung in arbeitsintegrierten Lernformen zunehmend durch Führungskräfte und die Beschäftigten selbst geleistet wird, kommt dem Bildungspersonal die Aufgabe zu, diese bei der Erschließung und Gestaltung arbeitsintegrierter Lernformen zu beraten und zu begleiten. Die Rolle des Bildungspersonals kann unseres Erachtens *subsidiär* gestaltet werden, indem die Verantwortung für den Lernprozess vorrangig durch die Beschäftigten und Führungskräfte geleistet wird und sich das Handeln der Bildungsverantwortlichen deren individueller Gestaltungsfähigkeit anpasst. Die Intensität des unterstützenden und moderierenden Handelns des Bildungspersonals orientiert sich demnach daran, inwieweit Beschäftigte oder Führungskräfte die Gestaltung arbeitsintegrierter Lernformen und die jeweilige Kompetenzentwicklung selbstständig leisten können.

Eine dritte Herausforderung ist darin zu sehen, dass in arbeitsintegrierten Lernformen neben dem Bildungspersonal oder den Führungskräften auch *Kollegen* untereinander als Wissensträger oder Lernbegleiter auftreten und ihnen die Rolle von „neuen Lehrenden" zukommt (vgl. Elsholz/Molzberger 2005). Diese Situation erfordert, dass das Verhältnis zwischen professionellen Weiterbildnern und diesen „unprofessionell Lehrenden" geklärt wird und mit der Unprofessionalität und Zufälligkeit der Lernsituationen umgegangen wird. So stellt sich etwa die Frage, wie die Fachexperten bei der Weitergabe ihrer Fachkenntnisse unterstützt werden können.

2.3 Anerkennung und Zertifizierung arbeitsintegrierten Lernens

Mit der zunehmenden Bedeutung arbeitsintegrierter Lernformen wird auch die Frage der Anerkennung und Zertifizierung der Lernergebnisse und erworbenen Kompetenzen relevant. So verlagert sich der Bereich der Anerkennung von Lernleistungen von eher seminaristischen oder legitimationsorientierten zu transfer- bzw. entwicklungsorientierten Strategien (vgl. Baethge et al. 2003, S. 22f.). Eine entwicklungsorientierte Erfolgskontrolle wird von Arnold/Krämer-Stürzl (1997) dadurch charakterisiert, dass sie die betriebliche Weiterbildung als Prozessbegleitung auffasst und demnach die Qualität der Lernprozesse und eine Verbesserung der betrieblichen Abläufe als zentrale Zielsetzungen ausweist.

Auch auf der betrieblich-praktischen Ebene werden erste Konzepte und Aktivitäten zur Anerkennung arbeitsintegrierten Lernens sichtbar. Ein Beispiel dafür stellt der Bildungspass dar, der im Rahmen eines BIBB-Modellversuchs entstanden ist. Der Bildungspass wird als „ein Instrument zur beruflichen Standortbestimmung für die Mitarbeiter und Mitarbeiterinnen" (Daimler Chrysler o.J.) bezeichnet. Mit seinem Einsatz wird angestrebt, dass Beschäftigte eine Zwischenbilanz ihres formell und informell erworbenen Wissens, ihrer Fähigkeiten und Kompetenzen ziehen und eine Übersicht darüber erhalten. Die Lernleistungen auch aus arbeitsintegrierten Lernformen werden über dieses Instrument dokumentiert und für den spezifischen betrieblichen Kontext anerkannt. Über solche (Einzel-)Initiativen hinaus besteht noch ein erheblicher Forschungs- und Entwicklungsbedarf bezüglich fundierter Konzepte und Methoden zur Anerkennung und Zertifizierung solcher Kompetenzen, die in der Arbeit erworben wurden. Außerdem gilt es, diese outputorientierten Konzepte mit input- und prozessorientierten Konzepten zu verbinden (vgl. Sloane/Dilger 2005).

Eine Herausforderung für die Weiterbildungsforschung ist darin zu sehen, dass die Konzepte und Methoden auf der *betrieblichen Ebene* zwei Funktionen erfüllen müssten. Zum einen sollten diese Konzepte ermöglichen, die unterschiedlich gearteten formellen, besonders aber informellen Lernprozesse in arbeitsintegrierten Lernformen *zu dokumentieren und anerkennbar* zu machen. Zum anderen sollten die Konzepte die Prozesse der *Kompetenzentwicklung* innerhalb der beruflich-betrieblichen Weiterbildung gezielt unterstützen, weil sie als Bestandsaufnahmen die offenen Prozesse der Kompetenzentwicklung einschätzbarer machen und das Lernen in arbeitsintegrierten Lernformen unterstützen. Es zeigt sich jedoch, dass betrieblich eingesetzte Konzepte zur Anerkennung und Zertifizierung noch nicht systematisch mit der Zielsetzung der Kompetenzentwicklung verbunden werden. Eine Reihe von Initiativen außerhalb des betrieblichen Kontextes zielen auf die Beschäftigungsfähigkeit und Kompetenzentwicklung von Individuen ab (vgl. z.B. IG Metall o.J.). Aufgrund ihrer Orientierung an individuellen Interessen können sie einen wertvollen Beitrag zur Weiterentwicklung von betrieblichen Kompetenzanalysekonzepten leisten (vgl. Gillen 2006).

Eine weitere Herausforderung ist mit der Frage verbunden, ob und wie *rechtlich verbindliche Formen* zur Dokumentation und Anerkennung informell erworbener Kompetenzen entwickelt werden sollen, wie dies angesichts der bestehenden staatlichen Zertifizierung des formellen Lernens naheliegend erscheint. Die Relevanz der staatlichen Anerkennung informell erworbener Kompetenzen wird besonders in der derzeitigen Diskussion zum ECTS (European Credit Transfer System) deutlich (vgl. Heidemann in diesem Band). Es besteht also eine Herausforderung hinsichtlich der Möglichkeiten einer staatlichen Anerkennung von Lernergebnissen in arbeitsintegrierten Lernformen einerseits (vgl. dazu Clement et al. 2006) und dem Ausloten individueller, betrieblicher und gesellschaftlicher Anforderungen in diesem Feld andererseits (vgl. dazu Frank et al. 2005).

3.   Folgerungen für die Weiterbildungsforschung

Arbeitsintegrierte Lernformen, so hat die obige Darstellung von Modellprojekten und Konzepten gezeigt, erfreuen sich derzeit einer vermehrten Aufmerksamkeit von Weiterbildungstheorie und -praxis. Allerdings zeigen sich derzeit noch eine Vielzahl konzeptioneller ‚Leerstellen', die der weiteren Bearbeitung bedürfen. Diese betreffen Aspekte der begrifflichen Fassung der Formen des Lernens, der Wechselwirkungen zwischen individuellen und betrieblichen Bedingungen und damit einhergehend die Frage der strukturellen Rahmung der informellen Lernprozesse. Damit verbinden sich Fragen zur neuen Rolle des Weiterbildungspersonals hinsichtlich der Bereitstellung dieses organisationalen Rahmens und der eigenen Handlungsanforderungen. Schließlich stellen sich sowohl betrieblich als auch überbetrieblich Fragen, wie arbeitsintegriertes Lernen dokumentiert und anerkannt werden sollte.

In den arbeitsintegrierten Lernformen zeigt sich exemplarisch die Entgrenzung und Diffusion des Pädagogischen in betrieblichen Kontexten bis hin zu einer Aufweichung der Grenzen zwischen Lernen und Arbeiten. Für die weitere Bearbeitung des Forschungsfeldes durch die Weiterbildungsforschung ergibt sich die Notwendigkeit der interdisziplinären Verständigung zur Aufschlüsselung des komplexen Gegenstandes bzw. Handlungsfeldes. Berufs- und betriebspädagogische Konzepte sind in diesem Fall nicht ausreichend; es bedarf vielmehr der Verständigung zwischen den erziehungswissenschaftlichen Teildisziplinen (z.B. zwischen Betriebspädagogik und Erwachsenenbildung) sowie einer Verschränkung mit psychologischen, soziologischen, betriebswirtschaftlichen und arbeitswissenschaftlichen Fragestellungen.

Modellprojekte und Modellversuchsforschung, die Transfer zwischen Theorie und Praxis bewerkstelligen, bleiben auch weiterhin notwendig, weil durch sie soziale Bindungen und Verbindlichkeiten zwischen den beteiligten Akteuren (sowohl der Wissenschaften als auch der Praxisfelder) hergestellt werden und sie den Raum des Verstehens- und Verständigungsprozesses bilden. Eine praxis- und anwendungsorientierte Ausrichtung der Forschung sollte jedoch nicht nur Ergebnisse erarbeiten, die in erster Linie außerhalb des Wissenschaftssystems relevant sind, sondern über den Einzelfall hinausweisen und theoretisch anschlussfähige Bezüge aufzeigen. Die Klärung dessen, was genuin pädagogische Fragestellungen auf Seiten der Weiterbildungsforschung im betrieblichen Kontext sind (vgl. Schrader/Berzbach 2005, S. 23), ist Voraussetzung für interdisziplinäre und anwendungsorientierte Forschungsarbeiten. Die arbeitsintegrierten Lernformen bergen dafür Chancen.

Literatur

Arnold, R.; Krämer-Stürzl, A. (1997): Erfolgskontrolle – Thema professioneller betrieblicher Weiterbildung? In: Arnold, R. (Hg.): Qualitätssicherung in der Erwachsenbildung. Opladen, S. 133-150

Baethge, M.; Baethge-Kinsky, V.; Holm, R.; Tullius, K. (2003): Anforderungen und Probleme beruflicher und betrieblicher Weiterbildung (Arbeitspapier der Hans-Böckler-Stiftung, Nr. 76). Düsseldorf

Baethge, M.; Schiersmann, C. (1998): Prozessorientierte Weiterbildung – Perspektiven und Probleme eines neuen Paradigmas der Kompetenzentwicklung für die Arbeitswelt der Zukunft. In: Arbeitsgemeinschaft Betriebliche Weiterbildungsforschung e.V./Projekt

QUEM (Hg.): Kompetenzentwicklung '98. Forschungsstand und Forschungsperspektiven. Münster u.a.O., S. 15-87

Breidenbach, G. et al. (2006): Personal- und Organisationsentwicklung in KMU innovativ denken und gestalten (hrsgg. von der Arbeitsgemeinschaft Betriebliche Weiterbildungsforschung e.V./Projekt QUEM: Handlungsanleitung für die Praxis 9). Berlin

BMBF (2006): Berichtssystem Weiterbildung IX. Integrierter Gesamtbericht zur Weiterbildungssituation in Deutschland. Bonn, Berlin

Clement, U.; Le Mouillour, I.; Walter, M. (Hg.) (2006): Standardisierung und Zertifizierung beruflicher Qualifikationen in Europa. Bielefeld

Daimler Chrysler (o.J.): Bildungspass. Ein Instrument zur beruflichen Standortbestimmung für Mitarbeiter und Mitarbeiterinnen der Daimler Chrysler AG, Werk Gaggenau. Gaggenau

Dehnbostel, P. (2001): Perspektiven für das Lernen in der Arbeit. In: Arbeitsgemeinschaft Betriebliche Weiterbildungsforschung e.V./Projekt QUEM (Hg.): Kompetenzentwicklung 2001. Tätigsein – Lernen – Innovation. Münster u.a.O., S. 53-93

Dehnbostel, P. (2006): Lernen im Prozess der Arbeit. Studienmaterialien für den berufsbegleitenden internetgestützten Masterstudiengang Bildungsmanagement (MBA). Kapitel 5, herausgegeben von Anke Hanft. Manuskriptdruck. Oldenburg

Dehnbostel, P.; Gillen, J. (2005): Kompetenzentwicklung, reflexive Handlungsfähigkeit und reflexives Handeln in der Arbeit. In: Gillen, J.; Dehnbostel, P.; Elsholz, U.; Habenicht, T.; Proß, G.; Skroblin, J.-P. (Hg.): Kompetenzentwicklung in vernetzten Lernstrukturen. Konzepte arbeitnehmerorientierter Weiterbildung. Bielefeld, S. 27-42

Dehnbostel, P.; Holz, H.; Novak, H. (Hg.) (1992): Neue Lernorte und Lernortkombinationen – Erfahrungen und Erkenntnisse aus dezentralen Berufsbildungskonzepten. Bielefeld, S. 9-23

Deutscher Bildungsrat (Hg.) (1974): Empfehlungen der Bildungskommission zur Neuordnung der Sekundarstufe II. Konzept für eine Verbindung von allgemeinem und beruflichem Lernen. Stuttgart

Elsholz, U.; Molzberger, G. (2005): Neue Lernorte im Betrieb. Herausforderung für die Berufs- und Betriebspädagogik?! In: bwp@ Nr. 9 (Online: http://www.bwpat.de/ausgabe9/elsholz_molzberger_bwpat9.shtml; Zugriff: 21.04.2006)

Frank, I.; Gutschow, K.; Münchhausen, G. (Hg.) (2005): Informelles Lernen – Verfahren zur Dokumentation und Anerkennung im Spannungsfeld von individuellen, betrieblichen und gesellschaftlichen Anforderungen. Bielefeld

Geldermann, B.; Mohr, B. (2003): Selbstevaluation der Beschäftigten als Kernelement arbeitsplatznahen Lernens. Dokumentation des BIBB-Fachkongresses Berufsbildung für eine globale Gesellschaft – Perspektiven im 21. Jahrhundert (CD-ROM)

Giesecke, H. (1987): Pädagogik als Beruf. Grundformen pädagogischen Handelns. Weinheim

Giddens, A. (1997): Die Konstitution der Gesellschaft. Grundzüge einer Theorie der Strukturierung (3. Auflage). Frankfurt/M., New York

Gillen, J. (2006): Kompetenzanalysen als berufliche Entwicklungschance. Eine Konzeption zur Förderung beruflicher Handlungskompetenz. Bielefeld

Grünewald, U.; Moraal, D. (2001): Weiterbildung in deutschen Unternehmen – Reaktionen und Strategien vor dem Hintergrund neuer Herausforderungen. Bonn

IG Metall (o.J.): Job-Navigator. Frankfurt/M.

Krauß, A.; Mohr, B. (2004a): Das Navigationssystem für selbständig lernende Mitarbeiter – Struktur und Inhalt. In: Holz, H.; Novak, H.; Schemme, D.; Stahl, T. (Hg.): Selbstevaluation in der Berufsbildung. Bielefeld, S. 109-128

Krauß, A.; Mohr, B. (2004b): Prozessorientierung in der betrieblichen Weiterbildung – neue Funktion für Führungskräfte. In: Berufsbildung in Wissenschaft und Praxis, Jg. 34/Heft 5, S. 33-36

Kohl, M.; Molzberger, G. (2005): Lernen im Prozess der Arbeit – Überlegungen zur Systematisierung betrieblicher Lernformen in der Aus- und Weiterbildung. In: Zeitschrift für Berufs- und Wirtschaftspädagogik, Bd. 101/Heft 3, S. 349-363

Loroff, C.; Einhaus, J. (2006): Lernprozessbegleitung in der Arbeitsprozessorientierten Weiterbildung. In: Loroff, C.; Manski, K.; Mattauch, W.; Schmidt, M. (Hg.): Arbeitsprozessorientierte Weiterbildung. Lernprozesse gestalten Kompetenzen entwickeln. Bielefeld

Moraal, D.; Grünewald, U. (2004): Moderne Weiterbildungsformen in der Arbeit und Probleme ihrer Erfassung und Bewertung in Europa. In: Dehnbostel, P.; Pätzold, G. (Hg.): Innovationen und Tendenzen der betrieblichen Berufsbildung. Zeitschrift für Berufs- und Wirtschaftspädagogik. Beiheft 18. Stuttgart, S. 174-187

Pfeiffer, I.; Kerlen, C.; Jäkel, L.; Wessels, J. (2005): Betriebliches Lernen und Lernkulturen in kleinen und mittleren Unternehmen. In: QUEM-Bulletin 4/2005 (hrsgg. von der Arbeitsgemeinschaft Betriebliche Weiterbildungsforschung e.V./Projekt QUEM). Berlin, S. 5-10

Schiersmann, Chr.; Remmele, H. (2002): Neue Lernarrangements in Betrieben: Theoretische Fundierung – Einsatzfelder – Verbreitung. QUEM-Report 75 (hrsgg. von der Arbeitsgemeinschaft Betriebliche Weiterbildungsforschung e.V./Projekt QUEM). Berlin

Schrader, J.; Berzbach, F. (2005): Empirische Lernforschung in der Erwachsenenbildung/Weiterbildung. Bonn

Severing, E. (2003): Lernen im Arbeitsprozess: eine pädagogische Herausforderung. In: Grundlagen der Weiterbildung, GdWZ, Jg. 14/Heft 1, S. 1-4

Sloane, P.; Dilger, B. (2005): The Competence Clash – Dilemmata bei der Übertragung des ,Konzepts der nationalen Bildungsstandards' auf die berufliche Bildung. In: bwp@, Nr. 8, S. 1-32 (Online: http://www.bwpat.de/ausgabe8/sloane_dilger_bwpat8.shtml; Zugriff: 21.04.2006)

Zimmermann, D. (2006): Selbstorganisation des Lernens im Prozess der Arbeit – Lernarrangements und betriebliche Lernkulturen. In: QUEM-Bulletin 3/2006 (hrsgg. von der Arbeitsgemeinschaft Betriebliche Weiterbildungsforschung e.V./Projekt QUEM). Berlin, S. 1-6

Teil 2
Begleitung und
Beratung beruflicher
Entwicklungen

Einführung in das Kapitel

Seit den 1990er Jahren verändern sich aufgrund neuer Arbeits- und Organisationskonzepte auch Personalentwicklungsstrategien und betriebliche Entwicklungs- und Aufstiegswege. Dabei werden Konzepte zum lebensbegleitenden und selbstgesteuerten Lernen in der beruflich-betrieblichen Weiterbildung eingeführt und Maßnahmen der Personalentwicklung zunehmend an dem Leitgedanken der Kompetenzentwicklung ausgerichtet, indem formelle Lernformen und informelles Lernen miteinander verbunden werden und das Lernen in der Arbeit eine verstärkte Bedeutung erhält. Auch der Verlauf beruflicher Arbeitsbiografien von Beschäftigten hat sich in den letzten Jahren verändert. Brüche, Umbrüche und Neuorientierungen prägen moderne berufliche Lebenswege und lösen den tradierten Lebensberuf mit fest gefügtem Berufsbild ab. Arbeitsplatzerhalt, Employability und Weiterbildung werden auf der individuellen Ebene zu einem zentralen Fokus bei der Gestaltung der eigenen beruflichen Entwicklung.

Diese Entwicklungen auf der betrieblichen und auf der individuellen Ebene erfordern die Verbesserung von Begleitung und Beratung und den Aufbau eines Weiterbildungssystems, in dem individuelle Beratung über berufliche Entwicklungsmöglichkeiten sowie Motivation zum Weiterlernen geleistet wird. Mit dem Themenschwerpunkt Begleitung und Beratung beruflicher Entwicklungen wurde im Projekt KomNetz somit eine Herausforderung aufgegriffen, die in der beruflich-betrieblichen Bildung auf unterschiedlichen Ebenen evident wird und sowohl handlungspraktisch als auch theoretisch-konzeptionell noch viele Leerstellen und Desiderate aufweist.

Die Aktualität des Themas ergibt sich aus dem steigenden Bedarf von Beschäftigten und Arbeitslosen an einer Orientierung für die Gestaltung ihrer beruflichen Kompetenzentwicklung. Angesichts der Veränderungen in der betrieblichen Personalentwicklung und den individuellen Arbeitsbiografien zeigt sich, dass es mehr Möglichkeiten aber auch mehr Risiken zur Gestaltung der eigenen Beschäftigung und Kompetenzentwicklung gibt. Nicht zuletzt an die Gewerkschaften, aber auch an andere Institutionen wird deswegen die Forderung laut, dass Konzepte und Strukturen zur kontinuierlichen Begleitung und Beratung für Arbeitnehmer entstehen müssen, die über die herkömmlichen betrieblichen und staatlichen Beratungsangebote hinausgehen.

Derzeit werden Neuansätze der Begleitung und Beratung beruflicher Entwicklungen in unterschiedlichen Praxismodellen umgesetzt und in theoretischen Konzepten bearbeitet. Zielsetzung, Orientierung, Begrifflichkeiten und die Perspektive dieser Ansätze und Konzepte sind dabei so unterschiedlich, dass es zum einen einer systematisierenden Aufarbeitung und theoretischer Einordnungen der einzelnen Ansätze der Begleitung und Beratung bedarf. Zum anderen gilt es aus der spezifischen Perspektive des KomNetz-Projekts konzeptionelle Ansätze und Instrumente zu entwickeln, in denen die Interessen von Beschäftigten und Arbeitslosen besondere Bedeutung haben und ihre Bedarfslage eine verstärkte Berücksichtigung erfährt.

Ausgehend von dieser Situation der Praxis und Theorie im Themenfeld Begleitung und Beratung wurden in der KomNetz-Arbeit drei Schwerpunkte gesetzt. Zum einen wurde das Konzept des arbeitnehmerorientierten Coachings entwickelt und erprobt. Mit dem Konzept des arbeitnehmerorientierten Coachings wird die Begleitung und Beratung beruflicher Entwicklungen unter arbeitnehmerorientierter Perspektive umgesetzt. Es stellt eine spezifische Form der personenbezogenen Begleitung dar, die zur Reflexion und Weiterentwicklung des individuellen und beruflichen Lebensweges eingesetzt wird. Charakteristisch ist insbesondere ihre Ausrichtung auf eine breite Zielgruppe wie Erwerbslose, Personen in Beschäftigungsgesellschaften, Berufseinsteiger bis hin zu Personen, die aus dem Berufsleben ausscheiden. Arbeitnehmerorientiertes Coaching zielt auf die kontinuierliche Unterstützung der Kompetenzentwicklung und wird von professionellen Begleitern angeboten. Prozessorientierte, kontinuierliche Begleitung und eine abgestimmte, punktuell stattfindende Beratung greifen ineinander. Das Konzept des arbeitnehmerorientierten Coachings stellen Julia Gillen, Peter Dehnbostel, Rita Linderkamp und Jörg-Peter Skroblin in ihrem Beitrag zum *Arbeitnehmerorientierten Coaching* vor und liefern eine konzeptionelle Begründung für die Begleitung und Beratung beruflicher Entwicklungen aus gewerkschaftlicher Perspektive.

Ein weiterer Schwerpunkt der Projektarbeit in diesem Themenfeld konzentrierte sich darauf, die Aufgaben der Gewerkschaften und Interessenvertretungen im Themenfeld Begleitung und Beratung beruflicher Entwicklungen zu erheben, zu analysieren und Schlussfolgerungen daraus zu ziehen. Wesentliche Erkenntnisse, die gewonnen wurden und die zur Entwicklung eines konzeptionell ausgewiesenen KomNetz-Ansatzes beigetragen haben, gehen auf eine empirische Untersuchung zurück, die Rita Linderkamp im Rahmen der Projektarbeit durchgeführt hat. In ihrem Beitrag *Begleitung und Beratung aus Arbeitnehmersicht* werden die Ergebnisse und Erkenntnisse aus dieser Untersuchung dargestellt. Der Fokus der Untersuchung lag auf der Frage, welche Aufgaben den Gewerkschaften und ihren Interessenvertretungen im Feld Begleitung und Beratung beruflicher Entwicklungen zukommen und welche strukturellen, inhaltlichen und organisatorischen Maßnahmen notwendig erscheinen. Die Befragung hat u.a. ergeben, dass die Begleitung und Beratung beruflicher Entwicklungen ein immer wichtiger werdendes Themenfeld für die Gewerkschaften darstellt und ihnen die strategische Bedeutung dieses Themas für ihre eigene Zukunftsfähigkeit zunehmend bewusst wird. Die Untersuchung zeigt weiterhin, dass Begleitung und

Beratung zur Qualifizierung, Kompetenzentwicklung und beruflichen Entwicklung nur mit einer bundesweiten Struktur und übergreifenden Konzeption ausgebaut werden sollte. Maßgeblich ist dabei die arbeitnehmerorientierte Konzeption einer individuellen Betreuungsleistung, die Begleitung und Beratung gleichermaßen umfasst.

Neben diesen eigenen theoretisch-konzeptionellen und empirischen Forschungs- und Entwicklungsarbeiten im Themenfeld Begleitung und Beratung beruflicher Entwicklungen wurde die Projektarbeit von KomNetz von begleitenden Arbeiten unterstützt. So geben Markus Bretschneider, Bernd Käpplinger, Rosemarie Klein und Anja Wenzig unter dem Titel *Begrifflichkeiten, Ansätze und Praxiserfahrungen in der beruflichen Beratung und Begleitung* einen Überblick über das Themenfeld und referieren aus der Praxis der Begleitung und Beratung. Dieser Beitrag liefert Ansätze zur Systematisierung des Themenfelds und stellt praktische Fallbeispiele dar.

Ein dritter Schwerpunkt der Projektarbeit in der Begleitung und Beratung lag auf dem Thema Kompetenzanalysen und in der Entwicklung entsprechender praktischer Instrumente, wie z.B. das Analyse- und Beratungsinstrument Kompetenzreflektor oder der Profiling-TÜV als Handreichung für die Prüfung von Kompetenzanalysen aus Arbeitnehmersicht, wozu vom KomNetz-Projekt ein Praxisbuch veröffentlicht wurde (vgl. Linderkamp et al. 2007). Zur theoretischen Fundierung dieser beiden Praxisinstrumente wurden Kompetenzanalysen und ihre Funktion zur Förderung von Kompetenzentwicklung theoretisch und empirisch betrachtet, um sie für Prozesse der Begleitung und Beratung beruflicher Entwicklungen zu erschließen. Die Analyse und Systematisierung von Kompetenzanalyseverfahren ist ein noch weitgehend desiderates Forschungsfeld. Deswegen wurde zum einen eine empirische Untersuchung zum Job-Navigator als gewerkschaftliches Instrument zur Kompetenzanalyse vorgenommen. Mit der Darstellung der Evaluationsergebnisse zur Untersuchung des Job-Navigators der IG Metall loten Julia Gillen, Thomas Habenicht und Martin Krämer aus, welchen Beitrag dieses Instrument zur Kompetenzentwicklung von Beschäftigten leisten kann. In ihrem Beitrag *Berufliche Zukunftsberatung durch den Job-Navigator* wird das Instrument anhand seiner Prinzipien und Vorgehensweise erläutert, Eckpunkte der Kompetenzentwicklung herausgearbeitet, sowie aus gewerkschaftlicher Perspektive ein Fazit zum Einsatz des Job-Navigators gegeben.

Außerdem wurde die Frage fokussiert, wie sich Kompetenzanalysen didaktisch-methodisch und lernorganisatorisch so gestalten lassen, dass bestehende Potenziale zur Kompetenzentwicklung gezielt aufgenommen, unterstützt und ergänzt werden. Im abschließenden Beitrag greift Julia Gillen diese Frage unter dem Titel *Von der Kompetenzanalyse zur Kompetenzentwicklung* auf und beschreibt theoretisch begründete Anforderungen an die Gestaltung von Kompe-

tenzanalysen in der beruflich-betrieblichen Bildung wie sie bislang nicht vorla-
gen. Diese fünf Merkmale ermöglichen sowohl die Analyse als auch die Entwicklung von Kompetenzanalysen im Hinblick auf das Leitprinzip der Kompetenzförderlichkeit und grenzen sie gegenüber anderen Formen der Kompetenzanalyse ab, die ausschließlich das Ziel der Messung oder Erfassung verfolgen.

Obwohl ausgehend von diesem Ergebnis- und Erkenntnisstand des Projekts
KomNetz bereits wichtige Fragen des Themenfeldes Begleitung und Beratung
beruflicher Entwicklungen bearbeitet wurden, zeigt sich, dass noch weiterführende Entwicklungs- und Forschungsarbeiten zu leisten sind. So gilt es auf der
didaktisch-methodischen Ebene ein Konzept zu erarbeiten, das Instrumente der
Kompetenzanalyse – wie u.a. der Kompetenzreflektor von KomNetz – mit einer
kontinuierlichen Kompetenzentwicklung verknüpft. Weiterhin ist eine empirische Erfassung und Untersuchung von arbeits- und betriebsbezogenen Beglei-
tungs- und Beratungsstrukturen notwendig. Wie die KomNetz-Befragung gezeigt hat, ist der Aufbau von Strukturen notwendig, in denen Gewerkschaften
eine kontinuierliche und verlässliche Rolle in der Begleitung und Beratung unter
dem Gesichtspunkt von arbeitnehmerorientierten Interessen übernehmen. Ein
Aufbau dieser Strukturen setzt die breite Analyse bestehender Strukturen und
bestehender Arbeitnehmerinteressen voraus, um über die Analyse zu einer erfolgreichen Implementation zu kommen.

Auf der Ebene praktischer Entwicklungsarbeiten ist weiter an der Entwicklung und Erprobung von zielgruppenadäquaten Unterstützungskonzepten zu arbeiten. Auch wenn die hier erwähnten Instrumente des KomNetz-Kompetenzreflektors und des Konzepts arbeitnehmerorientiertes Coaching bereits Anwendung finden, zeigt sich, dass eine spezifische Ausrichtung auf einzelne Beschäf-
tigtengruppen eine wesentliche und notwendige Weiterentwicklung darstellt.

Arbeitnehmerorientiertes Coaching

Konzeptionelle Begründung für die Begleitung und Beratung
beruflicher Entwicklungen aus gewerkschaftlicher Perspektive

Julia Gillen, Peter Dehnbostel, Rita Linderkamp, Jörg-Peter Skroblin

Die Förderung von Kompetenzentwicklung im modernen Beschäftigungs- und
Bildungssystem ist mit verschiedenen Herausforderungen für die Organisation
und Unterstützung des Lernens verbunden. Dazu gehört z.b. eine zunehmende
Prozessorientierung von Weiterbildung, aber auch die Bedeutungszunahme informellen und Erfahrungslernens (vgl. Baethge et al. 2003, S. 11; Dehnbostel
2005; Meyer 2006). In Folge dieser Herausforderungen zeigt sich, dass die Begleitung und Beratung von Beschäftigten und Arbeitslosen, von Arbeitenden
und Lernenden bei der Gestaltung ihrer beruflichen Entwicklungen immer wichtiger wird.

Im KomNetz-Projekt wurde vor diesem Hintergrund das Konzept des arbeitnehmerorientierten Coachings entwickelt, mit dem die Begleitung und Beratung beruflicher Entwicklungen unter arbeitnehmerorientierter Perspektive umgesetzt werden soll. Im arbeitnehmerorientierten Coaching wird von den fünf
Charakteristika Arbeitnehmerorientierung, Subjektorientierung, Kompetenzorientierung, Reflexivität/reflexive Handlungsfähigkeit und Integration von Begleitung
und Beratung ausgegangen und eine spezifische Form des Coachings realisiert.
Der vorliegende Beitrag hat zum Ziel, dieses Konzept vorzustellen und zu beschreiben. Dazu wird zunächst auf die Begründungszusammenhänge eingegangen, die für die Bedeutungszunahme von Begleitung und Beratung beruflicher
Entwicklungen wichtig sind (Teil 1). Weiterhin werden in Teil 2 die Begriffe
Begleitung und Beratung im hier vorliegenden Verständnis erläutert und in Teil
3 das Konzept des arbeitnehmerorientierten Coachings vorgestellt. Schließlich
wird der Kompetenzreflektor als ein konkretes Instrument des arbeitnehmerorientierten Coachings in Teil 4 vorgestellt und im Teil 5 ein Ausblick mit For-
schungs- und Entwicklungsdesideraten gegeben.

1.   Zur Bedeutung von Begleitung und Beratung

Ein erster Begründungszusammenhang für die Bedeutung von Begleitung und
Beratung beruflicher Entwicklungen lässt sich aus der *Perspektive gewerkschaftlicher Handlungs- und Interessenfelder* anführen. Diesbezüglich zeigt sich, dass

die Begleitung und Beratung beruflicher Entwicklungen ein originäres Interesse von Beschäftigten darstellt und die individuelle Beschäftigungsfähigkeit dadurch gesichert und erhalten werden kann. Insofern stellt sie auch für Gewerkschaften ein immer wichtiger werdendes Themenfeld dar, so dass zunehmend über die strategische Bedeutung dieses Themas für die Zukunftsfähigkeit von Gewerkschaften diskutiert wird und das Thema als zentrales gewerkschaftliches Handlungsfeld anzusehen ist. Neben dem Aufbau von Strukturen besteht zudem eine wichtige Aufgabe von Gewerkschaften in der Entwicklung und Verankerung von Konzepten. Dazu hat eine Untersuchung im Rahmen des KomNetz-Projekts ergeben, dass für eine nachhaltige Verankerung des Themas auch „eine Verbindung von individuellen und kollektiven Regelungsformen notwendig (ist). Die Weiterentwicklung von Tarifverträgen zur Weiterbildung ist dabei ebenso relevant wie die Implementierung von Instrumenten der Beratung und Begleitung in Betriebsvereinbarungen und betrieblichen Modellen" (Linderkamp 2005, S. 59).

Die Begleitung und Beratung beruflicher Entwicklungen ist aufgrund *gesellschaftlicher, betrieblicher und sozialer Umbrüche* in den Fokus des Interesses gerückt. Der Wandel zur Wissens- und Dienstleistungsgesellschaft führt zu einem erhöhten Orientierungs- und Beratungsbedarf von Beschäftigten und Arbeitslosen in der modernen Arbeitswelt. Neue Qualifikations- und Bildungsanforderungen stehen dabei im Kontext von eigener Beschäftigungsfähigkeit, Teilhabe am Arbeitsmarkt und beruflichen Entwicklungs- und Aufstiegswegen. Die komplexe Anforderung an Beschäftigte wie Arbeitslose besteht darin, dass sie sich über den Stand ihrer Kompetenzen bewusst sein müssen und ihr berufliches Potenzial einschätzen, es weiterentwickeln und in den Arbeitsmarkt einbringen müssen.

Bei dieser Anforderung ist eine unterstützende Begleitung und Beratung beruflicher Entwicklungen auf allen Beschäftigtenebenen und Arbeitslosengruppen notwendig. Dabei ist davon auszugehen, dass insbesondere geringqualifizierte und bildungsferne Personen einen besonderen Bedarf haben, da ihre Fähigkeit zur Selbststeuerung eigener Lern- und Entwicklungswege gering ausgebildet ist (vgl. Dehnbostel 2006, S. 71f.). So zeigen Untersuchungen zur Teilnahme an Weiterbildung, dass diese vom Schul- und Qualifikationsniveau von Beschäftigten abhängt. Je geringer Schulbildung und Qualifikationsniveau sind, desto geringer ist auch die Teilnahme an Weiterbildung. Während im Jahr 2003 nur 22% An- und Ungelernter an Weiterbildung beteiligt waren, waren es bei den Facharbeitern 38% und bei akademisch vorgebildeten Angestellten bis zu 63% (vgl. Kuwan/Thebis 2004, S. 12ff. und 36). Diese Untersuchungsergebnisse können ein Hinweis dafür sein, dass sich das Schul- und Ausbildungsniveau auf die Fähigkeit zur Gestaltung der individuellen beruflichen Entwicklung und zur Selbststeuerung von Lernprozessen auswirkt und begründen die Notwendigkeit von

Strukturen und Konzepten zur Begleitung und Beratung beruflicher Entwicklungen besonders für Geringqualifizierte.

Auch aus der *Perspektive der beruflichen Bildung* lassen sich Begründungen ausweisen, die die Notwendigkeit der Begleitung und Beratung beruflicher Entwicklungen und ihre Bedeutung unterstützen. Sie erweist sich zum einen zur Förderung beruflicher Handlungskompetenz und reflexiver Handlungsfähigkeit als sinnvoll. Zum anderen wird im Kontext des lebenslangen Lernens der Begleitung und Beratung beruflicher Entwicklungen eine zentrale Rolle zugemessen (vgl. Kraus 2001; Pätzold 2004). Einen zentralen Anstoß für diese Einschätzung zum lebenslangen Lernen bildet die Zielsetzung, dass eine ständige Entwicklung und Förderung der beruflichen Handlungskompetenz des Einzelnen notwendig ist, um seine Beschäftigungsfähigkeit bzw. seine „Employability" zu erhalten. Auch zur Unterstützung selbstgesteuerten Lernens und zur Verhinderung von Exklusion in der Weiterbildung ist Begleitung und Beratung bedeutsam. Es geht um die Herstellung von Selbstständigkeit, Motivation, Reflexion und Beteiligung an Weiterbildung und Kompetenzentwicklung.

Auf der *betrieblichen Ebene* liegt die Bedeutung der beruflichen Entwicklungsberatung darin, dass sie eine besondere Qualität betrieblicher Lern- und Innovationsprozesse fördert. Prozesse der Organisationsentwicklung und der betrieblichen Innovation erfordern eine Vernetzung und Kollektivierung der individuellen Lernprozesse und des Erfahrungslernens einzelner Beschäftigter. Zudem ist es im Sinne der Qualität von Lernprozessen im Betrieb notwendig, diese nicht zufällig zu belassen, sondern sie systematisch zu erfassen, zu reflektieren und für andere betriebliche Bereiche verwendbar zu machen. Sowohl zur Vernetzung und Kollektivierung von individuellen Lernprozessen als auch zur systematischen Erfassung ist die Begleitung und Beratung des Lernens ein wichtiger Aspekt betrieblicher Bildungsarbeit. Außerdem erhält sie in der betrieblichen Personalarbeit eine Bedeutung, weil die Entwicklungs- und Weiterbildungsbedarfe der Beschäftigten eingefangen werden und – nach Abstimmung mit den betrieblichen Bedarfen – gefördert und in konkrete Qualifikationsmaßnahmen übertragen werden können. Weiterbildungsprogramme können so nicht angebotsorientiert über die Personalentwicklungsabteilung, sondern nachfrageorientiert von den Beschäftigten und den Abteilungen entwickelt und permanent angepasst werden.

2. Begriffsverständnis von Begleitung und Beratung

Begleitung und Beratung beruflicher Entwicklungen wird durch unterschiedliche Ansätze und Konzepte in der Praxis umgesetzt. Ausgehend von der zentralen Zielsetzung des Projektes KomNetz, die darin besteht, „die Arbeitnehmerinnen und Arbeitnehmer sowie ihre Interessenvertretungen darin zu unterstützen, eine lernförderliche Arbeitswelt zu schaffen, in der die Kompetenzentwicklung zu verbesserten beruflichen Entwicklungswegen und mehr Chancengleichheit führt" (KomNetz 2001, S. 6), erscheint es sinnvoll, auch in diesem Themenfeld Begleitung und Beratung beruflicher Entwicklungen eine arbeitnehmerorientierte Position zu entwickeln und einzuordnen. Die Begriffe Beratung und Begleitung bilden Grundformen der Unterstützung beruflicher Entwicklungen und werden wie folgt unterschieden.

In dem hier vertretenen Verständnis bezieht sich *Beratung* auf berufliche Bildung und Weiterbildung. Im Unterschied zu einer kontinuierlichen Begleitung geht es eher um eine punktuelle Information und Auskunft, die allerdings nicht standardisiert ist und einen Reflexions- und Rückkopplungsprozess mit dem Beratenden umfasst. In der Weiterbildungsberatung ist die personenbezogene Beratung von einer Gruppenberatung und der organisationsbezogenen Beratung zu unterscheiden.

In der *organisationsbezogenen Beratung* werden insbesondere Betriebe und Weiterbildungseinrichtungen hinsichtlich ihrer Organisations- und Qualifikationsentwicklung unterstützt. Demgegenüber bezieht sich *Gruppenberatung*, wie sie z.B. in einer Gremienberatung für Betriebs- und Personalratsgremien erfolgt, auf einzelne Gruppen oder Gremien innerhalb von Unternehmen oder Organisationen. Gruppenberatung hat mit der Einführung von Gruppenarbeit erheblich an Gewicht gewonnen und wird in der Praxis z.B. durch Maßnahmen der Teamentwicklung umgesetzt. *Personenbezogene Beratung*, als dritte Form der Weiterbildungsberatung, kann sich entweder auf Lernprozesse (Lernberatung) oder auf komplexere Kompetenzentwicklungsprozesse (Kompetcnzentwicklungsberatung) beziehen.

Dabei ist *Lernberatung* auf die Bewusstmachung des eigenen Lernhandelns in selbstgesteuerten Lernprozessen ausgerichtet und unterstützt diejenigen, die sich bereits in einer konkreten Weiterbildungssituation befinden. Der Begriff der Lernberatung wird seit den 1980er Jahren im Kontext von Weiterbildung thematisiert. Die in dieser Zeit in Modellversuchen des BIBB und des DIE entstandenen Konzepte zur Lernberatung beziehen sich insbesondere auf Schwierigkeiten und Probleme lernungewohnter Zielgruppen in außerbetrieblichen Bildungsmaßnahmen. Diese Konzepte thematisieren die Abhängigkeit individueller Lernstile und Lerntypen von den Kontextbedingungen des Lernenden, wie der aktuellen Lebenssituation und Lerngeschichte (vgl. Fuchs-Brüninghoff 2000, S. 85). Sie fokussieren jedoch explizit Lernschwierigkeiten, die sich auf den Prozess der Aneignung von Lerninhalten beziehen.

Die zweite Form personenbezogener Beratung, die besonders in den letzten Jahren vor dem Hintergrund gesellschaftspolitischer, betrieblicher und sozialer Umbrüche notwendig geworden ist, zielt auf die Förderung von langfristigen

Prozessen der Kompetenzentwicklung und umfasst einerseits eine Orientie-
rungs- und Entscheidungshilfe für die Auswahl von konkreten Maßnahmen zur
Weiterbildung und soll hier als *Kompetenzentwicklungsberatung* bezeichnet
werden. Sie bezieht sich andererseits auf Unterstützungsangebote zur Förderung
von Kompetenzentwicklung jenseits organisierter Weiterbildungsmaßnahmen.
Eine solche Form der Beratung wird z.b. bei der Umsetzung des französischen
Verfahrens „bilans des compétences" seit 1991 geleistet (vgl. Drexel 1997; Ant
2004). Auch der „Job-Navigator" der IG Metall, der sich als Angebot für die
berufliche Zukunfts- und Weiterbildungsgestaltung von Arbeitnehmern versteht,
soll dazu anleiten, selbstverantwortlich die persönliche berufliche Zukunft zu
gestalten und die eigene Kompetenzentwicklung weiterzuentfalten (vgl. IG Metall 2001, Vorwort). Dort wird ein Beratungsgespräch in Verbindung mit einem
Instrument zur Kompetenzanalyse und -reflexion angeboten. Mit diesem Angebot eines Instruments und eines persönlichen Gesprächs wird von Seiten der IG
Metall die Hoffnung verbunden, Beschäftigte explizit dabei zu unterstützen,
„ihre beruflichen Handlungskompetenzen so zu stärken, dass sie ihre berufliche
Zukunftsplanung selbstbestimmt vertreten können" (Schuler/Skroblin 2001/02,
S. 162). Die folgende Abbildung verdeutlicht die unterschiedlichen Formen von
Weiterbildungsberatung:

Abb. 1:   Formen der Beratung in der Weiterbildung[a]

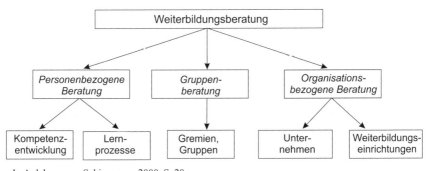

a In Anlehnung an Schiersmann 2000, S. 20

Einen zweiten Grundbegriff zur Unterstützung beruflicher Entwicklungen stellt
Begleitung dar. *Begleitung* ist in der Weiterbildung als längerfristige oder kontinuierliche Betreuung und Entwicklung von Lernprozessen und beruflichen Ent-
wicklungsprozessen zu begreifen. In neuen Weiterbildungskonzepten wie dem
IT-Weiterbildungssystem erfolgt die Begleitung in Form einer *Lernprozessbegleitung* größtenteils am Arbeitsplatz und wird durch Lernformen außerhalb der
Arbeit, wie kompetenzorientierte Seminare ergänzt. Sie wird dort durch Vorge-

setzte, Fachkollegen, betriebliche Experten oder ausgebildete Lernprozessbegleiter geleistet (vgl. Dehnbostel 2006, S. 79ff.). Der Ansatz der Lernprozessbegleitung wurde im Rahmen der Umsetzung des neuen IT-Weiterbildungssystems und des Konzepts der arbeitsorientierten Weiterbildung entwickelt (vgl. Rohs 2004). In diesem Konzept ist die Aufgabe der Lernprozessbegleitung darin zu sehen, die Teilnehmer in ihren selbstgesteuerten arbeitsgebundenen Lernprozessen dabei zu unterstützen, Erkenntnisse und Einsichten über fachliche, personale und soziale Herausforderungen der Arbeit zu gewinnen und Defizite im Lernbedarf aufzudecken und zu reflektieren. Umsetzung findet die IT-Weiterbildung z.b. im Entwicklungs- und Forschungsprojekt ITAQU, das darauf abzielt, das Konzept der arbeitsprozessorientierten Qualifizierung in kleinen und mittleren IT-Unternehmen einzuführen und zu gestalten (vgl. Meyer et al. 2004).

Unter *Coaching* werden in der Personalentwicklung Begleitungsmaßnahmen für Einzelpersonen gefasst. Ursprünglich wurde Coaching als eine Beratungsform für Personen mit Managementaufgaben über einen begrenzten Zeitraum verstanden. Zunehmend werden jedoch auch Ansätze bekannt, in denen auch andere Mitarbeiter als Zielgruppe gesehen werden (vgl. beispielsweise Fischer-Epe 2004). Heute wird *Coaching* in erweitertem Sinne gebraucht und ist als personenbezogene Begleitung für Menschen im Beruf zu begreifen. *Coaching* ist eine Personalentwicklungsmaßnahme, die in Ergänzung zu anderen Maßnahmen wie Seminaren und Trainings in der betrieblichen Bildungsarbeit eingesetzt wird.

Als dritte Form zur Begleitung, die im betrieblichen, über- und außerbetrieblichen Kontext realisiert wird, ist das *Mentoring* zu nennen. Unter diesem Begriff wird im Wesentlichen ein Konzept zur „Begleitung und Unterstützung des beruflichen Weges von jungen Potenzialträgern" (Peters 2004, S. 7) verstanden. Es ist eine längerfristige Anleitungs- und Lernbeziehung zur Nachwuchsintegration oder Karriereplanung. Als Mentor fungieren höhergestellte Führungskräfte, die nicht unmittelbare Vorgesetzte sein müssen und zum Teil nicht aus dem selben Unternehmen stammen oder erfahrene interne Berater und Experten. Ziel ist die Weiterentwicklung der Persönlichkeit und der Fähigkeiten des Mentee sowie die Förderung seiner Karriere. Auch bei diesem Konzept wird eine Begleitung bei der beruflichen Entwicklung geleistet. Zum anderen finden innerhalb des betrieblichen Lernens zunehmend auch Unterstützungsformen wie Lernpatenschaften oder Tandemlernen Anwendung, die im weiteren Sinn auch dem Mentoring zuzuordnen sind. Die drei Formen der Begleitung, die hier unterschieden wurden, werden in der nachstehenden Abbildung noch einmal dargestellt:

Zusammenfassend sind die beiden ausgeführten Grundformen Begleitung und Beratung anhand ihrer inhaltlichen und zeitlichen Tiefe und damit auch an

Abb. 2: Formen der Begleitung in der Weiterbildung

der Qualität der Unterstützung zu unterscheiden. Während Beratung in der Regel punktuell und zur Erreichung eines vorgegebenen Beratungsziels wie der Auswahl einer Weiterbildungsmaßnahme stattfindet, ist Begleitung als eine langfristige Beziehung zu begreifen, bei der der Unterstützungsprozess selbst ein zentrales Element darstellt. Auch wenn beide Grundformen in einigen Konzepten verzahnt werden, sind sie anhand dieser qualitativen Differenz analytisch voneinander abzugrenzen.

3. Konzeptionelle Begründung des arbeitnehmerorientierten Coachings

Mit dem vom KomNetz-Projekt entwickelten Konzept des arbeitnehmerorientierten Coachings wird die Begleitung und Beratung beruflicher Entwicklungen unter arbeitnehmerorientierter Perspektive umgesetzt. Es stellt eine spezifische Form der personenbezogenen Begleitung dar, die zur Reflexion und Weiterentwicklung des individuellen und beruflichen Lebensweges eingesetzt wird. Charakteristisch ist insbesondere ihre Ausrichtung auf eine breite Zielgruppe wie Erwerbslose, Personen in Beschäftigungsgesellschaften, Berufseinsteiger bis hin zu Personen, die aus dem Berufsleben ausscheiden. Arbeitnehmerorientiertes Coaching zielt auf die kontinuierliche Unterstützung der Kompetenzentwicklung und wird von professionellen Begleitern angeboten. Prozessorientierte, kontinuierliche Begleitung und eine abgestimmte, punktuelle stattfindende Beratung greifen ineinander. Das arbeitnehmerorientierte Coaching weist die folgenden fünf konzeptionellen Merkmale auf (vgl. Dehnbostel/Gillen 2006):

Arbeitnehmerorientierung

Die Begleitung und Beratung beruflicher Entwicklungen ist nach dem KomNetz-Ansatz ein Angebot für Beschäftigte mit Arbeitnehmerstatus und ihre Interessenvertreter, für Personen in Transfersituationen und Erwerbslose, sowie insbesondere Lernungewohnte bzw. „bildungsferne" Personen. Der Ausrichtung auf diese Zielgruppen liegt zum einen die Einschätzung zugrunde, dass es in betrieblichen Zusammenhängen einen zunehmenden Einsatz von Coachingelementen und -konzepten gibt, diese jedoch vorwiegend im Bereich von Führungskräften und Managementpositionen Einsatz finden. Auch wenn eine Ausweitung auf alle Mitarbeiterebenen bereits vereinzelt stattfindet und inzwischen auch andere Mitarbeiterebenen in Coachingprogramme eingeschlossen werden, erscheint eine Anwendung von Coachingangeboten angesichts der oben ausgeführten Begründungszusammenhänge auf breiter Ebene sinnvoll und notwendig.

Außerdem ermöglicht die Begleitung von Lernprozessen, der Tendenz der Vereinzelung und zunehmenden Individualisierung entgegenzuwirken, indem Erfahrungen und Lernen vernetzt werden und kollektive Lern- und Entwicklungsprozesse aufgedeckt und gefördert werden.

Ein arbeitnehmerorientierter Ansatz zur Begleitung und Beratung beruflicher Entwicklungen ist weder darauf ausgerichtet, bestehende Gegensätze zwischen betrieblichen Bedarfen und individuellen Bedürfnissen der Beschäftigten zu egalisieren oder zu harmonisieren, noch zielt er auf eine Verschärfung dieses Kontrastes ab. Somit geht es um einen konstruktiven Umgang damit, indem Arbeitnehmer in ihrer abhängigen Position zum Ausgangspunkt von Begleitung und Beratung genommen werden und die beruflichen Entwicklungs- und Entfaltungsmöglichkeiten (Subjektperspektive) vor anderen Orientierungen hervortritt. Arbeitnehmerorientierte Begleitung und Beratung stellt diese Interessen in den Mittelpunkt, sie „muss grundsätzlich von den Bildungs-, Qualifizierungs- und Beschäftigungswünschen des Einzelnen, seinen Neigungen und individuellen persönlichen Merkmalen, Erfahrungen und Kompetenzen ausgehen und eine umfassende Qualifizierung und Bildung im Auge haben" (Herdt 2004, S. 33f.).

Subjektorientierung

Begleitung und Beratung beruflicher Entwicklungen sollte sich an den Interessen des Individuums in sozialer Verantwortung orientieren. Der Aspekt der Subjektorientierung bezieht sich zum einen darauf, dass das individuelle Bildungsbedürfnis im Fokus der Begleitung und Beratung steht, wobei es – insbesondere in betrieblichen Kontexten – nicht unabhängig von betrieblich orientierten Bildungsbedarfen betrachtet wird. Der arbeitnehmerorientierte Ansatz geht davon aus, dass sich Beratung und Begleitung beruflicher Entwicklungen „zwischen den Polen der Interessen des Individuums und seinem Anspruch auf eine möglichst umfassende und nachhaltig verwertbare Bildung einerseits und den ökonomischen und gesellschaftlichen Bedarfen an Bildung und Qualifikation andererseits" (ebd.) bewegt.

Subjektorientierung bezieht sich darauf, dass Kompetenz nicht losgelöst vom Individuum gesehen und nur vom Subjekt selbst entwickelt werden kann.

Im Unterschied zu anderen Begriffen beruflicher Bildung steht Kompetenz damit für die Angebotsperspektive, wohingegen die Verwertungsperspektive etwa im Qualifikationsbegriff zum Tragen kommt. Kompetenzen sind im Sinne eines Handlungspotenzials zu verstehen und sind damit an das Subjekt und seine Befähigung und Bereitschaft zu eigenverantwortlichem Handeln gebunden.

Kompetenzorientierung

Eine Begleitung und Beratung, die auf berufliche Entwicklungen ausgerichtet ist, sollte nicht nur auf konkrete Weiterbildungsangebote oder -maßnahmen fokussiert sein, sondern auch die gesamte Kompetenzentwicklung im Blick haben und damit sowohl informelles Lernen als auch formelle Formen des beruflichen Lernens umfassen. Ein originäres Feld der Begleitung und Beratung in der beruflichen Bildung bilden Bildungslaufbahn- und Lernberatung. Diesbezüglich gilt es, die Begleitung und Beratung beruflicher Entwicklungen auch auf die Förderung von beruflichen Entwicklungs- und Aufstiegswegen zu richten und diese gezielt zu fördern. Darunter ist zum einen der vertikale berufliche Aufstieg in der Betriebshierarchie zu verstehen, der zumeist mit erweiterter Aufgaben-, Personal- und Budget-Verantwortung verbunden ist (vgl. KomNetz 2006, S. 24). Zum anderen geht es in horizontaler Richtung um die Erweiterung von Kompetenzen und Verantwortung auf der gleichen betrieblichen Ebene.

Während Bildungslaufbahnberatung auf berufliche Entwicklungs- und Aufstiegswege ausgerichtet ist, umfasst Lernberatung – wie oben beschrieben – die Unterstützung bei Lernschwierigkeiten einerseits und Anerkennung individueller Lernstile andererseits. Sie bezieht sich vor allem auf organisierte Lernformen wie Kurse oder Seminare. Über diesen originären Bereich formalisierten Lernens hinaus zeichnet sich aufgrund der dargestellten Begründungszusammenhänge die Notwendigkeit ab, Begleitung und Beratung hinsichtlich des Begriffs Kompetenzentwicklung zu erweitern und damit auch Formen des *Lernens in der Arbeit* in den Fokus von Beratung aufzunehmen. Begleitung und Beratung beruflicher Entwicklungen sollte dabei nicht nur für bestimmte Bildungs- oder Lebensphasen oder im Zusammenhang mit kurzfristigen Weiterbildungsmaßnahmen angeboten werden, sondern ist lebensbegleitend und über das gesamte Arbeitsleben mit allen Erwerbs- und Arbeitslosenzeiten hinweg sinnvoll. In dieser Form kann sie dazu beitragen, eine Unterstützung bei betrieblichen Neuerungen und Veränderungsprozessen zu geben, eine Hilfe für berufliche Neuorientierung oder beruflichen Aufstieg zu bieten und damit auch die individuelle Beschäftigungsfähigkeit zu erhöhen.

Reflexivität und reflexive Handlungsfähigkeit

Die Begleitung und Beratung beruflicher Entwicklungen muss auf die Förderung der reflexiven Handlungsfähigkeit ausgerichtet sein. Dieses Charakteristikum verweist darauf, dass Begleitung und Beratung den Einzelnen dabei unterstützen sollte, sowohl über die Strukturen und Umgebungen als auch über die eigene Berufsbiografie und das eigene Handeln im Arbeitsprozess zu reflektieren und damit reflexive Handlungsfähigkeit und berufliche Handlungskompetenz zu fördern. Reflexivität meint einerseits die bewusste, kritische und verantwortliche Einschätzung und Bewertung von Handlungen auf der Basis eigener Erfahrungen und verfügbaren Wissens und andererseits die Vergemeinschaftung von Lernen. Somit zielt der KomNetz-Ansatz darauf ab, berufliche Entwicklungs- und Veränderungsmöglichkeiten sichtbar und für das Individuum nutzbar zu machen, und zwar in Verbindung mit den jeweiligen sozialen Umfeldern der Arbeits- und Lebenswelt. Im Mittelpunkt des Ansatzes stehen besonders die Förderung der Selbstreflexion und die grundlegende Motivation zur Weiterbildung für Beschäftigte in Betrieben und Verwaltungen in Form einer prozessorientierten Interaktion (vgl. Skroblin 2005). Eine zentrale Funktion übernehmen dabei reflexionsfördernde Instrumente, wie z.B. der Kompetenzreflektor oder auch Reflexionsgespräche, wie sie im Rahmen der IT-Weiterbildung eingesetzt werden.

Integration von Begleitung und Beratung

Begleitung und Beratung beruflicher Entwicklungen stellt idealerweise eine konzeptionelle Verbindung von kurzfristiger Beratung mit langfristiger Begleitung dar. Dieses Charakteristikum schließlich setzt auf der konzeptionellen Ebene an und gründet auf der Erkenntnis, dass Kompetenzentwicklung als lebensbegleitender Prozess durch punktuelle Maßnahmen der Kompetenzanalyse oder der Beratung einerseits und durch prozessbegleitende Maßnahmen andererseits unterstützt werden müssen. Die Verbindung zwischen punktuellen und kontinuierlichen Maßnahmen wird hier durch die beiden Begriffe Beratung und Begleitung ausgedrückt. Die Bedeutung einer solchen Integration wurde beispielsweise in der KomNetz-Untersuchung zur Umsetzung des Job-Navigators in der IG Metall deutlich. Dort hat sich herausgestellt, dass der einmalige Einsatz von Verfahren der Kompetenzanalyse nur wenig oder gar nicht förderlich für eine Kompetenzentwicklung ist und erst eine Einbindung punktueller Maßnahmen der Beratung in längerfristige Prozesse eine nachhaltige Förderung der Kompetenzentwicklung mit sich bringt (vgl. Gillen 2003). Dies erwies sich auch in einer Initiative zum Profiling & Coaching von jungen Arbeitnehmern, die KomNetz durchgeführt hat. Im Rahmen dieser Initiative wurden zunächst punktuell die Kompetenzen der Beschäftigten erfasst und analysiert und anschließend ihre

weitere Kompetenzentwicklung in einem mehrmonatigen Prozess durch inhalt-
liche Seminare und Reflexionsgespräche begleitet (vgl. Pongratz 2004; Proß/
Gillen 2005). Aus diesen Hinweisen ist zu folgern, dass punktuell eingesetzte
Maßnahmen, Instrumente oder Beratungsgespräche durch eine kontinuierliche
Begleitung unterstützt werden müssen, um lebensbegleitende Kompetenzent-
wicklung zu unterstützen.

Im Rahmen des arbeitnehmerorientierten Coaching wurde bei KomNetz *der
Kompetenzreflektor* als zentrales Instrument entwickelt. Er wird derzeit in sehr
unterschiedlichen Beschäftigten- und Interessenvertretergruppen eingesetzt und
kontinuierlich weiterentwickelt. Der Kompetenzreflektor ist als Verfahren zur
Kompetenzanalyse und -reflexion entstanden. Er stellt die Kompetenzanalyse
systematisch in Verbindung mit einer individuellen Entwicklungsberatung. Die
Kompetenzanalyse erfolgt dort durch ein sechsschrittiges Verfahren, das einen
Rückblick in die eigene berufliche Biografie, eine Analyse von Stärken und
Schwächen, einen Blick auf mögliche Entwicklungsperspektiven und die Formulierung konkreter Schritte zur Verfolgung der eigenen Entwicklung anleitet
(vgl. Gillen/Proß 2004). Mit dem Kompetenzreflektor wird angestrebt, Arbeitnehmer bei dem Erhalt ihrer Beschäftigungsfähigkeit und bei ihrer individuellen
Kompetenzentwicklung zu unterstützen und Betriebs- und Personalräten sowie
anderen gewerkschaftlichen Akteuren ebenfalls ein Entwicklungsinstrument für
ihre Tätigkeit an die Hand zu geben.

4.   Einordnung des arbeitnehmerorientierten Coachings

Das arbeitnehmerorientierte Coaching wurde als integrierte Begleitungs- und
Beratungsleistung für Beschäftigte entwickelt. Die folgende Tabelle zeigt die
Abgrenzung des Konzepts arbeitnehmerorientierten Coachings zum Coaching-
Ansatz in der Personalentwicklung, der auf die Unterstützung von Management-
funktionen ausgerichtet ist (vgl. Schreyögg 2003; vgl. Rauen 2001):

Der arbeitnehmerorientierte Ansatz erweitert andere Coaching-Formen in
der Personalentwicklung hinsichtlich der Zielgruppe, der Zielsetzung, des In-
halts, des Kontextes und hinsichtlich des Referenzsystems bzw. des Interessen-
gefüges. Der Einsatz von betrieblichem Coaching folgt der Umsetzung betrieblicher Ziele, ermöglicht innerhalb dieses Rahmens auch die Realisierung individueller Interessen und ist noch immer vorrangig auf Führungskräfte und Manage-
mentfunktionen bezogen (vgl. Rauen 2000, S. 45). In Abgrenzung dazu ist der
arbeitnehmerorientierte Ansatz der Begleitung von KomNetz auf alle Mitarbeiterebenen ausgerichtet und zielt besonders auf geringqualifizierte Mitarbeiter ab,
da diese derzeit immer weniger an Maßnahmen zur Weiterbildung beteiligt wer-

Tab. 1: Unterscheidung zwischen dem arbeitnehmerorientierten Coaching und Ansätzen zur Entwicklung von Führungskräften in der Personalentwicklung

	Arbeitnehmerorientiertes Coaching	Coaching für Führungskräfte in der betrieblichen PE
Zielgruppe	alle Mitarbeiterebenen	vorrangig Führungskräfte und Managementfunktionen
Zielsetzung	Unterstützung bei der beruflichen Entwicklung und langfristige Beschäftigungssicherung	exklusive Form der Personalentwicklung
Inhaltliche Ausrichtung	betriebsunabhängige Kompetenzentwicklung	Kompetenzentwicklung im Kontext der betrieblichen Personalentwicklung
Kontext	für den betrieblichen und außerbetrieblichen Kontext	im betrieblichen Kontext
Referenz/Interessen-gefüge	individuelles und kollektives Entwicklungsinteresse	Umsetzung betrieblicher Ziele und Managementtheorien (in diesem Rahmen Realisierung individueller Interessen)

Eigene Darstellung

den, und schließt eine Unterstützung bei der Gestaltung ihrer Kompetenzentwicklung – auch über den betrieblichen Zusammenhang hinaus – mit ein. Der Einsatz von arbeitnehmerorientiertem Coaching folgt auch im betrieblichen Kontext in erster Linie dem individuellen und kollektiven Entwicklungsinteresse und zeichnet sich durch seine Subjektorientierung aus.

5.   Ausblick

Angesichts der dargestellten Begründungszusammenhänge ist hervorzuheben, dass die Begleitung und Beratung beruflicher Entwicklungen ein zentrales gewerkschaftliches Interesse berührt, da mit dieser Unterstützungsform individuelle Arbeitnehmerinteressen und kollektive Interessen gleichermaßen aufgegriffen werden können. Die Forschungs- und Entwicklungsarbeit von KomNetz zeigt, dass hier eine Positionierung erfolgen kann, die der derzeitigen Herausforderung entspricht, eine individuelle Unterstützung anzubieten bzw. am Einzelfall zu arbeiten und dabei gruppenbezogene und gemeinschaftliche Wertorientierungen im Blick zu behalten. Auch wenn die Umsetzung gewerkschaftlicher Positionen und Konzepte, wie das des arbeitnehmerorientierten Coachings, derzeit erst in Ansätzen besteht, weisen sie damit einen innovativen Weg zur Unterstützung von Arbeitnehmern.

Ausgehend davon schließen sich für die weitere Arbeit folgende Fragen und Entwicklungsbedarfe an: Zum einen ist es notwendig, dass Beratungskonzepte für spezifische Zielgruppen herausgearbeitet und weiter entwickelt werden. Es zeigt sich, dass in Abhängigkeit der Zielgruppen auch unterschiedliche Konzepte, Methoden und Sozialformen für die Begleitung und Beratung notwendig sind (vgl. Skroblin 2005, S. 96) und demzufolge auch auf diesem Feld noch weitere Entwicklungs- und Forschungsarbeit notwendig ist.

Zu klären sind zudem Fragen zur Qualifizierung und Kompetenzentwicklung von Beratern und Begleitern. Das Aufgabenfeld der Begleitung und Beratung beruflicher Entwicklungen bringt spezifische Anforderungen mit sich, die denen von bestehenden Beratungsrollen ähnlich aber nicht deckungsgleich sind. Demzufolge gilt es zunächst die Rolle von Beratern bzw. Begleitern in den Blick zu nehmen und auf dieser Grundlage Konzepte zur Kompetenzentwicklung und Qualifizierung zu entwickeln.

Ebenfalls auf der konzeptionellen Ebene zu verorten ist die Notwendigkeit, Situationen der Begleitung und Beratung mit anerkannten Qualitätskriterien umzusetzen. So ist z.B. aus der Perspektive der beruflichen Bildung die Orientierung an dem Leitbild der beruflichen Handlungskompetenz bzw. der reflexiven Handlungsfähigkeit ebenso notwendig wie eine Subjektorientierung von Begleitung und Beratung. Diese und weitere Gütekriterien sind aufzustellen, zu evaluieren und weiterzuentwickeln.

Insbesondere die KomNetz-Befragung (vgl. Linderkamp 2005) hat gezeigt, dass der Aufbau von Strukturen zur Beratung, in denen Gewerkschaften eine verlässliche Rolle übernehmen, notwendig ist. Der Bedarf von Beschäftigten und Erwerbslosen bei der Unterstützung ihrer beruflichen Entwicklung wird sich angesichts der Bedingungen einer modernen Arbeitswelt auch in den kommenden Jahren erhalten, so dass bestehende Strukturen auszubauen sind.

Gewerkschaften, staatliche Einrichtungen, wissenschaftliche Institutionen und Disziplinen, ebenso wie Einrichtungen der Beratungspraxis wie Projektträger, Weiterbildungsträger u.a. stehen somit einem breiten Forschungs- und Entwicklungsfeld gegenüber, in dem bereits auf bestehende Ansätze und Erkenntnisstände zurückgegriffen werden kann, in dem aber auch noch wesentliche Fragen zu bearbeiten sind.

Literatur

Ant, M. (2001): La validation des acquis professionnels. In: Grundlagen der Weiterbildung, Jg. 12/Heft 2, S. 70-73

108   *Julia Gillen, Peter Dehnbostel, Rita Linderkamp, Jörg-Peter Skroblin*

Baethge, M.; Baethge-Kinsky, V.; Holm, R.; Tullius, K. (2003): Anforderungen und Probleme beruflicher und betrieblicher Weiterbildung (Arbeitspapier der Hans-Böckler-Stiftung, Nr. 76). Düsseldorf

Dehnbostel, P. (2005): Informelles Lernen in betrieblichen und arbeitsbezogenen Zusammenhängen. In: Künzel, K. (Hg.): Internationales Jahrbuch der Erwachsenenbildung. Band 31/32, Informelles Lernen – Selbstbildung und soziale Praxis. Köln u.a.O., S. 143-164

Dehnbostel, P. (2006): Lernen im Prozess der Arbeit. Studienmaterialien für den berufsbegleitenden internetgestützten Masterstudiengang Bildungsmanagement (MBA). Herausgegeben von Anke Hanft. Oldenburg: Universität Oldenburg (ISSN 1862-2712)

Dehnbostel, P.; Gillen, J. (2006): Begleitung und Beratung beruflicher Entwicklungen – Eine Positionierung aus arbeitnehmerorientierter Perspektive (hrsgg. vom Projekt KomNetz; Manuskriptsdruck). Hamburg

Drexel, I. (1997): Die bilans de compétences – ein neues Instrument der Arbeits- und Bildungspolitik in Frankreich. In: Arbeitsgemeinschaft Betriebliche Weiterbildungsforschung e.V./Projekt QUEM (Hg.): Kompetenzentwicklung '97. Berufliche Weiterbildung in der Transformation. Münster u.a.O., S. 197-249

Fischer-Epe, M. (2004): Coaching: Miteinander Ziele erreichen. Reinbek

Fuchs-Brüninghoff, E. (2000): Lernberatung – die Geschichte eines Konzepts zwischen Stigma und Erfolg. In: Nuissl, E.; Schiersmann, Ch.; Siebert, H. (Hg.): Literatur- und Forschungsreport Weiterbildung. Thema: Beratung. Bielefeld, S. 81-92

Gillen, J. (2003): Der Job-Navigator der IG Metall – Evaluation durchgeführt vom Projekt KomNetz. Hamburg (unveröffentlichtes Manuskript)

Herdt, U. (2004): Thesen zur Berufs- und Weiterbildungsberatung. In: Gewerkschaftliche Bildungspolitik, Heft 3, S. 33-36

IG Metall (2001): Job Navigator – Benutzerhandbuch. Frankfurt/M.

KomNetz (2001): Theoretischer Referenzrahmen des Projektes Kompetenzentwicklung in vernetzten Lernstrukturen – Gestaltungsaufgabe für betriebliche und regionale Sozialpartner. Hamburg (Manuskriptdruck)

KomNetz (2006): Glossar (3. überarbeitete und erweiterte Auflage). Hamburg

Kraus, K. (2001): Lebenslanges Lernen. Karriere einer Leitidee. Bielefeld

Kuwan, H.; Thebis, F. (2004): Berichtssystem Weiterbildung IX. Ergebnisse der Repräsentativbefragung zur Weiterbildungssituation in Deutschland. BMBF-Publik. Bonn. (Online: http://www.bmbf.de/pub/berichtssystem_weiterbildung_9.pdf; Zugriff: 03.04.2006)

Linderkamp, R. (2005): Arbeitnehmerorientierte Beratung und Begleitung – Ergebnisse einer Befragung bei der IG Bergbau, Chemie, Energie, IG Metall und ver.di (hrsgg. vom Projekt KomNetz; Manuskriptdruck). Hamburg

Meyer, R.; Dehnbostel, P.; Harder, D.; Schröder, T. (Hg.) (2004): Kompetenzen entwickeln und moderne Weiterbildungsstrukturen gestalten. Schwerpunkt: IT-Weiterbildung. Münster u.a.O.

Meyer, R. (2006): Theorieentwicklung und Praxisgestaltung in der beruflichen Bildung. Berufsbildungsforschung am Beispiel des IT-Weiterbildungssystems. Bielefeld

Pätzold, H. (2004): Lernberatung und Erwachsenenbildung. Hohengehren

Peters, S. (2004): Flankierende Personalentwicklung durch Mentoring. München

Pongratz, H. (2004): Job-Navigator für ausgelernte IT-Systemelektroniker. Ein Beratungsangebot der IG Metall in der Anwendung in einem betrieblichen „Kombipaket für Beschäftigungssicherung und Qualifizierung". Fallstudie (Online: http://www.wi.tum.de/sociology/pdf/fallstudie-jobnavigator.pdf; Zugriff 13.06.2006)

Proß, G.; Gillen, J. (2005): Der KomNetz-Kompetenzreflektor – Konzept und Praxis der individuellen Beratung von Arbeitnehmerinnen und Arbeitnehmern. In: Gillen, J.; Dehnbostel, P.; Elsholz, U.; Habenicht, T.; Proß, G.; Skroblin J.-P. (Hg.): Kompetenzentwicklung in vernetzten Lernstrukturen. Konzepte arbeitnehmerorientierter Weiterbildung. Bielefeld, S. 57-77

Rauen, Ch. (2000): Varianten des Coachings im Personalentwicklungsbereich. In: Rauen, Ch. (Hg.): Handbuch Coaching. Göttingen, S. 42-67

Rauen, Ch. (2001): Coaching. Innovative Konzepte im Vergleich. Göttingen

Rohs, M. (2004): Lernprozessbegleitung als konstruktives Element der IT-Weiterbildung. In: Rohs, M.; Käpplinger, B. (Hg.): Lernberatung in der beruflich-betrieblichen Weiterbildung. Konzepte und Praxisbeispiele für die Umsetzung. Münster, S. 133-158

Schreyögg, A. (2003): Coaching. Eine Einführung für Praxis und Ausbildung. Frankfurt/M.; New York

Schuler, M.; Skroblin, J.-P. (2001/02): Kompetenzentwicklung in der Postfordistischen Arbeitswelt. Das Kompetenz-Handbuch des „Job-Navigators" – Eine neue Dienstleistung der IG Metall zur beruflichen Zukunftsberatung in der Erprobung. In: FIAB (Hg.): Jahrbuch Arbeit-Bildung-Kultur, Band 19/20, S. 153-169

Skroblin, J.-P. (2005): Arbeitnehmerorientiertes Coaching – Begleitung und Beratung beruflicher Entwicklung im Kontext lebenslangen Lernens. In: Gillen, J.; Dehnbostel, P.; Elsholz, U.; Habenicht, T.; Proß, G.; Skroblin, J.-P. (Hg.): Kompetenzentwicklung in vernetzten Strukturen. Konzepte arbeitnehmerorientierter Weiterbildung. Bielefeld, S. 89-108

Begleitung und Beratung aus Arbeitnehmersicht – Aufgaben der Gewerkschaften und Interessenvertretungen

Ergebnisse einer empirischen Untersuchung bei der IG BCE, IG Metall und bei ver.di

Rita Linderkamp

1. Ausgangssituation

Die Begleitung und Beratung in der Weiterbildung wird in der heutigen Arbeitswelt und ihren zunehmend komplexer werdenden Arbeits- und Lernprozessen immer wichtiger. Insgesamt ist festzustellen, dass bestehende Kompetenzen schneller weiter entwickelt und berufliche Umbruchsituationen häufiger gestaltet werden müssen. Die Fähigkeit und Bereitschaft zum kontinuierlichen Weiterlernen, zur Übernahme von Eigenverantwortung und zur Selbststeuerung der individuellen beruflichen Entwicklung kann als zentrale Anforderung an die Einzelnen beschrieben werden. Eine hierfür notwendige Weiterbildungsberatung erfolgt allerdings eher zufällig und ohne jegliche Rahmenbedingungen. Die Individuen stehen also – weitgehend sich selbst überlassen – vor der Aufgabe, die Anforderung des lebenslangen Lernens und der richtigen Entscheidungen über die berufliche Entwicklungsplanung zu meistern, womit viele Arbeitnehmergruppen und Beschäftigte überfordert sind.

In dieser Situation gilt es, individuelle Unterstützungsleistungen und -strukturen zu entwickeln und anzubieten. Um die originären und häufig existenziellen Interessen und Bedarfe von Beschäftigten aufzunehmen, stehen gerade die Gewerkschaften vor der Herausforderung, sich mit dem Themenfeld der Beratung und Begleitung beruflicher Entwicklungswege auseinander zu setzen, ein eigenes Profil sowie nachhaltige Unterstützungsangebote für Beschäftigte zu entwickeln.

Ansetzend an dieser Ausgangssituation wollte das KomNetz-Projekt in einer empirischen Erhebung die dazu in den Gewerkschaften bestehenden Diskussionen und Ansätze bündeln und durch eine systematische Erfassung und Auswertung empirisch fundieren und bewerten. Die anschließende Publikation der Studie wurde einer breiten gewerkschaftlichen Öffentlichkeit zur Verfügung gestellt und konnte Impulse für eine Verstetigung der innergewerkschaftlichen Diskussion und der Entwicklung von Umsetzungsmöglichkeiten geben.

In diesem Beitrag werden zunächst Aufbau und Struktur der Erhebung und die wesentlichen Ergebnisse, untergliedert nach den beteiligten Gewerkschaften, vorgestellt. Die Ergebnisse zu den Aspekten „Rollen und Aufgabenverständnis",

„Erfolgsfaktoren bei der Verankerung einer arbeitnehmerorientierten Beratung und Begleitung" und „Anforderungen an die Gewerkschaften" werden daran anschließend skizziert. Am Ende erfolgt eine zusammenfassende Schlussfolgerung und ein Ausblick aus Sicht von KomNetz.

2.   Inhalt und Methode der empirischen Untersuchung

Die empirische Untersuchung wurde von Februar bis August 2005 in den drei am Projekt beteiligten Gewerkschaften IG BCE, IG Metall und ver.di durchgeführt (vgl. Linderkamp 2005). Das Erkenntnisinteresse lag darin, den Stand, die Entwicklungslinien und die Optimierungsbedarfe einer arbeitnehmerorientierten Begleitung und Beratung aus Sicht von Gewerkschaften und Interessenvertretungen zu erheben. Darüber hinaus wurde erforscht, welche Aufgaben und welche Rollen die befragten Akteure sich selber und anderen beimessen, welche Erfolgsfaktoren die Verankerung des Themas in der Praxis tatsächlich unterstützt haben und welche vermutet werden. Ein besonderes Augenmerk lag auch auf der Frage, welche Anforderungen zur Unterstützung von arbeitnehmerorientierter Begleitung und Beratung an Gewerkschaften und unterstützende Akteure, wie z.b. Projekte gestellt werden.

Die Untersuchung ist in Form von Experteninterviews mit einem teilstandardisierten Leitfaden durchgeführt worden. Es wurden aus jeder Einzelgewerkschaft (IG Metall, IG BCE und ver.di) jeweils sieben Gesprächspartner und insgesamt zwei aus gewerkschaftsnahen Beratungsprojekten befragt. Bei der Befragtengruppe der Einzelgewerkschaften gehörten zehn der Gruppe der Betriebsräte/Personalräte und elf der Gruppe der Gewerkschaftssekretäre auf unterschiedlichen Ebenen an. Aus den Einzelgewerkschaften wurden die jeweiligen Repräsentanten der politischen Leitungsebene im Bildungsbereich befragt. In die Auswahl der Befragtengruppe wurden Gesprächspartner genommen, die nach unseren Vorannahmen bereits eigene Erfahrungen und Einschätzungen mitzuteilen hatten (Good-Practice). Es war aber auch wichtig, Interviewpartner aus kleineren Betrieben oder gewerkschaftlichen Verwaltungseinheiten in die Befragtengruppe aufzunehmen, bei denen wir zwar eine Affinität zum Thema aber noch keine einschlägigen Erfahrungen oder „Erfolgsmeldungen" vermutet haben.

Alle Gespräche wurden auf Tonband aufgenommen und anschließend transkribiert. Bei der Transkription wurde auch gleichzeitig die Anonymisierung der Interviews vorgenommen (Interviewbenennung IG Metall 1-7; IG BCE 1-7; ver.di 1-7; Bildungsexperten 1-2).

Mit Hilfe des Programms MAXQDA wurden die Interviews dann computergestützt codiert und ausgewertet. Die Auswertung erfolgte in Form einer computergestützten qualitativen Inhaltsanalyse (vgl. Kuckartz 1999). Dazu werden relevante Textstellen einem Codewort zugeordnet und dann als Gesamtheit von Textstellen zu einem Themenbereich/Code erfasst, thematisch vergleichbare Textpassagen aus verschiedenen Interviews werden dann gebündelt und unter gemeinsamen Kategorien festgehalten. Die Resultate dieser Bündelungen werden in der weiteren Auswertung dann kontinuierlich auf Triftigkeit, Übereinstimmungen oder Abweichungen hin überprüft, gegebenenfalls angepasst (vgl. Meuser/Nagel 2003, S. 488). Schließlich werden in einer weiteren Verdichtung die Ergebnisse komprimiert dargestellt und in einem Fazit Aussagen generiert, die Empfehlungscharakter für die Weiterarbeit haben.

3. Zusammenfassende Ergebnisse

Das Thema Begleitung und Beratung in der Weiterbildung ist in den drei Einzelgewerkschaften unterschiedlich verankert. Insgesamt soll Begleitung und Beratung in allen drei untersuchten Einzelgewerkschaften eine größere Bedeutung und stärkere Verankerung in der Gesamtorganisation erlangen und als individuelle Unterstützungsleistung mit einer bundesweiten Struktur und übergreifenden Konzeption ausgebaut werden.

Gebraucht werden arbeitnehmerorientierte Konzepte mit einer individuellen Betreuungsleistung, die sowohl eher punktuelle Beratungen (vgl. KomNetz 2006, S. 22) wie auch umfassendere, längerfristige Begleitungen (vgl. KomNetz 2006, S. 20) umfassen (zur begrifflichen Klärung siehe auch Beitrag Dehnbostel et al. „Arbeitnehmerorientiertes Coaching – konzeptionelle Begründung für die Begleitung und Beratung beruflicher Entwicklungen aus gewerkschaftlicher Perspektive" in diesem Band).

Die spezifische Aufgabe von Gewerkschaften wird darin gesehen, passende Organisations- und Personalstrukturen auf der bundesweiten und regionalen Ebene zu ermöglichen. Die verschiedenen regionalen und betrieblichen Aktivitäten sollten gebündelt und strategisch in die jeweiligen Gesamtorganisationen der Gewerkschaften eingebunden werden. Eine besondere Erkenntnis der Befragung liegt darin, dass die Aufgaben und Rollen der Interessenvertretungen vornehmlich darin gesehen werden, Multiplikatoren und Promotoren für eine Weiterbildungsberatung zu sein und nicht selber als Beratende zu agieren. In der Praxis werden innerhalb der arbeitnehmerorientierten Begleitung und Beratung Facetten von Profiling und Coaching erprobt, dabei wird hier unter Profiling begrifflich Kompetenzanalyse und unter Coaching begrifflich Begleitung verstanden. Die betrieblichen Interessenvertretungen formulieren einen Bedarf nach gruppenorientierten Begleitungs- und Beratungsformen, die ihr eigenes Kompetenzprofiling und die Bildungsbedarfsermittlung innerhalb ihrer Gremien – z.B.

Betriebsratsgremium, Fachgruppenvorstand oder Referentenarbeitskreis – in den Mittelpunkt stellen.

4. Die Ergebnisse im Einzelnen

Im Folgenden werden der Stand und die Entwicklungslinien jeweils in den drei Gewerkschaften IG BCE, IG Metall und ver.di dargestellt. Es folgt eine komprimierte Darstellung der Auswertungen zu den Aspekten Rollen und Aufgabenverständnis und Erfolgsfaktoren. Die Anforderungen, die in Bezug auf die Unterstützungsleistung einer Begleitung und Beratung speziell an Gewerkschaften formuliert wurden, werden daran anschließend benannt. In einem abschließenden Abschnitt werden die Schlussfolgerungen, die das KomNetz-Projekt aus diesen Ergebnissen zieht, zusammenfassend dargestellt.

IG BCE

In der IG BCE hat sich über verschiedene Projekte eine Reihe von Piloten und damit ein breiter Erfahrungshintergrund zu Instrumenten und Ansätzen in der arbeitnehmerorientierten Begleitung und Beratung entwickelt. Zudem bietet der „Tarifvertrag zur Qualifizierung" aus dem Jahre 2004 einen bundesweiten Rahmen, mit dem die sozialpartnerschaftliche Mitbestimmungskultur auf die Bereiche von Qualifizierung und Weiterbildungsberatung ausgebaut werden kann.

Bislang ist es allerdings noch nicht gelungen, die verschiedenen Ansätze zu verknüpfen und die Begleitung und Beratung innerhalb der Gesamtorganisation strategisch einzubinden. Entwicklungsnotwendigkeiten werden entsprechend in Richtung einer stärkeren tariflichen Einbindung und dem Herstellen einer professionellen Angebotsstruktur formuliert.

IG Metall

Bei der IG Metall wurde bereits im Jahre 2001 das bundesweite Instrument Job-Navigator (vgl. IG Metall 2001) zur individuellen Beratung und Begleitung beruflicher Entwicklungswege entwickelt und in über 20 Piloten erprobt. Dieses Instrument besteht im Kern aus den drei Elementen

– persönliches Kompetenzhandbuch,
– Potenzialanalyse und
– persönliche Beratung.

Die IG Metall hat hiermit als erste Einzelgewerkschaft ein in der Fläche einsetzbares Konzept für eine individuelle Beratung beruflicher Entwicklungswege entwickelt. Die Durchführung der Beratung erfolgt durch externe Berater und Kooperationspartner, die Gewerkschaftssekretäre und Betriebsräte agieren als Promotoren für das Thema Weiterbildungsberatung. Das handwerklich sehr gelungene Instrument müsste jetzt nach der Pilotphase evaluiert und in eine flächendeckende Angebotsstruktur überführt werden. Angeregt werden zudem vom Umfang her „abgespeckte" Varianten, eine stärkere Betonung des Elementes der persönlichen Beratung und eine Verankerung von Instrumenten der Beratung und Begleitung in kollektive Regelungselemente wie Tarifverträge oder Sozialpläne.

ver.di

Bei der Dienstleistungsgewerkschaft ver.di gibt es noch kein einheitliches Gesamtkonzept zur Beratung und Begleitung. Ansätze, Tarifelemente und Erfahrungen hierzu sind vornehmlich aus den Gründungsorganisationen eingebracht worden. In dem seit Oktober 2005 geltendem neuen Tarifvertrag für den Öffentlichen Dienst (TVöD) ist im § 5 der Anspruch auf ein Qualifizierungsgespräch vereinbart worden. Die Umsetzung dieses neuen tariflichen Anspruches könnte in den nächsten Jahren sicherlich eine spürbare Dynamik in der Bildungsberatung freisetzen.

Unter dem Begriff „job-check" ist in einem ver.di Landesbezirk ein gewerkschaftliches Beratungsangebot zur beruflichen Entwicklungsplanung für Gewerkschaftsmitglieder entwickelt worden.

Zudem existiert bei ver.di ein breites Netz von Einzelaktivitäten, Kooperationsbeziehungen und professionellen Unterstützungsleistungen. So werden auf betrieblicher Ebene z.B. arbeitnehmerorientierte Elemente eines Coachings entwickelt oder Beratungsunterstützung durch den Betriebsrat in Mitarbeitergesprächen praktiziert. Einige Bildungseinrichtungen bieten Qualifizierungsberatungen und prozessorientierte Fallberatungen für Betriebs- und Personalräte an. Bei ver.di befindet sich zudem ein Berufsbildungsnetzwerk für Betriebs- und Personalräte im Aufbau, das auch die Erfahrungen der betrieblichen Interessenvertretungen zur Begleitung und Beratung reflektiert und die notwendigen Fachkompetenzen vermittelt.

5.   Rollen und Aufgabenverständnis in den befragten Gewerkschaften

Im Hinblick auf Begleitung und Beratung wird die zentrale Aufgabe der Gewerkschaften in der Entwicklung von Angeboten, Instrumenten und Koordinationsformen gesehen. Dabei sollen die verschiedenen betrieblichen und regionalen Aktivitäten gebündelt und strategisch in die jeweiligen Gesamtorganisationen eingebunden werden.

Die Aufgabe von Betriebsräten und Personalräten wird im Wesentlichen darin gesehen, Promotor des Themenfeldes Beratung und Begleitung zu sein. Zu dieser Promotor-Rolle gehören kollektive Aufgaben wie das Herstellen einer förderlichen Informationsarbeit oder das Aushandeln von Betriebsvereinbarungen ebenso wie personengebundene Unterstützungen wie die Teilnahme an Mitarbeitergesprächen oder die Sensibilisierung von Beschäftigten für Fragen der Qualifizierung und Kompetenzentwicklung.

Die Durchführenden der Beratung selber sollten in erster Linie professionelle Experten sein. Betriebsräte und Personalräte sind mit dieser Aufgabe aus zeitlichen und qualifikatorischen Gründen in der Regel überfordert. Davon gibt es Ausnahmen, die sich aus individuellen Vorlieben oder Kompetenzen Einzelner ergeben. Diese Ausnahmen sollten gefördert, aber nicht zum Orientierungspunkt für weitere Konzepte erhoben werden. In zahlenmäßig großen Betriebsrats- oder Personalratsgremien könnten allerdings Mitglieder nun auch – ähnlich wie bisher für Belange der Berufsausbildung – für Fragen der Begleitung und Beratung zuständig sein.

6.   Erfolgsfaktoren

Bei der Frage, welche Faktoren dazu beitragen, dass arbeitnehmerorientierte Begleitung und Beratung erfolgreich verankert werden kann, sind der Untersuchung zufolge vier Aspekte zu identifizieren:

- Qualitätskriterien der Beratung und Begleitung,
- zielführende Strukturen und Bedingungen innerhalb der Betriebs- und Personalratsarbeit,
- Aspekte der Unternehmenskultur und Kooperationsbeziehungen und
- gewerkschaftliche Strukturen.

Als Qualitätskriterien werden im Wesentlichen eine hohe Professionalität der Beratenden, die Nutzenorientierung an den konkreten Bedarfen der Beschäftigten und ein Beratungskontext, der Vertraulichkeit gewährleistet, beschrieben.

Innerhalb der Betriebs- und Personalratsarbeit sind authentisch agierende Promotoren ebenso wichtig wie eine Struktur und Arbeitsteilung im Gremium, die durch Verbindlichkeit und Kooperation das Thema betrieblich verankert. Projektbezogene und experimentelle Ansätze erweisen sich als günstige Herangehensweisen. Eine Verbindung von kollektiven Regelungen zur Beratung und Begleitung mit individuellen Ansätzen scheint sowohl inhaltlich wie strategisch zielführend zu sein.

Das Thema Begleitung und Beratung wird häufig eher vermittelt im Betrieb eingeführt, z.B. über die Einführung von Mitarbeitergesprächen oder Zielvereinbarungen.

Die Unternehmenskultur und die jeweiligen Kooperationsbeziehungen im Unternehmen sind fundamental im Hinblick auf eine Implementierung des Themas Begleitung und Beratung. Betriebe, die bereits eine Struktur im Bereich von Personalentwicklung und Weiterbildungsberatung haben, bieten erheblich bessere Voraussetzungen dafür, dass arbeitnehmerorientierte Konzepte erprobt und verankert werden können als Betriebe, in denen diese Strukturen noch nicht existieren. Die Unterstützung durch Führungskräfte, eine gelebte Mitbestimmungskultur und eine gewisse Offenheit im Sinne einer Prozessorientierung sind dafür wichtige Merkmale.

7. Anforderungen an Gewerkschaften

Als zentrale Anforderung an die Gewerkschaften zur Unterstützung einer Begleitungs- und Beratungsleistung werden explizit klare Organisationsstrukturen, gute Kooperationen und Netzwerke als unterstützende Faktoren genannt. Dabei geht es nicht um irgendeine Art von Vernetzung, sondern um die passendste. Die Auswahl und Qualifizierung der Personen, die das Thema Beratung und Begleitung umsetzen sollen, sind ebenso von zentraler Bedeutung.

Bezüglich der Form wird es grundsätzlich als wichtig erachtet, sich in Präsenzveranstaltungen zu sehen, den persönlichen Austausch zu ermöglichen. Als Ergänzung zu einem Netzwerk wird auch ein Expertentool oder Spezialistenkreis oder der schnelle Austausch über Datenbanken oder Internetnutzung als sinnvoll erachtet. Insgesamt wurde der persönliche Austausch gegenüber einer virtuellen Netzwerkstruktur präferiert. Ähnliche Erfahrungen wurden bereits als Ergebnis einer Untersuchung gewerkschaftlicher Netzwerke durch Elsholz (vgl. Elsholz 2006, S. 157) beschrieben.

Die Entwicklung unterstützender Konzepte, Materialien und Qualifizierungen wird als ebenso relevant formuliert. Als wichtiges Kriterium für die Qualität der Materialien wird betont, dass Good-Practice-Beispiele, Erfahrungen und Umsetzungsbeispiele so aufbereitet werden, dass sie als konkrete Praxishilfe dienen. Gefordert wird dabei nicht eine möglichst große Anzahl von Materialien, sondern eine Auswahl und Gewichtung von Informationen, die für die jeweilige Situation passend sind.

Als wichtiger Aspekt der Qualifizierung wird betont, dass Instrumente wie der Kompetenzreflektor (vgl. KomNetz 2005), Gruppenprofiling oder Coaching in gewerkschaftlichen oder betrieblichen Gremien eingesetzt werden sollen. Damit sollen die Interessenvertretungen und die gewerkschaftlichen Akteure zunächst eigene Erfahrungen mit der Kompetenzentwicklung und einer individuellen Entwicklungs- und Qualifizierungsplanung machen dürfen, bevor sie als

„definierte" Beauftragte für die Bildungsberatung ausgewiesen werden und sich ohne ausreichende Qualifikation einer neuen Aufgabe stellen müssen. Eine andere zentrale Anforderung betrifft die tarifpolitische Einbindung. Die Einzelgewerkschaften stehen vor der Aufgabe, Qualifizierungstarifverträge und im Speziellen die Anwendung von Qualifizierungsgesprächen umzusetzen. Die daraus sich ergebenden Chancen für eine Stärkung arbeitnehmerorientierter Beratung und Begleitung sollen genutzt werden.

Eine mögliche Unterstützung berührt auch die Frage, welche Methoden und Instrumente unterstützend wirken können, wenn Beschäftigte Leistungsbeurteilungen zur Eingruppierung unterzogen werden. Hier wäre zu prüfen, ob bestehende Instrumente zur Kompetenzreflexion wie der Kompetenzreflektor oder der Job-Navigator so weiterentwickelt werden, dass sie den Beschäftigten zur Reflexion und darüber zur Vorbereitung auf solche Leistungseinstufungen dienen.

8.   Zusammenfassende Schlussfolgerungen und Ausblick

Schlussfolgernd sollen entlang dieser Ergebnisse mehrere Entwicklungsperspektiven und Forderungen aufgezeigt werden:

Beratung und Begleitung zur Qualifizierung, Kompetenzentwicklung und beruflichen Entwicklung sollte als zentrales gewerkschaftliches Handlungsfeld mit einer bundesweiten Struktur und übergreifenden Konzeption ausgebaut werden. Maßgeblich ist eine Konzeption in Richtung einer individuellen Beratungsleistung, die arbeitnehmerorientiert ist und die Begleitung und Beratung gleichermaßen umfasst.

Für eine nachhaltige Verankerung des Themas ist eine strategische Einbindung in die jeweilige Einzelgewerkschaft und eine Verbindung von individuellen und kollektiven Regelungsformen notwendig. Die Weiterentwicklung von Tarifverträgen zur Weiterbildung ist dabei ebenso relevant wie die Implementierung von Instrumenten der Begleitung und Beratung in Betriebsvereinbarungen und betrieblichen Modellen.

Die Aufgabe von Gewerkschaften ist es ebenso, passende Organisations- und Personalstrukturen auf der bundesweiten und regionalen Ebene zu ermöglichen. Gewerkschaftsübergreifende Strukturen und Kooperationsbeziehungen zu Experten und strukturpolitischen Akteuren wie z.B. Kammern, Arbeitsverwaltungen oder Weiterbildungseinrichtungen sollten diese Strukturen ergänzen.

Betriebe mit einer gelebten Kooperationskultur – so z.B. in der Verhandlungspraxis oder Konfliktführung oder in der Erarbeitung von Betriebsvereinbarungen – zwischen Unternehmen und Interessenvertretung sowie eine existierende Personalentwicklungsstruktur bieten die besten Voraussetzungen für die

Erprobung und Verankerung arbeitnehmerorientierter Konzepte von Beratung und Begleitung in der Weiterbildung. Bei der Weiterentwicklung von Konzepten und der Umsetzung in die Praxis ist eine Professionalisierung elementar. Träger der Beratung sollten in erster Linie professionelle Experten sein. Das können speziell ausgebildete selbstständige Berater oder Supervisoren, Lernprozessberater, Coaches oder Berufspädagogen sein.

Betriebsräte, Personalräte und Vertrauensleute sind Vertrauenspersonen und können eine arbeitnehmerorientierte Beratung und Begleitung als authentische Promotoren am Besten vorantreiben. Das Herstellen von Rahmenbedingungen und die Verankerung von Konzepten in Kooperation mit den Gewerkschaften ist dabei ihre vornehmliche Aufgabe, nicht die eigentliche Durchführung von Beratungen. Davon gibt es Ausnahmen, wenn einzelne Betriebs- oder Personalräte aufgrund individueller Vorlieben oder Kompetenzen selber Beratungen durchführen. Diese Ausnahmen sollten unterstützt und weiterqualifiziert werden, aber nicht als tragende Säule für weitere Beratungskonzepte ausgebaut werden.

Bei zahlenmäßig großen Betriebs- und Personalratsgremien und mit den Kapazitäten einer Freistellung können auch eigenständige arbeitnehmerorientierte Coachingaufgaben wahrgenommen werden. Innerhalb bestehender Gremien und Ausschüsse kann die Zuständigkeit für Fragen der Weiterbildungsberatung, ähnlich der Zuständigkeit für Ausbildungsbelange, geschärft und ausgebaut werden.

Für die Interessenvertretungen, hauptamtlich Beschäftigten und gewerkschaftlichen Funktionsträger ist es wichtig, ihnen eigene Erfahrungsräume mit Instrumenten der Beratung und Begleitung zu ermöglichen. Einzelpersonen und Gremienmitglieder sollten selber Erfahrungen mit diesen Instrumenten gemacht haben. Dieser Prozess der Qualifizierung und Wertschätzung der eigenen Arbeit scheint notwendig, um nachhaltig Akteure für dieses Feld handlungsfähig zu halten.

Dafür geeignet sein können Gruppenprofilings und die Anwendung von Coaching-Formen für Mitglieder der Interessenvertretungen oder gewerkschaftliche Funktionsträger. Die bestehenden Instrumente des Job-Navigators und des Kompetenzreflektors sind dafür prinzipiell geeignet und sollten vermehrt für diese gruppenorientierten Anwendungen eingesetzt werden. Anzudenken ist auch die Entwicklung und Erprobung von Instrumenten der „kollegialen Beratung".

Von hoher Bedeutung ist ebenso der Ausbau und die Verstetigung von Netzwerken neben bestehenden Organisationsstrukturen. Netzwerke sind keine „Zauberformel", die bestehende Strukturen ersetzen, können aber eine sinnvolle Ergänzung sein. Eine Aufgabe von Transferprojekten könnte darin liegen, genauer zu evaluieren, welche Form von Netzwerk für welche Teilnehmendengruppe geeignet ist und dafür Rahmenbedingungen herzustellen. So können z.b. regionale Netzwerke ebenso hilfreich sein wie bundesweite Netzwerke mit Unterstützung von Expertentools. Ein Aspekt dabei ist auch die sachgerechte Verbindung von Präsenzformen mit niedrigschwelliger Online-Unterstützung. Gebraucht werden konkrete Unterstützungen in Form von aufbereiteten Materialien und Datenbanken. Dazu gehören z.B.

- qualifizierte Aufstellungen von Anbietern und Ansprechpartnern zur Weiterbildungsberatung,
- Weiterbildungsmöglichkeiten der Arbeitsverwaltungen oder regionaler Anbieter inklusive Finanzierungsregelungen,
- Einschätzungen zu Megatrends und Branchenentwicklungen von Berufen oder
- Hintergrundinformationen zur Analyse betrieblicher Kennziffern.

Neben diesen Materialien sollten prozessorientierte Handlungshilfen im Zentrum der Unterstützung stehen. Dazu gehört insbesondere die Aufarbeitung von Good-Practice-Beispielen und die Weiterentwicklung von hilfreichen Instrumenten wie dem Kompetenzreflektor oder dem zurzeit erprobten Konzept des arbeitnehmerorientierten Coachings.

Literatur

Elsholz, U. (2006): Gewerkschaftliche Netzwerke zur Kompetenzentwicklung – Qualitative Analyse und theoretische Fundierung als Lern- und Organisationsform. München, Mering

IG BCE-Tarifvertrag zur Qualifizierung. In: Chemie Tarifpaket 2003 vom 08. Mai 2003; IG BCE und BAVC (Bundesarbeitgeberverband Chemie). Lahnstein

IG Metall Vorstand (2001): Job-Navigator. Frankfurt/M.

KomNetz (2005): Kompetenzreflektor. Handreichung des Projektes KomNetz (Manuskriptdruck). Hamburg

KomNetz (2006): Glossar. Eine Handlungshilfe mit zentralen Begriffen aus der Projektarbeit des Projektes KomNetz (3. neu bearbeitete und erweiterte Auflage; Manuskriptdruck). Hamburg

Kuckartz, U. (1999): Computergestützte Analyse qualitativer Daten. Opladen

Linderkamp, R. (2005): Arbeitnehmerorientierte Beratung und Begleitung in der Weiterbildung – Ergebnisse einer Befragung bei der IG Bergbau, Chemie, Energie, IG Metall und ver.di (herausgegeben vom Projekt KomNetz; Manuskriptdruck). Hamburg

Meuser, M.; Nagel, U. (2003): Das Experteninterview – Wissenssoziologische Voraussetzungen und methodische Durchführung. In Friebertshäuser, B.; Prengel, A. (Hg.): Handbuch Qualitative Forschungsmethoden in der Erziehungswissenschaft. Weinheim, München, S. 481-491

TVöD (2005): Tarifvertrag für den öffentlichen Dienst (TvöD) vom 13. September 2005

ver.di (2003): Tarifpolitische Zielperspektiven zur beruflichen Weiterbildung, Ressort 2, Tarifpolitische Grundsatzabteilung. Berlin

Begrifflichkeiten, Ansätze und Praxiserfahrungen in der beruflichen Beratung und Begleitung

Ein Überblick

Markus Bretschneider, Bernd Käpplinger, Rosemarie Klein, Anja Wenzig

1. Einleitung

Unter den gegenwärtigen Bedingungen sich rasch und ständig wandelnder wirtschaftlicher und gesellschaftlicher Rahmenbedingungen scheinen oftmals bislang relativ klare und normierte Vorgaben für „Normalbiografien" an Bedeutung zu verlieren, wenngleich solche Normalbiografien historisch gesehen eher die Ausnahme darstellen (vgl. hierzu Bolder 2004). Individuen sehen sich gegenwärtig verstärkt vor die (Lern-)Aufgabe gestellt, mit beruflichen und privaten Verunsicherungen und Orientierungsschwierigkeiten umzugehen. In diesem Zusammenhang muss die eigene Biografie – trotz externer Barrieren – gestaltet werden. Dies ist mit Entscheidungen im privaten und beruflichen Bereich verbunden, die sowohl Chancen als auch Risiken beinhalten. Die zunehmende Anforderung, Entscheidungen zu treffen, erzeugt dabei vielfältige Beratungsbedürfnisse. Es ist nicht zufällig, dass der Ruf nach Beratung in einer komplexen und unübersichtlichen Welt in vielen Lebensbereichen zu hören ist (Berufs-, Sucht-, Familien-, Finanz-, Weiterbildungsberatung etc.). So berichten 72% der Berater über eine größere Nachfrage nach weiterbildungsbezogener Beratung und 88% rechnen mit einem weiter ansteigenden Bedarf in den nächsten Jahren (vgl. Schiersmann/ Remmele 2004, S. 58). Immerhin 35% der Bevölkerung wünschen sich mehr Information und Beratung über Weiterbildung (vgl. BMBF 2005, S. 79). Durch die Anwendung in vielen Bereichen wird der Beratungsbegriff allerdings in seinem Gehalt zunehmend unübersichtlich. Dieser Aufsatz will für das Feld der beruflichen Beratung einen kurzen Überblick bieten. Ausgehend von der Definition grundlegender Begriffe und der Beschreibung von Anwendungsfeldern wird der Blick zunächst auf zentrale theoretische Konzepte und Modelle gerichtet. Im Anschluss daran werden zwei Beispiele aus der Beratungspraxis dargestellt. Allgemeine Orientierungspunkte für die Gestaltung von Beratung und Begleitung in beruflichen Kontexten runden den Beitrag ab.

2.   Begriffsverständnis und Handlungsfelder

Im Folgenden werden die Begrifflichkeiten Information, Beratung und Coaching/ Begleitung im Kontext beruflicher Entwicklung definiert. Hierbei handelt es sich um komprimierte Synthesen verschiedener Definitionen mit primärem Bezug auf den beruflichen Kontext.[1] Beratung wird dabei als Oberbegriff verstanden, der Information und Coaching beinhaltet.

2.1   Information

Information meint Nachricht oder Auskunft über einen Sachverhalt. Beratungsprozesse beginnen in der Regel mit einer Phase der Informationssammlung. Der Beratende sucht Informationen über die Person des Ratsuchenden (Beratungsanlass, Ziele, Berufserfahrungen, Aus-/Weiterbildungsteilnahme etc.). Der Ratsuchende sucht z.B. nach Informationen über Beschäftigungsmöglichkeiten oder über Bildungsangebote. Bildungsinformationen geben Auskunft über Angebote im Bereich der Aus- und Weiterbildung. Dies kann Angaben über Themen, Anbietende, Zeitformen, Ort, Teilnahmevoraussetzungen, Kosten und Abschlüsse von Kursen beinhalten. Die Nachfrage nach der „schnellen Information" hat in den letzten Jahren rapide zugenommen. Information ist nicht identisch mit Beratung, wenngleich Beratung Informationen mit einschließt. Wenn jemand informiert, wird sachbetont Auskunft gegeben. Wenn jemand berät, müssen die Ausgangslage und das Interesse des Ratsuchenden sowie Ablauf und Ziel der Beratung gemeinsam mit dem Ratsuchenden dialogisch diskutiert werden. Beratung ist umfassender und komplexer als Information.

2.2   Beratung

Beratung ist ein „offenes Konzept". Es gibt keine allgemeingültige Definition, selbst die Wortherkunft des Beratungsbegriffes ist äußerst vieldeutig. Auch in der Fachliteratur und in der Praxis existieren unterschiedliche Definitionen und Auffassungen. Nichtsdestotrotz können zentrale Elemente des Begriffes definiert werden: Bei einer Beratung kommunizieren mindestens zwei Menschen (Gruppenberatungen sind spezielle Formen von Beratung) miteinander. Viele Ansätze betonen, dass die Teilnahme an Beratung freiwillig sein muss. Der Kontakt beider Personen ist von zeitlich befristeter Dauer. Eine Person berät und eine Person will sich beraten lassen. Im Mittelpunkt der Interaktion steht ein zu

---

1   Vgl. hierzu Balli/Strom 1992; Barz 2000; Bauer 1991; Eckert et al. 1997; Fatzer et al. 1999; Giesecke/Opelt 2004; Haas/Müller 1986; Klevenow 1980; Kramer 1990; Krause et al. 2003; Mehrmann 2004; Nestmann et al. 2004a; Nestmann et al. 2004b; Pätzold 2004; Sauer-Schiffer 2004; Schiersmann/Remmele 2004; Sickendiek et al. 2002.

lösendes Problem bzw. eine zu treffende Entscheidung. Systemische Beratungsansätze beziehen Biografie, soziales Umfeld und Persönlichkeit des Ratsuchenden in die Beratung mit ein. Die Problemlösung/Entscheidungsfindung, die Hilfe zur Selbsthilfe sein soll, wird durch den sprachlichen Austausch von Beratenden und Ratsuchenden verfolgt. Beratung bewegt sich in einem Möglichkeitsraum, d.h. in der Regel sind mehrere Antworten möglich. Im Kommunikationsprozess hat der Beratende mehr Einfluss als der Ratsuchende auf die Strukturierung der Kommunikation. Der Beratende trägt aufgrund seines professionellen Vorwissens mehr Verantwortung für den Ablauf und den Erfolg des Kommunikationsprozesses.

Dass Beratung mehr als Information ist, zeigt sich u.a. empirisch daran, dass der Ausbau der onlinegestützten Weiterbildungsdatenbanken von einer gleichzeitig wachsenden Nachfrage nach Beratung flankiert ist. Datenbanken sind wichtig, können das persönliche Beratungsangebot aber eher ergänzen und nicht ersetzen. Der dialogische Austausch zwischen Beratendem und Ratsuchendem ist weiterhin von großer Bedeutung. Vielen Ratsuchenden wird der spezifische Charakter ihres Anliegens erst durch das Gespräch deutlich.

2.3 Coaching/Begleitung

Coaching und Begleitung werden im Folgenden synonym verwendet. In den letzten Jahren wird Coaching zunehmend in einem verallgemeinerten Sinne als Begleitung beruflicher Entwicklung verstanden und angewandt. Es ist auf die gezielte Entwicklung der Kompetenzen der gecoachten Person ausgerichtet. Coachinganlässe sind oftmals Probleme oder Konflikte am Arbeitsplatz sowie Wünsche nach individueller Weiterentwicklung. Damit bezieht sich Coaching nicht mehr nur auf Führungskräfte, sondern kann sich auf alle Mitarbeitenden eines Unternehmens erstrecken. Dies ist von betrieblicher Seite aber nur selten der Fall.

Coaching und Beratung werden manchmal synonym verwendet.[2] In der Regel hat Coaching aber einen stärkeren Fokus auf die Begleitung des konkreten Arbeitshandelns in Unternehmen, während Beratung offener angelegt ist.

2.4 Zentrale Diskussionspunkte der Begriffe

Nicht unumstritten ist die Grenze zwischen Therapie und Beratung gezogen (vgl. hierzu Barz 2000; Krause et al. 2003). Mader (1999, S. 323f.) zieht die Grenzlinie wie folgt:

---

2   Siehe beispielsweise http://www.weiterbildung-hamburg.com

„Beratungsprozesse sind im Unterschied zu therapeutischen Prozessen dadurch charakterisiert, dass sie das strikte Bemühen auf Seiten des Beraters beinhalten, die Abwehrstrukturen des Ratsuchenden weder bloßzulegen, noch zu durchbrechen, noch zu unterlaufen, sondern als die Begrenzung der beraterischen Intervention anzunehmen, also in ihr und mit ihr und nicht gegen sie zu arbeiten."

Des Weiteren ist die Beratungssituation demnach von einer „Entscheidungsabstinenz" geprägt. Beratende sollen lediglich „Hilfe bei der Entscheidungsvorbereitung" leisten. Dies ist als Maxime für Beratende wichtig und richtig; es ist aber nicht leicht dieser Maxime zu folgen, wenn Ratsuchende die Beratenden in die Rolle eines Entscheidenden drängen.

In der Vergangenheit war die Sicht auf Beratung häufig problem- und defizitorientiert. Mittlerweile arbeiten die meisten Beratungsansätze jedoch mit einem ressourcen- bzw. kompetenzorientierten Ansatz.

„Beratung orientiert sich primär an den vorhandenen und entwickelten Ressourcen in der Bearbeitung der Anfragen und Probleme und weniger an den Defiziten und Störungen von Personen und Kontexten." (Nestmann et al. 2004a, S. 30)

Durch das Bewusstmachen und die Aktivierung dieser Potenziale soll *Hilfe zur Selbsthilfe* gegeben werden.

Voraussetzung für einen Beratungsprozess ist eigentlich prinzipiell die freiwillige Teilnahme des Ratsuchenden. Dieses Prinzip gilt allerdings bei Beratungen im Kontext von Arbeitslosigkeit nur begrenzt (vgl. hierzu Pätzold 2005). Neuerdings spricht man in diesem Zusammenhang auch von „Zuweisungsberatung" (Gieseke/Opelt 2004, S. 22), um deutlich zu machen, dass die Beratungsinitiative hier oft von der Arbeitsagentur ausgeht, die gleichzeitig für den Leistungsbezug verantwortlich ist. Professionell Beratende berücksichtigen zumindest diese Abhängigkeiten, machen die Rahmenbedingungen der Beratung transparent und zeigen Möglichkeiten bzw. Begrenzungen gegenüber dem Ratsuchenden auf.

2.5   Anwendungsbereiche/Aufgabenfelder von Beratung in der Weiterbildung

Beratung kann in der Weiterbildung in personenbezogene Beratung und organisationsbezogene Beratung unterschieden werden (vgl. hierzu Schiersmann/Remmele 2004, S. 9). Personenbezogene Beratung richtet sich an Individuen und kann Lernprozesse unterstützen oder beschäftigungsbezogen sein. In der Regel handelt es sich um eine Einzelberatung, es gibt aber auch Gruppenberatungen. Organisationsbezogene Beratung richtet sich vor allem an Betriebe und Weiterbildungseinrichtungen. In der Praxis können sich Personen- und Organisationsbezug überschneiden (vgl. hierzu Gieseke 2000, S. 11). Gegenwärtig lassen sich neun Anwendungsbereiche/Aufgabenfelder von Beratung in der Weiterbildung benennen (vgl. hierzu Gieseke 2000; Mader 1999; Schiersmann/Remmele 2004; Schmidt-Lauff 2004):

1. *(Weiter-)Bildungsberatung*, die den Entscheidungs- und Findungsprozess des Einzelnen unterstützt,
2. *arbeitsplatzbezogenes Coaching*, das die persönliche und berufliche Entwicklung im Blick hat,
3. *Qualifizierungsberatung für und in Unternehmen und Organisationen,* die zumeist im Zusammenhang mit betrieblichen Neu- oder Umstrukturierungsprozessen stattfindet,
4. *Beratung zum Abschluss einer Bildungsteilnahme,* um den Übergang in die Arbeitswelt bzw. weiterführende Bildungsprozesse zu fördern,
5. *Beratung als unterstützendes und begleitendes Element von Kompetenzerfassungsverfahren,*
6. *Lernberatung für Lernungewohnte bei Lernschwierigkeiten in einer Bildungsmaßnahme,*
7. *Lernberatung als pädagogische Begleitung eines selbstgesteuerten Lernprozesses,*
8. *psychosoziale Beratung in Lebenskrisen* im Schnittfeld von Sozialpädagogik und Erwachsenenbildung sowie
9. *Politikberatung zur Entwicklung und Förderung der Strukturpolitik von Erwachsenenbildung* für regionale und nationale Entscheidungsträger als Grundlage bildungspolitischer Entscheidungen.

3. Theoretische Konzepte und Modelle

3.1 Nicht-direktive klientenzentrierte/personenzentrierte Beratung

Die an der humanistischen Psychologie orientierte nicht-direktive klientenzentrierte Beratung hat seit den 1960er Jahren auf den gesamten Beratungsbereich stark ausgestrahlt. Im Zentrum stehen dabei Erfahrungen, Erlebenszusammenhänge und Entwicklungen einer Person. Es steht also nicht ein Problem im Mittelpunkt. Die Beratung setzt an der Schnittstelle zwischen Person und Umwelt zur Reduktion von Komplexität an, um durch Hilfe zur Selbsthilfe im Sinne einer zielorientierten Problem-, Konflikt- und lebensereignisbezogenen Krisenbewältigungshilfe eine Orientierung zu geben (vgl. hierzu Straumann 2004, S. 642) und das Individuum darin zu unterstützen, sich so zu entwickeln, dass „es mit dem gegenwärtigen Problem und späteren Problemen auf besser integrierte Weise fertig wird" (Rogers 1985, S. 36).

„Das Ziel klientenzentrierter Beratung ist eine optionale Erweiterung konstruktiv erlebbarer, selbst- und sozial zu verantwortender Entscheidungs- und Handlungs-möglichkeiten jeder einzelnen Person im Kontext multifaktoriell bestimmter Le-bens- und Arbeitsbedingungen." (Ebenda)

Dieses theoretisch und methodisch von Carl Rogers entwickelte Konzept hat im Laufe der Zeit in der Professionalisierung von Beratung einen hohen Stellenwert erhalten.

Ausgehend von der Grundannahme, dass der Mensch selbst-direktiv ist, be-steht die *Aufgabe der Beratung* darin, dem Klienten dabei zu helfen Erkennt-nisse zu gewinnen, Perspektiven zu entwickeln und seine persönlichen Ziele autonom und eigenverantwortlich zu realisieren.

Als wesentliche *Beratungstechniken* werden minimale Ermutigungen zum Sprechen, Paraphrasen, Reflexionen der Gefühle und nicht interpretierende Zu-sammenfassungen genannt.

3.2   Systemische Beratung

Bei der aus der Familientherapie hervorgegangenen systemischen Beratung han-delt es sich um einen Ansatz, bei dem das Lebensgefüge einer Person, d.h. das Personen-Netzwerk eines sozialen Systems betrachtet wird (vgl. hierzu Brunner 2004, S. 655ff.). Dieses Konzept weist als ein zentrales Element ein Denken in Zusammenhängen und nicht in einfachen Kausalitäten auf. Dabei finden real existierende und subjektiv wahrgenommene Beziehungssysteme Berücksichti-gung.

„Systemische Beratung ist [...] an einer umfassenden und mehrere Perspektiven integrierenden Analyse vorgetragener Probleme interessiert, bei der die Eigendy-namik von komplexen Verhaltensmustern im Mittelpunkt steht." (Ebenda, S. 657)

In der systemischen Beratung angewandte Techniken sind die Sichtbarmachung und Verbesserung von Kommunikationsabläufen, Perspektivenwechsel zur Ak-tivierung neuer Ressourcen, das Reframing oder der Einsatz zirkulärer Fragen. Im Rahmen der Beratung gilt es, die Autonomie und Selbstorganisation des Rat-suchenden zu stärken.

3.3   Konstruktivistisch orientierte Beratung

Für ein konstruktivistisches Beratungsverständnis sind die Orientierung an indi-viduellen Erfahrungen und deren Verarbeitung, die Bedeutung der Realität als erlebte und konstruierte Wirklichkeit und das in Beziehungen erworbene und mit anderen geteilte Wissen kennzeichnend (vgl. hierzu Gerstenmaier 2004, S. 676). Interventionen sollten dabei so angelegt sein, dass sie die Offenheit eines jeweiligen Selbstkonzeptes berücksichtigen sowie neue Erfahrungen und deren Einbau in bestehende Wissenskonstruktionen im Sinne einer Erweiterung oder Veränderung ermöglichen.

3.4 Lernberatung

Lernberatung ist zu verstehen „als eine [...] das individuelle Lernen und das Lernen im sozialen Kontext begleitende und unterstützende Aufgabe des pädagogischen Personals" (Klein/Reutter 2003, S. 54). Basierend auf einer „andragogischen Grundhaltung" (ebd., S. 55) als zentraler Voraussetzung gilt es, folgende Prinzipien zu berücksichtigen:

– Teilnehmerzentrierung als Leitprinzip,
– Biografiebezug,
– Kompetenzorientierung,
– Sicherung von lern- und lebensbiografischer Kontinuität,
– Reflexionsorientierung,
– Orientierung an Lerninteressen sowie
– Transparenz und Partizipation zur Förderung der Lernmotivation.

4. Fallbeispiele

Die Praxiserfahrungen mit dem Einsatz von Beratung in der beruflichen Weiterbildung sind vielfältig. In der Studie „Begleitung und Beratung beruflicher Entwicklung" im Rahmen des Projektes KomNetz (Bretschneider 2005) wurden sieben Fallbeispiele ausführlich beschrieben. Aus diesen wurden die Beratung im Kontext des Beschäftigungstransfers sowie ein niedrigschwelliger Ansatz der Begleitung junger Erwachsener bei der Berufsorientierung/-suche ausgewählt, die im Folgenden in verkürzter Form dargestellt werden.

4.1 Fallbeispiel 1: Beratung in arbeitsmarktpolitischen Instrumenten des Beschäftigungstransfers

Wenn Unternehmen Personal abbauen bzw. Organisationseinheiten auflösen, werden Transferagenturen oder Transfergesellschaften eingerichtet, um Langzeitarbeitslosigkeit zu verhindern.[3] Erstere konzentrieren sich auf die Beratung,

---

3   Bezug genommen wird auf Beratungsansätze in Nordrhein-Westfalen, die intern dokumentiert sind: Stuhldreier et al. 1999 und Klein/Reutter 2002. Ergänzend wurden Gespräche geführt mit Michael Wacker, Werkstatt im Kreis Unna, Marita Kemper und Rosemarie Klein, bbb Dortmund.

während Transfergesellschaften auch Qualifizierungen bis hin zu Umschulungen anbieten. Erfahrungsgemäß sollte eine Transferagentur möglichst frühzeitig vor den ersten Entlassungen eingerichtet werden, um Zeit zum Aufbau regionaler Kooperationsstrukturen und zum Erkunden von Stellenpotenzialen zu haben. Mindestvoraussetzung für eine erfolgreiche Arbeit ist, dass die Transferagentur spätestens mit Beginn der ersten Entlassungen etabliert ist und über den Zeitpunkt der letzten Entlassungen hinaus noch mindestens drei Monate Bestand hat. Idealerweise arbeitet die Agentur in Räumlichkeiten des entlassenden Betriebes mit einer technischen Infrastruktur zur elektronischen Stellensuche. Die personelle Ausstattung sollte Sachbearbeitung und einen kompetenten Beratenden für circa 20 Arbeitssuchende umfassen. Zielgruppen sind Arbeitnehmer/innen, die von Arbeitslosigkeit bedroht oder bereits betroffen sind. Die Erfahrung zeigt, dass jüngere, gut qualifizierte Fachkräfte in der Regel die Angebote nicht in Anspruch nehmen, sondern eigenaktiv die Stellensuche angehen. Das Klientel sind hauptsächlich formal gering Qualifizierte und gut qualifizierte ältere Arbeitnehmer. Eine weitere Gruppe stellen Arbeitnehmer mit gesundheitlichen Einschränkungen oder Behinderungen dar.

Der idealtypische Aufbau einer Transferagentur gestaltet sich wie folgt: In einer ersten Informationsveranstaltung im Betrieb, zu der Betriebsrat und Geschäftsleitung einladen, informieren Mitarbeitende der Agentur über deren Aufbau, Ziele und Inhalte. Dabei ist es wichtig, dass Betriebsrat und Unternehmensleitung die Arbeit der Agentur unterstützen. Erstgespräche mit den Beschäftigten, die circa ein bis zwei Stunden dauern, dienen der Kontaktaufnahme, der Klärung des Anliegens, der Zielfindung und dem Treffen von Vereinbarungen und der Ergebnissicherung. Sinnvoll ist dabei der Einsatz eines Gesprächsleitfadens. Vereinbarungen werden schriftlich festgehalten. Dabei wird fixiert, welche Aufgaben der Klient und welche die Agentur resp. der Beratende übernimmt und ihre Bearbeitung terminiert. Folgeberatungen werden vor Ort oder telefonisch durchgeführt. Die Praxis zeigt, dass zumeist das Büro der Transferagentur von vielen Betroffenen spontan besucht wird. Als sinnvoll haben sich Foren erwiesen: Informationsveranstaltungen für Arbeitssuchende zu relevanten Themen wie Arbeitsmarktsituation in der Region oder betriebliche Personalauswahlstrategien. Es sind Foren des Erfahrungsaustausches der Arbeitssuchenden und stellen damit auch eine wichtige Form der Entlastung der Individuen dar.

Feste Öffnungszeiten der Transferagentur, eine einladende Raumarchitektur und das Empfinden der Ratsuchenden, jederzeit willkommen zu sein, erhöhen die Akzeptanz der Beratungsarbeit. Obwohl sich die Aufgaben der Transfer- und der Arbeitsagentur miteinander vergleichen lassen, werden die Angebote der Transferagenturen von den Ratsuchenden in ganz anderer Weise wahrgenommen, als die der staatlichen Arbeitsagentur. Während letztgenannte vorrangig als Kontrollinstanz wahrgenommen wird, die den Einzelnen als Fall und nicht als

Person behandelt, werden die Transferagenturen als Einrichtungen gesehen, die über kompetentes Personal verfügen, offen sind für die Interessen und Bedürfnisse der Klienten.

Die Freiwilligkeit in der Entscheidung, Angebote der Transferagentur wahrzunehmen oder abzulehnen ist formal gegeben. Faktisch ist jedoch von einem eingeschränkten Grad von Freiwilligkeit auszugehen, weil die Nicht-Inanspruchnahme möglicherweise die Wiederaufnahme von Erwerbsarbeit behindert.

Die Beratenden und Coachs einer Transferagentur oder -gesellschaft werden außerhalb des Betriebs gewonnen. Dies hat sich als vorteilhaft erwiesen, da internes Personal kaum neutral agieren kann. Schon alleine die Ausrichtung der Agenturen auf die Ziele der Vermittlung, Qualifizierung oder Existenzgründung zeigt, dass die Kompetenzen der Beratenden relativ umfassend sein müssen. Als pädagogische Kompetenz werden in Anlehnung an Rogers genannt: Empathie, Authentizität und positive Voreinstellung zum Klientel, ergänzt um die Fähigkeiten, Kompetenzen der Ratsuchenden bewusst und beschreibbar zu machen. Gerade der Fähigkeit zur Empathie wird eine große Bedeutung beigemessen, da insbesondere bei langjährig Beschäftigten der Arbeitsplatzverlust mit Trauer einhergeht. Dies setzt nicht nur hohe Kompetenz in Gesprächsführung und die Fähigkeit zu aktivem Zuhören voraus, sondern braucht auch die Kompetenz, eine Atmosphäre des Vertrauens und Respekts aufzubauen. Auf der eher handwerklichen Ebene sind Kenntnisse im Einsatz von Verfahren der Kompetenzbilanzierung hilfreich. Ebenso wichtig sind Fähigkeiten, mit Betriebshierarchien umgehen zu können und vom Betriebsrat und der Geschäftsleitung akzeptiert zu werden. Es braucht auch Kompetenzen im Aufbau von regionalen Netzwerken; respektive die Fähigkeit, sich in bestehende Netzwerke einzuklinken, und fundierte Kenntnisse der regionalen Arbeitsmarktsituation. Da im Einzelfall in der Beratung Probleme angesprochen werden, deren Bewältigung über das Kompetenzspektrum der Beratenden hinausgeht (z.B. Sucht- oder Schuldenproblematik) sind Kenntnisse über andere Hilfsangebote wichtig.

Aus dieser Auflistung wird deutlich, dass derart umfassende Kompetenzen nicht allein durch Ausbildung oder Studium vermittelt werden können. Berufsbegleitende Fortbildung, kollegiale Beratung und Reflexionsräume innerhalb des Agenturteams sind Voraussetzung, um den vielfältigen Anforderungen gerecht werden zu können. Die GIB in Bottrop, die im Auftrag des Landes NRW arbeitet, bietet entsprechende berufsbegleitende Fortbildungen an (www.gib.nrw.de), die auf einer qualitativen Studie von Klein/Reutter 2001 basieren. In einem für die GIB erstellten Curriculum (vgl. Klein/Reutter 2002) werden mit vier Qualifizierungsbausteinen die zentralen Anforderungen an die Beratenden beschrieben und didaktisch-methodische Modelle zu ihrer Bewältigung entwickelt:

- *Baustein 1:* Ziele, Aufgaben, Rahmenbedingungen und Verfahrensformen des Beschäftigtentransfers
- *Baustein 2:* Regionaler Arbeits- und Weiterbildungsmarkt
- *Baustein 3:* Instrumente der Outplacement-Beratung
- *Baustein 4:* Outplacement-Seminare

Die Nutzenserwartungen der Beteiligten gestalten sich sehr unterschiedlich und sie verändern sich oft auch im Prozess der Beratung. Aus betrieblicher Sicht besteht der Nutzen der Transferagentur in der „geräuschlosen" Bewältigung der Entlassungen. Eine Erwartung, die regelmäßig enttäuscht wird. Die Erfahrung von Personalabbau oder der Schließung einer Organisationseinheit wirkt verunsichernd auf die noch Beschäftigten, weil sie die Fragilität des Unternehmens zu dokumentieren scheint. Aus der Sicht der Mittelgeber ist der Nutzen umso höher, je weniger an Investitionen nötig ist. Aus der Sicht der Ratsuchenden besteht der Nutzen anfänglich oft nur darin, möglichst rasch wieder eine gleich- oder höherwertige Arbeit zu finden. Wenn die Nutzenserwartungen ausschließlich am Kriterium des schnellen Erfolgs der Reintegration ausgerichtet sind, und sie auch im Bewusstsein der Beratenden als einziger Erfolgsmaßstab gewertet werden, baut sich ein Dilemma auf, dessen Wirkungen auch in der allgemeinen Arbeitsmarktpolitik zu beobachten sind. Eingliederungsquoten von 70% als Vorgaben für Qualifizierungsangebote führen zum einen dazu, dass periphere Regionen aus den Bemühungen aktiver Arbeitsmarktpolitik ausgeblendet und zum anderen dazu, dass Ratsuchende mit geringer qualifikatorischer Ausstattung aus der Förderung ausgeschlossen werden, weil sie das Ziel einer Integration von über 70% gefährden. Für Transferagenturen hieße eine derartige Nutzenbetrachtung, ihr Angebot nur für diejenigen vorzuhalten, die über gute Reintegrationschancen verfügen und nur in wirtschaftlich prosperierenden Regionen aktiv zu werden. Nutzenkategorien müssen also regional differenziert verfasst sein. Sich ausschließlich auf eine Reintegration in Arbeit zu fixieren erschwert zudem, die im Beratungsprozess sich zeigenden vielfältigen Nutzenserwartungen der Klienten jenseits von Arbeit überhaupt wahrnehmen zu können. Im Prozess der Beratung zeigt sich nämlich, dass die Nutzenserwartungen in vielfältiger Weise erweitert werden. Zum einen werden die Alternativen „Qualifizierung" oder „Selbstständigkeit" im Beratungsprozess als Optionen oft überhaupt erst wahrgenommen und der langfristige Nutzen einer fundierten Qualifizierung gegenüber der kurzfristigen Reintegration gegeneinander abgewogen. Zum anderen entfalten die in der Beratung eingesetzten Instrumente der Kompetenzbilanzierungen ihre Wirkungen. Das Bewusstmachen der eigenen, auch informell erworbenen Kompetenzen, das Aufzeigen der im bisherigen Leben unter Beweis gestellten Krisenbewältigungskompetenzen kann dazu beitragen, Selbstbewusstsein und Selbstsicherheit zu stabilisieren, die durch Arbeitslosigkeit am Stärksten bedroht sind. Gerade in der Beratung von langjährig gering qualifizierten Beschäftigten zeigt sich, dass ein Bewusstsein über die eigenen Kompetenzen kaum existiert und sich eine negative Selbstbeschreibung zeigt ("Was können Sie?" "Nichts, ich bin nur angelernt."). Nicht zuletzt stellt die Möglichkeit, sich im Rahmen der Agenturen mit anderen Betroffenen auszutauschen, einen Nutzen dar. Vereinsamung als Folge der individuellen Scham arbeitslos zu sein, stellt einen zentralen Baustein in der Wirkungskette von Arbeitslosigkeit dar, die zu Langzeitarbeitslosigkeit und auch zur sozialen Vereinsamung führen kann.

4.2 Fallbeispiel 2: Coaching/Begleitung beim Qualipass in Baden-Württemberg

Unter Coaching wird hier "die vereinbarte, individuelle Unterstützung zur Verbesserung der selbst organisierten Berufs- und Lebenswegplanung von Jugendlichen einschließlich praktischer Hilfen bei der Umsetzung" (Gerber 2003, S. 7) verstanden, wobei es einen fließenden Übergang zwischen beruflichen und privaten Themen gibt. Coaching stellt eine individuelle Unterstützungsstruktur im Sinne einer "Hilfe zur Selbsthilfe" dar und ist gekennzeichnet durch die "Autonomie" des Coachees und die Neutralität des Coachs in Bezug auf einen Coachee und die Problemlösung. Es ist keine Therapie, da ein Coachee über eine uneingeschränkte Problemlösefähigkeit verfügt, und kann die Form einer Prozess- oder Expertenberatung annehmen (vgl. hierzu König 2003, S. 14f.). Anknüpfend an die Systemtheorie liegt das Konzept des aus der systemischen Organisationsberatung entstammenden systemischen Coachings zugrunde, bei dem der Zusammenhang von Ursache und Wirkung nicht als lineare Kausalkette, sondern als ein interdependentes Ursache-Wirkungs-Gefüge verstanden wird (vgl. hierzu König/Volmer 2002).

Dem seit dem Jahr 2000 existierenden Ansatz liegt ein Konzept zur institutionellen Unterstützung von regionalen Kontakt- und Ausgabestellen auf Stadt- und Landkreisebene zugrunde, bei denen es sich vor allem um Jugendagenturen handelt. Im Januar 2005 beteiligte sich mit 45 Kreisen etwa jeder zweite Kreis. Beim Instrument "Qualipass"[4] handelt es sich um eine Dokumentenmappe mit Nachweisen über praktische Tätigkeiten und dabei wahrgenommene Stärken sowie theoretische Schulungen und deren Inhalte. Es erfüllt eine Transportfunktion für den Coachingprozess als Kern des Gesamtkonzeptes.

Zielgruppe der Initiative sind Jugendliche zwischen zwölf und 25 Jahren, die auf freiwilliger Basis unter anderem darin unterstützt werden sollen,

---

4 Eine systematisch aufbereitete Darstellung von Zielen, Nutzen, Vorgehensweisen, Evaluationsergebnissen, Informations- und Arbeitsmaterial sowie Kontaktstellen findet sich im Internet unter http://www.qualipass.info.

–   persönliche Stärken und Schwächen zu klären sowie die Fähigkeit zur Selbsteinschätzung zu verbessern und Fremdeinschätzungen gezielt einzuholen,
–   Schlüsselqualifikationen zu stärken und bislang unentdeckte Ressourcen sichtbar zu machen,
–   sich mit der eigenen Berufsbiografie auseinander zu setzen und eine selbstorganisierte Berufs- und Lebenswegplanung durchzuführen,
–   potenziellen Arbeitsgebern einen Einblick in die eigenen Fähigkeiten zu geben,
–   die Berufswahl als Einstieg in eine „lebenslange Entwicklung als ,Arbeitskraftanbieter'" (Gerber 2003, S. 7) zu sehen.

Dem Konzept liegt zum einen die nicht unumstrittene Annahme zugrunde, dass qualifiziertes Coaching nicht an eine berufliche Qualifikation gebunden ist und unter bestimmten Rahmenbedingungen auch von nicht professionellen Coachs durchgeführt werden kann, und zum anderen die Annahme, dass viele Jugendliche sich bereits einen solchen allerdings versteckten Coach gesucht haben. Ein solcher Coach stammt aus dem persönlichen Lebensumfeld des Jugendlichen, hat häufig bereits einen Einblick in die jeweilige Biografie und kann vor dem Hintergrund der eigenen Lebens- und Berufserfahrung als kritischer Gesprächspartner[5] begleitend zur Seite stehen. Das Kompetenzprofil eines Coachs ist durch Persönlichkeitskompetenz, Methodenkompetenz im Sinne der Fähigkeit zur systematischen und zielorientierten Gestaltung des Coaching- und Problemlöseprozesses (vgl. hierzu König 2003, S. 20ff.), kommunikative Kompetenz zum Aufbau eines Gesprächsklimas sowie Sachkompetenz im Sinne von Erfahrungen über das Umfeld, in dem sich Jugendliche bewegen, gekennzeichnet.

Allgemein formuliert kann ein Coachee mit dem Ansatz des systemischen Coachings durch die Analyse eines sozialen Systems die Ursachen von Problemen bewusster erkennen, auf dieser Grundlage Ansatzpunkte für mögliche Veränderungen herausarbeiten und durch eine Änderung seines Verhaltens das soziale System zu seinen Gunsten beeinflussen. Im vorliegenden Fall beziehen sich diese Verhaltensänderungen auf eine an die Potenziale eines Coachee abgestimmte Berufswahl sowie den erfolgreichen Einstieg in den Arbeitsmarkt. Konkret hat sich im Rahmen einer Evaluation der Pilotphase zur Einführung des Qualipass gezeigt (vgl. hierzu Gerber 2001), dass der Qualipass Motivationsquelle für Jugendliche ist, sich frühzeitig mit Berufswegen auseinander zu setzen, Praxiserfahrungen zu sammeln, ein geeignetes Begleitinstrument zum Aufbau systematisch abgestimmter Lernstationen Jugendlicher darstellt sowie be-

---

5   Der Partnerbegriff ist in diesem Zusammenhang kritisch zu diskutieren, da andere Beratungsansätze von einem grundsätzlichen Machtgefälle zwischen Ratsuchendem und Beratendem ausgehen, das allein durch die Beratungssituation konstituiert wird.

rufsbezogenes Coaching und eine Kultur der Anerkennung und Rückmeldung vorhandener Stärken Jugendlicher unterstützt. Dabei führt erst die Kombination von Dokumentation mit dem Qualipass und Beratung zur eigentlichen Wirkung bei den Jugendlichen. Der Qualipass erfüllt dabei eine Transportfunktion und generiert als Arbeitsinstrument die Verantwortungsgemeinschaft zwischen Coach und Coachee, die im Verlauf des Coachingprozesses zunehmend gestärkt wird. Aus Sicht der Jugendlichen verschafft der Qualipass verbesserte Chancen in Bewerbungsverfahren. Dies korrespondiert mit der Einschätzung betrieblicher Vertreter, die zusätzliche Informationen über Bewerbende und somit eine über die formale Qualifikation hinausgehende Orientierungshilfe über individuelle Fähigkeiten erhalten. Hingewiesen wird hier allerdings auch auf die Gefahr einer Stigmatisierung von Jugendlichen vor dem Hintergrund der Vermutung, dass sozial kompetente Jugendliche andere Wege der Selbstdarstellung in einem Bewerbungsverfahren bevorzugen und der Pass zu einem „Benachteiligtenpass" werden könnte.

5. Orientierungspunkte für die Gestaltung von Beratung und Begleitung

Vor dem Hintergrund der bisherigen Ausführungen soll mit diesem abschließenden Kapitel der Versuch unternommen werden, Orientierungspunkte für die Gestaltung von Beratungsprozessen als Rahmung für Beratung in beruflichen Kontexten zu formulieren. Festhalten lassen sich dabei folgende Aspekte und Prinzipien:

a) Erfolgreiche Beratung und Begleitung sind auf angemessene Rahmenbedingungen wie geeignete Kontexte, Räumlichkeiten oder Zeitbudgets angewiesen, um den Bedürfnissen der Ratsuchenden gerecht zu werden und eine stabile Vertrauensbasis aufbauen zu können. Was angemessen ist, kann nicht pauschal festgelegt werden, aber es sollte eine finanzielle und symbolische Wertschätzung erkennbar sein.

b) Beratung und Begleitung sollten prinzipiell auf Freiwilligkeit basieren. Allerdings zeigt die Praxis, dass es sich nicht selten um eine eingeschränkte Freiwilligkeit handelt, wenn z.B. der Beratungsanlass mit dem Bezug von finanziellen Leistungen verknüpft wird. Begleitende und Beratende sollten im Rahmen ihrer Möglichkeiten auf ein Höchstmaß an Freiwilligkeit drängen. Bei Ratsuchenden, die erkennen lassen, dass sie nicht wirklich freiwillig an einer Beratung teilnehmen, sollten mögliche Widerstände und Verweigerungen respektiert und akzeptiert werden. Beratung sollte Möglichkeiten ausloten, aber nicht persönliche Grenzziehungen der Ratsuchenden überschreiten.

c) Ein transparentes Informieren über die Beratungs- und Begleitungsprozesse fördert die Gesprächsbereitschaft der Ratsuchenden, da etwaige Unklarheiten und Unsicherheiten nicht störend wirken können. Beratende und Begleitende sollten Ratsuchende daher über Rahmenbedingungen, Ablauf und Ziele der Beratung und Begleitung umfassend informieren, wobei der gesamte Prozess auch Züge eines gemeinsamen dialogorientierten Aushandlungsprozesses aufweist. Niedrigschwellige Ansätze, das heißt die Einbettung in alltägliche Abläufe, können eventuell die Hemmschwelle bei Ratsuchenden, Beratung und Begleitung in Anspruch zu nehmen, verringern.

d) Beratung und Begleitung beinhalten, insbesondere in Anfangssituationen, immer einen Austausch von Informationen. Grundlegend für einen gezielten Informationsaustausch ist die Berücksichtigung von Ausgangslagen und Interessen von Ratsuchenden durch die Beratenden. Beratung und Begleitung sollten in diesem Sinne mehr als die reine Weitergabe von Informationen sein und können unterschiedliche Reichweiten aufweisen.

e) Beratung und Begleitung nehmen ihren Ausgangspunkt in einer ressourcen- und kompetenzorientierten Perspektive. Im Mittelpunkt der Beratung und Begleitung stehen somit vor allem die Potenziale und Kompetenzen von Ratsuchenden. Individuelle Defizite können Thema von Beratung und Begleitung sein, aber das Sichtbarmachen und Aktivieren von Potenzialen ist für die Zukunftsgestaltung wichtig. Für eine nachhaltige Sichtbarmachung und Aktivierung individueller Ressourcen ist Beratung und Begleitung sehr wichtig.

f) Berufsbezogene Beratung und Begleitung sind auf berufliche Kontexte fokussiert, sollten aber immer auch Potenziale, die jenseits der Arbeitswelt (z.B. im Ehrenamt, in der Familie oder in der Freizeit) sichtbar werden, als Ressource und Kristallisationspunkt für die weitere berufliche und persönliche Entwicklung begreifen und bewusst einbeziehen.

g) Beratung und Begleitung sollten die Eigenaktivität der Ratsuchenden fördern und diesen Hilfe zur Selbsthilfe anbieten ohne Ratschläge zu erteilen. Beratende sind in diesem Sinne Entscheidungsvorbereitende, die Optionen zur Problemlösung gemeinsam mit den Ratsuchenden herausarbeiten, die Entscheidungshoheit jedoch beim Ratsuchenden belassen. Entscheidungsprozesse sind komplex und in der Regel wird die endgültige Entscheidung außerhalb der Beratungssituation getroffen.

h) Neben praktischen Beratungs- und Begleitungserfahrungen sollten Beratende und Begleitende über „weiche" und „harte" Beratungskompetenzen verfügen. Sie benötigen sowohl soziale Kompetenzen wie beispielsweise Akzeptanz und Empathie als auch Kompetenzen im Sinne von Wissensbeständen beispielsweise über Frage- und Gesprächstechniken, Berufsbilder und berufliche Entwicklungspfade, Entwicklungen auf dem Arbeitsmarkt, Strukturen und Angebote des Weiterbildungsmarktes oder andere Hilfsangebote. Diese Kompetenzen versetzen Beratende und Begleitende in die Lage, individuell bzw. zielgruppenspezifisch auf die Bedürfnisse Ratsuchender reagieren zu können, ohne sich an standardisierte und starre Abläufe halten zu müssen. Professionalität sollte durch die Reflexion der Praxis, beispielsweise im Rahmen von Supervision oder kollegialer Beratung unterstützt und gefördert werden.

i) Beratende und Begleitende sollten die Grenzen der Beratung, insbesondere die Grenze zur Therapie, beachten, akzeptieren und falls erforderlich Ratsuchende auf andere Beratungsmöglichkeiten hinweisen und gegebenenfalls dorthin vermitteln. Zu diesem Zweck suchen Beratende und Begleitende Kooperationen mit Netzwerken, auf die sie zurückgreifen können.

Beratung und Begleitung sind insgesamt wichtige Bausteine bei der Umsetzung des lebenslangen Lernens. Leider hinken ihr institutioneller Ausbau und ihre Professionalität aber hinter ihrem oft proklamierten Bedeutungszuwachs hinterher. Nicht nur beim Coaching, sondern auch bei der Beratung insgesamt besteht teilweise ein „Scharlatanerieproblem" (vgl. Kühl 2005) aufgrund von fehlenden oder mangelhaften Qualitätsstandards und einer noch nicht ausreichenden Professionalisierung. Hier besteht noch viel Optimierungsbedarf, um den vielfältigen Bildungsbedarfen der Weiterbildungsinteressierten besser gerecht werden zu können.

Literatur

Balli, Ch.; Storm, U. (1992): Weiterbildungs- und Qualifizierungsberatung: Ein Beitrag zur Klärung von Begriffen und Strukturen in der Bildungsberatung. In: Zeitschrift Berufsbildung in Wissenschaft und Praxis, Jg. 21/Heft 5, S. 17-23

Barz, H. (2000): Weiterbildung und soziale Milieus. Neuwied

Bauer, G. (1991): Weiterbildungsberatung. In: Mitteilungen aus der Arbeitsmarkt- und Berufsforschung, Jg. 24/Heft 2, S. 375-384

BMBF (2005): Berichtssystem Weiterbildung IX. Berlin

Bolder, A. (2004): Abschied von der Normalbiografie – Rückkehr zur Normalität. In: Behringer, F. (Hg.): Diskontinuierliche Erwerbsbiografien. Hohengehren, S. 15-26

Bretschneider, M. (2005): Begleitung und Beratung beruflicher Entwicklungen. Eine Expertise im Rahmen des Projektes „Kompetenzentwicklung in vernetzten Lernstrukturen" (hrsgg. vom Projekt KomNetz; Manuskriptdruck). Hamburg

Brunner, E. J. (2004): Systemische Beratung. In: Nestmann, F.; Engel, F.; Sickendiek, U. (Hg.): Das Handbuch der Beratung. Band 2: Ansätze, Methoden und Felder. Tübingen, S. 655-661

Eckert, T.; Schiersmann, Ch.; Tippelt, R. (1997): Beratung und Information in der Weiterbildung. Baltmannsweiler

Fatzer, G.; Rappe-Giesecke, K.; Looss, W. (1999): Qualität und Leistung von Beratung: Supervision, Coaching, Organisationsentwicklung. Bergisch Gladbach

Gerber, P. (2001): Ergebnisbericht der Pilotphase zur Einführung des Qualipass in Baden-Württemberg. Weinheim

Gerber, P. (2003): Coaching mit Jugendlichen durch Freiwillige. In: Gerber, P. (Hg.): Coaching mit Jugendlichen durch Freiwillige. Dokumentation eines Fachgespräches vom 11. und 12.10.2002. Weinheim, S. 5-7

Gerstenmaier, J. (2004): Konstruktivistisch orientierte Beratung. In: Nestmann, F.; Engel, F.; Sickendiek, U. (Hg.): Das Handbuch der Beratung. Band 2: Ansätze, Methoden und Felder. Tübingen, S. 675-690

Gieseke, W. (2000): Beratung in der Weiterbildung – Ausdifferenzierung der Beratungsbedarfe. In: Nuissl, E.; Schiersmann, Ch.; Siebert, H. (Hg.): REPORT. Literatur und Forschungsreport Weiterbildung, Heft 46, S. 10-17

Gieseke, W.; Opelt, K. (2004): Weiterbildungsberatung II. Studienbrief des Zentrums für Fernstudien und universitäre Weiterbildung an der Universität Kaiserslautern (2. überarbeitete Auflage). Kaiserslautern

Haas, W.; Müller, A. (1986): Weiterbildungsberatung. Hamburg

Klein, R.; Reutter, G. (2003): Lernberatung. Konzeptionelle Antwort der organisierten Erwachsenenbildung auf die Anforderungen des selbstorganisierten und -gesteuerten Lernens. In: Bergold, R.; Mörchen, A.; Schäffter, O. (Hg.): Treffpunkt Lernen – Ansätze und Perspektiven für eine Öffnung und Weiterentwicklung von Erwachsenenbildungsinstitutionen. Bd. 2: Variationen institutioneller Öffnung in der Erwachsenenbildung. Bonn, S. 47-84

Klein, R.; Reutter, G. (2002): Qualifizierung von Berater/n/innen im Beschäftigtentransfer-Prozess – Curriculum. Dortmund, Frankfurt/M.

Klevenow, U. (1980): Weiterbildungsberatung. Deutsches Institut für Erwachsenenbildung. Frankfurt/M.

König, E. (2003): Coaching: Konzeptionelle und methodische Grundlagen. In: Gerber, P. (Hg.): Coaching mit Jugendlichen durch Freiwillige. Dokumentation eines Fachgespräches vom 11. und 12.10.2002. Weinheim, S. 13-30

König, E.; Volmer, G. (2002): Systemisches Coaching. Weinheim

Kramer, H. (1990): Strukturelemente der Weiterbildung: Information und Beratung. In: Kramer, H. (Hg.): Weiterbildung: Information und Beratung. Bundesinstitut für Berufsbildung. Berlin

Krause, Ch.; Fittkau, B.; Fuhr, R.; Thiel, H.-U. (Hg.) (2003): Pädagogische Beratung. Grundlagen und Praxisanwendung. Paderborn

Kühl, S. (2005): Das Scharlatanerieproblem – Coaching zwischen Qualitätsproblemen und Professionalisierungsbemühungen. Köln

Mader, W. (1999): Weiterbildung und Beratung. In: Tippelt, R. (Hg.): Handbuch Erwachsenenbildung/Weiterbildung (2. überarbeitete und aktualisierte Auflage). Opladen, S. 317-326

Mehrmann, E. (2004): Der Weg in die Personalberatung. Erfolgsprogramme für Berufseinstieg und Weiterbildung. München

Nestmann, F.; Engel, F.; Sickendiek, U. (Hg.) (2004a): Das Handbuch der Beratung. Band 1: Disziplinen und Zugänge. Tübingen

Nestmann, F.; Engel, F.; Sickendiek, U. (Hg.) (2004b): Das Handbuch der Beratung. Band 2: Ansätze, Methoden und Felder. Tübingen

Pätzold, H. (2004): Lernberatung und Erwachsenenbildung. Baltmannsweiler

Pätzold, H. (2005): Lernberatung zwischen Pflicht und Freiwilligkeit. In: Klein, R.; Reutter, G. (Hg.): Die Lernberatungskonzeption – Grundlagen und Praxis. Baltmannsweiler, S. 72-78

Rogers, C. R. (1985): Die nicht-direktive Beratung. Frankfurt/M.

Sauer-Schiffer, U. (2004): Beratung in der Erwachsenenbildung und außerschulischen Jugendbildung: Eine Einführung in Theorie und Praxis. In: Sauer-Schiffer, U. (Hg.): Beiträge zur Beratung in der Erwachsenenbildung und außerschulischen Jugendbildung. Band 1. Münster, S. 9-65

Schiersmann, Ch.; Remmele, H. (2004): Beratungsfelder in der Weiterbildung. Baltmannsweiler

Schmidt-Lauff, S. (2004): Beratung als Support zur Inanspruchnahme von Weiterbildung. In: Rohs, M.; Käpplinger, B. (Hg.): Lernberatung in der beruflich-betrieblichen Weiterbildung. Münster, S. 29-43

Sickendiek, U.; Engel, F.; Nestmann, F. (2002): Beratung. Eine Einführung in sozialpädagogische und psychosoziale Beratungsansätze. Weinheim, München

Straumann, U. (2004): Klientenzentrierte Beratung. In: Nestmann, F.; Engel, F.; Sickendiek, U. (Hg.): Das Handbuch der Beratung. Band 2: Ansätze, Methoden und Felder. Tübingen, S. 641-654

Stuhldreier, J.; Wacker, M.; Kemper, M.; Klein, R. (1999): Handbuch „Brücken in Beschäftigung" (Internes Manuskript). Unna

Berufliche Zukunftsberatung durch den Job-Navigator

Vorstellung und Untersuchung eines Konzeptes zur Kompetenzanalyse

Julia Gillen, Thomas Habenicht, Martin Krämer

1. Ausgangssituation

In der Diskussion der beruflichen Bildung haben Fragen der Analyse und Bewertung von Kompetenzen derzeit Konjunktur. Unter sehr unterschiedlichen Argumentationssträngen und Interessen wird dabei die Bedeutung von Kompetenzanalysen betont. Während im *betrieblichen Kontext* die Optimierung des Personaleinsatzes und der Personalentwicklung als Argument angeführt wird, steht im Zentrum des *bildungspolitischen Interesses* zum einen die Verbesserung der Beziehung zwischen Beschäftigungs- und Bildungssystem und damit verbunden die Flexibilisierung des Bildungssystems. Zum anderen ist in der Förderung von Chancengleichheit und der Gleichwertigkeit allgemeiner und beruflicher Bildung ein Interessensschwerpunkt der Bildungspolitik zu sehen (vgl. Weiß 1999, S. 177). Auf der *individuellen Ebene* schließlich lassen sich im Wesentlichen zwei Vorteile für die Anerkennung und Erhebung von Kompetenzen ausweisen. So haben Kompetenzanalysen für den Einzelnen einerseits eine beschäftigungsbezogene Relevanz, da sie über die individuelle Standortbestimmung die Gestaltung beruflicher Umbruchsituationen unterstützen, zur Gestaltung von Entwicklungs- und Aufstiegswegen beitragen und damit zum Erhalt der Employability, also der Beschäftigungsfähigkeit, beitragen können. Andererseits haben sie für den Einzelnen eine entwicklungsbezogene Relevanz. In Abhängigkeit von der Art, Zielsetzung und Konzeption der verwendeten Verfahren haben Kompetenzanalysen das Potenzial, durch den Erhebungsprozess selbst den individuellen Reflexionsprozess zu fördern und damit zur Kompetenzentwicklung beizutragen.

An dieser entwicklungsbezogenen Relevanz ansetzend soll im vorliegenden Aufsatz der Frage nachgegangen werden, welchen Beitrag der Job-Navigator der IG Metall zur Kompetenzentwicklung von Beschäftigten leisten kann. Zur Bearbeitung dieser Frage wird das Konzept des Job-Navigators zunächst anhand seiner Prinzipien und Vorgehensweise erläutert (Teil 2) und anschließend eine Untersuchung vorgestellt, die im Rahmen des KomNetz-Projekts zu diesem Konzept durchgeführt wurde (Teil 3). Die Ergebnisse der Untersuchung geben Aufschluss über Eckpunkte der Kompetenzentwicklung durch den Job-Navigator. Im abschließenden Teil 4 werden dann aus gewerkschaftlicher Perspektive ein Fazit sowie ein Ausblick zum Job-Navigator und dem weiteren Umgang mit dem Konzept herausgearbeitet.

2. Das Konzept des Job-Navigators

Als erste gewerkschaftliche Initiative hat die IG Metall den Job-Navigator entwickelt. Als Angebot für die berufliche Zukunfts- und Weiterbildungsgestaltung von Arbeitnehmern soll er dazu anleiten, selbstverantwortlich die persönliche berufliche Zukunft zu gestalten (vgl. IG Metall 2001). Mit diesem Instrument wird auf Seiten der IG Metall die Hoffnung verbunden, Arbeitnehmer und Arbeitslose bei der Gestaltung ihrer beruflichen Entwicklungs- und Aufstiegswege gezielt zu unterstützen und dadurch ihre Beschäftigungsfähigkeit zu sichern und sie vor Arbeitslosigkeit zu bewahren. Er hat damit eine formative Funktion. Zudem soll das Kompetenz-Handbuch die Mitglieder dabei unterstützen, „ihre beruflichen Handlungskompetenzen so zu stärken, dass sie ihre berufliche Zukunftsplanung selbstbestimmt vertreten können" (Schuler/Skroblin 2001/02, S. 162).

Der Job-Navigator besteht aus verschiedenen Bausteinen. In dem Gesamtkonzept des Job-Navigators gibt es eine Vielzahl von Einzelelementen, die sich aus dem Kernkompetenzbereich ‚Arbeit' und entsprechendem Angebotsspektrum an Information und Beratung speisen. Dieses wird ergänzt im Kompetenzbereich ‚Beruf' um Informationen und Instrumente, die die persönliche Kompetenzreflexion und Weiterbildungsberatung fokussieren. Weitere Bausteine sind z.B. eine persönliche Potenzialanalyse, eine Weiterbildungs-Checkliste oder ein Angebot für ein persönliches Begleitungsgespräch.

In Ergänzung dazu wird durch das Gespräch und die Beratung, die Orientierung bei der (Neu-)Orientierung zielgeführt. In Gruppengesprächen oder in einer individuellen Beratung besteht die Möglichkeit, über berufliche Entwicklungsperspektiven zu sprechen.

Aktuell werden drei Varianten der Beratung angeboten:

–   ein Tagesseminar in Kleingruppen zur Information und Hilfestellungen beim Ausfüllen des Kompetenz-Handbuchs und des Fragebogens für die Potenzialanalyse,
–   ein zweitägiges Seminar in Kleingruppen zur Auswertung des Kompetenz-Handbuchs, der Potenzialanalyse und zur Strategieentwicklung und
–   das persönliche Beratungsgespräch.

Diese Beratungsmöglichkeiten werden von der IG Metall entwickelt, angeboten oder vermittelt. Dabei zielt eine Beratung auf eher punktuelle Unterstützungen. Es werden beispielsweise punktuelle ad-hoc ‚Beratungen' von Betriebs- und

Abb. 1: Bausteine des Job-Navigators

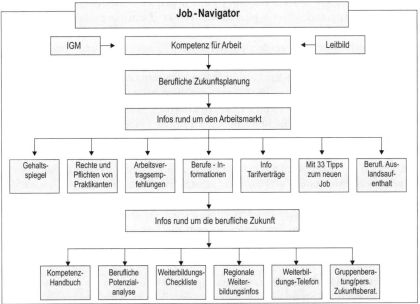

Personalräten und Beratungen von professionellen Beratern für berufliche Entwicklungen unterschieden. Dies kann sehr wohl auch in eine ,Begleitung' münden, die umfassender ist und in der Weiterbildung auf eine längerfristige oder kontinuierliche Betreuung und Weiterentwicklung von Lernprozessen zielt (vgl. Linderkamp 2005). Die Durchführung der Beratung erfolgt durch externe Berater und Kooperationspartner, die Gewerkschaftssekretäre und Betriebsräte agieren als Promotoren für das Thema Weiterbildungsberatung.

Das zentrale Produkt dieses Leistungsangebots aber ist das Kompetenz-Handbuch. Das ca. 35-seitige Selbstbearbeitungsmaterial soll interessierte Mitglieder der Gewerkschaft dazu anleiten, sich anhand eines Formularordners mit der eigenen beruflichen Biografie und den auf diesem Weg erworbenen Kompetenzen zu beschäftigen. Dabei kann die Erfassung der erworbenen Kompetenzen als zentrale Zielsetzung gelten. Das Kompetenz-Handbuch ist als Leittext konzipiert und in drei aufeinander aufbauende Phasen gegliedert (vgl. IG Metall 2001).

In der *Bestandsaufnahme* werden formell und informell erworbene Kompetenzen zunächst gesammelt und geordnet. Dazu werden Daten zur Bildungsbiografie (Schulausbildung, berufliche Erstausbildung, Studium, Umschulungen etc.) einerseits und Angaben zur Erwerbsbiografie (berufliche Beschäftigungen, Ferienjobs etc.) sowie zu außerhalb davon liegenden Aktivitäten (außerberufliche Tätigkeiten) andererseits gesammelt. So wird ein persönliches Qualifikations- und Kompetenzprofil erarbeitet, das alles von den erworbenen Abschlüssen und Zertifikaten bis zu den persönlichen Kompetenzen und speziellen Fähigkeiten erfasst. Bei der Bestandsaufnahme sind Fragen nach dem Werdegang hinsichtlich der individuellen Lern- und Arbeitsbiografie leitend.

In der anschließenden *Profilanalyse* sollen diese Kompetenzen bilanziert und bewertet werden. Im Rahmen der Bilanzierung von schulischem und beruflichem Werdegang, Tätigkeiten und entwickelten Fähigkeiten wird ein Selbstbild aufgebaut. Dieses kann mit einem Fremdbild ergänzt werden, einer externen Bewertung der eigenen persönlichen Einstellungen und Fähigkeiten. Die Selbstbeurteilung der Kompetenzen erfolgt dabei anhand der übergreifenden Dimensionen Fach-, Methoden- und Sozialkompetenzen durch eine dreigegliederte Taxonomie (vgl. IG Metall 2001, S. 31ff.).

Die Ergebnisse dieser zweiten Phase dienen im dritten Schritt dazu, einen gezielten *Aktionsplan* zu entwerfen, in dem die beruflichen Entwicklungsziele festgelegt werden. Diese drei Phasen im persönlichen Kompetenzhandbuch werden in sechs (Arbeits)Schritten durchlaufen:

1. *Sammeln:* Die Basis für den Gesamtprozess ist die genaue Besinnung und Erinnerung an Stationen des eigenen, beruflichen Werdegangs, da sie alle zum Aufbau des eigenen Kompetenzprofils beigetragen haben. Wenn die persönliche Berufslaufbahn möglichst differenziert und umfassend bewusst ist, gilt es die dazugehörigen Aspekte zu sammeln. Formelle Abschlüsse und Zertifikate sind dabei genauso von Bedeutung wie besondere Tätigkeiten als Grundlage informell erworbener Fertigkeiten und Fähigkeiten. Bedeutsam ist dabei, dass möglichst viele Aspekte sichtbar werden.

2. *Ordnen:* Ist alles bewusst und sichtbar, wird das Material geordnet. Die Ordnung vollzieht sich z.B. entlang eines z.B. zeitlichen Schemas und reflektiert Lebensphasen einer Bildungs- und Arbeitskarriere.

3. *Bilanzieren:* Wichtig hier ist, dass mit diesem Schritt eine Orientierung geleistet wird und das Typische und Besondere des Menschen hervortritt – was den Menschen ausmacht. Dazu wird der berufliche Lebensweg hinsichtlich seiner sich aus Lern- und Tätigkeitserfahrungen ergebenen besonderen Fähigkeiten, Vorlieben und Stärken bilanziert.

4. *Bewerten:* Hier gilt es, das eigene Profil, was sich in der Vergangenheit entwickelt hat, auf die Zukunft zu richten und die Frage zu bearbeiten, welche der Kompetenzen und Fähigkeiten weiterentwickelt werden sollen, um die Persönlichkeit des Menschen noch weiter zu stärken. Dies kann durch eine Selbst- oder auch Fremdbewertung von Kompetenzen geschehen. Dabei ist

der Blick auf selbst herausgearbeitete persönliche Kompetenzfelder ebenso wichtig wie auf sich aus aktuellen Anforderungen des Berufslebens heraus ergebenden Kompetenzen.

5. *Ziele festlegen:* Diese Ziele bilden die Orientierung für die berufliche Zukunftsentwicklung. Sie müssen gleichermaßen motivierend wie erreichbar und realistisch sein. Im Mittelpunkt stehen Fragen wie: Was ist mir wichtig? Was will ich weiterentwickeln? Wo kann es hingehen? Welche Maßnahmen sind sinnvoll?

6. *Ziele ausführen:* Sind die Ziele klar, können konkrete Umsetzungsschritte geplant und weitere Planungsschritte fixiert werden. Dies können formale wie auch informelle Lern- und Bildungsmaßnahmen sein.

Mit dem Kompetenz-Handbuch, dessen Kern diese systematische Reflexion der persönlichen Entwicklungsbiografie ist, besteht ein Service zur Berufswegeplanung in der IG Metall, der insbesondere in Betrieben bzw. Verwaltungsstellen zum Einsatz kommt. Es beruht dabei auf einem indirekten, biografischen Vorgehen. Der verwendete Kompetenzbegriff umfasst „die Fähigkeiten, Fertigkeiten und Kenntnisse, die notwendig sind, um bestimmten Arbeits- und Leistungsanforderungen zu genügen" (IG Metall 2001, S. 52) und ist als subjektiv einzuordnen. Als Qualifikationen werden dagegen Kompetenzen angesehen, „die für den betrieblichen und beruflichen Verwertungszusammenhang von besonderer Bedeutung sind" (IG Metall 2001, S. 53).

3. Untersuchung des Kompetenz-Handbuchs

Das Kompetenz-Handbuch im Job-Navigator wurde in den Jahren 2001/2002 konzipiert. Seit 2002 wird es für die Mitglieder von zehn ausgewählten Verwaltungsstellen der IG Metall pilothaft eingesetzt. Im Juni und Juli 2003 wurde im Rahmen des KomNetz-Projekts eine empirische Untersuchung zum Kompetenz-Handbuch im Job-Navigator durchgeführt, die insbesondere auf die Gestaltung des Instruments abzielte und mit folgender Untersuchungsfrage arbeitete: *Wie muss das Kompetenz-Handbuch gestaltet sein, um kompetenzförderlich zu sein und die Kompetenzentwicklung sowie die Förderung von reflexiver Handlungsfähigkeit zu unterstützen?* Diese Frage zielte somit auf die Gestaltung des Kompetenz-Handbuchs und seinen Beitrag zu Prozessen der Kompetenzentwicklung ab.

3.1 Methodische Anlage der Untersuchung

In der Untersuchung zum Kompetenz-Handbuch wurden insgesamt 18 Personen befragt. Zu den Befragten gehören Verantwortliche für die berufliche Bildung bei der IG Metall, Angestellte der Verwaltungsstellen, erwerbstätige und arbeitslose Mitglieder, ehrenamtliche Mitarbeiter, externe Bildungsberater und Mitarbeiter des IAB (Institut für Arbeit und Bildung e.V.). Sie wurden mit unterschiedlicher Schwerpunktsetzung zur Konzeption des Kompetenz-Handbuchs und zu dessen Umsetzung interviewt. Dabei lassen sich drei unterschiedliche Untersuchungsgruppen unterscheiden. Bezüglich der Untersuchungsfrage konnte jede der drei Interviewgruppen aus ihrer spezifischen Perspektive Aussagen machen, so dass die drei Gruppen auch jeweils mit unterschiedlicher Schwerpunktsetzung befragt wurden. Die *erste* Gruppe umfasst die Personen, die politisch und inhaltlich an der Erstellung des Kompetenz-Handbuchs beteiligt waren. Zur *zweiten* Gruppe gehören Personen, die innerhalb von Verwaltungsstellen oder im näheren Kontext mit den Verwaltungsstellen der Gewerkschaft arbeiten. Die tatsächlichen Nutzer des Kompetenz-Handbuchs bilden die *dritte* Untersuchungsgruppe.

Zu der Untersuchung des Kompetenz-Handbuchs wurden leitfadengestützte Experteninterviews sowie fokussierende Leitfadeninterviews eingesetzt. Die Kombination von leitfadengestützten Experteninterviews sowie fokussierenden Leitfadeninterviews in der Untersuchung, also verschiedener Arten leitfadengestützter Interviews, war aus mehreren Gründen sinnvoll und notwendig. Zum einen erforderten die unterschiedlichen Gruppen der Befragten einen jeweils angepassten Charakter der Interviews. Zudem erwies es sich in der Erhebungsphase als hilfreich, zunächst Interviews mit der Gruppe der Konzeptionierer zu führen und erst daran anschließend die Begleiter und Nutzer zu befragen.

3.2 Ergebnisse der Untersuchung

Die Untersuchung hat zunächst grundsätzlich gezeigt, dass der Job-Navigator von allen Befragten als sehr positives und innovatives Konzept wahrgenommen wird, welches ein hohes Potenzial für die Gewerkschaft und ihre Mitglieder birgt. Es zeigte sich aber auch, dass es vielfach konkreter, äußerer Anlässe bedarf, bis sich Menschen mit dem Kompetenz-Handbuch befassen und sich mit ihrer eigenen beruflichen Entwicklung auseinandersetzen. Anlässe für die Arbeit mit dem Kompetenz-Handbuch waren z.B.:

– die Aussicht auf Veränderung der Beschäftigungssituation durch Kündigung oder Überführung in eine Transfergesellschaft,
– die Vorbereitung auf ein Ziel- und Mitarbeiterentwicklungsgespräch oder eine Bewerbung,
– der Wunsch nach beruflicher Veränderung infolge von Unzufriedenheit mit der aktuellen Beschäftigungssituation.

Bezüglich der zentralen Frage der Kompetenzförderlichkeit des Kompetenz-Handbuchs lassen sich im Einzelnen folgende Ergebnisse ausweisen: Zunächst wurde ermittelt, dass dem Kompetenz-Handbuch ein Verfahren zugrundeliegt, das als entwicklungsorientiert zu bezeichnen ist, da seine Zielsetzung darin besteht, Arbeitnehmern angesichts des komplexen gesellschaftlichen Wandels Unterstützung und Orientierung hinsichtlich ihrer Lebens- und Berufswegeplanung zu geben (vgl. Gillen 2004). Es geht von einer Standortbestimmung des Individuums aus und strebt an, den Individuen Klarheit über ihre individuellen Fähigkeiten, Fertigkeiten, Kenntnisse und Abschlüsse zu verschaffen, damit sie auf dieser Grundlage ihre weitere berufliche Entwicklung gestalten und verschiedene Lernformen und Lernwege nutzbringend für sich selbst verbinden können.

Weiterhin zeigt sich die Notwendigkeit sozialer Unterstützung bzw. Begleitung vor, während und nach der Anwendung des Kompetenz-Handbuchs. Der sozialen Begleitung kommt dabei eine Unterstützungsfunktion zu, die durch die Zielsetzung der Kompetenzentwicklung erforderlich wird. So scheint sie z.B. notwendig zu sein, um individuelle Schwierigkeiten und Überforderung durch die methodische Gestaltung des Kompetenz-Handbuchs zu beheben. Ebenso wird soziale Unterstützung nach der eigentlichen Bearbeitung des Kompetenz-Handbuchs notwendig, wenn es um die Umsetzung der Entwicklungsschritte im beruflichen Alltag geht. Die Untersuchung zeigt, dass letztlich in jeder Bearbeitungsphase des Kompetenz-Handbuchs, also sowohl in der Vorbereitung, wie auch während der Bearbeitung und in der Nachbereitung, eine Unterstützung zur nachhaltigen Kompetenzentwicklung notwendig ist, auch wenn diese in Abhängigkeit von der Selbstständigkeit der Teilnehmer variiert. Dabei erweist sich die inhaltliche Ausrichtung des Begleiters und seine Professionalität ebenfalls als ein Bedingungsfaktor für Kompetenzförderlichkeit.

Auch die Qualität der Beratung entscheidet wesentlich über den Erfolg des Konzepts. Zum einen wird durch die Beratung die Einschränkung bezüglich der tatsächlichen Zielgruppen, die sich ergeben hat, anerkannt und konstruktiv bearbeitet. Zum anderen müssen die Nutzer des Job-Navigators auf professionelle, persönliche Unterstützung bei ihrer beruflichen Entwicklungsplanung zurückgreifen können.

Drittens ergab sich die Notwendigkeit kompetenzförderlicher Rahmenbedingungen. Die Untersuchung zeigt, dass eine Verfahrensatmosphäre, die von den Nutzern als förderlich betrachtet wird, auf entsprechenden Verfahrensbedingungen wie Vertrauen, Transparenz, soziale Unterstützung und Professionalität beruht. Es zeigt sich, dass auch Kooperationssituationen mit Begleitern unter dem Aspekt der Kompetenzförderlichkeit gestaltet werden müssen. Hier sind Aspekte relevant wie Klarheit von Verantwortlichkeiten, Einhaltung von Neutralität und Vertraulichkeit, Anerkennung von Individualität des Nutzers, Beachtung der Realisierbarkeit der Ergebnisse und Berücksichtigung der familiären und finanziellen Kontextbedingungen. Diese Aspekte sind wichtig, weil sich durch die Untersuchung des Kompetenz-Handbuchs ergeben hat, dass die Offenheit der Nutzer gegenüber dem Kompetenz-Handbuch und die Bereitschaft zu seiner Bearbeitung durch unterschiedliche negative Faktoren eingeschränkt wird, denen durch kompetenzförderliche Rahmenbedingungen entgegengesteuert werden kann. Je weniger also die genannten Aspekte wie Vertrauen, Transparenz, soziale Unterstützung etc. vorherrschen, desto kritischer und zurückhaltender gehen Nutzer mit dem Kompetenz-Handbuch um.

Als *viertes* Ergebnis lässt sich festhalten, dass das Kompetenz-Handbuch eine Chance bietet, Erfahrung, Erfahrungslernen und Reflexion nachhaltig zu verbinden. Auch wenn nicht davon ausgegangen werden kann, dass die Fähigkeit zur Selbstreflexion durch den einmaligen Einsatz des Kompetenz-Handbuchs nachhaltig verändert wird, hat die Untersuchung doch gezeigt, dass diese Fähigkeit dennoch gefördert bzw. angestoßen werden kann und dass Reflexion ein wesentliches Element der Kompetenzentwicklung ist.

Fünftens wurde in der Untersuchung mehrfach die Notwendigkeit einer methodischen Differenzierung (im Sinne einer benutzerangemessenen methodischen Gestaltung) aufgezeigt, da die unterschiedlichen Voraussetzungen der Nutzer die Fähigkeit zur Bearbeitung des Instruments beeinflussen. Am Deutlichsten trat dies angesichts des Verhältnisses zwischen dem Anspruchsniveau des Konzepts und der individuellen Leistungsfähigkeit der Nutzer hervor. Insbesondere Lernungewohnte und so genannte bildungsferne Personen benötigen, so die Ergebnisse der Untersuchung, beim Umgang mit Selbstlernmaterialien personelle Unterstützung oder andere Hilfeleistungen. Dieses Ergebnis lässt den Schluss zu, dass eine methodische Differenzierung beim Kompetenz-Handbuch notwendig ist, die es ermöglicht, auf die individuellen Fähigkeiten und das Leistungsvermögen der Nutzer angemessen zu reagieren.

Als *sechstes* Ergebnis lässt sich schlussfolgern, dass es notwendig ist, verschiedene Daten und Methoden miteinander zu kombinieren, um im Kompetenz-Handbuch verwertbare Daten zu erhalten. Eine Kombination ist dadurch möglich, dass qualitative und quantitative Formen der Analyse verbunden werden oder dass Einzel- und Gruppenbearbeitung durchgeführt wird. Eine weitere Form der Kombination ist die Verknüpfung von dialogorientierten Verfahren mit Selbstbearbeitungsmaterialien. Hier liegt der Vorteil in der kommunikativen Validierung der Selbsteinschätzung durch die Fremdeinschätzung. Die durchgeführte Untersuchung zeigt diesbezüglich, dass die Fokussierung auf eine einzige Form der Datenerhebung, wie Selbsteinschätzungen, hier sogar als problematisch anzusehen ist, weil sie nur auf einen Zugang (in diesem Fall auf dem Selbstbild) aufbaut und deswegen eine Spiegelung durch Fremdeinschätzungen notwendig macht. Die Form der methodischen Kombination von Selbst- und Fremdeinschätzungen scheint somit im Kontext von Kompetenzanalysen eine besondere Bedeutung zu besitzen.

Die Ergebnisse der Untersuchung zeigen also, dass das Kompetenz-Handbuch als ein Konzept angesehen werden kann, welches Prozesse der Kompetenzentwicklung und die Förderung reflexiver Handlungsfähigkeit unterstützt, wenn in der Umsetzung die ausgewiesenen fünf Ergebnisse beachtet werden.

4. Fazit und Ausblick

Mit dem Job-Navigator hat die IG Metall der Notwendigkeit entsprochen, den zunehmenden Informations- und Beratungsbedarf in Verbindung mit den brüchiger werdenden beruflichen Entwicklungs- und Karrierewegen für ihre Klientel zu bedienen. Als Interessenvertretung der Arbeitnehmer ist sie eine Institution, die Kompetenzen in Sachen Arbeit und Beruf für sich proklamieren kann und konsequenterweise diese auch ihren Mitgliedern in dieser Form zur Verfügung stellt.

Der Markt in dem Feld der Instrumente für Kompetenzreflexion und berufliche Entwicklungsplanung hat sich in den letzten Jahren stetig entwickelt und ausdifferenziert. Sowohl die inhaltlichen Anforderungen an das Instrument sind differenzierter geworden, als auch die technischen Möglichkeiten mittels analoger bzw. digitaler Medien. Eine Weiterentwicklung – insbesondere des Handbuches zur Kompetenzreflexion im Job-Navigator ist deshalb gefordert und auch in der IG Metall auf den Weg gebracht (vgl. IG Metall 2006).

Auch Betriebsräte können das Instrument für bestimmte Beschäftigungsgruppen im Rahmen ihrer Mitbestimmungs- und Beratungsrechte einsetzen. Dies muss nicht erst im Kontext eines drohenden Personalabbaus geschehen, sondern kann aktiv im Sinne einer vorausschauenden, strategischen Personalentwicklung genutzt werden. Nimmt der Betriebsrat eine initiative Rolle im Thema Qualifizierung und Beschäftigungssicherung ein, können sich Unternehmen dieser Auseinandersetzung nicht entziehen. Der Job-Navigator hilft den Interessenvertretern dabei, z.B. die Themen Mitarbeitergespräche, Kompetenzentwicklung, Qualifizierung und Weiterbildung einzubringen.

Auch wenn es sich um ein individuelles Analyseinstrument handelt, ist das kollektive Vorgehen im Beratungsansatz kein Widerspruch. Betriebsräte sind im mehrfachen Sinne als Promotoren für den Job-Navigator förderlich. Sie stellen die Verbindung zu den betrieblichen Erfordernissen her und unterstützen bei der Gestaltung von Rahmenbedingungen für eine Kompetenzentwicklung. Auch können Betriebsräte als Begleiter von Beratungsprozessen wirken und ihre eigenen Kompetenzen erweitern (vgl. Linderkamp 2005).

In einer Mitglieder-Organisation wie der IG Metall stellt sich schließlich die Frage, wie diese Dienstleistung im Rahmen eines Angebotes für Mitglieder bzw. potenzielle Mitglieder zur Verfügung gestellt wird. Ein individualisierter Umgang mit einem Instrument zur Kompetenzreflexion ist dabei noch zu gestalten, zu organisieren und zu finanzieren. Bei einer notwendigen Beratung, um individuelle Ergebnisse mit den Möglichkeiten zur Weiterbildung, Kompetenzentwicklung und Arbeit in Verbindung zu bringen, wird die Kalkulation zwischen Angebot und Nachfrage allerdings schwieriger. Das hat sich im Rahmen der letzten Jahre auch als besonderer Schwachpunkt erwiesen. Nun liegt eine Lösung für das Problem, das primär ein Problem der finanziellen Ressourcen ist, eher in einer mittelfristigen Entwicklungsarbeit, um die Strukturen für Beratung sowohl für die Abnehmer als auch für die Anbieter zu realisieren. Dabei sind Erfahrungen in anderen Bereichen der Gewerkschaften, wie z.b. die im Projekt LeA des DGB (vgl. DGB 2006) und das wachsende Interesse anderer Einzelgewerkschaften an dieser Mitgliederleistung insgesamt durchaus von Interesse und sollten auch gemeinsam reflektiert und entwickelt werden.

Literatur

DGB (2006): Arbeitnehmerorientiertes Bildungscoaching – Abschlussbericht des Beratungs- und Qualifizierungsprojektes LeA des DGB Bundesvorstandes. Berlin

IG Metall (2006): Überarbeitung des Kompetenzhandbuches. Manuskriptdruck. Frankfurt/M.

IG Metall (2001): Job Navigator. Frankfurt/M.

Gillen, J. (2004): Kompetenzanalysen in der betrieblichen Bildung – betriebspädagogische Bezüge und Gestaltungsaspekte. In: Dehnbostel, P.; Pätzold, G. (Hg.): Innovationen und Tendenzen der betrieblichen Berufsbildung. Zeitschrift für Berufs- und Wirtschaftspädagogik, Beiheft Nr. 18, S. 76-85

Linderkamp, R. (2005): Arbeitnehmerorientierte Beratung und Begleitung – Ergebnisse einer Befragung bei IG BCE, IG Metall und ver.di (hrsgg. vom Projekt KomNetz; Manuskriptdruck). Hamburg

Schuler, M.; Skroblin, J.-P. (2001/02): Kompetenzentwicklung in der Postfordistischen Arbeitswelt. Das Kompetenz-Handbuch des „Job-Navigators" – Eine neue Dienstleistung der IG Metall zur beruflichen Zukunftsberatung in der Erprobung. In: FIAB (Hg.): Jahrbuch Arbeit-Bildung-Kultur. Band 19/20, S. 153-169

Weiß, R. (1999): Erfassung und Bewertung informell erworbener Kompetenzen – realistische Möglichkeiten oder bildungspolitische Utopie? In: De Cuvry, A. et al. (Hg.): Erlebnis Erwachsenenbildung – Zur Aktualität handlungsorientierter Erwachsenenbildung. Neuwied, S. 176-191

Von der Kompetenzanalyse zur Kompetenzentwicklung

Konzeptionelle Merkmale zur Kompetenzförderlichkeit

Julia Gillen

1. Kompetenzförderlichkeit als konzeptioneller Ausgangspunkt

Wie das Handbuch Kompetenzmessung (vgl. Erpenbeck/Rosenstiel 2004) eindrücklich deutlich macht, existieren in Deutschland bereits eine Vielzahl unterschiedlicher Konzepte zur Bilanzierung, Erfassung oder Anerkennung von Kompetenzen. Doch diese Konzepte verfolgen konzeptionell neben der Analyse von Kompetenzen nur selten auch eine gezielte Kompetenzentwicklung. Da jedoch davon auszugehen ist, dass Kompetenzanalysen durchaus geeignet sind um berufliche Kompetenzentwicklung zu unterstützen, wurde im Rahmen des Projekts KomNetz eine Konzeption zur Kompetenzanalyse entwickelt, die auch der Förderung von Kompetenzentwicklung dient. Dieses Konzept wird im vorliegenden Beitrag vorgestellt. Es sieht Kompetenzanalysen nicht als in sich geschlossenes isoliertes Konzept an, welches lediglich die Erhebung von Kompetenzen zum Ziel hat, sondern als in den Prozess der Kompetenzentwicklung eingebunden.

Die zugrundeliegende These ist dabei, dass eine an der individuellen Kompetenzentwicklung orientierte Form der Kompetenzanalyse für die Beschäftigten die Chance beinhaltet, die eigenen Kompetenzen herauszufinden, darzustellen und darauf ansetzend die eigene berufliche Entwicklung zu gestalten. So bieten Kompetenzanalysen die Möglichkeit, die Gestaltung des eigenen Arbeitsplatzes und Tätigkeitsbereichs aktiv mitzubestimmen oder berufliche Umbruchsituationen zu bewerkstelligen. Durch die Anerkennung von Kompetenzen und informellem Lernen kann zudem für Bildungsbenachteiligte der Zugang zu institutionellen Ausbildungssystemen erleichtert werden. Eine weitere Chance von Kompetenzanalysen ist darin zu sehen, dass durch den Erhebungsprozess selbst der individuelle Reflexionsprozess gefördert wird. Die Bewusstmachung der eigenen Fähigkeiten und das damit verbundene Selbstbewusstsein für die Steuerung des eigenen Kompetenzerwerbs sind dabei entscheidend.

Ziel des Beitrags ist es demnach, die Forschungsergebnisse von KomNetz zur Verknüpfung von Kompetenzentwicklung und Kompetenzanalysen darzustellen. Der zentrale Fokus liegt dabei auf der Frage, wie sich Kompetenzanalysen didaktisch-methodisch und lernorganisatorisch so gestalten lassen, dass bestehende Potenziale zur Kompetenzentwicklung gezielt aufgenommen, unterstützt und ergänzt werden. Dazu werden zunächst die zentralen Merkmale zur

Kompetenzförderlichkeit von Kompetenzanalysen überblicksartig aufgezeigt und dann im Einzelnen näher beleuchtet.

Der Terminus Kompetenzförderlichkeit ist an den Begriffen Kompetenzentwicklung und reflexive Handlungsfähigkeit ausgerichtet. Um diese Leitorientierung zu verfolgen, müssen Konzepte zur Kompetenzanalyse ebenso wie andere Maßnahmen der beruflich-betrieblichen Weiterbildung subjektbezogen, entwicklungsbezogen, interaktionsbezogen, kooperationsbezogen, erfahrungsbezogen und reflexionsfördernd sein (vgl. Gillen 2006, S. 94ff.). Diese sechs Leitkriterien für Kompetenzentwicklung sind folgendermaßen zu beschreiben:

Der *Subjektbezug* bezieht sich darauf, dass Kompetenz als eine Kategorie gelten kann, die nicht lösgelöst vom Individuum zu sehen ist und die nur vom Subjekt selbst entwickelt werden kann. Kompetenzen sind im Sinne eines Handlungspotenzials zu verstehen und damit an das Subjekt und seine Befähigung und Bereitschaft zu eigenverantwortlichem Handeln gebunden. Entwicklungsbezug bezieht sich auf die Erkenntnis, dass sich Kompetenzen während der gesamten Lebens- und Arbeitszeit entwickeln. Als drittes Leitkriterium für Kompetenzentwicklung ist die *Interaktion* bzw. die Interaktionsstruktur festzuhalten. Dieses Kriterium bezieht sich darauf, dass sich Kompetenz in der Bewältigung konkreter Handlungssituationen zeigt und in Handlungen weiterentwickelt wird. Eine besondere Form von Interaktion ist die zwischenmenschliche Interaktion mit anderen Personen, d.h. *Kooperation*. Kooperation mit anderen Personen sowie der situative Rahmen dieser Kooperation tritt in der kompetenztheoretischen Literatur als relevanter Aspekt auf, der als konstitutiv für die Entwicklung von Kompetenzen angesehen wird. Der *Erfahrungsbezug* weist darauf hin, dass Kompetenzentwicklung ein Ergebnis von adaptiven und konstruktiven Handlungsprozessen des Subjekts mit seiner Umwelt ist und das Resultat der Wechselbeziehung zwischen Individuum und Umwelt darstellt. *Reflexion* beinhaltet schließlich die Feststellung, dass sich Kompetenzen veranlasst durch Störungen im Handlungsvollzug entwickeln, die nicht mit den bestehenden Strukturen oder Erfahrungen gelöst werden können. Sie werden durch mehr oder weniger bewusste Formen der Reflexion bearbeitet.

Diese sechs Leitkriterien zur Kompetenzentwicklung bilden den Ausgangspunkt für die Frage der Kompetenzförderlichkeit. Kompetenzförderlichkeit stellt somit auf dieser allgemeinen Ebene ein theoretisches Konstrukt dar, das dazu geeignet ist, betriebliche Prozesse, Abläufe oder Situationen auf ihren Beitrag zur Förderung von Kompetenzentwicklung hin zu gestalten und zu analysieren. Auch Kompetenzanalysen sind dementsprechend als kompetenzförderlich zu charakterisieren, wenn sie diese Leitorientierung einlösen.

2. Merkmale kompetenzförderlicher Kompetenzanalysen

Über diese grundsätzliche Orientierung hinaus lassen sich jedoch auch konkrete Merkmale festhalten, denen Kompetenzanalysen genügen müssen, um dem Leitprinzip der Kompetenzförderlichkeit zu entsprechen und nicht bei einer bloßen Erfassung oder Messung von Kompetenzen stehen zu bleiben. Kompetenzförderlichkeit stellt insofern eine aus der Perspektive der Weiterbildungsforschung begründbare Zielsetzung für die Gestaltung und Entwicklung von Verfahren zur Kompetenzanalyse dar, die auch auf der konzeptionellen Ebene ihren Niederschlag findet. Überblicksartig lassen sich die konzeptionellen Merkmale folgendermaßen darstellen:

Tab. 1: Konzeptionelle Merkmale kompetenzförderlicher Kompetenzanalysen

Kompetenzreflexion	Die Reflexion von Kompetenzen durch das Individuum selbst hat einen zentralen Stellenwert und wird methodisch unterstützt.
Kontinuität	Die punktuell stattfindende Kompetenzanalyse dient einer kontinuierlichen Kompetenzentwicklung und muss deswegen regelmäßig wiederholt werden.
Begleitete Selbststeuerung	Die Kompetenzanalyse wird in Verbindung mit einer personellen Begleitung eingesetzt, die den Bedürfnissen der Nutzer angepasst ist.
Lernförderliche Kontextbedingungen	Das Gesamtverfahren der Kompetenzanalyse sowie alle einzelnen Phasen werden unter lernförderlichen Bedingungen durchgeführt.
Differenzierung und Kombination von Selbst- und Fremdeinschätzung	Zur Erhebung und Analyse der Kompetenzen werden teilnehmerorientiert unterschiedliche Methoden eingesetzt sowie Selbst- und Fremdeinschätzungen miteinander kombiniert.

Eigene Darstellung

Diese fünf Merkmale können für kompetenzförderliche Kompetenzanalysen als typisch gelten und grenzen sie gegenüber anderen Formen der Kompetenzanalyse ab, die ausschließlich das Ziel der Messung oder Erfassung verfolgen. Sie werden im Folgenden im Hinblick auf ihre Bedeutung für die Kompetenzförderlichkeit von Kompetenzanalysen näher erläutert und begründet.

2.1 Merkmal 1: Kompetenzreflexion

Kompetenzförderlichkeit wird bei Kompetenzanalysen erreicht, wenn sie auf die Reflexion der Kompetenzen durch den Kompetenzträger selbst abzielen. Die empirischen Befunde von KomNetz zeigen, dass Verfahren der Kompetenzanalyse, die auf Selbsteinschätzungen beruhen, zur Selbstreflexion der eigenen Kompetenzen und Erfahrungen beitragen und darüber das Selbstbewusstsein der Individuen stärken (vgl. Gillen 2006, S. 216). Die Reflexion der eigenen Kompetenzen stellt zwar zum Teil eine neue Erfahrung für Beschäftigte dar, sie wird aber meist als Bereicherung beschrieben und führt zu einem neuen Bewusstsein informell und formell erworbener Kompetenzen (vgl. Ant 2004, S. 313).

Überträgt man diese empirischen Ergebnisse auf theoretische Erkenntnisse zur Kompetenzentwicklung, so wird deutlich, dass die Orientierung an der Kompetenzförderlichkeit eine Verbindung zwischen Erfahrung und Reflexion ermöglicht. Diese Verbindung wird in der Berufsbildungs- und Weiterbildungsforschung für Kompetenzentwicklung als zentral angesehen. So spricht z.b. Franke von einer „fundamentalen Bedeutung" (2005, S. 55) der Reflexion für den Nutzwert des Erfahrungslernens. Erfahrung und Reflexion sowie die Verknüpfung miteinander stellen eine wesentliche Grundlage für die Entwicklung von Kompetenzen und für das Erfahrungslernen dar. So hat z.B. Dewey die Bedeutung von Erfahrung und ihrer Verarbeitung für die Konstruktion neuer Strukturen herausgearbeitet (vgl. Dewey 1986, S. 291ff.). Die zentrale Bedeutung der Reflexion innerhalb dieses Prozesses ist darin zu sehen, dass das Erfahrene bewusst bzw. explizit und das Denken selbst zum Gegenstand gemacht wird.

Diese Überlegungen vertiefend unterscheidet Franke drei Funktionen, die die Reflexion für das Handeln hat: Zum einen dient sie der Unterbrechung aktueller Problemlöseaktivitäten, zum anderen als inneres Problemhandeln und schließlich ist Reflexion zur Analyse abgeschlossener Handlungsepisoden geeignet, „um die dabei gemachten Erfahrungen auszuwerten und um vergleichbaren Anforderungen künftig besser gerecht werden zu können" (Franke 2005, S. 156). Diese dritte Form der Reflexion, die der Analyse abgeschlossener Handlungsepisoden dient, wird – so lässt sich aus den empirischen Ergebnissen schlussfolgern (vgl. Gillen 2006, S. 218) – in Kompetenzanalysen wirksam. Sie wird auch von Schön in seinem Konzept des „Reflective Practitioner" beschrieben und dort als Reflexion über die Handlung (reflection-on-action) bezeichnet. Reflexion bedeutet dabei das Explizieren von Wissen (vgl. Schön 1983). Im Unterschied zu dem von Schön entwickelten Typ der Reflexion-über-die-Handlung liegt bei Kompetenzanalysen jedoch keine zufällige, sondern eine formelle und gezielte Veranlassung vor, wodurch Kompetenzanalysen eher als *organisierte Form der Reflexion* gelten können. Zudem wird hier nicht über einzelne Handlungen, sondern über die aufgrund unterschiedlicher Handlungssituationen erworbenen Kompetenzen reflektiert. Der Reflexionsgegenstand ist damit sowohl inhaltlich als auch zeitlich komplexer. Diese Form der Reflexion findet in Distanz zum Arbeitsprozess statt und bezieht sich auf Erfahrungen und Kompetenzen aus formellen und informellen Lernprozessen. Auch hinsichtlich der Zielsetzung dieser Form der Reflexion besteht eine Erweiterung, da sie dem Kompetenzprofil und der bisherigen und zukünftigen beruflichen Entwicklung gilt.

Die folgende Tabelle verdeutlicht die Gemeinsamkeiten und Unterschiede der Reflexion durch Kompetenzanalysen einerseits und der Reflexion-über-die-Handlung nach Schön andererseits:

Tab. 2: Formen der Reflexion[a]

Reflexion-über-die-Handlung[a]	Reflexion über Erfahrungen in Kompetenzanalysen
setzt den Erwerb von Erfahrung voraus	setzt den Erwerb von Erfahrung voraus
zufällige Widersprüche und Störungen sowie Interaktion mit Anderen als Anlass	organisierte und formelle Veranlassung
implizit vorhandenes Handlungswissen wird analysierbar, reorganisierbar, mitteilbar und transparent	informell und formell erworbene Kompetenzen werden analysierbar
in Distanz zur eigentlichen Handlung	in Distanz zur eigentlichen Handlung und zum gesamten Arbeitsprozess
Ziel ist die Analyse, Darstellung, Mitteilung, Reorganisation und Optimierung der Arbeitshandlung	Ziel ist die Reflexion des Kompetenzprofils und der bisherigen und zukünftigen beruflichen Entwicklung

a Nach Schön
Eigene Darstellung

Kompetenzanalysen stellen also eine Form der organisierten Reflexion des eigenen Kompetenzbestandes und der eigenen Erfahrungen dar und ermöglichen es dem Einzelnen, sich über den Status quo seiner Erfahrungen und Kompetenzen bewusst zu werden. Reflexion fungiert damit als Vermittlungsinstanz zwischen informell erworbenen Kompetenzen und den in formellen Lernprozessen erworbenen Kompetenzen. Diese gezielte und organisierte Form der Reflexion, die auf die Arbeitserfahrungen der Individuen rekurriert, bedarf einer besonderen methodischen Anleitung und trägt aufgrund ihres komplexen Gegenstandsbereichs zur Stärkung des Selbstbewusstseins bei.

2.2 Merkmal 2: Kontinuität

Kompetenzförderlichkeit wird erreicht, wenn Kompetenzanalysen wiederholt eingesetzt werden und nicht punktuell verbleiben. Ebenfalls als Ergebnis der empirischen Untersuchung zu Kompetenzanalysen (vgl. Gillen 2006, S. 220ff.) kann festgehalten werden, dass die Wiederholung einer Kompetenzreflexion die Kompetenzentwicklung befördert, weil ein Teil der Nutzer eine wiederholte Reflexion ihrer Arbeitserfahrungen und Kompetenzen in den Arbeitsalltag integriert hat und daran seine eigene Weiterentwicklung.

Diese empirischen Ergebnisse lassen sich theoretisch untermauern, indem auf die Theorie zur Erfahrungskonstitution zurückgegriffen wird. Erfahrung wird von Dewey als Prozess angesehen, in dem die aktive Handlung und die sinnliche Rückmeldung als zwei voneinander abhängige Phasen konstitutiv sind (vgl. Dewey 1986). Dabei verläuft die Erfahrungskonstitution kreisförmig und vollzieht sich in der Interaktion des Subjekts mit der Umwelt. Angesichts dieses Erfahrungsbegriffs stellen Erziehungsprozesse für Dewey einen spezifisch ausgewählten Ausschnitt des Prozesses adaptiv-konstruktiver Erfahrung dar und müssen das Kriterium der Wechselwirkung einerseits und der Kontinuität andererseits erfüllen (vgl. Dewey 1986, S. 291ff.). Das Kriterium der Kontinuität bezieht sich darauf, dass „Erfahrungsprozesse, die sich in verschiedenen situativen Kontexten vollziehen, nur dann erzieherisch wirksam sind, wenn die wechselnden Situationen miteinander in Verbindung stehen und sich gegenseitig beeinflussen" (Krüger/Lersch 1993, S. 148).

Bezieht man diese Erläuterung zur Erfahrungskonstitution auf den Gegenstand Kompetenzanalyse, so wird deutlich, warum durch Kompetenzanalysen die Entwicklung von Kompetenzen unterstützt werden kann und weshalb Reflexion und Kontinuität dabei zentrale methodische Elemente darstellen. So lässt sich einerseits folgern, dass Kompetenzanalysen einen Ansatz darstellen, die erworbenen beruflichen Erfahrungen bewusst zu machen und zu reflektieren, wobei das Kriterium der Wechselwirkung dadurch realisiert wird, dass auf die vorhandenen Erfahrungen der Lernenden Bezug genommen wird. Das dabei stattfindende Lernen ist als „reflexives Lernen" zu kennzeichnen, weil keine neuen Lerninhalte erworben werden, sondern vorhandene Erfahrungen in einen neuen Bewusstseinszustand überführt werden. Andererseits lässt sich mit Bezug auf Deweys Theorie der Erfahrungskonstitution schließen, dass Kompetenzanalysen das Kriterium der Kontinuität erfüllen, wenn sie wiederholt eingesetzt und in einen Prozess der Kompetenzentwicklung eingebunden werden und nicht punktuell oder einmalig verbleiben. Sie ermöglichen dann also ein „kontinuierliches Lernen", das die Kompetenzentwicklung als Erfahrungsprozess während der alltäglichen Arbeitshandlung unterstützt.

Die Verbindung reflexiven und kontinuierlichen Lernens in Anlehnung an Deweys Prozess der Erfahrungskonstitution zeigt also, in welcher Weise Prozesse der Kompetenzentwicklung durch Kompetenzanalysen unterstützt werden können.

Für den betrieblichen Einsatz von Kompetenzanalysen kann das Merkmal der Kontinuität als Anforderung formuliert werden. So sollte z.B. im Rahmen von jährlich stattfindenden Mitarbeitergesprächen eine Wiederholung von Kompetenzanalysen realisiert werden.

Abb. 1: Verbindung von kontinuierlichem und reflexivem Lernen

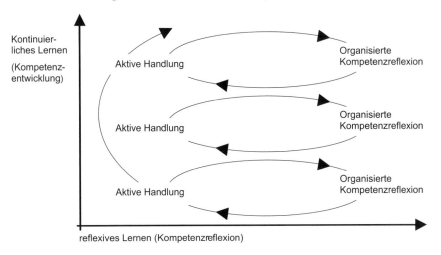

Eigene Darstellung in Anlehnung an das Modell des Lernens aus Erfahrung nach J. Dewey; vgl. Krüger/Lersch 1993, S. 149

2.3   Merkmal 3: Begleitete Selbststeuerung

Kompetenzanalysen erfordern eine stetige personelle Begleitung, wenn sie kompetenzförderlich sein sollen. Die Bedeutung von Begleitung und Beratung für Kompetenzanalysen wird zu verschiedenen Zeitpunkten und Phasen und in unterschiedlichen Qualitäten während der Kompetenzanalyse notwendig und es können drei unterschiedliche Formen der Begleitung abgeleitet werden (vgl. Gillen 2006, S. 222ff.):

Zunächst erweist sich der Untersuchung zufolge eine informierende und erläuternde *Beratung vor der eigentlichen Analyse* bzw. bei den ersten Schritten des Bearbeitungsprozesses als notwendig. Diese Beratungsform besteht in der Einweisung der Nutzer in den Aufbau des Instruments und den Umgang damit und erscheint in der Umsetzung relevant, da Instrumente der Kompetenzanalyse nicht selbsterklärend sind. Die informierende Beratungsform ist notwendig, um einen über das Instrument hinausgehenden persönlichen Kontakt zwischen Nutzern und „Anbietern" herzustellen und das Instrument bekannt zu machen. Die besondere Bedeutung einer informierenden Beratung der Nutzer vor der Bearbeitung besteht demnach in der Unterstützung des instrumentellen Angebots durch persönlichen Kontakt, mit dem auf die individuellen Bedürfnisse der potenziellen Nutzer eingegangen werden kann.

Unter der *Prozessbegleitung während der Durchführung* von Kompetenz-
analysen ist die Unterstützung während der eigentlichen Analyse zu verstehen.
Sie erweist sich angesichts der Untersuchungsergebnisse als notwendig, um
Schwierigkeiten zu beheben, die infolge der methodischen und inhaltlichen An-
forderung an die Nutzer gestellt werden. Insbesondere in der Frage des Verhält-
nisses zwischen dem Anspruch, den das Instrument stellt, und den individuellen
Fähigkeiten der Nutzer zeigt sich in der Untersuchung, dass die methodische
Form des Kompetenz-Handbuchs als schriftlich in Eigenarbeit auszufüllendes
Instrument die ursprünglich in der Konzeption vorgesehene Nutzergruppe se-
lektiert, weil nicht alle Nutzer das Instrument selbstständig bearbeiten können.
Zudem zeigen sich Probleme hinsichtlich der Selbsteinschätzung, mit der im
Kompetenz-Handbuch gearbeitet wird. Allgemein lässt sich also die Notwendig-
keit einer begleitenden personellen Unterstützung für Kompetenzanalysen ab-
leiten.

Neben der Notwendigkeit der Prozessbegleitung hat die empirische Untersuchung weiterhin ergeben, dass Kompetenzanalysen besonders dann als kompetenzförderlich einzuschätzen sind, wenn sie mit einem Angebot zur weiteren
orientierenden Entwicklungsbegleitung verknüpft werden. Diese hier als berufliche Entwicklungsbegleitung bezeichnete Form der Unterstützung bezieht sich
damit auf die letzte Bearbeitungsphase bzw. den Umgang mit dem Kompetenz-
Handbuch nach der Bearbeitung. Sie erweist sich nach den Ergebnissen der Untersuchung aus unterschiedlichen Gründen als sinnvoll und notwendig.

Ergänzend dazu lässt sich anführen, dass ein Bedarf an biografie-orientie-
render Beratung besonders in Phasen des beruflichen Übergangs oder Umbruchs
entsteht (vgl. Gieseke 2000, S. 16). Im Zentrum dieser Beratungssituationen
steht die Entwicklung beruflicher Perspektiven aufgrund bildungsbiografischer
Daten, individueller Interessen und vorhandener Kompetenzen. In diesen konstruktiven Beratungsprozessen ist zunächst eine Standortbestimmung und eine
Bestandsaufnahme erworbener Qualifikationen und Kompetenzen notwendig,
bevor der zweite Schritt zu konkreten Bildungsentscheidungen für ein individuelles Bildungsprofil führen kann. Die drei unterschiedlichen Formen der Beratung sind in der folgenden Tabelle zusammengefasst:

Tab. 3: Begleitung und Beratung in den Phasen der Kompetenzanalyse

Phase der Kompetenzanalyse	Form der Begleitung und Beratung
Vorbereitungsphase	Information über das Instrument und sein Umsetzungsverfahren, Beratung vor der Bearbeitung
Durchfühungsphase	Prozessbegleitung während der Durchführung
Nachbereitungsphase	orientierende Entwicklungsbegleitung

Eine Unterscheidung zwischen Formen und Anlässen der Begleitung wird auch in einer Machbarkeitsstudie zum deutschen Weiterbildungspass vorgenommen (vgl. BMBF 2004, S. 156), in der die Möglichkeiten und Bedingungen zur Einführung eines bundeseinheitlichen Verfahrens zur Kompetenzanalyse analysiert werden. Dort wird im ersten Schritt die Anleitung und Unterstützung bei der Kompetenzanalyse für notwendig erachtet und im zweiten Schritt eine Begleitung bezüglich weiterer bildungs- und berufslaufbahnbezogener Schritte für erforderlich gehalten und als „fester Bestandteil" eines in Deutschland zu implementierenden Weiterbildungspasses angesehen (vgl. BMBF 2004, S. 156). Die Bedeutung von Beratung und Begleitung wird zudem in der Literatur zu Kompetenzanalysen immer wieder betont. Erpenbeck und Rosenstiel (2003) heben z.B. hervor, dass bei der Erfassung und Bewertung von Kompetenzen individuelle Unterstützung durch eine begleitende Instanz notwendig ist. Somit lässt sich durch unterschiedliche Quellen die Bedeutung personeller Begleitung belegen.

2.4 Merkmal 4: Lernförderliche Kontextbedingungen beim Einsatz von Kompetenzanalysen

Das Leitprinzip der Kompetenzförderlichkeit erfordert, dass Kompetenzanalysen unter lernförderlichen Bedingungen durchgeführt werden. Bei der Förderung von Kompetenzentwicklung haben die situativen Bedingungen und damit die Struktur und der situative Rahmen einen wesentlichen Einfluss. So wird davon ausgegangen, dass Kompetenzentwicklung das Resultat einer Interaktion zwischen Subjektstruktur und Umweltstruktur ist, das die Konstruktion neuer Strukturen auf einer jeweils höheren Ebene ermöglicht (vgl. Piaget 1975). Insbesondere solche Anforderungen und Umgebungsbedingungen können als kompetenzförderlich gelten, die eine Integration neuer Erfahrungen in bereits vorhandene individuelle Schemata und Strukturen gestatten und darüber hinaus zu einer konstruktiven Auseinandersetzung mit ihnen veranlassen.

Somit erweisen sich entsprechende Kontextbedingungen auch für kompetenzförderliche Kompetenzanalysen als notwendig. In den empirischen Befunden zeigt sich dies besonders deutlich, wenn Erfolgs- und Misserfolgsfaktoren von Verfahren der Kompetenzanalyse untersucht werden. Hinsichtlich der Kontextbedingungen lassen sich als Ergebnis der KomNetz-Untersuchung unterschiedliche Aspekte herausarbeiten, die in den einzelnen Phasen von Kompetenzanalysen wichtig erscheinen (vgl. Gillen 2006, S. 226ff.):

In der Vorbereitungsphase, in der Verfahren im Betrieb entwickelt und die Nutzer mit den Instrumenten der Kompetenzanalyse bekannt gemacht werden, indem ihnen Informationen über das Instrument und sein Umsetzungsverfahren gegeben werden, können Partizipation und Transparenz als wichtige Bedingungsfaktoren gelten. Zum einen hat sich in der empirischen Untersuchung gezeigt, dass *Transparenz* über die Ziele und Leistungen des Instruments bestehen muss, um im Gegenzug die Offenheit der Nutzer gegenüber dem Instrument zu fördern und individuelle Erfahrungshintergründe zu berücksichtigen.

Eine weitere Anforderung in der Vorbereitungsphase, die mit dem Aspekt der Transparenz in Verbindung steht, stellt die *Partizipation* dar. Sie erweist sich infolge der unterschiedlichen betrieblichen Interessenlagen als notwendig, die sich auch auf den Einsatz von Kompetenzanalysen auswirken. Daraus kann geschlossen werden, dass Kompetenzanalysen ebenso wie andere Maßnahmen betrieblicher Bildungsarbeit dem Spannungsfeld zwischen betrieblichen und individuellen Interessen unterliegen. Wie auch in anderen Situationen betrieblicher Regelung kann Partizipation bei der Konzeptionierung und Planung von Kompetenzanalysen insofern als wesentliches Kriterium gelten, um die Interessen der Beschäftigten aufzunehmen. Unter Partizipation ist im allgemeinen die direkte Beteiligung der Mitarbeiter an Entscheidungen zu verstehen, die ihre Arbeit oder ihr Arbeitsumfeld betreffen. Unter dem Grundsatz der Glaubwürdigkeit und Legitimität wird dieses Kriterium auch in die europäischen Grundsätze aufgenommen. Verstanden wird darunter „die Einbeziehung aller relevanten Interessengruppen auf den entsprechenden Ebenen" (Björnavold 2004, S. 8).

Mit dem Kriterium der Transparenz für eine lernförderliche betriebliche Umsetzung ist auch die Frage der *Vertraulichkeit* in Verbindung zu bringen. Dieses Kriterium ist besonders in der Durchführungsphase von Kompetenzanalysen wichtig, da dort persönliche Daten generiert werden, die nur einem ausgewählten Personenkreis mit Zustimmung des Beschäftigten zugänglich sein dürfen. Insbesondere auf die Einhaltung von datenschutzrechtlichen Bedingungen ist hinzuweisen (vgl. Weiß 1999, S. 185).

Ein anderes Kriterium für eine kompetenzförderliche betriebliche Durchführung, das sich aus der empirischen Untersuchung ableiten lässt, ist das Prinzip der *Freiwilligkeit*. Außerdem erweist es sich als relevant, weil sich in der theoretischen Grundlegung gezeigt hat, dass die Verknüpfung von Fähigkeit und Bereitschaft (die wiederum Freiwilligkeit voraussetzt) eine berufspädagogisch und lernpsychologisch begründete Ausprägung des Kompetenzbegriffs darstellt, die die Verantwortung des Subjekts für seinen eigenen Entwicklungsprozess betont. In der Untersuchung zeigt die Analyse der individuellen Anlässe zudem, dass das Kompetenz-Handbuch nur von Personen in Anspruch genommen wird, die freiwillig teilnehmen, weil sie sich davon persönliche Vorteile versprechen.

Eine weitere Anforderung lässt sich aus der Notwendigkeit eines Gesamtkonzepts aus betrieblicher Bildungsarbeit, Organisationsentwicklung und Personalentwicklung begründen. Sie wird hier als *systematische Einbindung* bezeichnet. Besondere Bedeutung kommt ihr in der Nachbereitungsphase von Kompetenzanalysen zu, denn sie zielt darauf ab, dass betriebliche Kompetenzanalysen in ihren Begründungen und Zielsetzungen auf die Bildungs- und Qualifikationsansprüche der Mitarbeiter bezogen sein und zugleich mit strategischen Zielen der Organisationsentwicklung in Verbindung gebracht werden sollten. Dazu wurde in der empirischen Untersuchung deutlich, dass betriebliche oder arbeits-marktbezogene Rahmenbedingungen und -strukturen die Reichweite und Leistungsfähigkeit des Verfahrens beeinflussen. Außerdem wurde festgestellt, dass eine kompetenzförderliche Umsetzung des Kompetenz-Handbuchs durch ungünstige betriebliche oder arbeitsmarktbezogene Rahmenbedingungen und -strukturen eingeschränkt werden kann, weil z.B. Entwicklungswege, die mit dem Instrument erarbeitet und entfaltet wurden, in der betrieblichen Realität nicht umgesetzt werden können oder weil der Arbeitsmarkt die Umsetzung einer eigenen beruflichen Entwicklungsrichtung nicht zulässt. Die systematische Einbindung in das betriebliche System ebenso wie in das staatliche Beschäftigungs- und Bildungssystem stellen somit Determinanten für Kompetenzanalysen dar, weil erst mit der tatsächlichen Umsetzung der erarbeiteten Entwicklungsschritte eine Kompetenzentwicklung erfolgen kann.

2.5 Merkmal 5: Differenzierung der Analysemethoden und Kombination von Selbst- und Fremdeinschätzungen

Kompetenzförderlichkeit erfordert den Einsatz teilnehmerorientierter Methoden und die Kombination von Selbst- und Fremdeinschätzungen. Eine methodische Eindimensionalität entspricht nicht den Bedürfnissen der Nutzer von Kompetenzanalysen, weil sie voraussetzt, dass die Nutzer mit der jeweilig gewählten Methode z.B. eigenständigem Ausfüllen von Fragebogen umgehen können. Insbesondere in der Durchführungsphase von Kompetenzanalysen, in der die eigentliche Analyse erfolgt, ist eine Differenzierung von Methoden und die Kombination von Einschätzungsperspektiven bedeutsam.

Dieser Befund ist hier festzuhalten, weil sich zum einen in der Untersuchung gezeigt hat, dass ein angemessenes Verhältnis von Komplexität und subjektiver Leistungsfähigkeit herrschen muss. So zeigte die empirische Untersuchung z.B., dass die Fähigkeit zum Umgang mit den Instrumenten sehr stark zwischen einzelnen Personengruppen variiert und von Schreib- und Lesegewohnheit, Bildungsnähe, Bildungsabschluss, Arbeitsaufgaben und Lebensalter abhängt (vgl. Gillen 2006, S. 229ff.). Diese Ergebnisse lassen den Schluss zu, dass eine *methodische Differenzierung* bei Instrumenten der Kompetenzanalyse notwendig ist, die es ermöglicht, auf die individuellen Fähigkeiten und das Leistungsvermögen der Nutzer angemessen einzugehen. Für die Gestaltung von Kompetenzanalysen bedeutet Differenzierung, dass es kein einheitliches Instrument der Kompetenzanalyse für alle Ebenen einer Mitarbeiterschaft geben kann, sondern über methodische Differenzierung ein Weg gesucht werden muss, Mitarbeiter zu unterstützen, die aufgrund ihrer Fähigkeiten und ihres Leistungsvermögens das

allgemeine Instrument nicht bearbeiten können. Dazu bietet sich die Entwicklung unterschiedlicher Instrumente an, die es ermöglichen, das Ziel auf unterschiedlichen Wegen zu erreichen. Außerdem kann eine personelle Begleitung
oder Unterstützung eingesetzt werden, in der das Instrument mit den Beschäftigten zusammen bearbeitet wird.

Weiterhin ist es zur Erhöhung der Aussagekraft der Ergebnisse von Kompetenzanalysen wichtig, dass unterschiedliche Zugänge und Methoden miteinander verknüpft werden. Die Anforderung der *Kombination von Selbst- und
Fremdeinschätzungen* gründet sich auf der Erkenntnis, dass der Singularität von
Aussagen einzelner Analysemethoden durch eine Kombination verschiedener
Analyseverfahren begegnet werden kann (vgl. dazu auch Erpenbeck/von Rosenstiel 2003, S. XIX). Zur Erhöhung der Aussagekraft von Ergebnissen scheint es
deswegen wichtig, unterschiedliche Zugänge und Methoden miteinander zu verknüpfen, ähnlich wie es in der empirischen Sozialforschung durch Triangulation
geschieht.

In Ergänzung dazu hat die Untersuchung ergeben, dass eine Kombination
dadurch möglich ist, dass sowohl qualitative als auch quantitative Formen der
Analyse verbunden werden oder dass Einzel- und Gruppenbearbeitung vorgenommen wird. Eine weitere Form der Kombination ist die Verknüpfung von
dialogorientierten Verfahren mit Selbstbearbeitungsmaterialien. Hier liegt der
Vorteil in der kommunikativen Validierung von Selbsteinschätzungen durch
Fremdeinschätzungen. Auch Björnavold sieht in der Kombination von Fremd-
und Selbsteinschätzungen die Möglichkeit „durch ein rationales Gespräch zu
einer gemeinsamen Auffassung zu gelangen" (Björnavold 1997, S. 70). Auch
die durchgeführte Untersuchung verdeutlicht, dass eine Spiegelung der Selbsteinschätzung durch Fremdeinschätzungen notwendig ist, damit die Kompetenzanalyse nicht nur auf einen Zugang setzt (in diesem Fall auf das Selbstbild).

Fremdeinschätzungen können somit neben Selbsteinschätzungen ein weiterer Reflexions- und Informationsgeber sein. Sie können dazu beitragen, realistische und reflektierte Aussagen über sich selbst zu treffen und angemessen über
sich selbst zu urteilen. Durch eine Kombination ist jedoch nicht von einer Ob-
jektivierung der Ergebnisse auszugehen, da sowohl Fremdeinschätzungen als
auch Selbsteinschätzungen dem Prinzip der Subjektivität unterliegen. Insofern
empfiehlt auch Weiß (1999, S. 187), den subjektiven Faktor besonders von dialogorientierten Kompetenzerhebungen zum „methodischen Prinzip" zu machen
und mit dem Mehraugenprinzip einen Ausgleich zu schaffen. Methodisch wird
die Unschärfe durch den dialogischen Austausch der am Entscheidungsprozess
Beteiligten im Sinne einer kommunikativen Validierung aufgehoben und damit
eine Intersubjektivität ermöglicht.

3. Ausblick

Es spricht grundsätzlich vieles dafür, dass die Analyse von Kompetenzen auch in Zukunft einen relevanten Gegenstand von Theorie und Praxis beruflicher Bildung darstellen wird, da mit der Etablierung von Kompetenzentwicklung innerhalb der beruflichen Aus- und Weiterbildung auch immer wieder die Frage nach ihrer Erfassung auftreten wird und es dabei um die Unterstützung des beruflich-betrieblichen Lernens gehen muss. Außerdem wird die Relevanz von Kompetenzanalysen in der derzeitigen Diskussion zum ECTS (European Credit Transfer System) bzw. zum ECVET deutlich.

Angesichts der Vielzahl von Konzepten und Methoden zur Kompetenzmessung, -erhebung und -analyse bedarf es wiederum Instrumente, um sie einschätzen, einordnen oder werten zu können. Insbesondere betriebliche Entscheidungsträger werden angesichts der Vielzahl unterschiedlicher und zum Teil konkurrierender Verfahren ihren Bedarf an Entscheidungshilfen anmelden. Aber auch Weiterbildungsträger und Vermittlungsagenturen arbeiten vermehrt mit Konzepten zur Kompetenzanalyse und suchen in diesem Feld eine Orientierung. Die ausgeführten konzeptionellen Merkmale zur Verbindung von Kompetenzanalysen und Kompetenzentwicklung, wie sie im Rahmen von KomNetz entwickelt wurden, bilden einen möglichen Ausgangspunkt zur Einschätzung von unterschiedlichen Konzepten. Sie sind zugleich als Konstruktions- und als Gestaltungsmerkmale zu verstehen, da sie zum einen bei der Entwicklung von Konzepten zur Kompetenzanalyse Anwendung finden oder zum anderen bei deren Um(-Gestaltung) oder Prüfung. Als Beispiel für ein kompetenzförderliches Verfahren der Kompetenzanalyse kann z.B. das Kompetenz-Handbuch im Job-Navigator der IG Metall (vgl. Gillen et al. in diesem Band) oder der Profilpass als bundesweite Initiative der BLK, des BMBF und anderer Partner (vgl. www.bildungspass.de) gelten.

Weitere Ansätze zur Einschätzung von Verfahren kann auch die Diskussion um Qualitätssicherung und Zertifizierung bieten, die zur Zeit in der beruflichen Bildung und insbesondere in der Erwachsenenbildung geführt wird, weil auch hier die Frage der Qualität von Maßnahmen und Instrumenten von Weiterbildung thematisiert wird (vgl. beispielsweise Faulstich et al. 2003). Zu ergänzen sind diese Ansätze, die sich vor allem auf den Bereich formalisierter Weiterbildung außerhalb von Betrieben beziehen, jedoch durch Erkenntnisse der Qualitätsdiskussion im betrieblichen Kontext.

Literatur

Ant, M. (2004): Die Auswirkungen von Kompetenzbilanzen auf das Selbstwertgefühl von Arbeitslosen. Luxemburg

Björnavold, J. (1997): Die Bewertung nicht formell erworbener Kenntnisse: Qualität und Grenzen verschiedener Verfahrensweisen. In: Berufsbildung – Europäische Zeitschrift, Nr. 12, S. 62-81

Björnavold, J. (2004): Gemeinsame Europäische Grundsätze für die Validierung des nicht formalen und des informellen Lernens. Brüssel

BMBF (2004): Weiterbildungspass mit Zertifizierung informellen Lernens. Machbarkeitsstudie im Rahmen des BLK-Verbundprojektes. Berlin

Dewey, J. (1949): Demokratie und Erziehung. Braunschweig

Dewey, J. (1986): Erziehung durch und für Erfahrung. Stuttgart

Erpenbeck, J.; v. Rosenstiel, L. (Hg.) (2003): Handbuch Kompetenzmessung. Stuttgart

Faulstich, P.; Gnahs, D.; Sauter, E. (2003): Qualitätsmanagement in der beruflichen Weiterbildung: ein Gestaltungsvorschlag. Berlin

Franke, G. (2005): Facetten der Kompetenzentwicklung. Bielefeld

Gieseke, W. (2000): Beratung in der Weiterbildung – Ausdifferenzierung der Beratungsbedarfe. In: Nuissl, E.; Schiersmann, Ch.; Siebert, H. (Hg.): Beratung. Literatur und Forschungsreport Weiterbildung, Nr. 46. Bielefeld, S. 10-17

Gillen, J. (2006): Kompetenzanalysen als berufliche Entwicklungschance – Eine Konzeption zur Förderung beruflicher Handlungskompetenz. Bielefeld

IG Metall (o.J.): Job-Navigator. Frankfurt/M.

Krüger, H.-H.; Lersch, R. (1993): Lernen und Erfahrung (2. Auflage). Opladen

Piaget, J. (1975): Die Entwicklung des Erkennens. Band 3. Stuttgart

Schön, D. A. (1983): The Reflective Practitioner. London

Weiß, R. (1999): Erfassung und Bewertung informell erworbener Kompetenzen – realistische Möglichkeiten oder bildungspolitische Utopie? In: De Cuvry, A. et al. (Hg.): Erlebnis Erwachsenenbildung – Zur Aktualität handlungsorientierter Erwachsenenbildung. Neuwied, S. 176-191

Teil 3
Netzwerke

Einführung in das Kapitel

Netzwerke als besondere Form der Kooperation haben seit etwa zehn Jahren Hochkonjunktur. In unterschiedlichen wissenschaftlichen Disziplinen von der Soziologie über die Pädagogik und Betriebswirtschaft bis zu ingenieur- und technikwissenschaftlichen Fachrichtungen werden Netzwerke thematisiert. Darüber hinaus wird der Begriff ‚Netzwerk' auch im politischen, beruflichen und privaten Bereich immer häufiger verwendet. Abgrenzungen zwischen Netzwerken, Gruppen und Teams als Formen persönlicher Kooperation sind ebenso wenig eindeutig bestimmt wie die Unterscheidungen zwischen Netzwerkunternehmen, Zuliefererketten und virtuellen Unternehmen.

Besonders der Soziologe Manuel Castells hat sich eingehend damit auseinander gesetzt, wie tiefgreifend die Verbreitung von Netzwerken die sozialen, ökonomischen und politischen Beziehungen in der entstehenden Informationsgesellschaft verändern. Er diagnostiziert eine Netzwerkgesellschaft und arbeitet insbesondere die Unterscheidung zwischen hierarchischer und netzwerkartiger Koordination heraus, wodurch sich Machtverhältnisse verändern, im Staat, in Unternehmen, aber auch in den Gewerkschaften.

In ähnlicher Weise werden Netzwerke häufig als neuer Typus der Handlungskoordinationen zwischen Markt und Staat bzw. zwischen Markt und Hierarchie betrachtet. Diese Analyse wurde besonders hinsichtlich interorganisationaler Unternehmensnetzwerke weiter entwickelt. Netzwerke stellen sich hier unter ökonomischen Gesichtspunkten als effiziente Koordinationsform dar, in der nicht nur Güter, sondern auch Wissen ausgetauscht wird.

Netzwerke in der Berufs- und Weiterbildung schließen in unterschiedlicher Weise an die zuvor dargestellten Netzwerkkonzepte an. Zum einen wird auf die Erkenntnisse der Transaktionskostenökonomie rekurriert und Netzwerke als neue Regulationsform in der Weiterbildung angesehen, wie dies besonders im BMBF-Programm „Lernende Regionen – Förderung von Netzwerken" zum Ausdruck kommt. Ein weiterer Ansatz fasst Netzwerke als Weiterentwicklung der Lernorttheorie auf und stellt diese insbesondere Verbundstrukturen gegenüber. Als dritter Zugang werden Netzwerke auch als Lernform bzw. Lernumgebung begriffen, womit die Frage der Lernprozesse in Netzwerken stärker in den Mittelpunkt tritt.

Der Hintergrund für die Prominenz des Netzwerk-Themas ist auch hier die Tendenz, dass komplexer werdende berufliche Anforderungen für Arbeitnehmer und Betriebsräte neue erfahrungsorientierte Arbeits- und Lernformen erfordern. Herkömmliche Seminare und Kurse zur Qualifizierung auf vorgegebene Ziele werden durch vernetzte und prozessbezogene Lern- und Qualifizierungsformen ergänzt. Die Vermittlung von Fertigkeiten, Kenntnissen und Qualifikationen wird durch den Erwerb von Kompetenzen in diesen Lernformen erweitert. Netzwerke ermöglichen damit neue adressatengerechte Wege der Qualifizierung und Kompetenzentwicklung. Dabei wird besonders auf die von KomNetz untersuchten gewerkschaftlichen Netzwerke zur Kompetenzentwicklung eingegangen.

Einführend stellt Uwe Elsholz in seinem Beitrag *Netzwerke als gewerkschaftliche Organisationsform und als Lernform in der Weiterbildung* die Untersuchungen des Projekts KomNetz vor. Mit dem Gegenstand gewerkschaftlicher Kompetenzentwicklungsnetzwerke stand im KomNetz-Projekt ein besonderer Netzwerktyp im Fokus, der wie im Beitrag von Uwe Elsholz dargestellt, Netzwerke als gewerkschaftliche Organisationsform und als Lernform in der Weiterbildung beschreibt. Im Rahmen der Gestaltung und Untersuchung von fünf gewerkschaftlichen Netzwerken werden diese in einer doppelten Perspektive als Organisationsform und als Lernform gefasst. Es wird gezeigt, dass Netzwerke als gewerkschaftliche Organisationsform alternative Kulturen der Beteiligung ermöglichen, vor allem im Vergleich zur herkömmlichen Beteilungsform über die Arbeit in Gremien und Ausschüssen. Netzwerke können als intermediäre Organisationsform eine vermittelnde Funktion zwischen der Institution Gewerkschaft und den einzelnen Mitgliedern einnehmen und damit zur Innovation beitragen. Als Lernform gestatten Netzwerke eine Kombination unterschiedlicher Arbeits- und Lernformen und stellen damit eine Meta-Lernform dar. Bei der Betrachtung der Lern und Wissensarten in Netzwerken zur Kompetenzentwicklung zeigen sich weitere Potenziale der Netzwerkarbeit in der Reflexion impliziten Wissens und in der Verbindung von Erfahrungswissen und Theoriewissen. Netzwerke ermöglichen so als Lernform eine prozessorientierte und flexible Form der individuellen Kompetenzentwicklung.

Durch KomNetz wurden nicht nur gewerkschaftliche Netzwerke gestaltet und untersucht, sondern auch initiiert, wie das ver.di-Berufsbildungsnetzwerk, dem sich Jörg-Peter Skroblin und Uwe Elsholz ihrem Beitrag *Entwicklungsphasen und Herausforderungen gewerkschaftlicher Netzwerke – Erkenntnisse aus dem Berufsbildungsnetzwerk ‚ver.di-KomNetz'* widmen. Vor dem Hintergrund eines Phasenmodells zeigen sie Chancen und Risiken gewerkschaftlicher Netzwerkarbeit auf. Es wird die Genese des Netzwerks ver.di-KomNetz nachgezeichnet, das als ambitioniertes Projekt gestartet wurde und zu einer verbesserten Kommunikation von Gewerkschaftszentrale und aktiven Betriebs- und Personalräten in den Betrieben beitragen sollte. Vor diesem Hintergrund werden Erfolge und Schwierigkeiten der Netzwerkarbeit reflektiert und die prozessorientierte Arbeitsweise im Netzwerk dargestellt. Der Verstetigung der Netzwerkarbeit und verschiedener Strategien dazu werden besonders gewürdigt. Abschließend wird die Frage, ob Netzwerke ein tragfähiges Konstrukt für gewerkschaftliche Arbeit darstellen, mit einem „Im Prinzip, ja" beantwortet.

Mit der Initiierung und Förderung von Netzwerken sind vielfach Hoffnungen auf mehr Chancengleichheit verbunden. In ihrem Beitrag *Netzwerke in der Weiterbildung – Potenziale und Gefahren für Chancengleichheit und Bildungsgerechtigkeit* weisen Andreas Diettrich und Uwe Elsholz jedoch darauf hin, dass dies kein Selbstläufer ist. Anhand empirischer Erfahrungen, die ein KomNetz-Netzwerk mit Ergebnissen einer Netzwerkbegleitung im Rahmen der „Lernenden Regionen" vergleichen, wird gezeigt, dass auch Netzwerke in der Gefahr stehen, bestehende Polarisierungen zu verschärfen. Abschließend plädieren die Autoren daher für einen umfassenden pädagogischen Gestaltungsrahmen von Netzwerkarbeit. Diesen konkreter zu beschreiben, bleibt die Aufgabe zukünftiger Netzwerkforschung in der Weiterbildung. Zugleich weist diese am Netzwerkbeispiel aufgezeigte Problematik auf eine grundsätzliche Schwierigkeit neuer Lernformen hin, dass sie zwar Potenziale zu mehr Chancengleichheit enthalten, in der Praxis aber nur selten eingelöst werden.

Obwohl im Projekt KomNetz umfangreiche Forschungs- und Entwicklungsarbeiten während der verschiedenen Phasen der Netzwerkentwicklung geleistet wurden, wäre noch zu klären, wie weit Netzwerkstrukturen in den Gewerkschaften Verbreitung gefunden haben und welche Wirkungen sie entfalten. In Netzwerken als Lernform sind im Rahmen des KomNetz-Projekts die Potenziale zur Kompetenzentwicklung herausgearbeitet worden wie in den Beiträgen aufgezeigt. Diese Möglichkeiten werden aber in der Praxis noch unzureichend genutzt, so dass hier weiterer Entwicklungs- und Forschungsbedarf besteht. Eine weitere Klärung, Untersuchung und Unterstützung sollte der Netzwerkmoderation und der Verstetigung von Netzwerken gewidmet sein, die mit über das Fortbestehen von gewerkschaftlichen Netzwerken entscheiden, damit diese nicht nur ein Intermezzo bleiben.

Netzwerke als gewerkschaftliche Organisationsform und als Lernform in der Weiterbildung

Uwe Elsholz

1. Einführung

„In welcher Gesellschaft leben wir eigentlich? " ist eine offene Frage mit vielen möglichen Antworten (vgl. Pongs 1999). Ein prominenter Vorschlag dazu ist die „Netzwerkgesellschaft", die Manuel Castells ausführlich beschrieben hat (vgl. Castells 2001). Nicht zuletzt durch sein einflussreiches Werk gelten Netzwerke als wichtiges gesellschaftliches Paradigma des begonnenen 21. Jahrhunderts. Die Bandbreite von Netzwerken reicht dabei von sozialen Netzwerken, die traditionelle Familienstrukturen ersetzen, über universitäre Alumni-Netzwerke und technische oder virtuelle Netzwerke bis zu Netzwerken multinationaler Konzerne. Ihnen wird dabei eine Vielzahl von Eigenschaften und Potenzialen zugeschrieben, die sie prominent und attraktiv machen (vgl. Sydow 1992; Castells 2001; Weyer 2000):

- Netzwerke gelten als eine alternative und effiziente Koordinationsform in komplexen Umgebungen, vor allem im Vergleich zu Hierarchien.
- In Netzwerken ist es durch das Zusammenwirken komplementärer Akteure vielfach leichter möglich, Innovationen hervorzubringen.
- Netzwerke verändern bisher vorherrschende Machtpositionen, vor allem zu Gunsten solcher Akteure, die zuvor hierarchisch in Organisationen eingebunden waren.
- Als Grundlage und Koordinationsmittel von Netzwerkarbeit wird gegenseitiges Vertrauen angesehen. Es kann sich im Prozess der Netzwerkarbeit durch erfolgreiche Kooperation verstärken.
- Die Steuerung von Netzwerken ist für erfolgreiche Netzwerkarbeit notwendig und ist zugleich durch verschiedene Spannungsverhältnisse und Ambivalenzen geprägt, die es auszutarieren gilt (vgl. Sydow 2004; Baitsch/Müller 2001).

Netzwerke erfreuen sich wegen der ihnen zugeschriebenen Potenziale auch in der beruflichen Bildung großer Aufmerksamkeit (vgl. Dehnbostel 2001; Gramlinger/Büchter 2004; Jütte 2002; Wilbers 2004). Dies kommt etwa durch das BMBF-Programm „Lernende Regionen – Förderung von Netzwerken" zum Ausdruck, in dessen Rahmen unterschiedliche Träger und Institutionen der Erwachsenenbildung zur Vernetzung angeregt werden sollten (vgl. BMBF 2004). Zudem werden Netzwerkstrukturen in diversen Modellversuchen und Projekten initiiert und thematisiert (vgl. Gramlinger 2004; Meyer 2004; Strahler et al. 2003). Netzwerke sind auch im Rahmen des BMBF-Programms „Lernkultur Kompetenzentwicklung" in unterschiedlicher Weise berücksichtigt, gefördert und erforscht worden (vgl. Sydow et al. 2003; Borkenhagen et al. 2004; Jäkel 2003; Elsholz/Dehnbostel 2004).

In diesem Rahmen hatte das Projekt KomNetz mit gewerkschaftlichen Kompetenzentwicklungsnetzwerken von Betriebs- und Personalräten[1] einen spezifischen Netzwerktyp im Fokus. Im Folgenden werden nun zunächst die Untersuchungen von KomNetz skizziert und dabei der erforschte Netzwerktyp genauer charakterisiert (Kap. 2). Zentrale Fragestellungen richteten sich zum einen darauf, wie gewerkschaftliche Netzwerke funktionieren und welche Potenziale diese Organisationsform für die Gewerkschaften besitzen (Kap. 3). Zum anderen sind die Netzwerke als Lernform in der Weiterbildung aufgefasst worden und es wurde danach gefragt, wie sich Lernprozesse in den Netzwerken vollziehen und was Netzwerke als Lernform auszeichnet (Kap. 4). Schließlich werden bezogen auf die Steuerung von Netzwerken spezifische Herausforderungen für die Netzwerkmoderation abgeleitet (Kap. 5).

2.   Die Untersuchungen von KomNetz

Im KomNetz-Projekt wurde im Rahmen von fünf Fallstudien die Entwicklung und Arbeitsweise von gewerkschaftlichen Netzwerken zur Kompetenzentwicklung von Betriebs- und Personalräten analysiert, begleitet und weiter entwickelt (vgl. Elsholz/Dehnbostel 2004; Elsholz 2006). Diese Netzwerke bestehen aus 20 bis 60 Teilnehmern und setzen sich überwiegend aus Betriebs- und Personalräten zusammen, die sich mit Unterstützung der Gewerkschaft zu gemeinsamen Arbeits- und Lernstrukturen zusammengefunden haben. Die einzelnen Netzwerke besitzen unterschiedliche Anlagen und Zielsetzungen, sie sind entweder thematisch ausgerichtet (z.B. Weiterbildung), betonen vorwiegend den regionalen Aspekt der Vernetzung oder sie sind stärker auf eine bestimmte Branche bezogen. Dennoch haben sich ähnliche Strukturen, Erfolgsfaktoren und Herausforderungen herauskristallisiert. Im Einzelnen wurden das Betriebsräte- und Beraternetzwerk Kompenetz der IG Metall Nordrhein-Westfalen, das IT-Rhein-Main-Netzwerk der IG Metall, das bundesweite Pharmanetzwerk der IG BCE, das Maschinenbau-Netzwerk Baden-Württemberg und das ver.di-Berufsbildungsnetzwerk (vgl. Skroblin/Elsholz in diesem Band) untersucht.

---

1   Aus Gründen der sprachlichen Vereinfachung wird im Folgenden überwiegend von Betriebsräten gesprochen, wenngleich Personalräte ebenfalls gemeint sind. Gleiches gilt für die geschlechtsspezifische Ausdrucksweise, so dass selbstverständlich auch Betriebsrätinnen und Personalrätinnen angesprochen werden.

Das Vorgehen bei der Annäherung und Bearbeitung des Netzwerkthemas folgte dem zyklischen Forschungsansatz des KomNetz-Projekts (vgl. Elsholz/ Dehnbostel 2005). Als Entwicklungs- und Forschungsprojekt wurden zunächst anhand bestehender Netzwerkstrukturen Strukturmomente und Erfolgsfaktoren analysiert, bevor darauf aufbauend verstärkt Entwicklungsprozesse von Netzwerken initiiert und begleitet wurden.

Methodisch kamen im Laufe des Zeitraums der Begleitung, die in der Regel zwei bis drei Jahre bei jedem Netzwerk umfasste, Dokumentenanalysen, teilnehmende Beobachtungen und Interviews zum Einsatz (vgl. Elsholz 2006, S. 96ff.).

Obwohl sich die konkrete Arbeitsweise der untersuchten Netzwerke im Einzelnen unterscheidet, konnte gezeigt werden, dass sich in allen gewerkschaftlichen Netzwerken ähnliche Strukturen finden. Das wichtigste und verbindende Element besteht in den Präsenztreffen der Netzwerke, bei denen der Erfahrungsaustausch der Betriebs- und Personalräte untereinander im Zentrum steht. Bei Bedarf werden Experten oder Referenten zur Ergänzung und Erweiterung des Erfahrungsaustauschs hinzugezogen. Die virtuelle Vernetzung über eine gemeinsame Internetplattform spielt in der Netzwerkpraxis nur eine untergeordnete Rolle und dient vorwiegend als Informationsmöglichkeit (für Einladungen, Protokolle etc.) sowie zur Außendarstellung der Netzwerke. Als wesentliche Charakteristika der gewerkschaftlichen Kompetenzentwicklungsnetzwerke konnten folgende Aspekte herausgearbeitet werden:

– Der Kooperation in den Netzwerken liegt eine Lern- und Nutzenorientierung der Netzwerkteilnehmer zu Grunde, deren Hauptanliegen die Verbesserung ihrer beruflichen Handlungskompetenz in ihrer Rolle als Interessenvertreter ist.

– Eine stark ausgeprägte Teilnehmer- und Nachfrageorientierung in der Netzwerkarbeit ermöglicht die intensive Einbeziehung des Erfahrungswissens der Netzwerkteilnehmer und eine hohe thematische Flexibilität der organisierten Bildungsveranstaltungen in Form von Tagungen, Workshops und Seminaren.

– Die Offenheit der Teilnahme am Netzwerk lässt auch eine punktuelle und themenbezogene Mitarbeit zu, und dies auch von solchen Personengruppen, die über bisherige Formen der Gewerkschaftsarbeit schlecht zu erreichen waren.

– Das gegenseitige Vertrauen und der offene Umgang miteinander ermöglichen den Austausch sensibler Informationen. Dies trägt zu einer hohen Innovationsfähigkeit der Netzwerke bei, die sich in Positionspapieren oder Arbeitshilfen niederschlägt.

– Die Netzwerksteuerung erfolgt in der Regel durch ein Zusammenwirken von vornehmlich hauptamtlich und formal zuständiger Netzwerkmoderation und einer ehrenamtlich durch die Interessenvertreter dominierten Steuerungsgruppe.

– Eine gewerkschaftliche Orientierung im Netzwerk zeigt sich in der bewussten Bezugnahme der Netzwerkteilnehmer auf die jeweilige Gewerkschaft. In ihrer Doppelrolle als Betriebsräte und Gewerkschaftsmitglieder nutzen sie die Netzwerkarbeit nicht ausschließlich für ihre betriebsrätliche Tätigkeit, sondern auch, um auf die Organisation Gewerkschaft Einfluss zu nehmen.

Vor dem Hintergrund dieser Charakteristika wurden die Netzwerke – in Anlehnung an eine strukturationstheoretische Perspektive (vgl. Hanft 1996) – in einem doppelten Zugang zum einen als gewerkschaftliche Organisationsform und zum anderen als Lernform in der Weiterbildung konzeptionell gefasst und analysiert.

3.   Netzwerke als gewerkschaftliche Organisationsform

Netzwerke stellen innergewerkschaftlich eine neue, bisher wenig verbreitete Form der Kooperation dar. In dieser Betrachtung als Organisationsform sind zwei Aspekte hervorzuheben: Zum einen sind Netzwerke als alternative Form innergewerkschaftlicher Beteiligung anzusehen (3.1), und zum anderen können sie in einem übergeordneten Blick eine intermediäre, vermittelnde Funktion zwischen Akteuren und der Institution Gewerkschaft einnehmen (3.2).

3.1   Netzwerke als alternative Form der Beteiligung

Die Untersuchungen haben gezeigt, dass die Arbeit in Netzwerken von den Teilnehmern oft mit anderen Formen gewerkschaftlicher Gremienarbeit verglichen wird und sie werden deshalb in dieser Perspektive vor allem als *alternative Form der Beteiligung* wahrgenommen. Diese Wahrnehmung wird nachvollziehbar durch eine Gegenüberstellung von Netzwerkarbeit mit der herkömmlichen, vielfach eher instrumentellen Beteiligung der Mitglieder.

Diese Form der Beteiligung durch Gremien und satzungsmäßige Organe – etwa Ausschüsse oder Tarifkommissionen – wird als indirekt-repräsentativ bezeichnet (vgl. Prott 2001). Mitglieder eines solchen Gremiums nehmen formal als Stellvertreter die Interessen bestimmter Gruppen wahr (z.B. eines Betriebes oder einer Berufsgruppe). In Netzwerken hingegen ist die Beteiligung unmittelbar und setzt an den individuellen Interessen der Netzwerkteilnehmer an. Jeder kann dort eigene Bedürfnisse einbringen ohne stellvertretend die Interessen anderer wahrzunehmen.

Traditionelle und netzwerkartige Formen der Beteiligung in Gewerkschaften unterscheiden sich auch in weiteren Aspekten: So erfolgt der Zugang zu gewerkschaftlichen Gremien satzungsgemäß über einen Wahlakt, zu dem nur Gewerkschaftsmitglieder aus einem meist satzungsmäßig fest definierten Kreis wahlberechtigt sind. Es gibt daher in der Folge klare Grenzen, wer als gewähltes Mitglied zum Gremium gehört und wer nicht. Netzwerke hingegen zeichnen sich in der Regel durch einen offenen Zugang aus und haben keine klar definierten Grenzen.

Auch die Entscheidungsfindung erfolgt in den beiden Beteiligungsformen anders geartet. Gewerkschaftliche Gremien treffen aufgrund politischer Diskussionen Entscheidungen per Mehrheitsbeschluss, die vornehmlich eine Außenwirkung entfalten sollen. Entscheidungen in Netzwerken werden hingegen in der Regel nicht durch Abstimmungen, sondern durch Konsensbildung herbeigeführt. Zudem sind Netzwerke nicht in erster Linie auf Entscheidungsfindung angelegt, da der Erfahrungsaustausch oft ausreicht und individuelle Schlussfolgerungen für die eigene Betriebsratsarbeit gezogen werden.

Darüber hinaus zeigen sich weitere Differenzen zwischen Gremien und Netzwerken hinsichtlich der Inhalte und der Steuerung. In Netzwerken erfolgt die Steuerung aus einem Zusammenwirken ehrenamtlicher und hauptamtlicher Anteile. Dabei werden die Inhalte der Netzwerkarbeit überwiegend von den ehrenamtlichen Betriebsräten bestimmt, während hauptamtlich in erster Line die organisatorische Betreuung des Netzwerks erfolgt. In der Mehrzahl der Netzwerke gibt es eine für alle Netzwerkteilnehmer frei zugängliche Steuerungsgruppe, in der die wichtigsten Entscheidungen getroffen werden. Im Kontrast dazu werden gewerkschaftliche Gremien von hauptamtlichen Gewerkschaftssekretären organisatorisch gesteuert und die Inhalte vornehmlich von gewerkschaftspolitischen Aufgaben und Zielsetzungen bestimmt, z.B. von Tarifrunden.

Eine Gegenüberstellung veranschaulicht die aus den Untersuchungen von KomNetz gewonnenen Unterschiede zwischen den Formen der Beteiligung.

In der sozialen Wirklichkeit finden sich durchaus Mischformen und auch die Netzwerke der Fallstudien entsprechen nicht in allen Aspekten dem hier

Tab 1: Formen der innergewerkschaftlichen Beteiligung

	Beteiligungskultur über Gremien	Beteilungskultur über Netzwerke
Form der Beteiligung	indirekt-repräsentativ	direkt-unmittelbar
Teilnahme; zeitliche Dimension	kontinuierlich	wahlweise themenbezogen oder kontinuierlich
Zugang	Wahlen, Delegationsprinzip	offener Zugang
primäres Ziel	Beschlussfassung; Außenwirkung	individuelle Schlussfolgerungen
Inhalte	bestimmt durch Gewerkschaftspolitik (z.B. Tarifbewegungen)	bestimmt durch aktuelle betriebliche Problemlagen der Netzwerkteilnehmer
Steuerung	hauptamtliche Steuerung	ehrenamtliche Steuerung (bei hauptamtlicher Organisation)

Quelle: Elsholz 2006, S. 175 (Ausschnitt)

entwickelten Idealtypus. Dennoch zeigt die Grafik auf, dass Netzwerke dazu beitragen können, den von vielen Gewerkschaftsmitgliedern formulierten Anspruch auf direkte Beteiligung (vgl. Morgenroth et al. 1994, S. 328f.) einzulösen.

3.2   Die intermediäre Funktion von Netzwerken

Netzwerke besitzen einen wechselseitigen Nutzen für Betriebsräte und Gewerkschaft durch beidseitige „Transaktionskostenvorteile". Das bedeutet, die Kosten im Sinne von zeitlichem und personellem Aufwand sind geringer, um miteinander zu kooperieren, als dies ohne Netzwerkarbeit der Fall wäre. Betriebsräte finden durch Netzwerke leichter Ansprechpartner und Informationen zu bestimmten betrieblichen Themen, besonders durch den Erfahrungsaustausch oder den Austausch von Betriebsvereinbarungen. Die Gewerkschaften – so wurde von den befragten Moderatoren der untersuchten Netzwerke mehrfach betont – erfahren direkt, welche betrieblichen Probleme aktuell sind und welche Lösungsstrategien von Betriebsräten praktiziert werden. So kann verhindert werden, dass betriebliche Realitäten und gewerkschaftliche Wahrnehmungen und Positionen weit auseinanderfallen.

Durch diesen in den Netzwerken angelegten wechselseitigen Nutzen von Akteuren und Institution können sie eine vermittelnde Funktion zwischen Betriebsräten und Gewerkschaft in Form eines „Scharniers" einnehmen und damit zur gewerkschaftlichen Innovation beitragen. So wird der intermediäre Charak-

Abb. 1:   Netzwerke als Intermediäre zwischen Gewerkschaft
und Betriebs- und Personalräten

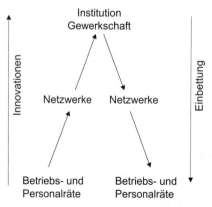

Quelle: Eigene Darstellung in Anlehnung an Weyer 2000, S. 241

ter von Netzwerken deutlich: Einerseits verändert sich die Institution Gewerkschaft durch neue Inhalte und eine Kultur der Offenheit in den Netzwerken. Andererseits wirken die Netzwerke aber auch auf die Akteure zurück, führen zu einer stärkeren Einbindung der Netzwerkteilnehmer in gewerkschaftliche Diskussionen und erhöhen damit das gewerkschaftliche (Selbst-)Bewusstsein.

Netzwerke, so ist als Zwischenfazit festzuhalten, können dabei helfen, dass sich die Gewerkschaften veränderten Anforderungen ihrer Mitglieder nach direkter Beteiligung sowie veränderten Umweltbedingungen anpassen. Sie besitzen darüber hinaus ein Potenzial in Gestalt einer Scharnierfunktion zwischen Betriebs- und Personalräten und gewerkschaftlicher Organisation und können so zur Innovationsfähigkeit der Gewerkschaften beitragen.

4. Netzwerke als Lernform

Neben ihrer Eigenschaft als Organisationsform wurden Netzwerke im Kom-Netz-Projekt auch als neue Lernform in der Weiterbildung analysiert. Bei der Frage nach dem Lernen in Netzwerken und durch Netzwerke geht es darum, diese als Lernumgebung für die Netzwerkteilnehmer pädagogisch gestaltbar zu machen (vgl. Diettrich/Jäger 2002; Kremer 2004; Jäkel 2003). Dabei stellen sich Netzwerke als eine Meta-Lernform dar, die unterschiedliche Arbeits- und Lernformen in sich vereinbar macht (4.1). Um den konkreteren Arten des Lernens in Netzwerken nachzugehen, werden zudem die dominanten Lernarten in Netzwerken analysiert und dargestellt (4.2).

4.1 Netzwerke als Meta-Lernform

In Netzwerken finden sich unterschiedliche einzelne Arbeits- und Lernformen und sie können daher auch als Meta-Lernform aufgefasst werden. In der Möglichkeit der adäquaten Kombination dieser Arbeits- und Lernformen bezogen auf die Rahmenbedingungen der Kooperation liegt eines der Potenziale von Netzwerken.

Im Zentrum der Netzwerkarbeit steht der Erfahrungsaustausch der Teilnehmer untereinander, der die Basis erfolgreicher Kooperation bildet. Er findet in unterschiedlicher Form und Intensität im Rahmen der einzelnen Arbeits- und Lernformen im Netzwerk statt. Das Lernen selbst kann in einem stärker informellen Rahmen erfolgen oder es kann stärker organisiert sein. Zudem kann es als Individuum oder – was der häufigere Fall in Netzwerken ist – in Kooperation mit anderen Netzwerkteilnehmern erfolgen. Vor dem Hintergrund dieser beiden Aspekte (informelles versus organisiertes Lernen; individuelles versus kollektives Lernen) lassen sich – auf der Basis und unter Einbeziehung des Erfahrungsaustauschs – unterschiedliche Formen der Kooperation beschreiben, die in Netzwerken stattfinden (vgl. Elsholz/Jäkel 2006).

Abb. 2: Arbeits- und Lernformen in Netzwerken

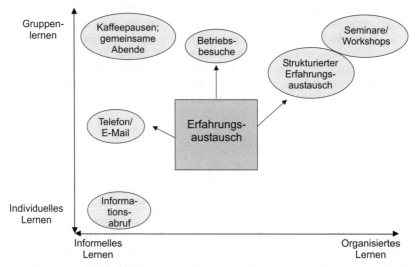

Quelle: In Anlehnung an Elsholz/Jäkel 2006, S. 7

Im Einzelnen konnten folgende Arbeits- und Lernformen in den unterschiedlichen Netzwerken identifiziert werden:

–   Workshops, Seminare und Tagungen zu den aktuellen betrieblichen Themen und Problemen der Netzwerkteilnehmer als nach außen sichtbare Netzwerkveranstaltungen betonen stärker das organisierte Lernen und beziehen externe Referenten in die Netzwerkarbeit ein;

–   Kaffeepausen und gemeinsame Abende sind zwar informell, aber doch ein bewusst eingeplantes und oft ausgedehntes Element von Netzwerkarbeit, der den Erfahrungsaustausch vertieft und erweitert;

–   Betriebsbesuche, die häufig als Bestandteil von Seminaren/Workshops oder zu Beginn anderer Netzwerktreffen stattfinden, ermöglichen die direkte Auseinandersetzung mit betrieblichen Gegebenheiten und Problemen sowie mit „Good-practice-Beispielen";

–   der strukturierte und durch die Moderation angeleitete Erfahrungsaustausch, ebenfalls als Bestandteil von Netzwerktreffen, bringt aktuelle betriebliche Probleme zur Sprache und sorgt dafür, dass die Themen des Erfahrungsaustauschs auch gezielt zum Gegenstand der Netzwerkarbeit werden und nicht im unverbindlichen Gedankenaustausch verbleiben;

- Telefon und E-Mail dienen als bilaterale Formen der Kooperation jenseits der Netzwerktreffen. Sie sind oft von außen wenig sichtbar, bilden aber ein wesentliches Element zur Vernetzung untereinander jenseits der Netzwerktreffen;
- der Informationsabruf von Netzwerkergebnissen, Protokollen und Einladungen über das Internet schließlich ermöglicht die individuelle Vor- und Nachbearbeitung von Präsenztreffen.

All diese Arbeits- und Lernformen waren in unterschiedlicher Intensität in allen Netzwerken anzutreffen. Die angemessene Kombination und Gewichtung muss für jedes Netzwerk individuell entwickelt werden und hängt von den Rahmenbedingungen, den Intentionen der Netzwerkteilnehmer sowie der Netzwerkmoderation ab.

4.2   Lernarten in Netzwerken

Hinsichtlich des Lernens hat sich gezeigt, dass der gegenseitige Erfahrungsaustausch im Zentrum der Netzwerkarbeit steht, weshalb diesem Aspekt gesondert nachgegangen wird. Anknüpfungspunkt für diese Form des Lernens ist jeweils die eigene Erfahrungswelt als betrieblicher Interessenvertreter. Der Berichtende reflektiert beim Erfahrungsaustausch die eigene Umgangsweise und durch Nachfragen kann er auf Schwierigkeiten hingewiesen werden, die er vorher nicht erkannt hat. Die Zuhörer wiederum verknüpfen das Gehörte mit den eigenen betrieblichen Erfahrungen und werden so für viele Aspekte des bearbeiteten Problems sensibilisiert. Lernen und „Lehren" (durch die Weitergabe eigener Erfahrungen) verbindet sich hier durch den gegenseitigen Erfahrungsaustausch. Diese Form der „kooperativen Kompetenzentwicklung" (Elsholz 2006, S. 192) ist nur in Gruppen und in direkter Auseinandersetzung mit anderen möglich.

Damit ist zwar eine wichtige, aber eben nur eine Form der Kompetenzentwicklung über das Erfahrungslernen in Netzwerken beschrieben. Das Potenzial, das Netzwerke als offene Lernform besitzen, kommt darüber hinaus in der Verknüpfung informeller und formeller Lernprozesse zum Ausdruck. Um dies zu verdeutlichen, ist ein Blick auf die unterschiedlichen betrieblichen Lern- und Wissensarten hilfreich. Informelles Lernen lässt sich, wie in der Abbildung gezeigt, in zwei Lernarten unterteilen, nämlich einerseits in Erfahrungslernen, das über die reflektierende Verarbeitung von Erfahrungen erfolgt, und andererseits in implizites Lernen, das für den Lernenden nicht bewusst erfolgt (vgl. Dehnbostel 2002, S. 6).

Abb. 3: *Lern- und Wissensarten in Kompetenzentwicklungsnetzwerken*

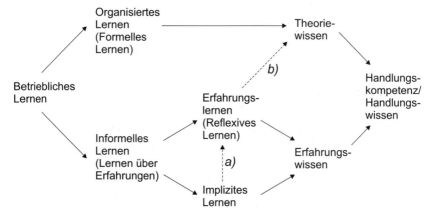

Quelle: Elsholz 2006, S. 193

Legt man die angeführte Unterscheidung betrieblicher Lern- und Wissensarten zu Grunde, so lassen sich die besonderen Lernprozesse in der Netzwerkarbeit wie folgt beschreiben (in der Grafik durch a) und b) gekennzeichnet):

a) Betriebliche Interessenvertreter sind sich in der Regel über ihre alltäglichen Lernprozesse wenig bewusst. Das implizite Lernen der Betriebsräte wird in der Netzwerkarbeit durch den oben angeführten strukturierten Erfahrungs-austausch jedoch expliziert. Das Lernen über Erfahrungen gewinnt durch die Reflexion eine neue Qualität, wird zu Erfahrungslernen und führt zu be-wusstem Erfahrungswissen.

b) Ein Kompetenzentwicklungsnetzwerk ermöglicht darüber hinaus, dass diese Prozesse informellen Lernens mit Theoriewissen verknüpft werden. Dies ge-schieht in den gewerkschaftlichen Kompetenzentwicklungsnetzwerken da-durch, dass zusätzlich zu den aktuellen Themen der Betriebsratsarbeit Work-shops und Seminare organisiert werden. Im Ergebnis führt diese Verbindung informeller und formeller Lernprozesse zu einer Verbesserung der Hand-lungskompetenz der Betriebsräte in ihren Betrieben vor Ort, in Auseinander-setzung mit Arbeitgebern oder bei der Entwicklung eigener Strategien.

Kompetenzentwicklungsnetzwerke bieten damit die Chance zur Integration for-meller und informeller Lernprozesse. Während klassische Lernformen der Wei-terbildung wie Seminare und Kurse vornehmlich formelles Lernen betonen, bie-ten Netzwerke die Möglichkeit einer unterschiedlich starken Betonung. Basie-rend auf informellen Lernprozessen des gegenseitigen Erfahrungsaustauschs und der damit verbundenen kooperativen Kompetenzentwicklung sind innerhalb einer Netzwerkstruktur eine Vielzahl von Arbeits- und Lernformen möglich, was die Eigenschaft von Netzwerken als offene Lernform unterstreicht. Als Zwischenfazit lässt sich festhalten, dass Kompetenzentwicklungsnetzwerke durch ihre Charakteristika und ihre Eigenschaft als offene Meta-Lernform

- den Einsatz bzw. das Zusammenwirken unterschiedlicher Arbeits- und Lernformen erlauben,
- vornehmlich kooperative Formen der Kompetenzentwicklung über den gegenseitigen Erfahrungsaustausch sowie die Verbindung von Erfahrungslernen und organisierten Lernprozessen ermöglichen,
- durch ihre prozessorientierte Anlage Themen kontinuierlich bearbeitet werden können, wodurch ein Wechsel von Erfahrungsgewinnung, Erfahrungsaustausch und dessen Anreicherung mit Theoriewissen angelegt ist.

5. Herausforderungen für die Netzwerkmoderation

Die Netzwerkmoderation kann für die gezielte Nutzung der verschiedenen ausgewiesenen Potenziale von Netzwerken unterstützen. Sie sollte sicherstellen, dass die Vielfalt von Lernformen und Lernorten, die sich in unterschiedlicher und zielgerichteter Weise kombinieren lassen, adäquat verbunden werden. Dazu bedarf es neben Kompetenzen zur Moderation von Gruppen auch einiger spezifischer Kompetenzen, die für die Moderation von Netzwerken notwendig sind (vgl. Gillen et al. 2004).

Eine dieser spezifischen Kompetenzen, auf die an dieser Stelle hingewiesen werden soll, besteht darin, besondere Spannungsverhältnisse der Netzwerkarbeit auszubalancieren. Es hat sich in den Netzwerken gezeigt, dass eine zu starke Orientierung an vermeintlich positiven Netzwerkeigenschaften auch zu „Übertreibungen" führen kann. In einer solchen Überbetonung – des Vertrauens, der Erfahrungsorientierung, der Selbststeuerung, der Nutzenorientierung und der Prozessorientierung – liegen wiederum Gefahren für die Netzwerkarbeit, wie hier anhand von Herausforderungen für die Netzwerkmoderation gezeigt wird. Die aufgeführten Aspekte speisen sich aus unterschiedlichen Fallbeispielen, in denen eine solche „Übertreibung" zu Problemen in der Netzwerkarbeit geführt haben.

So wurde *Vertrauen* mehrfach als eine essentielle Kategorie und als Koordinationsmittel für die Netzwerkarbeit herausgestellt und es liegt nahe, in Netzwerken möglichst ein Höchstmaß an Vertrauen zu schaffen. Ein damit verbundener starker Zusammenhalt im Netzwerk, verbunden mit der Ausbildung einer eigenen Identität, eigener Rituale und Sprachspiele, hat jedoch nicht nur positive

Aspekte, sondern kann auch zu einer Abschottung gegenüber neuen Netzwerkteilnehmern führen. Solche Schließungstendenzen verringern letztlich auch die Möglichkeiten, neue Ideen und Ansichten ins Netzwerk zu tragen und damit Innovationen hervorzubringen (vgl. Diettrich/Elsholz in diesem Band). Aufgabe einer Netzwerksteuerung ist es daher, die Herstellung von Vertrauen als Basis der Netzwerkarbeit zu fördern, zugleich aber die Balance zwischen einem hohem Maß an Vertrauen und einer Zugangsoffenheit zu gewährleisten. Dies ist im betroffenen Netzwerk dadurch geschehen, dass die Gefahr von Schließungstendenzen explizit im Steuerkreis des Netzwerks thematisiert wurde. Dabei wurden Aktivitäten verabredet, um das Netzwerk bewusst wieder stärker zu öffnen.

Die Potenziale von Netzwerkarbeit liegen – wie im Kapitel 4 gezeigt – nicht zuletzt in ihrer starken *Erfahrungsorientierung*. Auf der anderen Seite zeigt sich aber, dass der gegenseitige Erfahrungsaustausch allein für eine erfolgreiche Netzwerkarbeit nicht ausreicht zur Bearbeitung komplexer Probleme. In einer Überbetonung der eigenen Erfahrungen kann dies gar zu einer Erfahrungsbornierung führen, indem sich das Netzwerk gegen externes Wissen abschottet. Es ist deshalb notwendig, zusätzliche Informationen und zusätzliches Know-how durch externe Referenten, Bildungsträger und Gewerkschaftssekretäre in die gemeinsame Themenbearbeitung einzubeziehen. Die Herausforderung für die Steuerung und Moderation von Netzwerken besteht nun darin, dem Erfahrungsaustausch einerseits genügend Raum zu geben, da er die Basis der Netzwerkarbeit darstellt, zugleich sollte aber der Erfahrungsaustausch aktiv gestaltet und mit theoretischem Wissen verknüpft werden.

Alle Netzwerke zeichnen sich durch eine hohe *Selbststeuerung* aus, doch zeigt sich auch hier, dass eine Form der Strukturierung und Steuerung notwendig erscheint. Organisatorische und finanzielle Angelegenheiten, die von den Netzwerkteilnehmern nicht ohne Weiteres geregelt werden können, sind bei einer zentralen Stelle besser aufgehoben. Als Form der Steuerung ist deshalb eine heterarchische Form der Koordination anzustreben, wie dies in der Mehrzahl der untersuchten Netzwerke durch die Etablierung einer Steuerungsgruppe geschehen ist. Die Netzwerkmoderation muss umso aktiver agieren und zum Vernetzen anregen, je geringer das Engagement bei den einzelnen Netzwerkmitgliedern ist. Prozesse sollten zwar nach Möglichkeit dezentral ausgerichtet sein, sie sind aber immer dann „zentraler" auszugestalten, wenn sie dezentral in einem Netzwerk nicht zu bewerkstelligen sind, so dass hier eine Orientierung der Netzwerkmoderation am Subsidiaritätsprinzip angezeigt erscheint.

Die *individuelle Nutzenerwartung* der Betriebs- und Personalräte ist eine Voraussetzung für den Zugang und die Teilnahme an Netzwerken. Dies drückt sich in den untersuchten Netzwerken durch die starke Teilnehmer- und Nutzenorientierung aus und ist konstitutiv für die Netzwerkarbeit. Aber auch dieses Netzwerkelement hat seine Kehrseite, denn sofern die einzelnen Netzwerkakteure ausschließlich ihren individuellen Nutzen verfolgen, stellt sich kein gegenseitiges Geben und Nehmen ein. „Kollektiver Nutzen" zeigt sich vor allem durch die Erarbeitung gemeinsamer Positionen oder Handlungshilfen, die eine Außenorientierung besitzen. Für gewerkschaftliche Netzwerke ist die Generierung kollektiven Nutzens mittelfristig sogar überlebenswichtig, um seitens der Gewerkschaft konkrete Unterstützung in Form von Ressourcen zu finden. Für die konkrete Steuerung und Moderation der Netzwerkarbeit bedeutet dies, dass zwar die individuelle Nutzenorientierung der Teilnehmer die Basis für die Netzwerkarbeit bildet und hierfür genügend Raum vorhanden sein muss, doch zugleich ist bei der Gestaltung von Netzwerkarbeit anzustreben, dass die individuellen Nutzenerwartungen auch mit kollektiven Zielsetzungen des Netzwerks in Verbindung gebracht werden können.

Schließlich stellt die *Prozessorientierung* ein wichtiges Potenzial von Netzwerkarbeit dar, besonders im Kontrast zu punktuellen Veranstaltungen, die versuchen, ein Thema abschließend zu behandeln. Aber auch hier besteht bei einer zu starken Betonung des Prozesses die Gefahr, andere Ziele zu vernachlässigen. Ein zu großer Wert auf die prozessuale Gestaltung der Netzwerkarbeit führt zur Unzufriedenheit der Netzwerkteilnehmer, die sich eine stärkere Dokumentation der Netzwerkarbeit sowie der erzielten Ergebnisse wünschten. Die notwendige Prozessorientierung darf nicht zu einer Vernachlässigung der Ergebnisorientierung führen, und so sollte in den Netzwerken der Dokumentation der Netzwerkarbeit ein großer Stellenwert zugeschrieben werden.

Diese „Spannungsverhältnisse" von Netzwerkarbeit, die bei der Steuerung und Moderation zu beachten sind, stellen sich wie im Überblick wie folgt dar:

Tab. 2: Spannungsverhältnisse der Netzwerkarbeit

Netzwerkförderlicher Aspekt	Folgen einer Übertreibung	Ziel der Steuerung und Moderation	Mögliche Maßnahmen
Vertrauensbildung	Cliquenbildung, „closed shop"	Zugangsoffenheit wahren	Werbung für das Netzwerk; Cliquenbildung thematisieren
Erfahrungsorientierung	Zufälligkeit des Lernens, Erfahrungsbornierung	Verknüpfung informellen und formellen Lernens	Hinzuziehung externer Referenten
Selbststeuerung	mangelnde Organisation; keine Verantwortlichkeiten	Subsidiaritätsprinzip	Verantwortlichkeiten festlegen und überprüfen
individueller Nutzen	mangelhafte Vernetzung und Verantwortungsübernahme	Geben und Nehmen befördern, kollektiven Nutzen herstellen	Erfahrungsberichte strukturieren
Prozessorientierung	keine Ergebnisse	Ergebnissicherung	Dokumentation der Ergebnisse

Eigene Darstellung

Netzwerke, so ist festzuhalten, beinhalten und benötigen Aspekte des Vertrauens, der Erfahrungsorientierung, der Selbststeuerung, der Nutzenorientierung und der Prozessorientierung. Diese Aspekte bilden die Basis der Netzwerkarbeit und sind seitens der Netzwerkmoderation zu fördern. Andererseits – und damit treten die Ambivalenzen von Netzwerksteuerung zu Tage – sind diese an sich positiv besetzten Netzwerkeigenschaften zu begrenzen, da sie sonst zu ungewollten Nebenwirkungen führen. Für die Moderation von Netzwerken stellt sich daher die Aufgabe, die Balance zwischen den unterschiedlichen Anforderungen zu wahren.

6.   Zusammenfassung

Im KomNetz-Projekt wurden Netzwerke in einer doppelten Perspektive als gewerkschaftliche Organisationsform und als Lernform in der Weiterbildung aufgefasst.

Gewerkschaftliche Netzwerke können als *Organisationsform* zur Innovation und Erneuerung der innergewerkschaftlichen Verfasstheit beitragen. Netzwerke können insofern nicht nur Betriebs- und Personalräten als Rahmen der Kooperation dienen, sondern anderen Gruppen von Gewerkschaftsmitgliedern und Arbeitnehmern. Im Rahmen von KomNetz wurden hierzu Materialien zur Unterstützung der Initiierung, Moderation und Verstetigung von Netzwerken erarbeitet (vgl. KomNetz 2004, 2006). Netzwerke können darüber hinaus als Scharnierfunktion zwischen Betriebs- und Personalräten und gewerkschaftlicher Organisation wirken und so zur Innovationsfähigkeit der Gewerkschaften beitragen. In dieser Lesart kann die weitere Verbreitung und Unterstützung von Netzwerkstrukturen als Indikator für die Lernfähigkeit der Gewerkschaften gelten.

Als Meta-Lernform können Netzwerke unterschiedliche Arbeits- und Lernformen verbinden, sie sind dadurch unter anderem in der Lage, Erfahrungslernen mit organisierten Lernprozessen zu verknüpfen. Schließlich können Netzwerke durch ihre prozesshafte Anlage die Nachteile punktueller Bildungsveranstaltungen überwinden und so nachhaltige Prozesse der Kompetenzentwicklung mit dem Ziel reflexiver Handlungsfähigkeit ermöglichen.

Netzwerke als *Lernform* können daher in vielen Feldern der Weiterbildung initiiert werden. Die Moderation von Netzwerken ist eine äußerst komplexe und herausfordernde Aufgabe, bei der Erfolgsfaktoren der Netzwerkarbeit zur Geltung gebracht werden sollten und zugleich die Spannungsverhältnisse in der Netzwerkarbeit zu beachten sind.

Nachdem sich in den letzten Jahren eine erste Netzwerkeuphorie gelegt hat, gilt es nun, in den Mühen der Ebene genauer spezifische Aspekte der Netzwerkarbeit zu betrachten, zu analysieren und zu unterstützen. Dies gilt insbesondere bezogen auf die Rolle und Funktion des Netzwerkmoderators und hinsichtlich der Verstetigung von Netzwerkarbeit (vgl. Elsholz et al. 2006). Aber auch die politische Funktion von Netzwerken, sowohl in den Gewerkschaften als auch in anderen Feldern der Weiterbildung (vgl. Diettrich/Elsholz in diesem Band), gilt es zu hinterfragen.

Literatur

Baitsch, C.; Müller, B. (Hg.) (2001): Moderation in regionalen Netzwerken. München, Mering

BMBF (2004): Lernende Regionen – Förderung von Netzwerken. Programmdarstellung. Berlin

Borkenhagen, P.; Jäkel, L.; Kummer, A.; Megerle, A.; Vollmer, L.-M. (2004): Netzwerkmanagement (hrsgg.von der Arbeitsgemeinschaft Betriebliche Weiterbildungsforschung e.V./Projekt QUEM). Berlin

Castells, M. (2001): Der Aufstieg der Netzwerkgesellschaft. Teil 1 der Trilogie 'Das Informationszeitalter'. Opladen

Dehnbostel, P. (2001): Netzwerkbildungen und Lernkulturwandel in der beruflichen Weiterbildung – Basis für eine umfassende Kompetenzentwicklung? In: Grundlagen der Weiterbildung, GdWZ, Jg. 12/Heft 3, S. 104-116

Dehnbostel, P. (2002): Informelles Lernen – Aktualität und begrifflich-inhaltliche Einordnungen. In: Dehnbostel, P.; Gonon, P. (Hg.): Informelles Lernen – eine Herausforderung für die berufliche Aus- und Weiterbildung. Bielefeld, S. 3-12

Diettrich, A.; Jäger, A. (2002): Lernen in regionalen Netzwerken – Konzeptionelle Überlegungen und praktische Erfahrungen. In: Kölner Zeitschrift für Wirtschaft und Pädagogik, Jg. 17/Heft 33, S. 45-70

Elsholz, U. (2006): Gewerkschaftliche Netzwerke zur Kompetenzentwicklung. Qualitative Analyse und theoretische Fundierung als Lern- und Organisationsform. München, Mering

Elsholz, U.; Dehnbostel, P. (Hg.) (2004): Kompetenzentwicklungsnetzwerke. Konzepte aus gewerkschaftlicher, berufsbildender und sozialer Sicht. Berlin

Elsholz, U.; Dehnbostel, P. (2005): Entwicklung und Perspektive des Projekts „Kompetenzentwicklung in vernetzten Lernstrukturen" (KomNetz). In: Gillen, J.; Dehnbostel,. P.; Elsholz, U.; Habenicht, T.; Proß, G.; Skroblin, J.-P. (Hg.): Kompetenzentwicklung in vernetzten Lernstrukturen. Konzepte arbeitnehmerorientierter Weiterbildung. Bielefeld, S. 11-22

Elsholz, U.; Jäkel, L. (2006): Arbeits- und Lernformen in Netzwerken und Möglichkeiten der Verstetigung von Netzwerkarbeit. In: QUEM-Bulletin 3/2006 (hrsgg. von der Arbeitsgemeinschaft Betriebliche Weiterbildungsforschung e.V./Projekt QUEM). Berlin, S. 7-10

Elsholz, U.; Jäkel, L.; Megerle, A.; Vollmer, L. (2006): Die Verstetigung von Netzwerken (hrsgg. von der Arbeitsgemeinschaft Betriebliche Weiterbildungsforschung e.V./Projekt QUEM). Berlin

Gillen, J.; Elsholz, U.; Rosenbrock, E. (2004): Aufgaben und Qualifikationen der Netzwerkmoderation in Kompetenzentwicklungsnetzwerken. In: Elsholz, U.; Dehnbostel, P. (Hg.): Kompetenzentwicklungsnetzwerke. Konzepte aus gewerkschaftlicher, berufsbildender und sozialer Sicht. Berlin, S. 203-216

Gramlinger, F. (2004): CULIK – Ein Qualifizierungsnetzwerk für Lehrkräfte beruflicher Schulen. In: Elsholz, U.; Dehnbostel, P. (Hg.): Kompetenzentwicklungsnetzwerke. Konzepte aus gewerkschaftlicher, berufsbildender und sozialer Sicht. Berlin, S. 169-186

Gramlinger, F.; Büchter, K. (Hg.) (2004): Implementation und Verstetigung von Netzwerken in der Berufsbildung. Paderborn

Hanft, A. (1996): Lernen in Netzwerkstrukturen. Tendenzen einer Neupositionierung der betrieblichen und beruflichen Bildung (Diskussionspapier 5/96 des Arbeitsbereichs Personalwirtschaftslehre der Universität Hamburg). Hamburg

Jäkel, L. (2003): Netzwerke als arbeitsnahe Lernform und neue Lernkultur. Das Netzwerk „Betriebliches Gesundheitsmanagement". In: QUEM-Bulletin 5/2003 (hrsgg. von der Arbeitsgemeinschaft Betriebliche Weiterbildungsforschung e.V./Projekt QUEM). Berlin, S. 6-12

Jütte, W. (2002): Soziales Netzwerk Weiterbildung. Analyse lokaler Institutionenlandschaften. Bielefeld

KomNetz (2004): Anleitung zum Knüpfen gewerkschaftlicher Netzwerke. Handlungshilfe. Hamburg (Manuskriptdruck)

KomNetz (2006): Gewerkschaftliche Netzwerke. Aufbau, Moderation und Verstetigung. Handlungshilfe. Hamburg (Manuskriptdruck)

Kremer, H.-H. (2004): Qualifizierungsnetzwerke – Lernumgebung für Lehrkräfte? In: Gramlinger, F.; Steinemann, S.; Tramm, T. (Hg.): Lernfelder gestalten – miteinander Lernen – Innovationen vernetzen. Paderborn, S. 82-96

Meyer, R. (2004): Individualisiert und doch gemeinsam – Wie IT-Spezialisten im Netzwerk lernen. In: Elsholz, U; Dehnbostel, P. (Hg.): Kompetenzentwicklungsnetzwerke. Konzepte aus gewerkschaftlicher, berufsbildender und sozialer Sicht. Berlin, S. 155-168

Morgenroth, C.; Niemeyer, E.; Hollmann, R. (1994): Realistische Utopien. Beteiligungsgewerkschaft als Zukunftsperspektive. Köln

Pongs, A. (1999): In welcher Gesellschaft leben wir eigentlich? Gesellschaftskonzepte im Vergleich. München

Prott, J. (2001): Betriebsräte helfen Betriebsräten. Arbeitspapier 39 der Hans-Böckler-Stiftung. Düsseldorf

Strahler, B.; Tiemeyer, E.; Wilbers, K. (Hg.) (2003): Bildungsnetzwerke in der Praxis. Erfolgsfaktoren, Konzepte, Lösungen. Bielefeld

Sydow, J. (1992): Strategische Netzwerke – Evolution und Organisation. Wiesbaden

Sydow, J. (2004): Management von Unternehmungsnetzwerken – Auf dem Weg zu einer reflexiven Netzwerkentwicklung? In: Elsholz, U.; Dehnbostel, P. (Hg.): Kompetenzentwicklungsnetzwerke. Konzepte aus gewerkschaftlicher, berufsbildender und sozialer Sicht. Berlin, S. 217-238

Sydow, J.; Duschek, S.; Möllering, G.; Rometsch, M. (2003): Kompetenzentwicklung in Netzwerken. Eine typologische Studie. Wiesbaden.

Weyer, J. (Hg.) (2000): Soziale Netzwerke. Konzepte und Methoden der sozialwissenschaftlichen Netzwerkforschung. München, Wien

Wilbers, K. (2004): Soziale Netzwerke an berufsbildenden Schulen. Analyse, Potenziale, Gestaltungsansätze. Paderborn

Entwicklungsphasen und Herausforderungen gewerkschaftlicher Netzwerke

Erkenntnisse aus dem Berufsbildungsnetzwerk „ver.di-KomNetz"

Jörg-Peter Skroblin, Uwe Elsholz

1. Gewerkschaftliches Netzwerk – Intermezzo oder tragfähiges Konstrukt?

Der folgende Beitrag nimmt ein im Rahmen des KomNetz-Projekts initiiertes und entwickeltes Netzwerk besonders in den Blick – das ver.di-Berufsbildungsnetzwerk für betriebliche Interessenvertreter.[1] Im Juli 2003 fand bei der Vereinten Dienstleistungsgewerkschaft (ver.di) in Berlin eine Auftaktveranstaltung zur Gründung eines bundesweiten und branchenübergreifenden Berufsbildungsnetzwerks für Betriebs- und Personalräte statt. Dort haben sich 20 ver.di-organisierte Personen zusammengefunden, die sich in ihrer Arbeitnehmervertretungstätigkeit schwerpunktmäßig mit dem Thema betrieblich-beruflicher Aus- und Weiterbildung befassen. Es wurden Zielsetzungen eines Netzwerks besprochen, erste Themen für die Netzwerkarbeit von den Teilnehmenden festgelegt und den zeitlichen Ressourcen der Akteure angepasste Kooperationsstrukturen geklärt. Mit „ver.di-KomNetz" war schnell eine prägende Kurzbezeichnung gefunden, die gleichzeitig Ausdruck für die Anbindung des Netzwerks an die Organisation, das methodische Vorgehen und die Absichten der Akteure ist. Das ver.di-Berufsbildungsnetzwerk steht nach erfolgreicher Initiierung und Stabilisierung mittlerweile vor einem weiteren kritischen Punkt und es gilt, das Netzwerk mit deutlich weniger Ressourcen für eine Netzwerksteuerung zu verstetigen.

Zu Fragen der Initiierung sowie dem Management von Netzwerken zur Weiterbildung und Kompetenzentwicklung liegen diverse Veröffentlichungen vor (vgl. u.a. KomNetz 2004; Borkenhagen et al. 2004; BMBF 2004). Ein bisher vernachlässigtes Thema stellt hingegen die Verstetigung von Netzwerkarbeit dar, die im Folgenden am Beispiel des ver.di-Berufsbildungsnetzwerks fokussiert wird.

Bei der Betrachtung der zeitlichen Entwicklung von Netzwerken lassen sich vier Phasen unterscheiden, die einführend dargestellt werden. Im dritten Kapitel werden dann auf Grundlage des Phasenmodells Erfolgskriterien und Hemm-

---

1 Dazu zählen Betriebs- und Personalräte, Jugend- und Auszubildendenvertretungen sowie Schwerbehindertenvertretungen. Infolge wird zum besseren Verständnis von „Betriebs- und Personalräten" gesprochen.

schwellen vor allem der Stabilisierungsphase von ver.di-KomNetz erörtert. Wie die Frage der Verstetigung im Netzwerk diskutiert wird und welche Strategien dazu verabredet wurden, zeigt das vierte Kapitel. Das abschließende fünfte Kapitel versucht, die Chancen auf Fortführung des Netzwerks einzuschätzen und es wird eine Gesamtreflexion des Netzwerks im Kontext von ver.di vorgenommen.

2.   Entwicklungsphasen gewerkschaftlicher Netzwerke

Die Entstehung und Entwicklung von Netzwerken lässt sich in unterschiedlichen Phasen abbilden und es liegen dazu unterschiedliche Modelle vor (vgl. u.a. Baitsch/Müller 2001, S. 110; Czerwanski 2003, S. 31ff.). Schmette et al. (2004) haben dazu ein für gewerkschaftliche Netzwerke anschlussfähiges Entwicklungsmodell vorgelegt, indem sie zwischen Initiierungs-, Stabilisierungs- und Verstetigungsphase unterscheiden. Als Aufgabe des Netzwerkmanagements wird dabei insbesondere die netzwerkinterne Ergebnissicherung genannt. Ferner wird darauf eingegangen, dass sich das Netzwerk erweitern oder verändern kann, bzw. auch beendet werden kann, sofern die Netzwerkziele realisiert worden sind (vgl. ebd., S. 71).

In Erweiterung dieses Ansatzes wird hier ein Modell mit vier Phasen der Netzwerkentwicklung vorgelegt, das vor dem Hintergrund der Analyse der vom KomNetz-Projekt begleiteten gewerkschaftlichen Netzwerke entwickelt wurde (vgl. Elsholz in diesem Band). Die folgende Einteilung zeigt den typischen Verlauf der Entwicklung eines Netzwerks, wie wir ihn auch beim ver.di-Berufsbildungsnetzwerk nachzeichnen können. Idealtypisch wird dabei zwischen Sondierungsphase, Initiierungsphase, Stabilisierungsphase und Verstetigungsphase unterschieden (vgl. KomNetz 2006):

In der *Sondierungsphase* der Netzwerkarbeit werden zunächst die Chancen der Netzwerkarbeit für das jeweilige Ziel ausgelotet und es wird gefragt, ob sich ein Netzwerk überhaupt als geeignete Kooperationsform anbietet. Diese Phase kann zum Teil nur im Nachhinein rekonstruiert werden, sie kann aber bereits als bewusster Entscheidungsprozess angelegt sein.

Konkrete Aktivitäten zur Netzwerkbildung beginnen in der *Initiierungsphase*. Wenn sich Akteure für einen Initiativkreis gefunden haben, lässt sich ein Startworkshop planen und durchführen. Hier liegt ein erster kritischer Punkt bei der Netzwerkentwicklung und es erweist sich, wie groß das Interesse an einer Netzwerkbildung ist, ob also bestimmte Themen oder Netzwerkzuschnitte tragfähig sind.

Ist dieser Punkt überschritten, geht es in der so genannten *Stabilisierungsphase* darum, dem Thema und den Teilnehmern angemessene Formen der Netzwerkarbeit zu entwickeln und zu etablieren. Beim Netzwerk im „Normalbetrieb" sollten die Erfolgsfaktoren der Netzwerkarbeit (z.B. Vertrauensbildung, Reziprozität) angemessen berücksichtigt werden. Zudem stellt sich die Frage, wie verschiedene Arbeits- und Lernformen in einem Netzwerk zusammenwirken können, um die Kompetenzentwicklung im Netzwerk zu unterstützen.

Die *Verstetigungsphase* schließt sich an die Stabilisierungsphase an und zeichnet sich dadurch aus, dass die Netzwerkarbeit nunmehr mit gesicherten Ressourcen oder Abläufen erfolgen kann. Das Netzwerk verlässt in dieser Phase seinen temporären, eher projektförmigen Charakter, doch ist auf dem Weg dahin ein kritischer Punkt zu überwinden.

Abb. 1:   Phasen der Netzwerkentwicklung

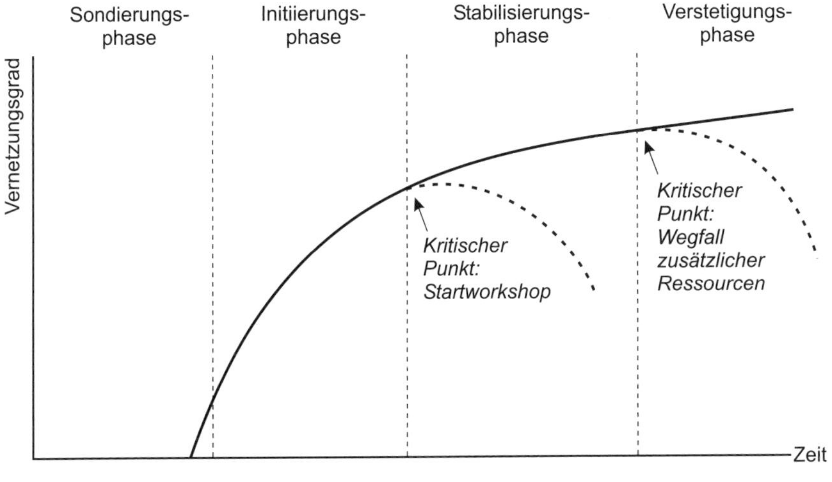

Quelle: KomNetz 2006, S. 13

Die meisten gewerkschaftlichen Netzwerke starten zunächst in Form eines konkreten Vorhabens oder Projekts und werden dementsprechend mit finanziellen Ressourcen ausgestattet, z.B. für eine Netzwerkmoderation oder einen Internetauftritt. Solche personellen oder materiellen Ressourcen stehen meist nur zeitlich begrenzt zur Verfügung. Hier liegt ein kritischer Punkt der Netzwerkentwicklung, denn nun muss sich zeigen, ob und wie die Netzwerkarbeit mit deutlich weniger Ressourcen zu verstetigen ist. Insbesondere die Netzwerkmoderation ist hier gefordert, durch eine gezielte Prozesssteuerung den Übergang zwischen Stabilisierungs- und Verstetigungsphase durch präventive Maßnahmen zu überwinden (vgl. Kap. 4).

3. Von der Sondierung zur Stabilisierung

Die Frage, in welcher Art und Weise die Verstetigung eines Netzwerks strategisch angegangen werden kann, ist nicht zuletzt von den Ausgangsbedingungen und der Entwicklungsgeschichte des jeweiligen Netzwerks abhängig. Daher wird in diesem Kapitel zunächst die an anderer Stelle bereits ausführlich erörterte Sondierungs- und Initiierungsphase des ver.di-Berufsbildungsnetzwerks dargestellt (vgl. Skroblin 2004). Danach stehen die in der Stabilisierungsphase gemachten Erfahrungen und die daraus gezogen Schlüsse im Mittelpunkt.

3.1 Entstehungskontext des Netzwerks

Im Vorfeld einer Netzwerkinitiierung ist im Rahmen einer „Sondierungsphase" zu eruieren, ob ein „Netzwerk" überhaupt die passende Lern- und Organisationsform ist, um ein Themenfeld oder eine Aufgabe zu bearbeiten. Im Fall von ver.di-KomNetz war dies schnell geklärt. Aus Sicht von ver.di erhoffte sich der Bildungsbereich mit Hilfe eines Berufsbildungsnetzwerks Unterstützung zum Erreichen der eigenen Ziele: Eine stärkere Gewichtung der beruflich-betrieblichen Bildung als ein gewerkschaftliches Kernthema, die Bündelung vorhandener Ressourcen zur beruflichen Bildung in der Organisation und die Förderung des Austauschs von Erfahrungswissen. Die Bedarfe bei den Betriebs- und Personalräten und der Handlungsdruck in der Bundesverwaltung waren unbedingt gegeben, um ergänzende Wege zur Wissensvermittlung und Kommunikationsverbesserung einzusetzen.

Nachdem in der ver.di eine Bestandsaufnahme vorhandener Netzwerke durchgeführt wurde, konnte die Organisation der Auftaktveranstaltung beginnen. Die im Ergebnisband des Projektes KomNetz „Kompetenzentwicklungsnetzwerke" dargelegte Netzwerkinitiierung wurde durch die Begleitforschung unterstützt (vgl. Skroblin 2004).

3.2 Aktivitäten im ver.di-Berufsbildungsnetzwerk

Basis der Netzwerkaktivitäten sind die durchschnittlich viermal im Jahr stattfindenden Steuerteamsitzungen. Sie werden je nach Bedarf einberufen und finden an unterschiedlichen Orten im Bundesgebiet statt. Dort koordinieren die Akteure den weiteren Netzwerkaufbau und bestimmen ihre Netzwerktätigkeiten. Es wird entschieden, welche Inhalte im Netzwerk besprochen werden und wie weiter vorgegangen wird. Es finden themenzentrierte Workshops, Seminare und Tagungen statt, auf denen Netzwerkthemen bearbeitet werden. Daneben gibt es viele bilaterale Kontakte der Netzwerkteilnehmer untereinander, mit Experten zu Themenfeldern oder mit dem Netzwerkmoderator.

Nachfolgend die wichtigsten Etappen der Netzwerkentwicklung:

- Erarbeitung einer Vereinbarung mit dem Ziel der Netzwerkinitiierung zwischen dem Bereich Berufsbildungspolitik auf ver.di-Bundesebene und Kom-Netz im Februar 2003;
- *Sondierung* vorhandener Netzwerkstrukturen in ver.di und Kontakte zu den einzelnen ver.di-Fachbereichen;
- *Auftaktveranstaltung* des Netzwerks für Betriebs- und Personalräte zur beruflich-betrieblichen Aus- und Weiterbildung im Juni 2003 in Berlin;
- *Steuerteam-Sitzungen:* Netzwerkaufbau und Schwerpunktthemen – seit September 2003 bis Dezember 2006 insgesamt 13 formale Treffen;
- Aktivierung der *Internetplattform* „www.verdi-KomNetz.de" im Oktober 2003;
- *Netzwerk-Tagung* zum Thema: „E-Learning: Technik und Bedingungen mitgestalten" im April 2004 mit über 60 Teilnehmer/inne/n;
- *Netzwerk-Tagung* zum Thema „Beschäftigungssicherung durch Weiterbildung" im November 2005 mit ca. 80 Teilnehmer/inne/n;
- Aktuell (4. Quartal 2006): Entwicklung und Umsetzung von *Verstetigungsstrategien* zur Sicherung des Netzwerks.

3.3   Faktoren für die Netzwerkstabilisierung

Selbst nach einem erfolgreichen Startworkshop ist ein Netzwerk kein Selbstläufer und nicht wenige Initiativen versanden nach kurzer Zeit. Solche Fehlentwicklungen können vermieden werden, wenn man sich an den Erfolgsfaktoren orientiert und ein Netzwerk dementsprechend zu steuern versucht. Nachfolgend werden erfolgsrelevante Kriterien von Netzwerkarbeit (vgl. KomNetz 2006, S. 28ff.) in Bezug zum ver.di-KomNetz gebracht.

Grundvoraussetzung für den Erfolg ist, dass die Ergebnisse der Netzwerkarbeit für die Teilnehmer hilfreich sind. Sie erwarten von der Kooperation einen persönlichen und professionellen *Zugewinn*. Daher sollte sich die Themenwahl im Netzwerk an den konkreten Bedürfnissen der Netzwerkmitglieder orientieren. Netzwerke gewinnen an Attraktivität, wenn sie *praxisbezogen* und *handlungsorientiert* sind. Solange die Teilnehmerinnen und Teilnehmer für ihre Praxis handlungsrelevante Informationen mitnehmen können und ihnen der methodische Ansatz des Erfahrungsaustausches eingängig ist, bleiben sie dabei und machen aktiv mit. Dies war bei ver.di-KomNetz vor allem beim Thema E-Learning der Fall. Werden sie unvorbereitet oder gar unfreiwillig mit dem „Lernen im Netzwerk" konfrontiert, bei dem das aktive Mitwirken Voraussetzung ist und Problemlösungsangebote erarbeitet werden müssen, besteht die Gefahr, dass potenzielle Netzwerkakteure eine aktive Mitarbeit ablehnen.

Die Treffen und Veranstaltungen des Netzwerks erfüllen auch die Funktion, die *Motivation* der Betriebs- und Personalräte zu fördern. Daher sollte neben einer professionellen inhaltlichen und strukturellen Vorbereitung Wert auf die Gestaltung der Atmosphäre und der Umgebung gelegt werden. Ein angenehmes Ambiente sorgt für gute Stimmung, fördert den Erfahrungsaustausch und damit die Effizienz. Daneben hat sich in ver.di-KomNetz die Organisation von Betriebsbesichtigungen und kleinen kulturellen Highlights für manche Steuerteamsitzung eingebürgert.

Ein weiteres wichtiges Prinzip der Netzwerkarbeit ist das gegenseitige Geben und Nehmen. Regelmäßige Treffen schaffen einen Rahmen für den Austausch von Wissen und Erfahrungen. Die Moderation des Netzwerks sollte durch die Gestaltung der Präsenztreffen dafür sorgen, dass Jeder zu Wort kommen kann, um seine Erfahrungen in das Netzwerk einzubringen. Die Arbeit in einem lockeren, hierarchiearmen Zusammenschluss funktioniert nur dann, wenn sich alle an dem Prinzip des gegenseitigen Gebens und Nehmens orientieren, wenn also investierte Zeit und persönliches Engagement in einem ausgewogenen Verhältnis zum individuellen Nutzen stehen.

Auch eine *Vertrauenskultur* ist unabdingbar für ein vitales Netzwerk. Sie entsteht jedoch erst im Verlauf der Netzwerkarbeit. Eine intakte soziale Basis und gegenseitiges Vertrauen sind die Grundlage dafür, dass auch die Kommunikation über das Internet funktionieren kann. Das Vertrauen wächst mit gemeinsamen Erfahrungen (z.B. die Planung und Durchführung einer großen Tagung). Nur in solch einem Klima können konträre Positionen produktiv für das Netzwerk genutzt werden. In ver.di-KomNetz fragt der Moderator in Steuerteamsitzungen, Workshops etc. regelmäßig bei sensiblen Fragen, inwieweit die Informationen öffentlich gemacht werden dürfen.

Netzwerkarbeit erfordert einen kontinuierlichen personellen und organisatorischen Aufwand. Ohne den Rückhalt und die *Ressourcen der Organisation Gewerkschaft* ist eine Netzwerkarbeit von Betriebsräten auf Dauer nur schwer zu gewährleisten. Daher sollten die Netzwerkinitiatoren rechtzeitig für eine materielle und ideelle Absicherung durch die Gewerkschaft sorgen. Dies ist bei ver.di-KomNetz vor allem durch die enge Anbindung zum Bereich Berufsbildungspolitik der ver.di-Bundesverwaltung gewährleistet.

Manche Netzwerke versammeln ausschließlich Betriebsräte einer bestimmten Branche. Die Erfahrungen im ver.di-Berufsbildungsnetzwerk haben jedoch gezeigt, dass es sehr bereichernd ist, unterschiedliche Akteursgruppen zusammenzuführen (z.B. Betriebsräte, Personalräte, Gewerkschaftssekretäre aus unterschiedlichen Bereichen und Ebenen, Bildungs- und Beratungseinrichtungen). So können sich vielfältige Erfahrungen und Standpunkte gegenseitig ergänzen.

3.4   Themenbearbeitung im Netzwerk

Eines der wichtigsten Anliegen gewerkschaftlicher Netzwerke ist der strukturierte *Erfahrungsaustausch*. In Steuerteamsitzungen, Workshops, Seminaren etc. werden aktuelle betriebliche Probleme zur Sprache gebracht. Dabei geht es nicht nur darum, schnell fertige Lösungen zu finden. Vielmehr geben Netzwerke ihren Teilnehmern Gelegenheit, über den „Tellerrand" des betrieblichen Alltags hinauszuschauen. Dadurch können Interessenvertreterinnen und Interessenvertreter ihr eigenes Vorgehen intensiver reflektieren, überprüfen und andere Perspektiven kennen lernen und somit letztlich ihre Handlungsfähigkeit in den Betrieben verbessern.

Neben dem Erfahrungsaustausch und der reflexiven Handlungsfähigkeit kommt der *Prozessorientierung* für die Lernform im Netzwerk eine wichtige Rolle zu. Kompetenzentwicklung erfolgt im höheren Maße, wenn sich die Teilnehmenden eines Themas aus unterschiedlicher Richtung nähern. So gelangen die Netzwerkteilnehmer einerseits durch selbstgesteuerte Veranstaltungen unterschiedlichster Art an Fachinformation und können diese dann in den Kontext ihrer konkreten betrieblichen Arbeit stellen. Andererseits können sie das angesammelte Wissen beispielsweise auf Tagungen als „Experten in eigener Sache" oder als Moderatoren von Workshops weitergeben. Genau so wichtig wie die Vorbereitung von Veranstaltungen ist die Nachbereitung. Entweder um positive Erfahrungen zu dokumentieren oder um negative zu reflektieren.

Die Herangehensweise zur prozessorientierten Bearbeitung eines Netzwerkthemas hängt unter anderem davon ab, ob es sich eher um geschlossene Themen wie „E-Learning" und „berufliche Entwicklungsberatung" oder um ein umfassenderes Thema wie „Beschäftigungssicherung durch Weiterbildung" handelt, das zur praktischen Bearbeitung stärker eingeschränkt werden muss. Andere Einflussfaktoren sind der jeweilige zeitliche und örtliche Rahmen, die Anzahl der am Thema interessierten Netzwerkteilnehmerinnen und Netzwerkteilnehmer, die Bereitschaft an einer aktiven Mitarbeit, die Notwendigkeit vermehrter bildungspolitischer Diskussion des Themas sowie die Berücksichtigung der aus der Netzwerkerfahrung gesammelten Lernmomente.

Im nachstehenden Schaubild wird exemplarisch der prozessorientierte Ablauf der Themenbearbeitung des Netzwerkthemas „E-Learning" im ver.di-Berufsbildungsnetzwerk dargestellt. Ausgangspunkt für ein Thema ist immer dessen Bestimmung als netzwerkrelevant durch die Akteure. Dabei ist es Aufgabe der Moderation, die in Steuerteam-Sitzungen festgelegte erste Form der Bearbeitung umzusetzen. Dazu zählt zunächst die Organisation und Koordination von themenhinführenden Veranstaltungen für das Steuerteam (u.a. Einladung, Ansprechen geeigneter Expert/inn/en als Inputgeber, Strukturierungsentwürfe). In diesen inhaltlichen Workshops oder Seminaren wird das Thema reflektiert

und die Form der Weiterbearbeitung im Netzwerk festgelegt. Der Sitzungscha-
rakter kann entweder mehr inhaltlich auf den offenen Erfahrungsaustausch hin
ausgelegt sein (Reflexion des Arbeitsalltags im Betrieb/in der Verwaltung) oder
mehr organisatorisch (z.b. Planung einer bundesweiten Tagung). Parallel findet
immer ein formaler (z.b. bilaterale Treffen) oder informeller Informations- und
Erfahrungsaustausch der Netzwerkakteure per Telefon, E-Mail etc. statt.

In einer größer angelegten, netzwerkausweitenden Tagung, übernehmen die
Steuerteamteilnehmer in der Regel wie oben beschrieben einen aktiven Part. Die
Netzwerkmoderation ist neben der Organisation für die Dokumentation und Publikation der Tagungsergebnisse verantwortlich. Mit dieser Tagung hört die Beschäftigung mit dem Thema aber nicht auf. In einer nächsten Reflexionsschleife
kann Jede/Jeder – bisherige wie neue Netzwerkinteressierte – an einer Nachbe-
sprechung der Tagung teilnehmen oder weitere Veranstaltungen einfordern. Der
formale Entscheidungsrahmen ist auch hier wieder die Steuerteam-Sitzung. „Alte"
wie „neue" Netzwerkteilnehmer/innen diskutieren, wie sie das Thema für ihre
praktische Arbeit nachhaltig vertiefen wollen und inwieweit die Erarbeitung einer
Handlungsanleitung zweckdienlich ist. Zudem ist der Raum offen für die Bearbeitung eines weiteren bzw. nächsten Netzwerkthemas. Die bisherige Netzwerkerfahrung zeigt, dass diese Schritte Lernmotivation und die Netzwerkidentität fördern.

Abb. 2: Schaubild prozessorientierte Arbeitsweise

Eigene Darstellung

3.5 Netzwerkmoderation als Stabilisierungsaspekt

Die Netzwerkteilnehmerinnen und Netzwerkteilnehmer sind in ihrer Tätigkeit oft auf vielen anderen Ebenen eingespannt (z. B. Facharbeitskreise, Gremienarbeit, Betriebsversammlungen), so dass ohne Entlastung durch die Moderation ein Netzwerk in der Regel erst gar nicht zustande käme. Es hat sich daher gezeigt, dass für ein Netzwerk eine projektfinanzierte oder hauptamtliche Moderation erforderlich ist. Diese nimmt den Akteuren in erster Linie administrative Arbeit für die organisatorische und inhaltliche Vorbereitung von Seminaren, Tagungen etc. ab. Als zentrale Anlauf-/Kommunikationsstelle knüpft die Moderation die Netzwerkfäden. Sie gibt Support für die Erarbeitung und Veröffentlichung von Handlungshilfen, macht Marketing für das Netzwerk oder hilft bei der Implementierung von Themen (z.B. beruflichen Entwicklungsberatung) im Betrieb oder in der Verwaltung. Die Netzwerkmoderation kann die Kompetenzentwicklung der Teilnehmenden gezielt mitgestalten und fördern. Sie steht vor der Herausforderung, die verschiedenen Arten des Lernens in Netzwerken miteinander zu verbinden.

Eine professionelle Moderation trägt dazu bei, dass die positiven Eigenschaften von Netzwerken zum Tragen kommen. Manchmal passiert es jedoch – besonders in erfolgreichen Netzwerken – dass die netzwerkfördernden Eigenschaften zu dominant werden und dann ins Gegenteil kippen. Eine erfolgreiche Netzwerkmoderation legt besonderes Augenmerk auf die Ausgewogenheit und Balance der positiven Aspekte (vgl. Elsholz in diesem Band).

4. Chancen zur Verstetigung des Netzwerks

Wie im Phasenmodell (Kap. 2) geschildert, ist der Übergang von der Stabilisierungsphase zu einer Verstetigung ein kritisches Moment. Der Unterschied ist dadurch gekennzeichnet, dass in diesem Übergang die zusätzlichen Ressourcen, mit denen ein Netzwerk initiiert und moderiert wurde, geringer werden oder wegfallen. Jetzt muss sich die „Alltagstauglichkeit" eines Netzwerks erweisen. Nachfolgend werden zunächst Aspekte der Verstetigung benannt, wie sie im Laufe der Projektarbeiten vom gewerkschaftsübergreifenden KomNetz-Projekt in den fünf untersuchten Netzwerken identifiziert werden konnten (vgl. KomNetz 2006, S. 39ff.; Elsholz 2006). Zu jedem Aspekt werden die im ver.di-Berufsbildungsnetzwerk ergriffenen Aktivitäten ergänzt.

Auf die Verstetigung eines Netzwerks kann man hinwirken. Es sind in erster Linie inhaltlich-strukturelle und formal-organisatorische Aspekte, die eine Netzwerkverstetigung befördern. Hier zeichnet sich ab, dass zwischen Strategien unterschieden werden kann, die nach innen, und solchen, die nach außen, auf die Netzwerkumgebung gerichtet sind.

4.1   Nach innen gerichtete Ansätze

Mehrere der identifizierten Ansätze zur Verstetigung beziehen sich ausdrücklich auf die Art und Weise der internen Zusammenarbeit. Es geht um die konkrete Form des miteinander Arbeitens und um Verabredungen diesbezüglich. Dabei lassen sich in den hier berücksichtigten Netzwerken folgende Ansätze unterscheiden:

Routinen entwickeln, (Arbeits-)Strukturen schaffen: Schon in der Stabilisierungsphase entwickeln sich in der Regel bestimmte Routinen der Zusammenarbeit z.B. zur Themenfindung, zum Informationsaustausch im Netzwerk oder zum Ablauf von Veranstaltungen des Netzwerks. Bewusst verabredete Vorgehensweisen können helfen, den Moderationsaufwand stark zu reduzieren. So wurden z.B. zur Sicherung der Steuerteam-Sitzungen von ver.di-KomNetz festgelegt, dass diese eintägig und wegen der bundesweiten Ausdehnung des Netzwerks an ICE-angebundenen Orten stattfinden und nicht turnusmäßig, sondern nach Bedarf flexibel einberufen werden. Mit der zuvor dargestellten prozessorientierten Arbeitsweise hat sich zudem in ver.di-KomNetz eine Form der Themenbearbeitung etabliert, die zwar weiter offen ist für Ergänzungen und Spezifizierungen bei der Bearbeitung einzelner Themen, die aber zugleich eine effiziente – d.h. den Arbeitskapazitäten der Netzwerkteilnehmer angemessene – Themenbearbeitung ermöglicht.

Verantwortliche für einzelne Themen suchen: Um den Netzwerkmoderator zu entlasten, können Versuche zur stärkeren Dezentralisierung der Netzwerkarbeit unternommen werden. Ein Aspekt dabei ist es, Verantwortliche für einzelne Themen zu finden. Diese „Kümmerer" oder kleinen Teams sind dann für die weitere Themenbearbeitung federführend zuständig. In ver.di-KomNetz gibt es vor allem im Steuerteam engagierte Personen, die sich eines oder mehrerer Themen annehmen. Doch hat sich auch gezeigt, dass die Zeit bei den meist in verschiedensten Gremien tätigen Netzwerkakteuren manchmal nicht ausreicht, um Verabredungen einhalten zu können und Teams für ein Thema über einen längeren Zeitraum zu binden.

Ansprüche an die Netzwerkarbeit reduzieren: Ansprüche an die Netzwerkarbeit sollten den Bedingungen entsprechend realistisch formuliert werden. Diese Ansprüche müssen den zur Verfügung stehenden Ressourcen angepasst und gegebenenfalls nach unten korrigiert werden. Aus diesem Grund steht in ver.di-KomNetz immer nur ein Thema im Vordergrund, das in einem größeren Rahmen bearbeitet wird (z.B. in Form einer Tagung). Andere Themen werden bewusst zurückgestellt und dann fokussiert, wenn ausreichend Energie und Ressourcen im Netzwerk vorhanden sind.

Befähigung zum Netzwerken stärken: In diesem Ansatz geht es darum, die Netzwerkakteure in die Lage zu versetzen, einen möglichst großen Anteil der Vernetzung selbst zu gestalten. Das betrifft sowohl methodische Fragen, wie die Befähigung zur Moderation von Netzwerktreffen, als auch technische Fragen, wie die Nutzung des Internets (z.B. Pflege der Homepage). Zur Ausweitung und inhaltlichen Verstetigung des Netzwerks wollen die Akteure in ver.di-KomNetz parallel zur sozialen Vernetzung eine interaktive Kommunikationsplattform (Chat) einrichten und die Fachbereiche stärker in die Netzwerkarbeit einbinden.

4.2 Nach außen gerichtete Ansätze

Zusätzlich zu den nach innen gerichteten Strategien werden für die Verstetigung von Netzwerken auch Strategien benötigt, die außerhalb des Netzwerkes wirksam werden und sich auf die Netzwerkumgebung beziehen. Diesbezüglich konnten folgende Ansätze in den Netzwerken identifiziert werden:

Netzwerke als Machtfaktor etablieren: Einige Netzwerke haben sich zum Machtfaktor innerhalb ihrer Gewerkschaft entwickelt. Besonders Netzwerke, die eine starke eigene Identität ausbilden, können gegenüber der Gewerkschaft leichter Ansprüche auf Ressourcen zur Fortführung der Netzwerkarbeit geltend machen. Für das ver.di-Berufsbildungsnetzwerk kann man bisher nicht von einem Netzwerk mit „Machtfaktor" reden. Es wird einerseits in der Organisation zu partiell wahrgenommen und ist im Verhältnis zur Mitgliederzahl der ver.di noch zu klein. Dennoch sorgt das Mitwirken einiger „starker" Betriebs- und Personalräte, die auch in anderen ver.di-Gremien Mitsprache haben, für einen nicht zu unterschätzenden Einfluss.

Einbindung von Entscheidungsträgern in die Netzwerkarbeit: Mitglieder der Steuerungsgruppe, die häufig auch in anderen gewerkschaftlichen Funktionen aktiv sind, können erfolgreiches Marketing für das Netzwerk betreiben, insbesondere wenn sie Entscheidungsträger der Gewerkschaft gezielt in die Netzwerkarbeit einbinden. Auch die gezielte Einbindung Hauptamtlicher kann zu dieser Strategie gehören, denn wenn diese erfolgreiche Netzwerkarbeit selbst erleben, ist das die beste Werbung für ein Netzwerk. Wenn auch nur im zahlenmäßig kleinen Rahmen, ist die Multiplikatorenfunktion der Teilnehmer im Steuerteam ausgesprochen positiv.

Nutzen für die Gewerkschaft durch Produkte „beweisen": Es hat sich gezeigt, dass greifbare Ergebnisse und Produkte der Netzwerkarbeit die Bereitschaft gewerkschaftlicher Entscheidungsträger erhöhen, weitere Ressourcen bereit zu stellen. Solche Produkte können Positionspapiere zu aktuellen gewerkschaftspolitischen Themen (z.B. zur Gestaltung von Arbeitszeitkonten), Arbeitsmaterialien für Betriebs- und Personalräte oder die Konzeption eigener Seminarreihen sein. Die Produkte können durch ihren innovativen Charakter weit über die Netzwerkgrenzen hinaus in den Gewerkschaften Anerkennung finden und damit die Fortführung der Netzwerkarbeit begünstigen. Ver.di-Komnetz stellt vor allem über seine Homepage Inhalte und Produkte zur Verfügung, die auch über das Netzwerk hinaus genutzt werden.

Folgestrukturen schaffen: Die Verstetigung von Netzwerkarbeit muss nicht immer in der gleichen Kooperationsform erfolgen wie die ursprüngliche Netzwerkarbeit. Wichtig erscheint es, geeignete Folgestrukturen frühzeitig anzupeilen und zu realisieren. Im ver.di-Berufsbildungsnetzwerk ist der Anspruch auf Fortführung des Netzwerks klar formuliert worden. Genauso klar ist eine strategische Veränderung der Teilnehmerakquisition von den Teilnehmenden gewollt. Was zur Zeit der Initiierungsphase diskutiert und dann verworfen worden ist, erhält nun wieder eine neue Bedeutung. Es geht um den Wunsch, die Zahl der Netzwerkteilnehmerinnen und Netzwerkteilnehmer durch die Einrichtung einer Interaktionsmöglichkeit auf der Internet-Homepage zu erhöhen. Dort sollen schnell und unkompliziert Erfahrungen und Fachwissen ausgetauscht werden können.

Noch einmal: Gewerkschaftliches Netzwerk – Intermezzo oder tragfähiges Konstrukt?

Nach drei Jahren Vernetzung hat sich gezeigt, dass die Lern- und Organisationsform „Netzwerk" den fachlichen wie bildungspolitischen Erfahrungsaustausch der Netzwerkteilnehmerinnen und Netzwerkteilnehmer beschleunigt und die Kommunikation zwischen der gewerkschaftlichen Basis in den Unternehmen und Verwaltungen und den hauptamtlichen Sekretären auf Bundes-, Landes- und Bezirksebene begünstigt. Eine weitreichende Umsetzung des Netzwerkkonzepts erfordert jedoch mehr zeitliche und personelle Kapazitäten: Es sollte für ver.di-KomNetz nicht nur ein Steuerteam auf Bundesebene mit regelmäßig zehn bis zwanzig Teilnehmenden bestehen, sondern mehrere Steuerteams auf verschiedene Netzwerkthemen verteilt. Es sollten nicht nur 200, sondern im Idealfall mehrere tausend Teilnehmende in den Netzwerk-Verteilern sein. Demgegenüber ist die Lern- und Organisationsform Netzwerk bei denjenigen, die mit ihr in Kontakt gekommen sind, in der Regel akzeptiert und weiterhin gewollt.

Gewerkschaftliche Netzwerke – so hat unter anderem das ver.di-Berufsbildungsnetzwerk gezeigt – bieten die Chance, eine neue Lernform in der Organisation auszuprobieren und umzusetzen. Sie sind ein kreativer Ort, an dem Gleichgesinnte zusammentreffen und in dem ein intensiver Austausch von Fach- und Erfahrungswissen sowie Meinungen und Positionen stattfindet. Daraus ergibt sich bei den Akteuren eine Motivation für die eigene Arbeit und eine Stärkung der bildungspolitischen Diskussion.

Die Steuerung und Moderation eines gewerkschaftlichen Netzwerks erfolgt in der Regel durch ein Zusammenwirken von Haupt- und Ehrenamtlichen. Eine hauptamtliche Netzwerkmoderation ist vor allem für inhaltlich-organisatorische und administrative Aspekte zuständig. Die inhaltlich-entscheidende Steuerung erfolgt durch das Steuerteam, bei der die Selbstbestimmung und Prozessorientierung im Vordergrund steht. Wir vermuten, dass zumindest ein bundesweites und branchenübergreifendes Netzwerk, wie es das ver.di-Berufsbildungsnetzwerk darstellt, ohne eine professionelle Moderation nicht funktioniert und langfristig zu verstetigen ist. Trotz des hohen Engagements vor allem der Personen im Netzwerk-Steuerteam, wäre die Belastung für die Betriebs- und Personalräte neben ihren anderen Aufgabenbereichen zu hoch. Insofern stellt das Netzwerk eine ergänzende Methode der Kompetenzentwicklung für die Teilnehmenden dar und trägt zur Modernisierung der Gewerkschaft als Organisation bei.

Damit das ver.di-Berufsbildungsnetzwerk den kritischen Punkt zur Verstetigung überschreitet, sind die zuvor dargestellten Ansätze zur Verstetigung verabredet und angegangen worden. Inwiefern diese Vorhaben umgesetzt werden können, wird darüber entscheiden, ob ver.di-KomNetz ein Intermezzo bleibt oder ein tragfähiges Konzept und Beispiel guter Praxis innovativer Gewerkschaftsarbeit wird.

Literatur

Baitsch, C.; Müller, B. (Hg.) (2001): Moderation in regionalen Netzwerken. München, Mering

BMBF (2004): Netzwerke – Aufbau, Organisation, Management. Information. Das Netzwerk-Magazin für Lernende Regionen (Online: http://www.lernende-regionen.info/dlr/ 4_33. php; Zugriff: 22.04.04)

Borkenhagen, P.; Jäkel, L.; Kummer, A.; Megerle, A.; Vollmer, L.-M. (2004): Netzwerkmanagement (hrsgg. von der Arbeitsgemeinschaft Betriebliche Weiterbildungsforschung e.V). Berlin (Handlungsanleitung für die Praxis, 8)

Czerwanski, A. (Hg.) (2003): Schulentwicklung durch Netzwerkarbeit. Erfahrungen aus den Lernnetzwerken im „Netzwerk innovativer Schulen in Deutschland". Gütersloh

Elsholz, U. (2006): Strategien zur Verstetigung von Netzwerkarbeit. Ausgewählte Ergebnisse aus dem Kontext des BMBF-Programms „Lernkultur Kompetenzentwicklung". Erscheint in: REPORT. Literatur- und Forschungsreport Weiterbildung, Heft 4, S. 37-47

KomNetz (2004): Anleitung zum Knüpfen gewerkschaftlicher Netzwerke. Handlungshilfe. Hamburg (Manuskriptdruck)

KomNetz (2006): Gewerkschaftliche Netzwerke. Aufbau, Moderation und Verstetigung. Handlungshilfe. Hamburg (Manuskriptdruck)

Schmette, M.; Geiger, E.; Franssen, M. (2003): Phasenmodell für Netzwerke. In: Henning, K.; Oertel, I.; Isenhardt, I. (Hg.): Wissen – Innovation – Netzwerke. Wege zur Zukunftsfähigkeit. Berlin u.a.O., S. 65-71

Skroblin, J.-P. (2004): Erfahrungen bei der Initiierung eines Berufsbildungsnetzwerks für ver.di-organisierte betriebliche Interessenvertretungen. In: Elsholz, U.; Dehnbostel, P. (Hg.): Kompetenzentwicklungsnetzwerke. Konzepte aus gewerkschaftlicher, berufsbildender und sozialer Sicht. Berlin, S. 49-66

Netzwerke in der Weiterbildung
Potenziale und Gefahren für Chancengleichheit und Bildungsgerechtigkeit

Andreas Diettrich, Uwe Elsholz

1. Ausgangsthese

Mit der PISA-Untersuchung und entsprechenden nachfolgenden Deutungen und Interpretationen ist wieder in den öffentlichen Blickpunkt gerückt, dass im Bildungswesen eine Tendenz zur Reproduktion sozialer Ungleichheit existiert. Dieser Befund ist jedoch nicht nur für die allgemeinbildenden Schulen (vgl. Berger/ Kahlert 2005) gültig. Vielmehr zeigen empirische Untersuchungen, dass auch die Weiterbildung tendenziell soziale Selektivität verstärkt (vgl. Tippelt/v. Hippel 2005). Somit stellt sich im Folgenden für uns die Frage, wie in der Weiterbildung die Chancengleichheit der Individuen hinsichtlich Beteiligung und Erfolg respektive die Bildungsgerechtigkeit auf gesellschaftlicher Ebene verbessert werden kann.

Diese Problematik wird auch von bildungspolitischer Seite gesehen und versucht, mit einer Vielzahl von Förderprogrammen die Implementierung von Ansätzen zu unterstützen, die z.B. bildungsferne Gruppen in den gesamtgesellschaftlichen Bildungsprozess integrieren sollen. So ist etwa ein explizites Ziel des BMBF-Programms ‚Lernende Regionen' die „Motivierung benachteiligter und bildungsferner Gruppen" (BMBF 2004, S. 6). Die Hoffnungen auf eine Verringerung sozialer Selektivität verbinden sich häufig mit der verstärkten Einführung und Erprobung von „neuen Lernformen", die Vorteile eines informellen, erfahrungsorientierten sowie kooperativen Lernens aufgreifen. Vor diesem Hintergrund weist das Berichtssystem Weiterbildung IX aus, dass die Teilnahme an Kursen und Lehrgängen beruflicher Weiterbildung für das Jahr 2003 von 26% der Befragten erfolgt, während die Beteiligung an „informellen Formen des beruflichen Kenntniserwerbs" 61% (BMBF 2006, S. 26 bzw. 191) ausweist. Auch wenn das Berichtssystem Weiterbildung einschränkt, dass auch die informelle Weiterbildung stärker privilegierten Gruppen zukommt, kann aufgrund der Daten vermutet werden, dass neue Lernformen, die stärker informelles Lernen betonen, in der Tendenz dazu beitragen, soziale Selektivität in der Weiterbildung entgegenzuwirken und die Bildungsgerechtigkeit zu erhöhen.

Dieser positiven, häufig im bildungspolitischen Kontext formulierten, Erwartungshaltung können wir *nicht uneingeschränkt* folgen. Unsere These lautet, dass mit der Verbreitung neuer Lernformen, wie etwa Lern- und Kompetenzentwicklungsnetzwerke, zwar die Möglichkeit verbesserter Chancengleichheit und Bildungsgerechtigkeit besteht, zugleich aber auch die Gefahr einer zunehmenden gesellschaftlichen Polarisierung. Die Chancen zur Wahrnehmung dieser Lernformen sind unseres Erachtens keineswegs gleich verteilt bzw. bestimmte, bereits privilegierte Personengruppen können von der relativen Bedeutungszunahme dieser Lernformen überproportional profitieren. Zur Erreichung von mehr Chancengleichheit erscheint daher eine bewusste, umfassende pädagogische Gestaltungsstrategie im Rahmen von Netzwerken notwendig. Die Entwicklung und Begründung dieser These und entsprechende Schlussfolgerungen stehen im Zentrum des Argumentationsganges:

In Abschnitt 2 werden zuerst die Erwartungen, die mit der Verbreitung neuer Lernformen und einer Aufwertung des informellen Lernens verbunden sind, ausgeführt. Anschließend wird – exemplarisch für die neuen Lernformen – auf Lernen und Kompetenzentwicklung in Netzwerken genauer eingegangen (Abschnitt 3). Exemplarisch skizzierte empirische Befunde und Erfahrungen stehen jedoch im Widerspruch zu der Annahme, dass die Implementierung von Netzwerken als Lernform per se zu weniger Ungleichheit führen (Abschnitt 4). Im Abschnitt 5 werden daher Schlussfolgerungen für die Gestaltung geeigneter bzw. notwendiger Rahmenbedingungen und Begleitmaßnahmen zur Vermeidung von Polarisierungen und Verbesserung der Chancengleichheit formuliert und im Rahmen eines Ausblicks erweitert (Abschnitt 6).

2. „Neue" Lernformen in der Weiterbildung

In der Weiterbildung ist in den letzten Jahren ein Richtungswechsel zu beobachten, der sich – zugespitzt formuliert – als Entwicklung weg von einer seminaristischen und dozentenorientierten hin zu einer stärker arbeits- und auch lernorientierten Weiterbildung und zu weniger formalisierten Formen des Lernens skizzieren lässt (vgl. z.B. Weiß 2003, S. 37). Dieser Perspektivwechsel dokumentiert sich sowohl durch die Intensität wissenschaftlicher Auseinandersetzung mit diesem Tatbestand als auch in der Verbreitung neuer Lernformen in der Bildungspraxis (vgl. z.B. Dohmen 1996, S. 30). Auch die überwiegende Anzahl der Projekte im Rahmen des BMBF-Forschungs- und Entwicklungsprogramms „Lernkultur Kompetenzentwicklung", insbesondere im Programmbereich „Lernen im Prozess der Arbeit", lassen sich dieser Perspektive zuordnen. Die Diskussionen um selbstgesteuertes Lernen, informelles Lernen, Kompetenzentwicklung, um das Lernen in der Arbeit, um E-Learning, aber auch über das Lernen in Netzwerken zeigen ein gewandeltes Verständnis, aber auch veränderte Anforderungen an Weiterbildung. Im Einzelnen werden mit den in diesem Kontext diskutierten neuen Lernformen (z.B. Lern- und Kompetenzentwicklungsnetzwerke,

Communities of Practice, Coaching/Mentoring) unterschiedliche, jedoch vielfach ähnliche Ziele und Erwartungen verbunden, wie

- Individualisierung des Lernens, d.h. autonome Entscheidung des Lernenden über Lernzeit, Lernorte, Lernmethoden und Lernmedien mit positiven Auswirkungen auf die Motivation,
- eine höhere Effizienz durch starke Nachfrageorientierung, weitgehende Selbstorganisation und Übernahme von „Lehrfunktionen" durch die Lernendengruppe,
- eine stärkere Verknüpfung von Lernen und Arbeiten, Anwendungs- und Handlungsbezug und entsprechende Reduktion der Transferproblematik,
- verstärkte Nutzung neuer Medien und Lerntechnologien, die eine Individualisierung des Lernens unterstützen und eine räumlich-zeitliche Entkopplung der Lehr-Lernprozesse ermöglichen.

Mit den genannten Lernformen geht zudem die Hoffnung einher, dass durch den Weg der „Informalisierung" und den Einsatz neuer Medien und Methoden ein Lernerfolg insbesondere für lernungewohnte Personen „leichter" möglich wird. Inzwischen ist zudem empirisch nachgewiesen, dass Geringqualifizierte und Bildungsbenachteiligte informelle Lernkontexte präferieren – dieser Befund ist jedoch auch durch die Arbeitsbedingungen dieser Personengruppe und ihre Zugangsmöglichkeiten zur Weiterbildung begründet (vgl. Baethge/Baethge-Kinsky 2004, S. 90ff.). Zudem obliegt hierbei dem Lernenden eine höhere Verantwortung für den eigenen Lernprozess, da die Akzentuierung informeller Lernprozesse beispielsweise eine Orientierung an „institutionalisierten Wissensvorgaben" in Form von Curricula o.ä. (vgl. Erpenbeck 2003, S. 30) eher ausschließt – die Anforderungen an die Fähigkeit zur Gestaltung des eigenen Lernprozesses sind hoch.

Es wird also in den Lernformen versucht, die Vorteile eines informellen, erfahrungsorientierten sowie kooperativen Lernens aufzugreifen, zu nutzen und zu fördern. Ein typisches Beispiel für neue Lernformen in der Weiterbildung ist der Versuch, über Netzwerke (zur begrifflichen Abgrenzung vgl. z.B. Dehnbostel 2001, S. 104) bestimmte Lern- und Bildungsziele zu erreichen bzw. entsprechende Lernmöglichkeiten zur Verfügung zu stellen. So sind in den letzten Jahren zu diesem Zweck eine Vielzahl von Netzwerken initiiert und häufig durch öffentliche Mittel zumindest in der ersten Entwicklungsphase (ko-)finanziert worden. Nicht zuletzt aufgrund ihrer zunehmenden Bedeutung in der Bildungspraxis fokussieren wir – bezüglich der in Abschnitt 1 diskutierten Problemstellung – im Folgenden auf diese Lern- und Organisationsform.

3.   Netzwerke in der Weiterbildung

3.1   Bedeutung innerhalb der Weiterbildung

Mit der Initiierung von Netzwerken sind unterschiedliche Erwartungen verbunden, insbesondere sollen mit der neuen Lern- und Organisationsform entsprechende Defizite in der Weiterbildung kompensiert werden (vgl. Faulstich et al. 2001, S. 15; Dehnbostel 2001). Eine erste gesellschafts- bzw. bildungspolitische Perspektive entwickelte Dohmen, der unter dem Leitbild einer „offenen Lern-Netzwerk-Gesellschaft" (Dohmen 1996, S. 28) die Perspektive des lebenslangen Lernens umschrieb.

Entsprechende institutionelle Konsequenzen hinsichtlich der Lernorganisation und der Gestaltung von Lernprozessen arbeiten Dobischat und Benzenberg heraus, die darauf verweisen, dass der Einsatz von Netzwerken zu „Grenzverschiebungen [...] im traditionell institutionell-organisatorisch wie auch im didaktisch-methodischen Gefüge der Weiterbildung" (Dobischat/Benzenberg 2002, S. 225) führt und sich somit Funktionen und traditionelle Abgrenzungen der Weiterbildungsinstitutionen verändern. Allerdings suggeriert der Netzwerkbegriff unter Umständen, dass bereits die Implementierung eines Netzwerks schon zu den gewünschten Lern- und Bildungseffekten führt.

Dagegen äußert sich Schäffter auch kritisch zur aktuellen, öffentlich geförderten Verbreitung von Netzwerken und warnt vor einer rein technokratischen Umsetzung:

> „Die politische Bedeutung von Netzwerken hat [...] einen deutlichen Drift erfahren: weg von einem basisdemokratischem Verständnis und hin zu ihrer funktionalen Nutzbarkeit." (Schäffter 2001, S. 10)

Um Chancen und Risiken von Netzwerken insbesondere unter dem Aspekt sozialer Selektivität genauer einschätzen zu können, erfolgt nachfolgend ein genauerer Blick auf unterschiedliche Dimensionen von Netzwerken.

3.2   Dimensionen von Netzwerken

Die Beschreibung und Unterscheidung zwischen unterschiedlichen Erscheinungsformen von Netzwerken erfolgt in der Regel in Form von Typologisierungen, die entweder auf theoretisch-analytischer und/oder auf empirischer Basis erfolgen. Allerdings ist nur ein geringer Teil vorfindbarer Typologisierungen für den Gegenstandsbereich der Weiterbildung von Relevanz. So unterscheidet z.B. Dehnbostel zwei Typen von Netzwerken entsprechend ihrer Ausrichtung entweder auf die Kompetenzentwicklung und Qualifizierung oder auf überwiegend soziale und ökonomische Zielsetzungen. Er schlägt vor, dass der Begriff der

Kompetenzentwicklungsnetzwerke danach nur solchen Netzwerken vorbehalten werden soll, in denen Kompetenzentwicklung „alleiniger oder vorrangiger Zweck" der Netzwerke ist (Dehnbostel 2001, S. 105). Eine weitere Differenzierung – unter Verwendung anderer Terminologie – findet sich auch bei Ludwig:

> „Kompetenzentwicklungs-Netzwerke lassen sich in zwei Typen unterscheiden: Erstens in Netzwerke, die Bildungsangebote zur Kompetenzentwicklung kooperativ verknüpfen und zweitens in Netzwerke, in denen selbst Kompetenzentwicklung bewusst stattfindet." (Ludwig 2004, S. 107)

In ähnlicher Weise differenzieren wir zwischen zwei wesentlichen Dimensionen der Netzwerkarbeit in der Weiterbildung, wobei der Begriff der „Dimension" eher auf die möglichen Perspektiven einer Analyse von Netzwerken verweist und auf die in der Praxis kaum einhaltbare Schärfe einer kriterienorientierten Typologisierung verzichtet. Hanft hat bereits 1996 auf den strukturellen Doppelcharakter von Netzwerken hingewiesen:

> „[...] Netzwerke (können) sowohl Medium als auch Ergebnis von Lernprozessen sein. Als Medium fördern bzw. ermöglichen sie den Transfer von Wissen und dessen Implementierung in praktisches Handeln. Als lernförderliche Organisationsform sind sie selbst aus Lernprozessen hervorgegangen und werden durch weitere Lernprozesse ausgebaut und stabilisiert." (Hanft 1996, S. 5)

In einer stärker *organisationalen Dimension* dienen Netzwerke dazu, verbesserte Bildungsangebote zu generieren. Netzwerke werden dabei als Organisationsform aufgefasst, die eine Alternative zur Steuerung über den Markt als auch zur Steuerung über den Staat darstellt. Die Perspektive richtet sich dabei auf die Frage der Transaktionskosten, die durch gemeinsame Kooperation und Koordination unterschiedlicher Netzwerkpartner vermindert werden sollen.

> „Die bildungsökonomische Diskussion hat herausgearbeitet, dass für diesen Sektor (die Weiterbildung; d. Verf.) weder der Markt, als Form individueller Unternehmens- und Käuferentscheidungen, noch ein hierarchisch steuernder Staat erfolgreich sein können." (Faulstich 2002, S. 193)

Besonders in den Netzwerken, die im Rahmen des BMBF-Programms „Lernende Regionen – Förderung von Netzwerken" initiiert und gefördert wurden, stand diese Netzwerkdimension stark im Vordergrund. Die organisationale Dimension ist z.B. auch dem Begriff der Berufsbildungsnetzwerke inhärent. Bei regionalen (Berufs-)Bildungsnetzwerken (vgl. zum Begriff auch Wilbers 2004) handelt es sich insbesondere um interorganisationale Netzwerke, deren Mitglieder in erster Linie lokale Institutionen und Organisationen wie Vereine, Schulen oder Bildungsträger sind. Primäres Ziel dieser Netzwerke ist es, auf regionaler Ebene ein verbessertes und stärker nachfrageorientiertes Bildungsangebot zu entwickeln.

In einer *Lerndimension* von Netzwerken stehen dagegen die Individuen und ihre persönlichen bzw. beruflichen Interessen als Netzwerkakteure im Mittelpunkt. Netzwerke werden dann als Lernumgebung bzw. Lernform aufgefasst, in der unterschiedliche Lernmethoden und Lernarten (vgl. Diettrich/Jäger 2004) an unterschiedlichen Lernorten verbunden werden können (vgl. Dehnbostel/Elsholz 2004). In den vom Projekt KomNetz untersuchten gewerkschaftlichen Kompetenzentwicklungsnetzwerken stand diese Dimension der Netzwerkarbeit im Vordergrund.

Im Zentrum der Netzwerkarbeit steht hier der gegenseitige Erfahrungsaustausch der Netzwerkakteure. Das Lernen vollzieht sich dementsprechend stark erfahrungsorientiert und wird in unterschiedlicher Ausprägung mit organisiertem Lernen verbunden. Während klassische Lernformen wie Seminare und Kurse formelles Lernen betonen, bieten Netzwerke die Möglichkeit einer unterschiedlich starken, in der Regel von den Teilnehmern bestimmten Gewichtung formellen und informellen Lernens (vgl. Kremer 2004). Basierend auf informellen Lernprozessen des Erfahrungsaustauschs und der damit verbundenen kooperativen Kompetenzentwicklung sind innerhalb einer Netzwerkstruktur zudem eine Vielzahl von Lernmethoden, Lernarten und Lernorten möglich (vgl. Elsholz in diesem Band). In dieser Offenheit, die unterschiedliche Arbeits- und Lernformen als Teil der Netzwerkarbeit zulassen, liegt unter methodisch-didaktischen Gesichtspunkten ein besonderes Potenzial von Netzwerkarbeit. Somit betont die Lerndimension von Netzwerken die Kompetenzentwicklung der Akteure.

Tab. 1: Dimensionen von Netzwerken in der Weiterbildung

	Organisationale Dimension	Lerndimension
Netzwerkverständnis	Netzwerk als intermediäre Organisationsform	Netzwerk als Lernumgebung/Lernform
Netzwerk-Akteure	Institutionen	Individuen
primäres Ziel	verbesserte, nachfrage-orientierte Bildungsangebote und -strukturen	Kompetenzentwicklung der Akteure
Konkretisierung der Dimension als ...	Regionale Bildungsnetzwerke	Lern- und Kompetenzentwicklungsnetzwerke

Eigene Darstellung in Anlehnung an Elsholz 2006, S. 185

Diese idealtypische Trennung der Netzwerkdimensionen hilft, sich bei der Analyse von Netzwerken auf eine Dimension zu fokussieren. Es ist jedoch darauf zu verweisen, dass in der Realität vorfindbare Netzwerke Elemente beider Dimensionen in unterschiedlicher Ausprägung beinhalten. Auch in regionalen Bildungsnetzwerken lernen die handelnden Personen, die als korporative Akteure für ihre jeweiligen Institutionen im Netzwerk tätig sind; doch ist die individuelle Kompetenzentwicklung nicht der primäre Zweck dieser Netzwerke. Andererseits können Kompetenzentwicklungsnetzwerke auch zu verbesserten Bildungsangeboten beitragen, obwohl auch dies hier nicht das vorrangige Ziel ist.

Die Frage der Chancengleichheit und Bildungsgerechtigkeit ist dabei grundsätzlich von Relevanz und es ist im Folgenden zu klären, wie diese in konkreten Netzwerken verwirklicht wird.

4. Empirische Befunde und Erfahrungen

Nachfolgend werden exemplarisch zwei Beispiele von Netzwerken aus dem Arbeits- und Forschungskontext der Verfasser ausgeführt. Es zeigt sich, dass die mit Netzwerken verbundenen Hoffnungen auf Chancengleichheit und Bildungsgerechtigkeit in der Netzwerkpraxis nur teilweise eingelöst werden. Von Bedeutung ist dabei auch, dass es sich um unterschiedliche Netzwerke handelt, nämlich ein gewerkschaftliches Lern- und Kompetenzentwicklungsnetzwerk (Betriebsräte-Netzwerk) und ein regionales Bildungsnetzwerk; gleichwohl ähneln sich die Befunde in diesen und weiteren untersuchten Netzwerken hinsichtlich der hier im Zentrum stehenden Fragen.

Beispiel 1: Das Betriebsräte-Netzwerk Kompenetz

Das Kompenetz ist ein gewerkschaftliches Netzwerk in der Metall- und Elektroindustrie in Nordrhein-Westfalen mit insgesamt etwa 80 Akteuren, überwiegend Betriebsräten (vgl. Elsholz 2006, S. 113ff.). Äußerer Anlass zur Gründung des Netzwerks war eine massive Zunahme betrieblicher Umstrukturierungsmaßnahmen seit Mitte der 1990er Jahre (z.B. Einführung von Gruppenarbeit). Die traditionellen gewerkschaftlichen Betreuungs- und Bildungsstrukturen konnten der zunehmenden Komplexität, mit denen die Betriebsräte konfrontiert waren, nicht mehr gerecht werden. Mit der Gründung eines Netzwerks wurde eine systematische und prozessbezogene Verknüpfung der Ressourcen angestrebt. Vorrangiges Ziel war es dabei, die Kompetenzen der Betriebsräte so zu entwickeln, dass sie in den Unternehmen die Veränderungsprozesse aktiv mitgestalten können.

Vor dem Hintergrund dieser Zielsetzung haben sich im Netzwerk unterschiedliche Formen der Weiterbildung entwickelt: eine Seminarreihe, thematische Workshops, gegenseitige Beratung und Erfahrungsaustausch. Als zentrale Präsenzveranstaltung findet ein- bis zweimal jährlich ein Netzwerkplenum statt, bei der neben einer inhaltlich-thematischen Auseinandersetzung auch die Arbeit des Netzwerks reflektiert wird. Die Steuerung des Netzwerks erfolgt über einen Steuerkreis, der etwa alle acht Wochen zusammentrifft und aus etwa zwölf Personen besteht. Dieser Personenkreis setzt sich nicht aufgrund gewählter Mandate zusammen, sondern steht formal allen Akteuren offen.

Das Netzwerk gilt nicht zuletzt wegen seiner ausgeprägten Vertrauenskultur als vorbildlich in der Gewerkschaft (vgl. Habenicht/Elsholz 2004). Besonders die Betriebsräte, die Initiatoren des Netzwerks waren, haben sehr stark von der Kooperation profitiert und identifizieren sich mit dem Netzwerk. Als Konsequenz hat diese „Elite" im Netzwerk z.B. eigene Sprachspiele entwickelt. Eine Befragung von Netzwerkteilnehmern hat gezeigt, dass die vielfach hervorgehobene Offenheit des Netzwerks gegenüber neuen Akteuren in den letzten Jahren deutlich geringer geworden ist. Diese sozialen Schließungstendenzen wirken sich negativ auf das Netzwerk aus: So ist festzustellen, dass die Netzwerkplenen und auch die Zusammenkünfte des Steuerkreises seltener von neuen Akteuren besucht und auch geringer frequentiert werden. Zudem steigen die Abstände zwischen den Netzwerkplenen und wichtige Entscheidungen über das Netzwerk werden zunehmend im Steuerkreis statt im gesamten Netzwerkplenum getroffen, d.h. hier stellt sich das Problem der Chancengleichheit bzw. der Ausgrenzung innerhalb des Netzwerks.

Diese Ergebnisse zur sozialen Schließung des Netzwerks wurden im Steuerkreis des Netzwerks vorgestellt und diskutiert. Die Zustimmung der Netzwerkteilnehmer zu erklärenden Thesen kann als kommunikative Validierung angesehen werden. In der Folge wurde beschlossen, den sozialen Schließungstendenzen bewusst entgegenzuwirken, sich wieder stärker zu öffnen und – durch konkret vereinbarte Maßnahmen – aktiv für eine Mitarbeit im Netzwerk zu werben und die Chance zur Beteiligung an den Weiterbildungsprozessen zu verbessern.

Beispiel 2: Netzwerk Lernende Region Weimarer Land

Die Lernende Region „Weimarer Land" war eines der Projekte des BMBF-Programms „Lernende Regionen – Förderung von Netzwerken" (vgl. Diettrich/Jäger 2002 und Diettrich et al. 2002). Vor dem Hintergrund einer für ländliche Regionen in den neuen Bundesländern typischen regionalen Problemsituation (hohe Arbeitslosigkeit, geringe wirtschaftliche Leistungsfähigkeit, Abwanderungstendenzen usw.) wurde im Jahr 2001 vom Mittelstandsverband und weiteren regionalen Akteuren das Projekt „Trendumkehr – ein Netzwerk des Lernens für die Zukunftsfähigkeit der Region Weimarer Land" beantragt. Im Rahmen des Projekts sollten eine innovative, zukunftsorientierte Lernkultur und damit höhere Lebensqualität im Weimarer Land gefördert und über eine Gründung von vertikalen und horizontalen Entwicklungspartnerschaften neue Ansätze in Wirtschaft, Arbeitsmarkt, Bildung und Kultur in gemeinsamen Lernprozessen entwickelt und umgesetzt werden. Zudem sollte durch gemeinsame Projekte die Kooperation mit den benachbarten, prosperierenden Regionen ausgebaut und entsprechende Potenziale genutzt werden. Letztendlich sollte das Projekt über diese Wege mittelfristig zu einer Umkehr der negativen Trends in der Region Weimarer Land beitragen.

Implizites Ziel der Aktivitäten war die Anregung, Unterstützung und Verknüpfung individueller und kollektiver Lernprozesse im Sinne eines Neuaufbaus eines bildungsbereichs- und trägerübergreifenden Bildungsnetzwerks. In einem ersten Schritt wurden die infrastrukturellen Rahmenbedingungen für das Projekt gelegt, weiterhin haben sich interessierte Personen aus der Region in einer oder mehreren Entwicklungspartnerschaften, zum Beispiel „Arbeitsplatznahes Lernen", „Schule – Wirtschaft" oder „Neue Technologien im Alltag" organisiert, um in gemeinsamen Workshops und Veranstaltungen Anknüpfungspunkte für eine Zusammenarbeit zu finden und Projekte zur Initiierung formeller und informeller Lernprozesse zu generieren.

Ausgewählte Ergebnisse der wissenschaftlichen Begleitung (vgl. Diettrich et al. 2002) zeigen jedoch

– eine Unterrepräsentation von Vertretern aus Unternehmen, insbesondere von KMU und eine Dominanz von Institutionen, die bereits professionell mit Bildung befasst sind, d.h. in formellen Weiterbildungsangeboten unterrepräsentierte Gruppen (Kleinbetriebe) werden auch durch die Netzwerkorganisation kaum erreicht,
– eine kritische Haltung (einiger) Organisatoren gegenüber den Teilnehmern des Netzwerkes, die potenzielle Teilnehmer mit geringer Erfahrung mit dem Arbeiten und Lernen in dieser Organisationsform eher abschreckt,
– eine fehlende Akzeptanz des Konzepts, Konkurrenz des Projekts zu bestehenden Initiativen oder mangelnde Einsicht in die Zielführung, d.h. die Möglichkeit zu Kommunikation und Kooperation wird als nicht relevant für die individuelle (und regionale) Weiterentwicklung eingeschätzt.

Positiv zu bewerten ist das Zustandekommen neuer Akteurskonstellationen und Kommunikationsformen, negativ die Nutzung des Netzwerks vor allem durch etablierte Akteure und damit die Stabilisierung bestehender Strukturen. Demnach stellt sich hier das Problem der Chancengleichheit hinsichtlich der grundsätzlichen Mitwirkungsmöglichkeiten im Netzwerk bzw. des Zugangs sowie des Erkennens der Relevanz dieser neuen Institution.

Die skizzierten Beispiele stehen stellvertretend für weitere Erfahrungen mit Netzwerken in der Weiterbildung. Es zeigt sich, dass sich die Netzwerken immanenten Lernmöglichkeiten in der Praxis nur begrenzt offenbaren und dann eher von denjenigen Akteuren wahrgenommen werden, die sowohl von der Motivationsseite als auch von ihrer eigenen „Lernkompetenz" bzw. ihrer Fähigkeit zur Selbstorganisation in der Lage sind, die Netzwerkstrukturen für das eigene Lernen zu verwenden. Zudem führten in den untersuchten Netzwerken auch Machtkonstellationen dazu, dass bestimmte Akteure nicht selbstbewusst die

Netzwerkforen für ihre persönliche Entwicklung nutzen (können). Diese – keineswegs repräsentativen und verallgemeinerbaren – Ergebnisse decken sich jedoch weitgehend mit den Erfahrungen der Verfasser aus anderen Netzwerkprozessen und werden durch Studien zu Bildungsverhalten und Bildungsteilhabe an neuen Lernformen, die ein hohen Anteil informellen oder selbstorganisierten Lernens aufweisen, weitgehend bestätigt.

5. Chancengleichheit und Bildungsgerechtigkeit durch Netzwerke?

Grundsätzlich bestätigen die skizzierten Praxisbeispiele, dass Netzwerke neue Lernmöglichkeiten und -angebote bieten können, allerdings ermöglichen Netzwerke nicht per se Chancengleichheit und führen zu stärkerer Bildungsgerechtigkeit. Die Hoffnung, allein mit der Implementierung von Netzwerken, z.b. im Rahmen von Förderprogrammen, im Sinne eines neuen Angebots insbesondere bildungsferne Gruppen an die Weiterbildung heranzuführen und somit soziale Ungleichheit zu verringern, wird daher häufig enttäuscht. Ohne zusätzliche Interventionen kommt der so genannte „Matthäus-Effekt" (Nur wer hat, dem wird gegeben) ungehemmt zum Tragen und kann zu verstärkter Polarisierung führen anstatt zu ihrer Verminderung. Dieses Prinzip der Kumulation von Vorteilen ist für Netzwerke empirisch belegt (für Frauennetzwerke Frerichs/Wiemert 2002, S. 187). Den Zugang zu Netzwerken finden überwiegend Personen, die bereits über ein hohes Maß an sozialem Kapital und über die Fähigkeit zur Selbstorganisation ihrer Lern- und Entwicklungsprozesse verfügen. Nur solche Personen finden sich in einer derart offenen Lernform zurecht, können Kontakte herstellen und nutzen, ihre Lerninteressen definieren und ins Netzwerk einbringen. Die Betonung eher informellen Lernens trägt nur begrenzt zur Chancengleichheit bei. Es bedarf daher einer pädagogischen Gestaltung der Netzwerkarbeit, d.h. lernförderlicher, zielgruppenadäquater Gestaltung sowie prozessbegleitender Unterstützung und Beratung (vgl. Diettrich/Jäger 2004).

Hier sind vor allem pädagogische Kompetenzen des Netzwerkmoderators gefordert – über die in unserer Praxis Moderatoren und Netzwerkmanager nur selten verfügen (vgl. auch Diettrich/Gillen 2004). Netzwerkmoderatoren sollten zu Ermöglichern von Lern- und Bildungsprozessen in Netzwerken werden, z.B. in Anlehnung an Konzepte der Ermöglichungsdidaktik (vgl. Arnold/Schüßler 2003). Ermöglichung ist dabei ein aktiver Prozess und bedeutet bezogen auf Netzwerke eine doppelte Herausforderung: Ermöglichung der Teilhabe an Netzwerken als auch der Teilhabe in Netzwerken. Zum einen geht es damit um die Schaffung des – nicht nur formalen – Zugangs zu Netzwerken, so dass z.B. eher bildungsferne Personengruppen in den Kreis der Akteure integriert werden sowie sozialen Schließungstendenzen entgegen gewirkt wird; und zum anderen wird die Ermöglichung des Lernens in Netzwerken auch für Personen mit geringerer Fähigkeit zur Selbstorganisation (des eigenen Lernens) notwendig. Bezogen auf die Tätigkeit eines Netzwerkmoderators folgt daraus, dass er immer dann aktiv tätig werden sollte, wenn die einzelnen Lerner ihre eigenen Lerninteressen nicht ausreichend artikulieren und befriedigen können. Sofern also beispielsweise der gegenseitige Erfahrungsaustausch als Lerngelegenheit für alle Teilnehmer ausreicht, bedarf es keiner weiteren pädagogischen Interventionen, z.b. bezüglich formalisierter Weiterbildung, im Netzwerk. Der Moderator muss also immer eine Transparenz über eine mögliche pädagogische Unterstützung herstellen und diese jederzeit aktiv anbieten und somit die Akteure hinsichtlich der Selbstorganisation ihres Lernprozesses, aber auch bezüglich der Ergänzung durch formalisierte Bildungsangebote unterstützen – d.h. er muss mehr tun, als ausschließlich das Lernen durch die Schaffung von Rahmenbedingungen zu ermöglichen. Darüber hinaus sind neben der Moderatorentätigkeit im engeren Sinne weitere personelle und organisatorische Maßnahmen notwendig, wie z.b. Auswahl und Gestaltung von Lernorten und Kommunikationsforen, um Netzwerke im Kontext von Chancengleichheit nutzen zu können.

6. Ausblick

In quantitativer Hinsicht ist das Urteil hinsichtlich der Frage, ob neue Lernformen zur Verminderung sozialer Polarisierung eindeutig uneindeutig.

> „Die bei der formellen Weiterbildung [...] feststellbaren Unterschiede zwischen den Qualifikationsgruppen stellen sich zwar auch bei den meisten Arten der informellen Weiterbildung ein, doch sind hier die Unterschiede in der Regel geringer ausgeprägt." (Brussig/Leber 2004, S. 56; vgl. BMBF 2006, S. 191ff.)

Hier besteht unseres Erachtens Forschungsbedarf hinsichtlich der genaueren Analyse, unter welchen konkreten Rahmenbedingungen bzw. in welcher Konstellation die Forcierung informellen Lernens zur Chancengleichheit beiträgt und unter welchen Bedingungen dieser Effekt nicht auftritt.

In qualitativer Perspektive bezüglich des Lernens in Netzwerken haben wir hier die Frage der Chancengleichheit behandelt, die sich in doppelter Weise stellt: Zum einen hinsichtlich des Zugangs zu den Netzwerken – dies ist eine eher bildungspolitische Aufgabenstellung (vgl. Bolder 2001). Zum anderen ist zu gewährleisten, dass die Akteure das Netzwerk für ihr eigenes Lernen nutzen können. In der Konsequenz wird die Gestaltung von Rahmenbedingungen des Lernens zur Vermeidung von sozialen Ungleichheiten und die Entwicklung pädagogisch-didaktischer Konzepte auch in Netzwerken zu einer wichtigen Aufgabe, der sich die Weiterbildungspraxis, aber auch die relevanten Wissenschaftsdisziplinen hinsichtlich Konzeptentwicklung, Begleitung und Evaluation stellen sollten.

Weiter oben wurde angedeutet, dass es bezogen auf die neuen Lernformen vielfach ähnliche und nahe beieinander liegende Hoffnungen und Erwartungen gibt. Diesen Gedanken aufnehmend ist weitergehend zu prüfen, ob diese am Beispiel von Netzwerken gezogenen Schlussfolgerungen nicht auch für weitere der „neuen Lernformen" gelten, z.b. für Communities of Practice. So resultiert aus der Tatsache, dass die erfolgreiche Partizipation in neuen Lernformen einen hohen Grad an Selbstorganisationsfähigkeit voraussetzt, eine – zwar hinsichtlich der Wahrung von Chancengleichheit bildungspolitisch begründete –, jedoch im Kern originär pädagogische Aufgabe. Somit ergibt sich bezüglich der Weiterbildung die erweiterte Aufgabenstellung, Chancengleichheit und Bildungsgerechtigkeit auf zwei Ebenen zu ermöglichen:

Tab. 2: Herausforderungen zur Chancengleichheit und Bildungsgerechtigkeit

Zugang zur Weiterbildung	*Bildungspolitische* Herausforderung: Ermöglichen des Zugangs zur Weiterbildung
Nutzen der Weiterbildung nur bei bestimmten Dispositionen	*Pädagogische* Herausforderung: Gestaltung der neuen Lernformen in der Weiterbildung

Die Gestaltung der neuen Lernformen führt so zu einem differenzierten Aufgabenverständnis: Pädagogik und pädagogische Intervention befinden sich im Spannungsfeld zwischen Selbstorganisation und Intervention – hier ist die Balance zu finden zwischen der Formalisierung informellen Lernens und der „Informalisierung" formellen Lernens (Schiersmann et al. 2001). Ziel sollte es sein, die Vor- und Nachteile formalisierten und informellen Lernens so zu berücksichtigen, dass Chancengleichheit, Bildungsgerechtigkeit bzw. die Integration bildungsferner Gruppen – besser als bisher in der Bildungspraxis häufig zu beobachten – durch neue Lernformen gefördert und gestärkt wird.

Literatur

Arnold, R.; Schüßler, I. (2003): Ermöglichungsdidaktik: Erwachsenenpädagogische Grundlagen und Erfahrungen. Baltmannsweiler

Baethge, M.; Baethge-Kinsky, V. (2004): Der ungleiche Kampf um das lebenslange Lernen. Münster u.a.O.

Berger, P.; Kahlert, H. (Hg.) (2005): Institutionalisierte Ungleichheiten. Wie das Bildungswesen Chancen blockiert. Weinheim, München

BMBF (Hg.) (2004): Lernende Regionen – Förderung von Netzwerken. Bonn, Berlin

BMBF (Hg.) (2006): Berichtssystem Weiterbildung IX. Integrierter Gesamtbericht zur Weiterbildungssituation in Deutschland. Bonn, Berlin

Bolder, A. (2001): Soziale Polarisierung im Feld beruflicher Weiterbildung. Erfüllung einer Bringschuld? In: DIE – Zeitschrift für Erwachsenenbildung, Heft 2, S. 23-25

Brussig, M.; Leber, U. (2004): Verringert informelle Weiterbildung bestehende Qualifikationsunterschiede? Aktuelle Ergebnisse einer Betriebsbefragung. In: WSI-Mitteilungen, Jg. 47/Heft 1, S. 49-57

Dehnbostel, P. (2001): Netzwerkbildungen und Lernkulturwandel in der beruflichen Weiterbildung – Basis für eine umfassende Kompetenzentwicklung? In: Grundlagen der Weiterbildung, Jg. 12/Heft 3, S. 104-106

Dehnbostel, P.; Elsholz, U.; Meyer-Menk, J.; Meister, J. (Hg.) (2002): Vernetzte Kompetenzentwicklung. Alternative Positionen zur Weiterbildung. Berlin

Dehnbostel, P.; Elsholz, U. (2004): Berufsbildungsnetzwerke in der Weiterbildung – Merkmale, Typen und lernorttheoretische Einordnung. In: Pätzold, G.; Stender, J. (Hg.): Lernortkooperation und Bildungsnetzwerke. Bielefeld, S. 113-125

Diettrich, A.; Gillen, J. (2004): Netzwerkmoderatoren in unterschiedlichen Netzwerktypen – Funktionen, Aufgaben, Qualifikationsanforderungen. In: Elsholz, U.; Dehnbostel, P. (Hg.): Kompetenzentwicklungsnetzwerke. Konzepte aus gewerkschaftlicher, berufsbildender und sozialer Sicht. Berlin, S. 187-202

Diettrich, A.; Jäger, A. (2002): Lernende Region Weimarer Land – Erfahrungen aus einem Lernnetzwerk. In: berufsbildung, Jg. 56/Heft 75, S. 32-34

Diettrich, A.; Jäger, A. (2004): Netzwerke als innovative Form beruflicher Qualifizierung – Lernpotentiale unterschiedlicher Netzwerktypen. In: Reinisch, H. et al. (Hg.): Studien zur Dynamik des Berufsbildungssystems. Forschungsbeiträge zur Struktur-, Organisations- und Curriculumentwicklung. Wiesbaden, S. 173-187

Diettrich, A.; Jäger, A.; Reinisch, H. (2002): Wissenschaftliche Begleitung des Modellprojekts „Trendumkehr – Ein Netzwerk des Lernens für die Zukunftsfähigkeit der Region Weimarer Land"– Empirische Erhebung der Ziel-/Erwartungsstrukturen der Akteure: Ergebnisse und Handlungsempfehlungen (Jenaer Arbeiten zur Wirtschaftspädagogik, Reihe A, Heft 10). Jena

Dobischat, R.; Benzenberg, I. (2002): Verbund- und Netzwerkentwicklungen in der beruflichen Weiterbildung. In: Dehnbostel, P.; Elsholz, U.; Meister, J.; Meyer-Menk, J. (Hg.): Vernetzte Kompetenzentwicklung. Alternative Positionen zur Weiterbildung. Berlin, S. 223-237

Dohmen, G. (1996): Das lebenslange Lernen. Leitlinien einer modernen Bildungspolitik. Bonn

Elsholz, U. (Hg.) (2006): Gewerkschaftliche Netzwerke zur Kompetenzentwicklung. Qualitative Analyse und theoretische Fundierung als Lern- und Organisationsform. München, Mering

Elsholz, U.; Dehnbostel, P. (Hg.) (2004): Kompetenzentwicklungsnetzwerke. Konzepte aus gewerkschaftlicher, berufsbildender und sozialer Sicht. Berlin

Erpenbeck, J. (2003): Modelle und Konzepte zur Erfassung non-formell und informell erworbener beruflicher Kompetenzen in Deutschland. In: Straka, G. A. (Hg.): Zertifizierung non-formell und informell erworbener beruflicher Kompetenzen. Münster u.a.O., S. 27-39

Faulstich, P. (2002): Lernen in Wissensnetzen. In: Dehnbostel, P.; Elsholz, U.; Meister, J.; Meyer-Menk, J. (Hg.): Vernetzte Kompetenzentwicklung. Alternative Positionen zur Weiterbildung. Berlin, S. 185-199

Faulstich, P.; Vespermann, P.; Zeuner, C. (2001): Bestandsaufnahme regionaler Kooperationsverbünde/Netzwerke im Bereich lebensbegleitenden Lernens in Deutschland (Hamburger Hefte der Erwachsenenbildung, 1). Hamburg

Frerichs, P.; Wiemert, H. (2002): „Ich gebe, damit du gibst". Frauennetzwerke – strategisch, reziprok, exklusiv. Opladen

Habenicht, T.; Elsholz, U. (2004): Kompetenzentwicklung im Betriebsräte- und Beraternetzwerk Kompenetz. In: Elsholz, U.; Dehnbostel, P. (Hg.): Kompetenzentwicklungsnetzwerke. Konzepte aus gewerkschaftlicher, berufsbildender und sozialer Sicht. Berlin, S. 33-48

Hanft, A. (1996): Lernen in Netzwerkstrukturen. Tendenzen einer Neupositionierung der betrieblichen und beruflichen Bildung (Diskussionspapier 5/96 des Arbeitsbereichs Personalwirtschaftslehre der Universität Hamburg). Hamburg

Kremer, H.-H. (2004): Qualifizierungsnetzwerke – Lernumgebung für Lehrkräfte? In: Gramlinger, F.; Steinemann, S.; Tramm, T. (Hg.): Lernfelder gestalten – miteinander Lernen – Innovationen vernetzen. Paderborn, S. 82-96

Ludwig, J. (2004): Zur Lernförderlichkeit von Netzwerken. In: Elsholz, U.; Dehnbostel, P. (Hg.): Kompetenzentwicklungsnetzwerke. Konzepte aus gewerkschaftlicher, berufsbildender und sozialer Sicht. Berlin, S. 107-123

Schäffter, O. (2001): In den Netzen der lernenden Organisation. Ein einführender Gesamtüberblick. KBE-Fachtagung „Vernetzung auf allen Ebenen" vom 10./11.05.2001 (Online: http://www.treffpunktlernen.de/objects/KFT_Lernende_Organisation.pdf; Zugriff: 10.12. 2004)

Schiersmann, C. ; Iller, C.; Remmele, H. (2001): Aktuelle Ergebnisse zur betrieblichen Weiterbildungsforschung. In: Nuissl, E. et al. (Hg.): Literatur- und Forschungsreport Weiterbildung, Nr. 48. Thema: Betriebliche Weiterbildung, S. 8-36

Tippelt, R.; v. Hippel, A. (2005): Weiterbildung: Chancenausgleich und soziale Heterogenität. In: Aus Politik und Zeitgeschichte, Heft 37, S. 38-45

Weiß, R. (2003): Aktuelle Ergebnisse der Weiterbildungserhebung der Wirtschaft. In: Grundlagen der Weiterbildung, Jg. 14/Heft 1, S. 35-38

Wilbers, K. (2004): Soziale Netzwerke an berufsbildenden Schulen. Analyse, Potenziale, Gestaltungsansätze. Paderborn

Teil 4
Rahmungen und
Herausforderungen
arbeitnehmerorientierter
Weiterbildung

Einführung in das Kapitel

Im vierten und letzten Teil dieser Veröffentlichung werden Zusammenhänge, Entwicklungen und Perspektiven in den Blick genommen, die über die in den Entwicklungs- und Forschungsarbeiten der KomNetz-Projektreihe erarbeiteten Grundzüge einer arbeitnehmerorientierten Kompetenzentwicklung und Weiterbildung hinausweisen. Es geht vorrangig um Rahmungen und den weiteren Ausbau der Weiterbildung im Hinblick auf arbeitnehmer- und gewerkschaftsorientierte Positionen sowie um Fragen herkömmlicher und neuer Beruflichkeit. Besonderes Gewicht kommt Forderungen nach einer stärkeren gesetzlichen Verankerung und Absicherung der betrieblichen und beruflichen Weiterbildung zu. Verbindliche Regelungen auf unterschiedlichen Ebenen scheinen vor allem angesichts der wachsenden sozialen Ungleichheit in der Weiterbildungsteilhabe und vor dem Hintergrund lebenslangen Lernens und der sozio-ökonomischen Entwicklung notwendig und überfällig. Als Perspektiven und Herausforderungen stehen die Europäisierung der Berufs- und Weiterbildung sowie die damit zusammenhängenden nationalen Reformbestrebungen im Mittelpunkt, die wiederum elementare Fragen der Beruflichkeit und des Verständnisses von Kompetenzentwicklung und darauf bezogener Konzeptions- und Gestaltungsfragen hervorrufen.

Entwicklungen der europäischen Bildungspolitik und der Europäisierung der Berufs- und Weiterbildung werden in den ersten drei Beiträgen aufgenommen. Auf europäischer Ebene werden offensichtlich Bedingungen und Strukturen für die Berufs- und Weiterbildung geschaffen, die weit über die vielfach vertretene Ansicht hinausgehen, nur einen Übersetzungs-, Anerkennungs- und Verständigungsrahmen für national unterschiedliche Bildungssysteme und Standards bereitzustellen. Die mit großem finanziellem Aufwand entwickelten und erprobten EU-Konzepte entfalten eine starke Eigendynamik und Eigenwirkung, zumal in Mitgliedsstaaten ohne tradierte oder hoch entwickelte Bildungssysteme. In den Hintergrund rückt dabei, dass die Abmachungen und Beschlüsse der einschlägigen Regierungsabkommen verbindlich festhalten, dass die Inhalte und die Gestaltung der beruflichen Bildung allein den EU-Mitgliedsstaaten obliegen, während die Europäische Kommission auf unterstützende und ergänzende Maßnahmen verwiesen ist.

In jedem Fall finden auf nationaler und europäischer Ebene grundlegende Veränderungen und Neugestaltungen von Bildungsgängen und herkömmlichen Erfassungs-, Bewertungs- und Zertifizierungsverfahren statt, die die berufliche Weiterbildung elementar tangieren. Neu zu konstruierende, kompetenzbasierte Bildungsstandards sollen auch für die Berufsbildung in Zukunft die grundlegenden Referenzpunkte abgeben, wobei zwischen dem Verständnis von Standards in der beruflichen Bildung und dem für Schulen und Hochschulen bisher erhebliche Unterschiede bestehen. Die berufliche Bildung in Deutschland arbeitet spätestens seit der Einführung des Berufsbildungsgesetzes mit umfassenden Berufsbildungsstandards, die auf Inputfaktoren, Prozessfaktoren und Output- bzw. Outcomefaktoren rekurrieren. Diese Standards beziehen sich prinzipiell auf das Berufsprinzip und alle Bereiche der Berufsbildung, so vor allem auf die berufliche Weiterbildung, verschiedene Formen der Fortbildung und auf die Berufsausbildung. In der beruflichen Weiterbildung ist diese Orientierung als Leitziel auszubauen und abzusichern.

Im einleitenden Beitrag *Weiterbildung, Reflexivität und europäische Perspektiven* erörtert Peter Dehnbostel die soziale Relevanz betrieblicher Weiterbildung angesichts sinkender Weiterbildungsbeteiligung bei gleichzeitiger wachsender Selektivität und sozialer Differenzierung der Weiterzubildenden. Ein die Personal- und Organisationsentwicklung einbeziehendes weites Verständnis betrieblicher Bildungsarbeit zeigt demgegenüber Wege auf, wie in der Verbindung von Arbeiten und Lernen neue Lernpotenziale und Lernchancen für die betriebliche Weiterbildung entstehen. Darüber hinaus verweisen wachsende Lern- und Reflexionsprozesse auf die Möglichkeit verstärkter Persönlichkeits- und Bildungsprozesse in der Arbeit, wobei diese Entwicklung höchst ambivalent erscheint und mit der Möglichkeit einer weiteren Verbetrieblichung von Weiterbildung konfrontiert ist. Die Grundsatzbetrachtung betrieblicher Weiterbildung wird unter dem Blickwinkel europäischer Perspektiven und Berufsbildungsmaßnahmen fortgeführt. Über den Europäischen Qualifikationsrahmen können aufgrund der einseitigen Qutcomeorientierung und einer bildungsgangunabhängigen Modularisierung die berufliche Weiterbildung in Frage gestellt und soziale Ungleichheiten verstärkt werden. Umso wichtiger ist die Strukturierung und Ausrichtung eines Deutschen Qualifikationsrahmens, dessen Essentials im Sinne einer arbeitnehmerorientierten Weiterbildung erläutert werden.

Mit der europäischen Berufsbildungspolitik beschäftigt sich auch der Beitrag *EQF und ECVET: Meilenstein zur Verwirklichung Lebenslangen Lernens oder Zerstörung deutscher Beruflichkeit?* von Winfried Heidemann. Wie der Titel bereits ausdrückt, werden zunächst der Europäische Qualifikationsrahmen und das Europäische Leistungspunktesystem für die berufliche Bildung im Kontext der Wirtschafts-, Beschäftigungs- und Sozialpolitik der EU nachgezeichnet. Die Outcome-Orientierung von Bildungsgängen und Bildungsabschnitten wird vor dem Hintergrund einer europaweit herzustellenden Transparenz plausibel dargestellt. In der Diskussion mit Vorbehalten und kritischen Stellungnahmen wird auf die Souveränität nationaler Qualifikations- und Bildungssysteme verwiesen, wenngleich auch nicht-intendierte Folgewirkungen der europäischen Konzepte und Maßnahmen reflektiert und insbesondere für das Berufsprinzip und für das lebenslange Lernen diskutiert werden. Konstatiert wird, dass eine am EQR und an ECVET orientierte Praxis von einer modular strukturierten beruflichen Bildung leichter vorzunehmen ist als vom deutschen, am Berufsprinzip orientierten System. Dessen Bedrohung und mögliche Erosion wird aber nicht aus Gründen der Implementierung des ECVET gesehen, sondern aus den Entwicklungen der Produktions- und Dienstleistungsprozesse in einer sich globalisierenden Ökonomie. Die abschließende Betrachtung gilt dann auch der Globalisierung der Ökonomie als „Agens" einer Globalisierung der Qualifizierungsprozesse.

Auch der dritte Beitrag von Katrin Kraus nimmt Entwicklungen in der europäischen Berufsbildungspolitik auf. In ihrem Beitrag *Beruflichkeit, Employability und Kompetenz – Konzepte einer erwerbsorientierten Pädagogik in der Diskusson* wird einleitend konstatiert, dass der Europäische Qualifikationsrahmen und das Europäische Leistungspunktesystem für die berufliche Bildung Steuerungselemente etabliert, die der Verfasstheit des Berufsprinzips im Berufsbildungsgesetz entgegenstehen. Der Beitrag bereichert die aktuelle Diskussion um die Entwicklung der Berufsbildung in Deutschland, in dem konzeptionelle Grundfragen von Beruf, Employability und Kompetenz erörtert werden. Dabei wird die Diskussion aufgenommen, die Employability als eine mögliche konzeptionelle Alternative zum Berufskonzept ansieht. Als Eckpfeiler der Diskussion werden die europäische Bildungs- und Beschäftigungspolitik und die betriebliche Bildungsarbeit betrachtet und das im deutschen Sprachraum vorherrschende Employability-Verständnis wird anschließend mit dem etablierten Berufskonzept verglichen. Geschlussfolgert wird, dass die Forderung nach Employability zwar im Widerspruch zum etablierten Berufskonzept steht, gleichwohl nicht auf seine Ablösung zielt, sondern Anstöße zu dessen Modernisierung geben kann. Employability und Kompetenz werden als Veränderung des Berufskonzepts hin zur beruflichen Handlungsfähigkeit verstanden, womit die Subjektorientierung moderner Beruflichkeit betont wird. Der unmittelbare Bezug dieser nicht zuletzt im europäischen Berufsbildungszusammenhang äußerst wichtigen Diskussion auf Konzepte der Weiterbildung bleibt weitgehend offen und ist als eine wichtige Fragestellung der Weiterbildungsforschung anzusehen.

Mit den unterschiedlichen Interessen an und in der betrieblichen Weiterbildung setzt sich der vierte Beitrag dieses Teils auseinander. Rita Meyer hinterfragt unter dem Titel *Primat der Ökonomie? – Arbeitnehmerinteressen in der betrieblichen Weiterbildung*, inwiefern Weiterbildungsinteressen von Beschäftigten in der betrieblichen Qualifizierungspolitik Berücksichtigung finden und ihre individuelle Kompetenzentwicklung tatsächlich gefördert wird. Ausgehend von der Notwendigkeit, Weiterbildung durch eine Regulierung von staatlicher Seite abzusichern, werden auf dem Weg dahin Beispiele und Erfahrungen thematisiert, die für eine Förderung der Kompetenzentwicklung und Berücksichtigung der Weiterbildungsinteressen von Arbeitnehmern stehen. Die Regulierun-

gen, die in der IT-Branche getroffen wurden, werden als Beispiel dafür angeführt, wie auf die Qualifizierung und die Stärkung der Beruflichkeit in der Weiterbildung im Rahmen der bestehenden Berufsbildungsgesetzgebung Einfluss
genommen werden kann. Auch die Umsetzung des Qualifizierungstarifvertrages
der IG Metall in Baden-Württemberg wird als eine wichtige Erfahrung erörtert.
Ernüchternd ist die referierte Bilanz, dass über die Umsetzung des Qualifizie-
rungsvertrages kein nennenswerter Beitrag zur Verbesserung der Chancengleichheit und in der Abschwächung der sozialen Selektivität in der Teilnahme
an Weiterbildung erfolgt. Der wichtige Ausblick des Beitrags besteht in der zu-
sammenfassenden Erörterung darüber, wie Arbeitnehmer aktiv, in Klärung und
Wahrnehmung ihrer Interessen sowie in konstruktiver Kooperation auf die betriebliche Weiterbildung nachhaltig Einfluss nehmen können.

Im abschließenden Beitrag von Michael Ehrke, Uwe Elsholz, Thomas Habenicht und Klaus Heimann thematisieren die Autoren *Herausforderungen in
der Weiterbildung aus gewerkschaftlicher Perspektive.* Vor dem Hintergrund
betrieblicher und politischer Entwicklungen in der Weiterbildung werden zentrale Herausforderungen mit Blick auf das konkrete Handeln von Interessenvertretern und der Gewerkschaften ausgewiesen, und zwar: Lernen im Prozess der
Arbeit; Weiterbildung mit System; Beratung in der Weiterbildung; Lernzeiten;
Lerngelder. Damit wird der Gestaltungsrahmen für eine erfolgreiche arbeitnehmerorientierte Weiterbildung in rechtlicher und konzeptioneller Hinsicht aufgezeigt. Zentrale Herausforderungen für betriebliche Interessenvertreter und die
Gewerkschaften werden benannt, strategische Anforderungen und praktische
Ansatzpunkte für gewerkschaftliche und betriebsrätliche Handlungsfelder aufgezeigt, wobei gesetzliche und tarifliche Regelungsbedarfe für die Gestaltung
lebenslangen Lernens identifiziert und begründet werden. Festgestellt wird, dass
in der Weiterbildung Regelungen auf der betrieblichen, tariflichen, ordnungspo-
litischen und gesetzlichen Ebene notwendig sind, um Konzepte und soziale
Standards durchzusetzen und abzusichern. Denn Weiterbildung ist und bleibt ein
öffentliches Gut und die Teilhabe an ihr wird immer mehr zu einer neuen sozialen Frage.

Betriebliche Weiterbildung, Reflexivität und europäische Perspektiven

Peter Dehnbostel

1. Zur sozialen Relevanz betrieblicher Weiterbildung

Seit den 1980er Jahren hat die Bedeutung beruflicher Weiterbildung im Vergleich zur allgemeinen Weiterbildung und zu anderen Bildungsbereichen erheblich zugenommen. Wie in dem einleitenden Beitrag dieses Bandes von Dehnbostel/ Elsholz/Gillen festgestellt, ist die berufliche Weiterbildung zum bedeutendsten und größten Bildungsbereich geworden, wenngleich die Teilnahmequote an der beruflichen und auch der betrieblichen Weiterbildung in Deutschland im Gegensatz zu anderen OECD-Staaten seit nunmehr nahezu zehn Jahren sinkt. Bei allen an der Weiterbildungspolitik beteiligten gesellschaftlichen Gruppen herrscht Konsens darüber, dass die Relevanz der Weiterbildung in der sich abzeichnenden Wissens- und Dienstleistungsgesellschaft und des damit notwendig gewordenen lebenslangen Lernens weiter zunehmen wird und die Teilnahmequoten in Deutschland als Indikator gesellschaftlichen und sozialen Fortschritts wieder ansteigen müssen.

Nicht weniger drängend als das Problem der sinkenden Weiterbildungsbeteiligung ist die soziale Differenzierung und Selektion in der beruflichen Weiterbildung, die bereits in Zeiten der starken Weiterbildungsexpansion festzustellen war und sich seitdem verstärkt. Statistische Quellen wie das IAB-Betriebspanel und das Berichtssystem Weiterbildung stellen einheitlich eine hohe Selektivität im Zugang zur beruflichen und ebenso zur betrieblichen Weiterbildung fest. Die Teilnahmequoten bei qualifizierten Angestellten liegen – mit geringen Schwankungen über die Jahre zwei- bis dreimal so hoch wie die von Facharbeitern und Fachangestellten und fünf- bis sechsmal so hoch wie die von un- und angelernten Arbeitern. Darüber hinaus hat die Weiterbildungsabstinenz insbesondere von sozial schwachen Gruppen erheblich zugenommen (vgl. Heidemann 2001, S. 31ff.; Sauter 2004, S. 155f.; Kuwan et al. 2006, S. 72ff.).

Die beruflich-betriebliche Weiterbildung ist weit davon entfernt, zur Realisierung der mit der Bildungsidee historisch verbundenen Ziele der Chancengleichheit, Partizipation und sozialen Gerechtigkeit beizutragen. Stattdessen verschärft sie in ihrer derzeitigen Verfassung soziale Ungleichheiten und soziale Selektion. Angesichts der Relevanz der Weiterbildung in der Wissens- und Dienstleistungsgesellschaft wird zu Recht festgestellt, dass die Teilhabe an Weiterbildung zur neuen sozialen Frage wird.

Mit der Renaissance des Lernens in der Arbeit wird „Arbeit als zweite Chance" erkannt, als Chance der vorherrschenden und wachsenden Selektion in der Weiterbildung und der Weiterbildungsteilnahme zu begegnen. Denn wie das Berichtssystem Weiterbildung zeigt, erreicht die Beteiligung an „verschiedenen Arten des informellen beruflichen Kenntniserwerbs" mit 61% (vgl. Kuwan et al. 2006, S. 193) einen mehr als doppelt so großen Personenkreis wie die oben mit 26% angegebene Teilnahme an der traditionellen beruflichen Weiterbildung in Form von Seminaren und Kursen. Ebenso bestätigt auch die Repräsentativ-Studie zum Lernbewusstsein und -verhalten der deutschen Bevölkerung, dass das „informelle Lernen [...] für die Mehrheit der einzige bzw. der Hauptlernkontext (ist), in dem sie als Erwachsene das Meiste gelernt zu haben meinen" (Baethge/ Baethge-Kinsky 2004, S. 138). Arbeit wirkt sich über Lernhandeln und Erfahrungsprozesse unmittelbar auf die Kompetenzentwicklung und die Lernkompetenzen aus und bietet so in relativer Unabhängigkcit von früheren Sozialisationserfahrungen Lern- und Bildungschancen. Informelles Lernen und Erfahrungslernen konstituieren sich in der Wechselbeziehung von Arbeitshandeln und Arbeitsstrukturen und folgen lerntheoretisch anderen Entwicklungsabläufen als das formelle Lernen in Lehrgängen und Seminaren.

Ein genauerer Blick auf die Statistik bestätigt allerdings auch hier, dass die Wahrnehmung des informellen Lernens von beruflichen Vorbildungen und vom beruflichen Status der Teilnehmenden abhängt, wenn auch nicht annähernd in dem Maße wie bei der formellen beruflichen Weiterbildung (vgl. Kuwan et al. 2006, S. 188ff.). Das Lernen in der Arbeit erfasst einen breiten Teilnehmerkreis auf allen betrieblichen Hierarchieebenen und könnte den Weg zu einer sozial ausgewogenen breiten Qualifizierung und Weiterbildung weisen, wobei allerdings Erwerbslose hieran nicht oder nur über temporäre Maßnahmen teilnehmen können. Auch die zur Zeit vorangetriebene Zertifizierung von informell erworbenen Kompetenzen und ihre Anerkennung im Rahmen beruflicher und hochschulischer Bildungsgänge kommt einer sozial ausgewogeneren Weiterbildung entgegen. Das Beispiel des IT-Weiterbildungssystems mit dem Konzept einer arbeitsprozessorientierten Weiterbildung zeigt dies bei allen Reformunzulänglichkeiten deutlich (vgl. Meyer 2006, S. 91ff.).

Nun sind Lernen in der Arbeit und informelles Lernen aber nicht per se qualifizierend und persönlichkeitsfördernd. Sie sind wesentlich von den Arbeitsaufgaben und den Arbeitsbedingungen der jeweiligen Arbeitssituation abhängig und damit von deren ökonomischer Determiniertheit. Lernpotenziale und Lernchancen in der Arbeit unterliegen somit einer hohen Heteronomie und Zufälligkeit. Informelles und Erfahrungslernen ohne arbeitspädagogische Arrangements, ohne Organisation und Zielorientierung läuft Gefahr, situativ und beliebig zu verbleiben.

Demgegenüber zeigen Wege der Verbindung von informellem und formellem Lernen in der Arbeit oder in Verbindung mit der Arbeit, wie eine gezielte Qualifizierung und der Erwerb einer umfassenden beruflichen Handlungskompetenz stattfinden oder ausgebaut werden können. In der betrieblichen Weiterbildung sind Konzepte zur Verbindung von Arbeiten und Lernen in den grundlegenden Rahmen der betrieblichen Bildungsarbeit einzuordnen, auf die zunächst einzugehen ist.

2. Betriebliche Bildungsarbeit und Konzepte zur Verbindung von Arbeiten und Lernen

Der gewachsene Stellenwert des Lernens in der Arbeit schlägt sich nicht nur in veränderten Lernorientierungen, Lernkonzepten und Weiterbildungsformen nieder, sondern genereller in einem neuen Verständnis der betrieblichen Bildungsarbeit (vgl. Dehnbostel/Pätzold 2004, S. 23ff.), das die Planung, Durchführung, Evaluation und Begleitung aller Maßnahmen und Konzepte der beruflichen Bildung, der Qualifizierung und des betrieblichen Trainings von der Ebene der Auszubildenden bis zu den Führungskräften umfasst. Die betriebliche Bildungsarbeit bezieht sich dabei sowohl auf das formelle, organisierte Lernen als auch auf das informelle bzw. Erfahrungslernen.

Ein sich zunehmend durchsetzendes weites Verständnis betrieblicher Bildungsarbeit definiert diese als Einheit von Berufs- und Betriebspädagogik, Personalentwicklung und Organisationsentwicklung und wird – wie international gebräuchlich – als Human Ressources Development (HRD) bezeichnet. Dieses Modell umfasst die Gesamtheit aller auf Individuen, Gruppen und die Organisation bezogenen Lernprozesse im Betrieb. Es integriert einerseits nur Teilbereiche der Personal- und Organisationsentwicklung, reicht aber andererseits in seiner berufs- und betriebspädagogischen Anbindung an Qualitäts- und Bildungsstandards, berufliche Aus- und Weiterbildungsgänge sowie an das öffentlich-rechtliche Bildungssystem über diese hinaus. Das Konzept einer zukunftsweisenden betrieblichen Bildungsarbeit zielt mit Blick auf grundlegende Zielsetzungen einer beruflich-betrieblichen Weiterbildung, die Bildung und Persönlichkeit einbezieht, zentral auf den Erwerb oder den Ausbau einer umfassenden beruflichen Handlungskompetenz und der reflexiven Handlungsfähigkeit (vgl. Dehnbostel et al. im einleitenden Beitrag dieses Bandes).

Die betriebliche Bildungsarbeit schließt hier eine Personal- und Organisationsentwicklung ein, die sich von einem Anpassungs- zu einem Gestaltungsansatz, von einer reaktiven zu einer antizipierenden Strategie entwickelt hat (vgl. Arnold 1997, S. 61ff.). Organisationsentwicklung erhebt dabei den Anspruch, Strukturen, Prozesse und Personen in Organisationen ganzheitlich zu betrachten und im Sinne der strategischen Ziele der Unternehmungen sowie der Interessen der beschäftigten Mitarbeiter zu verändern (Pätzold/Lang 1999, S. 45f.). Organisationsentwicklung als eigenständiges Arbeits- und Entwicklungsfeld ist mit einer Vielzahl von Methoden, Strategien und Zielvorstellungen verbunden. Aus betriebswirtschaftlicher Sicht gilt, dass Organisationsentwicklung generell managementgeleitet ist. Dabei werden klassische betriebswirtschaftliche Leistungskriterien neuerdings um individuelle und gruppenbezogene Zielsetzungen ergänzt.

Demgegenüber ist die Personalentwicklung mit Blick auf Qualifizierungen und personale Entwicklungen auf Teilbereiche von Organisationen bezogen und umfasst besonders die Interdependenz zwischen Qualifizierungsprozessen und Organisationsgestaltung (vgl. Münch 1995, S. 16ff.). Personalentwicklung wird zunehmend als ein entscheidender strategischer Erfolgsfaktor für die Wettbewerbsfähigkeit eines Unternehmens verstanden. Sie hat die ständige Balance zwischen den Zielen des Unternehmens und denen des Personals zu suchen und zu finden und fasst alle Maßnahmen der Qualifizierung und betrieblichen Aus- und Weiterbildung strategisch zusammen.

Für die betriebliche Bildungsarbeit und das Lernen im Prozess der Arbeit besteht eine entscheidende Frage darin, wie sie hinsichtlich ihrer Qualität, Wirkung und Nachhaltigkeit zu beurteilen sind. Auch wenn allgemein anerkannt wird, dass das Lernen im Prozess der Arbeit im Zuge betrieblicher Reorganisations- und Umstrukturierungsprozesse an Bedeutung gewonnen hat, so sagt dies noch nichts über dessen Reichweite, Qualität und Subjektbezug aus. Unter den Stichworten der „Koinzidenz" und „Konvergenz" ökonomischer und pädagogischer Vernunft wird diese Diskussion seit Anfang der 1990er Jahre geführt (vgl. u.a. Achtenhagen 1990; Heid 1999; Harteis et al. 2002, S. 17ff.; Heid/Harteis 2004).

Entscheidend für die Diskussion ist die reale betriebliche Entwicklung von Arbeits-Lern-Umgebungen und damit verbundenen Lernoptionen und Lernchancen in der betrieblichen Arbeit. Sie sind Teil der im Spannungsverhältnis von ökonomischer Zweckorientierung und personaler Entwicklung neu auszulotenden veränderten betrieblichen Bildungsarbeit als Grundlage beruflich-betrieblicher Weiterbildung. Maßnahmen und Konzepte der betrieblichen Bildungsarbeit wie die lern- und kompetenzförderliche Arbeitsgestaltung sind zugleich Teil beruflich-betrieblicher Weiterbildung. Gleiches gilt für Konzepte zur Verbindung von Arbeiten und Lernen, die sich durch die gezielte Berücksichtigung des Erfahrungslernens bzw. informellen Lernens und dessen Erweiterung um organisiertes bzw. formelles Lernen auszeichnen.

Wie der betriebliche Wandel und betriebliche Lern- und Wissensprozesse zeigen, wird die Verbindung von Lernen und Arbeiten zunehmend wichtiger. Der Erwerb von Handlungskompetenz und reflexiver Handlungsfähigkeit erfolgt für den Einzelnen im Beschäftigungssystem in starkem Maße über eine Verbindung des Arbeitens mit dem Lernen. In der Arbeit wird auf das Erfahrungswissen zurückgegriffen und zugleich über neue Erfahrungen ein Kompetenzzuwachs ermöglicht. Konsequenterweise wird in neuen betrieblichen Lern- und Innovationsstrategien immer häufiger das informelle Lernen mit formellem Lernen gezielt in Verbindung gebracht.

Aus unternehmerischer Sicht sollen durch die Verbindung von Arbeiten und Lernen Arbeitsorganisation und Arbeitsprodukte verbessert, ein modernes betriebliches Wissensmanagement und die Innovationsfähigkeit optimiert werden. Dem informellen Lernen kommt zudem zugute, dass es weitaus geringere Kosten verursacht als das formelle Lernen in organisierten Weiterbildungsmaßnahmen außerhalb des Arbeitsprozesses. In der Berufsbildung und Weiterbildung sind in den letzten Jahren verstärkt Konzepte zur Verbindung von Arbeiten und Lernen entwickelt worden. Hinzuweisen ist vor allem auf die Konzepte zum „Erfahrungslernen als Entwicklung von gesellschaftlichen Schlüsselqualifikationen", zum „Erfahrungslernen in der ‚Arbeitsorientierten Exemplarik'" und zum „Arbeitsprozesswissen als Gegenstand des Lernens in berufsbildenden Schulen" (vgl. Dehnbostel 2002, S. 54ff.). Dabei handelt es sich um Konzepte mit Bezug auf Arbeit und Lernprozesse in der Arbeit, nicht aber um Konzepte in der Arbeit selbst.

Für das Lernen in der Arbeit zeigen empirische Konzepte, dass ein verstärktes Lernen sowohl in neuen Arbeitsformen als auch in Arbeiten und Lernen verbindenden Lernformen stattfindet (vgl. Grünewald et al. 1998; Dybowski 1999; Moraal et al. 2004; Schüßler 2004). Dabei unterscheiden sich das Lernen und die Lernarrangements in Lern- und Arbeitsformen erheblich voneinander. Lernformen beziehen gezielt formelles bzw. organisiertes Lernen ein und verbinden es mit Erfahrungslernen in der Arbeit. Ihnen ist gemeinsam, dass Arbeitsplätze und Arbeitsprozesse unter lernsystematischen und arbeitspädagogischen Gesichtspunkten erweitert und angereichert werden. Es wird ein bewusster Rahmen geschaffen, der das Lernen – unter organisationalen, personalen und didaktisch-methodischen Gesichtspunkten – unterstützt, vernetzt, fordert und fördert. Solche aktuellen Lernformen sind u.a. Coaching, Lernstatt, Lerninsel, Lernstationen und Communities of Practice.

Moderne betriebliche Arbeitsformen wie Gruppenarbeit, Rotation und Projektarbeit repräsentieren einen anderen Typus betrieblichen Lernens. Lernen erfolgt vor allem als informelles und Erfahrungslernen, ein formelles, organisiertes Lernen findet in diesen Arbeitsformen nur in Ausnahmefällen statt. Über und mit Erfahrungen gelernt wird u.a. in der Aufgabenbearbeitung, in der Kommunikation am Arbeitsplatz, in der Qualitätssicherung und dem Qualitätsmanagement sowie bei kontinuierlichen Verbesserungs- und Optimierungsprozessen. Erfahrungslernen ist zwar ein informelles, nicht-organisiertes Lernen, gleichwohl wird es in seinen Wirkungen, in seiner Performanz eingeplant, und zwar vorwiegend aus Gründen betriebswirtschaftlicher Effizienz und Optimierung. Sicherlich ist das informelle Lernen in modernen betrieblichen Arbeitsformen für das Lernen im Prozess der Arbeit von hoher Bedeutung, wie Ende des ersten Abschnitts betont, ist damit aber keineswegs eine ausgewiesene Kompetenzentwicklung per se verbunden. Es ist Aufgabe der betrieblichen Weiterbildung, das informelle Lernen in eine lern- und kompetenzförderliche Arbeitsgestaltung einzubetten und neue Lernformen als unmittelbare Weiterbildungsmaßnahmen anzusehen und einzusetzen. Die neuen Lernformen sind durchweg erst mit neuen Arbeits- und Organisationskonzepten eingeführt worden und die Verbindung von Arbeiten und Lernen ist das ihnen gemeinsame charakteristische Merkmal. Gemeinsam ist ihnen zudem eine doppelte Infrastruktur, die zum einen als Arbeitsinfrastruktur im Hinblick auf Arbeitsaufgaben, Technik, Arbeitsorganisation und Qualifikationsanforderungen der jeweiligen Arbeitsumgebung entspricht, zum anderen als Lerninfrastruktur zusätzliche räumliche, zeitliche, sachliche und personelle Ressourcen bereitstellt. Das Lernen ist zwar arbeitsgebunden, beschränkt sich jedoch nicht auf erfahrungsbezogene Lernprozesse in der Arbeit. Arbeitshandeln und darauf bezogene Reflexionen stehen mit ausgewiesenen Zielen und Inhalten betrieblicher Bildungsarbeit in Wechselbeziehung.

Auch wenn sich Lerninseln und andere Lernformen in einzelnen Unternehmen durchgesetzt haben, so sind ihre Verbreitung und ihr Ausbau entscheidend davon abhängig, inwieweit Lernen für betriebliche Bedarfe nicht über neue Arbeitsformen wie Gruppenarbeit, Projektarbeit und Job Rotation abgedeckt wird. Denn auch für diese Organisationsformen ist es charakteristisch, dass in und bei der Aufgabenbearbeitung Lernprozesse stattfinden, um über informelles Lernen Qualität durchzusetzen und über Dispositionsmöglichkeiten zu entscheiden. Gleichwohl wird die Verbreitung neuer Lernformen sicherlich weiter zunehmen, zumal vieles dafür spricht, dass sie eine Reihe wirtschaftlicher und auf die individuelle und die eingangs angesprochene soziale Entwicklung bezogene Vorteile mit sich bringen. Außerdem kann von einer eigentlichen Weiterbildung in der Arbeit erst dann gesprochen werden, wenn das informelle und Erfahrungslernen gezielt mit formellem Lernen verbunden wird. Die Reflexivität in Arbeitsprozessen zeigt im Allgemeinen an, dass informelles Lernen erweitert und gezielt Lern- und Bildungsprozesse verfolgt werden.

3. Reflexivität und Bildungsorientierung in der Arbeit

Wie in dem einleitenden Beitrag dieses Bandes von Dehnbostel et al. erläutert, erfolgt die Förderung reflexiver Handlungsfähigkeit in der betrieblichen Weiterbildung wesentlich über das Lernen im Prozess der Arbeit. Reflexivität meint dabei die bewusste, kritische und verantwortliche Bewertung von Handlungen auf der Basis von Erfahrungen und Wissen. In der Arbeit bedeutet dies zunächst ein Abrücken vom unmittelbaren Arbeitsgeschehen, um in zweifacher Reflexivität sowohl über die Arbeitsstrukturen und Arbeitsbedingungen als auch über die eigenen Handlungen und sich selbst zu reflektieren. Lernen in und bei der Arbeit trägt so wesentlich zur Kompetenzentwicklung bei. In sozialer Hinsicht wird dabei der Personenkreis der Lernenden vergrößert, da Reflexivität bei der Bearbeitung vieler Arbeitsaufgaben erforderlich ist, in modernen Arbeitsprozessen vielfach gefordert wird.

Dieses Verständnis von Reflexivität und reflexiver Handlungsfähigkeit wurde im KomNetz-Projekt entwickelt. Insgesamt besteht für den Begriff der Reflexivität keine einheitliche Verwendung und Begriffsbestimmung. In der beruflichen Bildung und Weiterbildung sowie der Arbeits- und Organisationspsychologie wird Reflexion vor allem im Kontext von Lernen und Kompetenzentwicklung verwendet. Von Seiten der Unternehmen und der Qualifikations- und Kompetenzanforderungen wird Reflexion zunehmend gefordert, um den wachsenden Innovations- und Kommunikationserfordernissen in der Arbeit gerecht zu werden.

Bereits für Dewey stellte die Reflexivität eine zentrale Denkkategorie dar: „Reflektierendes Denken besteht in einem regen, andauernden sorgfältigen Prüfen von etwas, das für wahr gehalten wird, und zwar im Lichte der Gründe, auf die sich die Ansicht stützt und der weiterer Schlüsse, denen sie zustrebt" (1910/ 1951, S. 6). In seinem grundlegenden Ansatz zur Verbindung von „experience and education" wird die Reflexivität mit dem Erfahrungslernen theoretisch und praktisch entwickelt, wobei mit dem Begriff „experience" die unmittelbare Erfahrung gemeint ist, der immer eine Handlung vorausgeht. Diese Erfahrung ist in Reflexionen einzubinden und führt dann zur Erkenntnis, wenn Handlungen nicht repetitiv erfolgen, sondern Probleme und Ungewissheiten entstehen. In sich ändernden Arbeitsprozessen und Umwelten ist dies die Regel. Die Abfolge von Handlung – Erfahrung – Reflexion und deren kontinuierliche Fortführung unter Berücksichtigung vorheriger Erfahrungs- und Erkenntnisprozesse ist bei Dewey lerntheoretisch als „evolutiver Fortschritt" unter der Voraussetzung gedacht, dass die Lerner selbsttätig und möglichst selbstbestimmt lernen. Auf der Basis von Selbsttätigkeit und Selbstbestimmung wird die Wirklichkeit über Lern- und Erfahrungsprozesse individuell erschlossen.

Ein anderes, auch bereits als klassisch zu bezeichnendes Modell der Reflexivität bietet Schöns „The reflective practitioner" (1983). Schön vertieft in seinem Ansatz Deweys Idee eines Lernens aus Erfahrung durch Reflexivität. Reflexivität ist nach Schön ein Dialog zwischen Denken und Handeln, der dem Praktiker ermöglicht, seine mit komplexen Problemen behafteten Aufgaben zu bewältigen. Er unterscheidet zur Problemlösung durch professionelles Handeln zwei Reflexionsarten: die Reflexion in der Handlung und die Reflexion über die Handlung.

Die Reflexion in der Handlung ermöglicht es dem Praktiker, Handlungsprobleme, bei denen ihm sein stillschweigendes Wissen (tacit knowledge) nicht mehr hilft, durch Reflexion zu lösen, während die Handlung ausgeführt wird. Reflexion dieser Art setzt ein Bewusstsein über eigenes Wissen voraus, muss aber von dem Praktiker nicht unbedingt in verbalisierter Form artikuliert werden können. Das Ergebnis ist ein situativ abgestimmtes Handeln (vgl. ebd., S. 9). Die zweite Reflexionsart, die Reflexion über Handlung, ist ein Zurücktreten oder Aussteigen aus dem Handlungsfluss zum Zwecke der Reflexion über eine bereits ausgeführte Handlung oder noch auszuführenden Handlungen. Die reflexive Betrachtung erfolgt, indem die Handlung kognitiv begrifflich oder bildhaft gefasst, gespeichert und analysiert wird. Dazu wird das Handlungswissen explizit formuliert, es wird so analysierbar und reorganisierbar. Gravierende Handlungsprobleme, die auf Unzulänglichkeiten oder Fehler in dem Handlungswissen zurückzuführen sind, können durch eine Veränderung des Wissens behoben werden. Zudem wird das Wissen mitteilbar und damit Diskussion und Kritik zugänglich.

Reflexive Handlungsfähigkeit zeigt insgesamt das Vermögen an, vorgegebene Situationen und überkommene Sichtweisen durch Lern- und Reflexionsprozesse zu hinterfragen, zu deuten und in handlungsorientierter, kompetenzbasierter Absicht zu bewerten. So erst werden Bildungsprozesse möglich, „denn diese schließen eine Distanzierung des Verstandes von der gegenständlichen Welt, um sie gedanklich erfassen zu können, notwendig mit ein" (Bender 1991, S. 63). Die reflexive Handlungsfähigkeit in ihren strukturellen und subjektbezogenen Dimensionen ermöglicht die Distanzierung und praxisbezogene Rückbindung von Erfahrungen, oder wie Bender es ausdrückt: „Erst das theoretische Verstehen von Erfahrungen ermöglicht auch den selbstbestimmten praktischen Umgang mit ihnen" (ebd.). Qualifizierung als Anpassungslernen steht hierzu konträr. Der subjektbezogene Lernansatz in der Kompetenzentwicklung bietet dagegen verstärkte Möglichkeiten, die Entwicklungs- und Bildungsdimension einzubeziehen.

Angesichts der veränderten Grundlagen betrieblicher Weiterbildung, der Reflexivität und der Arbeiten und Lernen verbindenden Lernformen in der Arbeit stellt sich die Frage, inwieweit der Betrieb die eingangs angesprochene soziale Funktion des Lernens in der Arbeit erfüllen und inwieweit er selbst zum Ausgangspunkt zukunftsweisender Lern- und Bildungsorientierungen werden kann. Damit ist die wohl entscheidende Problemstellung für die betriebliche Weiterbildung und die betriebliche Bildungsarbeit angesprochen: Sind die zweifellos vorhandenen Lernnotwendigkeiten in modernen Arbeitsprozessen auf breiter Basis anzutreffen und von welcher Wirkung und Nachhaltigkeit sind sie – nicht zuletzt für die soziale Wirkung von Weiterbildung?

Wie die seit den 1990er Jahren geführte und oben angesprochene Koinzidenz- und Konvergenzdebatte zeigt, sind für diese komplexe Forschungsfrage keine schnellen Antworten zu erwarten. Inwieweit betriebliche und pädagogische Interessen konvergieren oder von einer Koinzidenz ökonomischer und pädagogischer Vernunft gesprochen werden kann, ist schwer einzuschätzen und empirisch-analytisch nicht belegt. Bisherige Einschätzungen und Analysen verweisen stattdessen eher auf die Ambivalenz des betrieblichen Wandels und des damit verbundenen Lernens in modernen Arbeitsprozessen. Zudem steht einer allzu optimistischen Sichtweise betrieblich-pädagogischer Entwicklungen die Auffassung „der sukzessiven Verbetrieblichung von Weiterbildung" unter weitgehender Bewahrung des betrieblichen Anspruchs auf Autonomie gegenüber (Büchter 2002, S. 337).

Diese auf historische Kontinuität zielende und auf die Ausdifferenzierung der industriebetrieblichen Berufsausbildung aufbauende analytische Betrachtungsweise betrieblicher Weiterbildung basiert auf der theoretischen Grundlegung der Differenz von beruflicher und betrieblicher Handlungslogik durch Harney (1998). In Erweiterung dieser Sichtweise wird betriebliche Weiterbildung „als Instrument zur Qualifizierung, Sozialintegration und Verteilung von Zugangschancen zu betrieblichen Positionen" und als „ein personalpolitisches Regulativ im Kontext relativ autonom gesteuerter Betriebsorganisationen" verstanden (Büchter 2002, S. 338). Eine so ausgerichtete betriebliche Weiterbildung wird kaum die mit dem informellen Lernen in der Arbeit verbundenen Chancen einer breiten, wenn auch auf Beschäftigte eingegrenzten Weiterbildungsbeteiligung nutzen.

Demgegenüber steht das Konzept betrieblicher Bildungsarbeit und beruflich-betrieblicher Weiterbildung mit den grundlegenden Zielsetzungen der Verbindung von Arbeiten und Lernen und Einbeziehung von Reflexivität und einer die Bildung einbeziehenden Kompetenzentwicklung. Auf der Bildungspolitik- und Gestaltungsebene wird die berufliche Weiterbildung in den nächsten Jahren entscheidend von europäisch initiierten Reformen und die dadurch angestoßenen nationalen Reformen geprägt werden. Dem Europäischem Qualifikationsrahmen (EQF) und dem nationalen Deutschen Qualifikationsrahmen (DQR) kommen hierbei zentrale Bedeutungen zu.

4.   Europäische Perspektiven: Weiterbildung im Kontext von EQF und DQR

Der Rat der Europäischen Union hat mit seiner so genannten Lissabon-Strategie im Jahr 2000 erklärt, die Europäische Union solle bis zum Jahr 2010 „zum wettbewerbsfähigsten und dynamischsten wissensbasierten Wirtschaftsraum der Welt" werden. Die demografische Entwicklung mit einer Überalterung der europäischen Gesellschaften und einer hohen Jugendarbeitslosigkeit sowie das im internationalen Vergleich insgesamt unterdurchschnittliche Bildungsniveau der Bevölkerung der Mitgliedsstaaten mache eine Veränderung und bessere Abstimmung der (Berufs-)Bildungssysteme Europas zur Steigerung der Wettbewerbsfähigkeit und des sozialen Zusammenhalts notwendig. Als europäische Instrumente für die berufliche Bildung werden ein Europäischer Qualifizierungsrahmen (EQF) (vgl. Kommission der Europäischen Gemeinschaften 2006b), ein Europäisches Leistungspunktesystem für die berufliche Bildung (ECVET) (vgl. Kommission der Europäischen Gemeinschaften 2006a) und der EUROPASS zur transparenten Abbildung und Vergleichbarkeit von Qualifikationen und Kompetenzen entwickelt und erprobt. Die Zertifizierung und Anerkennung informellen Lernens spielt bei den Reformbemühungen und Instrumenten eine wesentliche Rolle.

Der EQF stellt einen Metarahmen zur Einordnung aller Bildungsabschnitte der beruflichen und allgemeinen Bildung dar. Der Vorschlag der Europäischen Kommission zu einem EQF wird seit Jahren bildungspolitisch und konzeptionell-gestalterisch diskutiert und verhandelt (vgl. Drexel 2006; Young 2006) und soll nach Prüfung im Europäischen Rat sowie beim Europäischen Parlament im Jahre 2007 verabschiedet werden. Der EQF soll eine „Navigation" innerhalb komplexer Bildungssysteme ermöglichen und ein Unterstützungsangebot für Bildungs- und Ausbildungsbehörden bzw. Bildungseinrichtungen sein. Er ist als eine gemeinsame Referenz für die unterschiedlichsten Behörden in den Mitgliedsstaaten der EU gedacht und soll zugleich ein (freiwilliger) Rahmen für sektorale und branchenspezifische Organisationen und Verbände sein. Ziele und Funktionen des EQF sind im Wesentlichen:

– ein Rahmen zur Verknüpfung mit und zum Vergleich nationaler Qualifikationsrahmen,
– Bewertung beruflicher und allgemeiner Bildung und Vergleichbarkeit von Qualifikationen,
– Erhöhung grenzüberschreitender Mobilität,
– Einbeziehung und Anerkennung von informellem und non-formellem Lernen,
– Anrechenbarkeit von im Ausland erworbenen Qualifikationen,
– Gleichwertigkeit von beruflicher und allgemeiner Bildung,
– Sicherung der Qualität.

Der EQF ist in seiner Konstruktion durch die Merkmale der Outcomeorientierung, durch acht Levels bzw. Referenzniveaus sowie 24 Deskriptoren gekennzeichnet. Für jede Niveaustufe sind drei Deskriptoren vorgesehen, die über Kenntnisse (knowledge), Fertigkeiten (skills), personale und berufliche Kompetenzen (competences) definiert sind. Die Referenzniveaustufen bilden die

Grundlage zur Beschreibung von Lernergebnissen (Outputs). Inhalte, Methoden und Formen von Qualifizierungs- und Bildungsangeboten (Inputs) spielen dabei keine Rolle. Über jeweilige Nationale Qualifikationsrahmen (NQF) sollen die europäischen Mitgliedsstaaten ihre Bildungs- und Qualifikationssysteme mit dem Europäischen Qualifikationsrahmen kompatibel machen. Der EQF soll zudem – indem er sich auf sämtliche Qualifizierungs- und Bildungsabschlüsse richtet – die Bereiche der Berufs- und der Hochschulbildung verknüpfen.

Im EQF wird Kompetenz im Sinne der Übernahme von Verantwortung und Selbstständigkeit beschrieben. Eine Anschlussfähigkeit an das oben dargelegte Kompetenzverständnis, welches grundsätzlich von einem Subjektbezug ausgeht und als Einheit von Fach-, Sozial- und Personalkompetenz unter Einbeziehung der Berufsbildungsdimension definiert werden kann, ist mit Einschränkungen gegeben. Es spricht aber auch Einiges dafür, dass der EQF eher an die im englischsprachigen Raum zugrunde liegende Definition von „competencies" angelehnt ist und primär damit abgeschlossene und zertifizierte Lerneinheiten gemeint sind, was einem subjekt- und bildungsbezogenen Kompetenzverständnis widersprechen würde.

Zusätzlich zum EQF wird auch das Europäische Leistungspunktesystem für die berufliche Bildung einen erheblichen Einfluss auf die zukünftige Berufs- und Weiterbildung haben. Das ECVET ist als System zu verstehen, welches Lerneinheiten (Units) als Teil einer Qualifikation in Form von Kenntnissen, Fertigkeiten und Kompetenzen für den Einzelnen übertragbar und akkumulierbar machen soll. Vorgesehen ist, den Lernleistungen bzw. Lerneinheiten unabhängig vom Lernweg eine bestimmte Anzahl von Leistungspunkten zuzuordnen. Explizit stützt sich ECVET auf die freiwillige Teilnahme der Mitgliedsstaaten und deren Akteure. Zugleich wird durch den Rat der Europäischen Union die Notwendigkeit von gemeinsamen europäischen Grundsätzen betont, um „die Entwicklung von hochwertigen, verlässlichen Ansätzen und Verfahren der Ermittlung und Validierung von nicht formalen und informellen Lernprozessen zu fördern" (2004, S. 4).

Grundlegend für ECVET ist die Outcomeorientierung an branchenbezogenen Fertigkeiten und Fähigkeiten. Die intendierten Lernergebnisse sollen als übergeordnete Lerneinheiten einzelnen Teilqualifikationen, Units oder Modulen zugeordnet werden. Dabei sind Art, Zeit und Erwerb der Outcomes für die Zulassung zum Lernerfolgsfeststellungsverfahren weitgehend unabhängig. Die Verantwortung für den Lernerfolg liegt bei den Lernenden. Normierende Standards richten sich auf das Lernergebnis und nicht auf den Lerninput oder den Lernprozess. Anders als der EQF richtet sich ECVET an Einzelpersonen, denen es ermöglicht werden soll, ihren individuellen Lernweg zu dokumentieren und die Lernergebnisse von einem auf den anderen Lernkontext zu übertragen. Die Europäische Kommission beschreibt ECVET als „ein System, das es ermöglicht, eine Qualifikation in Form übertragbarer und akkumulierbarer Lerneinheiten (in Form von Kenntnissen, Fertigkeiten und Kompetenzen) zu beschreiben und diesen Lerneinheiten Leistungspunkte zuzuordnen" (Kommission der Europäischen Gemeinschaften 2006a, S. 3).

Die Frage, wie ein Deutscher Qualifikationsrahmen strukturiert und orientiert werden soll, wird in organisierter Form seit 2006 zwischen Bundesregierung, Sozialpartnern, Parteien und Experten diskutiert. Ausgehend von der Weiterentwicklung des bisherigen (Berufs-)Bildungssystems und der nationalen Eigenständigkeit bei europäischer Vergleichbarkeit und Koordinierung sollte aus dem Blickwinkel einer arbeitnehmerorientierten Weiterbildung ein Nationaler Qualifikationsrahmen zur Reform der Weiterbildung im Sinne der im einleitenden Beitrag von Dehnbostel, Elsholz und Gillen genannten Eckpunkte beitragen und zugleich die Schwächen und Gefahren des EQF vermeiden. Die einseitige Qutcomeorientierung des EQF mittels abstrakter Deskriptoren ist durch eine Gleichzeitigkeit von Input-, Prozess- und Qutputorientierung zu begegnen, die kontext- und bildungsgangbezogen ist. Das Berufsprinzip und die Gleichwertigkeit von beruflicher und allgemeiner Bildung sind in einem Nationalen Qualifikationsrahmen ebenso zu verankern und in den Formalkategorien auszuweisen wie die Optionen und Regelungen einer ganzheitlichen Weiterbildung als vierte Säule des Bildungssystems einschließlich der Anrechnung beruflicher Qualifikationen auf die Hochschulbildung. In diesem Sinne würden die Akzeptanz für einen notwendigen europäischen Bildungsraum wachsen und überfällige Reformen der Weiterbildung vorangetrieben.

Ein DQR ist daran auszurichten, allen Erwachsenen und Jugendlichen den Erwerb anerkannter, qualitativ hochwertiger und am Arbeitsmarkt verwertbarer Berufsabschlüsse im Rahmen lebensbegleitenden Lernens zu ermöglichen. Er ist so zu gestalten, dass er der oben beschriebenen sozialen Selektion und Differenzierung begegnet und als Hilfestellung und Orientierung zur Erreichung von Berufs- Weiterbildungsabschlüssen genutzt werden kann. In der Arbeitswelt und auch in der Lebenswelt erworbene Qualifikationen und Kompetenzen sind so zu erfassen und zu formulieren, dass sie innerhalb des Qualifikationsrahmens anschlussfähig an Berufs- und Weiterbildungsabschlüsse sind, wobei auch Hochschulabschlüsse einzubeziehen sind. Bewertungsmaßstab im DQR sind vollständige Bildungsgänge, die im Gegensatz zu einer Fragmentierung der Berufsbildung in Module stehen. Als zu bewertende Units sind die (Berufs-)Bildungsabschlüsse maßgeblich.

Über die Konstruktion von Niveaustufen im DQR sind alle Bildungsbereiche bzw. Bildungsstufen, so der tertiäre Bereich, der quartäre Bereich und die Sekundarstufen I und II abzubilden, womit vier oder fünf Niveaustufen notwendig wären und nicht acht wie im EQR vorgesehen. Die einzelnen Schul-, Hochschul- sowie Aus- und Weiterbildungsabschlüsse sind über Bereiche und Sektoren horizontal zuzuordnen. In der Diskussion bestehen starke Voten dafür, niedrige Abschlüsse einschließlich der Facharbeiterqualifikationen vertikal differenzierend aufzunehmen, was sicherlich die bestehende Segmentierung und soziale Selektion im Bildungsbereich verstärken würde. Bei den höheren Abschlüssen in Diplomanden-, Master-, Promotions- und Habilitationsbereichen bestehen demgegenüber keine weiteren Differenzierungsforderungen, obwohl hier – von Kompetenzen und Qualifikationen her gesehen – eine weitaus größere Niveaudifferenzierung besteht als im Bereich der Niedrigabschlüsse.

Generell sind im DQR Wege zu öffnen und festzulegen, in der Arbeit erworbene Kompetenzen und Module auf Weiterbildungsgänge bzw. -abschlüsse anzurechnen, ebenso wie im novellierten BBiG die Anerkennung von Teilqualifikationen in Form von Qualifizierungsbausteinen auf eine einschlägige Berufsausbildung verbindlich festgelegt worden ist. Bei der Zuordnung auf die jeweiligen Stufen muss der Erwerb oder die Komplettierung einer umfassenden beruflichen Handlungskompetenz ausreichend gewürdigt werden. Jede Stufe muss die über berufliche Handlungsfähigkeit erworbenen Kompetenzen berücksichtigen und die bereichs- und sektorspezifischen Kompetenzen sind über Deskriptoren zu beschreiben. Dabei ist von einem einheitlichen Kompetenzbegriff auszugehen, der mit dem oben referierten handlungs- und berufsbezogenen Kompetenzbegriff übereinstimmt und nicht einem kognitionstheoretisch verengten Begriff folgt (vgl. Dehnbostel/Lindemann 2007, S. 180).

Bezogen auf den EQF und das ECVET befürchten Kritiker/innen, dass mit diesen Reformen eine Abkehr vom Berufsprinzip und eine Privatisierung von Bildung erfolgen werden, zudem wird vor einem hohen bürokratischen Aufwand und einer neoliberalen Deregulierung von beruflicher Bildung gewarnt (vgl. Drexel 2006; Rauner et al. 2006). Für Andere liegt in diesen Reformen die Chance, das deutsche Berufsbildungssystem zu modernisieren und die überkommene Dichotomie von beruflicher und allgemeiner Bildung zu überwinden (vgl. Severing 2006; Mucke 2006). In jedem Fall finden auf nationaler Ebene eine grundlegende Erweiterung und zum Teil auch Ablösung bisheriger Aus- und Weiterbildungsstandards sowie entsprechender Erfassungs-, Bewertungs- und Zertifizierungsverfahren statt.

Dabei sind die Relationen eines DQR zum EQF wie auch zum ECVET bisher weitestgehend ungeklärt. So stellt sich die Frage, wie in informellen Lern- und Arbeitsprozessen erworbenen, die Input- und Prozessdimension einbeziehenden Kompetenzen mit den rein outcomeorientierten europäischen Kompetenzen verglichen werden sollen und wer die Analyse, Messung oder Prüfung übernimmt. Sicherlich sind die Anerkennung von informell und außerinstitutionell erworbener Kompetenzen sowie die Übertragbarkeit von Ansprüchen im EQF zu begrüßen, mit der damit verbundenen einseitigen Outcomeorientierung und der Ablösung von ganzheitlichen Bildungsgängen zugunsten von fragmen-

tierten Lerneinheiten und Modulen wird aber das Berufsprinzip und die Beruflichkeit in der betrieblichen Weiterbildung und Berufsbildung in Frage gestellt
und soziale Ungleichheiten in der Weiterbildung und im Hinblick auf sozial benachteiligte Jugendliche werden verstärkt. Die Kompatibilität zwischen den Einheiten (Units) und deutschen Berufsbildern ist ebenfalls ungeklärt. Wie genau ist
der Zusammenhang zwischen erworbenen Leistungspunkten und den Niveaustufen des EQF? Dies sind nur wenige der drängenden Fragen, die geklärt werden müssen, wobei mehrjährige modellhafte Entwicklungen, Implementierungen
und Erprobungen unabdingbar notwendig sind. Entscheidend ist dabei die Etablierung eines DQR, der die hier dargestellten Grundsätze einer sozial gerech-
teren Weiterbildung und gleichwertigen Berufsbildung realisiert.

Literatur

Achtenhagen, F. (1990): Vorwort. In: Senatskommission für Berufsbildungsforschung (Hg.):
    Berufsbildungsforschung an den Hochschulen der Bundesrepublik Deutschland: Situa-
    tion, Hauptaufgaben, Förderungsbedarf. Weinheim

Arnold, R. (1997): Betriebspädagogik (Zweite, überarbeitete und erweiterte Auflage). Berlin

Baethge, M.; Baethge-Kinsky, V. (2004): Der ungleiche Kampf um das lebenslange Lernen:
    Eine Repräsentativ-Studie zum Lernbewusstsein und -verhalten der deutschen Bevölke-
    rung. In: edition QUEM, Studien zur beruflichen Weiterbildung im Transformationspro-
    zess (hrsgg. von der Arbeitsgemeinschaft Betriebliche Weiterbildungsforschung e.V./
    Projekt QUEM, Band 18). Münster u.a.O.

Bender, W. (1991): Subjekt und Erkenntnis. Über den Zusammenhang von Bildung und Ler-
    nen in der Erwachsenenbildung. Weinheim

Büchter, K. (2002): Betriebliche Weiterbildung – Historische Kontinuität und Durchsetzung
    in Theorie und Praxis. In: Zeitschrift für Pädagogik, Jg. 48/Heft 3, S. 336-335

Dehnbostel, P. (2002): Modelle arbeitsbezogenen Lernens und Ansätze zur Integration for-
    mellen und informellen Lernens. In: Rohs, M. (Hg.): Arbeitsprozessintegriertes Lernen.
    Neue Ansätze für die berufliche Bildung. Münster u.a.O., S. 37-57

Dehnbostel, P.; Pätzold, G. (2004): Lernförderliche Arbeitsgestaltung und die Neuorientie-
    rung betrieblicher Bildungsarbeit. In: Dehnbostel, P.; Pätzold, G. (Hg.): Innovationen
    und Tendenzen der betrieblichen Berufsbildung. Zeitschrift für Berufs- und Wirtschafts-
    pädagogik, Beiheft 18. Stuttgart, S. 19-30

Dehnbostel, P.; Lindemann, H.-J. (2007): Kompetenzen und Bildungsstandards in der schuli-
    schen und betrieblichen Berufsbildung. In: Dehnbostel, P.; Lindemann, H.-J.; Ludwig, C.
    (Hg.): Lernen im Prozess der Arbeit in Schule und Betrieb. Münster u.a.O., S. 179-197

Dewey, J. (1910/1951): Wie wir denken. Zürich

Drexel, I. (2006): Europäische Berufsbildungspolitik: Deregulierung, neoliberale Regulierung
    und die Folgen – für Alternativen zu EQR und ECVET. In: Grollmann, Ph.; Spöttl, G.;

Rauner, F. (Hg.): Europäisierung Beruflicher Bildung – eine Gestaltungsaufgabe. Hamburg, S. 13-33

Grünewald U. et al. (1998): Formen arbeitsintegrierten Lernens. Möglichkeiten und Grenzen der Erfassbarkeit informeller Formen der betrieblichen Weiterbildung. QUEM-Report (hrsgg. von der Arbeitsgemeinschaft Betriebliche Weiterbildungsforschung e.V./Projekt QUEM, Heft 53)

Harney, K. (1998): Handlungslogik betrieblicher Weiterbildung. Stuttgart

Harteis, Chr.; Bauer, J.; Coester, H. (2002): Betriebliche Personal- und Organisationsentwicklung zwischen ökonomischen und pädagogischen Überlegungen (Forschungsbericht, Nr. 2). Regensburg: Universität Regensburg, Lehrstuhl Pädagogik für Lehr-Lern-Forschung und Medienpädagogik

Heid, H. (1999): Über die Vereinbarkeit individueller Bildungsbedürfnisse und betrieblicher Qualifikationsanforderungen. In: Zeitschrift für Pädagogik, Jg. 45/Heft 2, S. 231-244

Heid, H.; Harteis, Chr. (2004): Zur Vereinbarkeit ökonomischer und pädagogischer Prinzipien in der modernen betrieblichen Personal- und Organisationsentwicklung. In: Dehnbostel, P.; Pätzold, G. (Hg.): Innovationen und Tendenzen der betrieblichen Berufsbildung. Zeitschrift für Berufs- und Wirtschaftspädagogik, Beiheft 18. Stuttgart, S. 222-231

Heidemann, W. (2001): Weiterbildung in Deutschland. Daten und Fakten (Hans Böckler Stiftung, Arbeitspapier 36). Düsseldorf

Kommission der Europäischen Gemeinschaften (2006a): Das europäische Leistungspunktesystem für die Berufsbildung (ECVET). Ein europäisches System für die Übertragung, Akkumulierung und Anerkennung von Lernleistungen im Bereich der Berufsbildung, Dokument SEK (2006) 1431. Brüssel, den 31.10.2006

Kommission der Europäischen Gemeinschaften (2006b): Das Lissabon-Programm der Gemeinschaft umsetzen. Vorschlag für eine Empfehlung des Europäischen Parlaments und des Rates zur Einrichtung eines Europäischen Qualifikationsrahmens für lebenslanges Lernen. Brüssel, den 05.09.2006

Kuwan, H.; Bilger, F.; Gnahs, D.; Seidel, S. (2006): Berichtssystem Weiterbildung IX. Integrierter Gesamtbericht zur Weiterbildungssituation in Deutschland. (Durchgeführt im Auftrag des Bundesministeriums für Bildung und Forschung). Bonn, Berlin

Meyer, R. (2006): Theorieentwicklung und Praxisgestaltung in der beruflichen Bildung. Berufsbildungsforschung am Beispiel des IT-Weiterbildungssystems. Bielefeld

Moraal, D.; Schönfeld, G.; Grünewald, U. (2004): Moderne Weiterbildungsformen in der Arbeit und Probleme ihrer Erfassung und Bewertung. In: Meyer, R.; Dehnbostel, P.; Harder, D.; Schröder, T. (Hg.): Kompetenzen entwickeln und moderne Weiterbildungsstrukturen gestalten. Münster u.a.O., S. 29-43

Mucke, K. (2006): Durchlässigkeit durch Anrechnung. In: Berufsbildung in Wissenschaft und Praxis, Jg. 35/Heft 2, S. 5-10

Münch, J. (1995): Personalentwicklung als Mittel und Aufgabe moderner Unternehmensführung. Bielefeld

Pätzold, G.; Lang, M. (1999): Lernkulturen im Wandel. Didaktische Konzepte für eine wissensbasierte Organisation. Bielefeld

Rat der Europäischen Union (2004): Entwurf von Schlussfolgerungen des Rates und der im Rat vereinigten Vertreter der Regierungen der Mitgliedstaaten zu gemeinsamen europäischen Gesetzen für die Ermittlung und Validierung von nicht formalen und informellen Lernprozessen (Manuskriptdruck)

Rauner, F.; Grollmann, Ph.; Spöttl, G. (2006): Den Kopenhagen-Prozess vom Kopf auf die Füße stellen. In: Grollmann, Ph.; Spöttl, G.; Rauner, F. (Hg.): Europäisierung Beruflicher Bildung – eine Gestaltungsaufgabe. Hamburg, S. 321-331

Sauter, E. (2004): Neustrukturierung und Verstetigung betrieblicher Weiterbildung – Modelle und Beispiele. In: Dehnbostel, P.; Pätzold, G. (Hg.): Innovationen und Tendenzen der betrieblichen Berufsbildung. Zeitschrift für Berufs- und Wirtschaftspädagogik, Beiheft 18. Stuttgart, S. 151-161

Schön, D. A. (1983): The reflective practitioner. New York

Schüßler, I. (2004): Lernwirkungen neuer Lernformen in der Erwachsenenbildung. In: Hessische Blätter für Volksbildung. Heft 1, S. 37-50

Severing, E. (2006): Europäische Zertifizierungsstandards in der Berufsbildung. In: Zeitschrift für Berufs- und Wirtschaftspädagogik, Band 102/Heft 1, S. 15-29

Young, M. (2006): Auf dem Weg zu einem Europäischen Qualifikationsrahmen: Einige Kritische Bemerkungen. In: Grollmann, Ph.; Spöttl, G.; Rauner, F. (Hg.): Europäisierung Beruflicher Bildung – eine Gestaltungsaufgabe. Hamburg, S. 81-93

Beruflichkeit, Employability und Kompetenz

Konzepte erwerbsorientierter Pädagogik in der Diskussion

Katrin Kraus

1. Beruflichkeit in der Diskussion

Die Diskussion um die Strukturen der Berufsbildung in Deutschland spitzt sich aktuell vor dem Hintergrund der Krise des Ausbildungsmarkts und der veränderten betrieblichen Arbeitsorganisation wieder zu (vgl. Baethge et al. 2007; Corsten 2006; Euler/Severing 2006). Auch die Europäische Union etabliert im Rahmen des „Copenhagen-Prozesses" mit dem European Qualification Framework (EQF) und European Credits for Vocational Education and Training (ECVET) Steuerungselemente, die der „sachliche(n) und zeitliche(n) Gliederung" (BBiG §5) der beruflichen Ausbildung und einer daran orientierten institutionellen Ordnung entgegenstehen (vgl. Drexel 2005; Rauner 2005). Für die im Dualen System repräsentierte Struktur der Berufsbildung und ihre künftige Entwicklung sind aber nicht nur diese strukturellen Aspekte ausschlaggebend, sondern sie ist auch eng mit dem Beruf als konzeptioneller Grundlage verbunden (vgl. Kraus 2007). Die Auseinandersetzung um strukturbezogene Aspekte der Ausbildung erfährt somit eine Ergänzung in der Debatte über die entsprechenden Konzepte. Hierbei geht es einerseits um eine Kritik des Berufskonzepts und andererseits um eine Diskussion alternativer Ansätze, wie sie in der Orientierung an Kompetenzen oder der Forderung nach Beschäftigungsfähigkeit bzw. Employability[1] zum Ausdruck kommen. Der Ansatz der Kompetenz wird hierbei eher als eine (subjektorientierte) Bereicherung der beruflichen Bildung diskutiert (vgl. z.B. Dehnbostel et al. 2002; Dehnbostel/Lindemann 2007; Vonken 2003), während Employability stärker als Alternative zum traditionellen Berufsverständnis wahrgenommen wird.

In diesem Beitrag wird der Fokus auf einer Auseinandersetzung mit konzeptionellen Aspekten liegen, indem mit Beruf, Employability und Kompetenz verschiedene Konzepte erwerbsorientierter Pädagogik[2] diskutiert werden. Mit

---

[1]   Im Rahmen der deutschen Diskussion ist Employability als Begriff erst seit Kurzem gebräuchlich. Er wird als englischer Ausdruck übernommen oder mit gleicher Bedeutung im Deutschen als „Beschäftigungsfähigkeit" bezeichnet.

[2]   In einem übergreifenden Verständnis werden pädagogische Konzepte, die auf eine Befähigung zur Erwerbsarbeit zielen, hier als Konzepte erwerbsorientierter Pädagogik bezeichnet. Zur Entwicklung und Begründung dieses Begriffs vgl. Kraus, K. „Vom Beruf zur Employability? Zur Theorie einer Pädagogik des Erwerbs" (2006).

Employability bzw. Beschäftigungsfähigkeit hat eine mögliche konzeptionelle Alternative zum Berufskonzept in die deutsche Diskussion Einzug gehalten, deren Verhältnis zum Berufskonzept einer näheren Untersuchung bedarf. Im Folgenden wird daher zunächst Employability als neuer Ansatz in der deutschen Diskussion vorgestellt, wobei den beiden hierfür wichtigen Ausgangspunkten EU Politik und betriebliche Bildungsarbeit jeweils eigene Kapitel gewidmet werden. Das Employability-Verständnis, wie es in der deutschen Diskussion vorherrscht, wird anschließend mit dem etablierten Berufskonzept verglichen. Den Abschluss bildet eine Diskussion des Verhältnisses der drei erwerbspädagogischen Konzepte Beruf, Employability und Kompetenz, die auch eine gesellschaftstheoretische Einordnung ermöglicht.

2.   Beschäftigungsfähigkeit und Wettbewerbsfähigkeit – Die europäische Bildungs- und Beschäftigungspolitik

Die europäische Bildungspolitik war bis in die 1990er Jahre vor allem Berufsbildungspolitik und stand in engem Zusammenhang mit der Vermeidung bzw. Verminderung von Mobilitätshindernissen, d.h. sie bezog sich in erster Linie auf die Frage des Zugangs zu Bildungsinstitutionen und die Vergleichbarkeit bzw. Anerkennung von Abschlüssen. Eine Änderung in dieser Politik wurde Anfang der 1990er Jahre mit dem Weißbuch „Wachstum, Wettbewerbsfähigkeit, Beschäftigung. Herausforderungen der Gegenwart und Wege ins 21. Jahrhundert " (Europäische Kommission 1994) eingeleitet. Dieses Weißbuch bildet die Basis für eine *gemeinsame europäische Beschäftigungspolitik* und ist zugleich ein wichtiger Wegweiser für die *europäische Bildungspolitik.* Denn es sieht im Rahmen der Beschäftigungsförderung nicht nur struktur- und steuerpolitische Maßnahmen zur Beeinflussung der makroökonomischen Rahmenbedingungen vor, sondern auch eine Aufwertung des Lernens und eine Anpassung der Bildungssysteme. Die erste Priorität der „Aktion Beschäftigung" wurde daher folgendermaßen formuliert: „Schwerpunkt Bildung und Ausbildung: Dazulernen ein Leben lang" (ebd., S. 18). Was hier noch etwas ungelenk klingt, stellt im Weiteren den Ausgangspunkt für die Entwicklung der europäischen Strategie des Lebenslangen Lernens dar und wurde 1996 durch das „Europäische Jahr des Lebenslangen Lernens" unmittelbar aufgegriffen. Das in diesem Kontext veröffentlichte bildungspolitische Weißbuch „Lehren und Lernen auf dem Weg zur kognitiven Gesellschaft" (Europäische Kommission et al. 1996) formuliert die Grundlagen für die ab diesem Zeitpunkt zentrale Strategie des Lebenslangen Lernens, die die allgemeine und die berufliche Bildung umfasst. Lebenslanges Lernen steht somit von Anfang an im Kontext der Beschäftigungs- und Wirtschaftspolitik, verbindet die Orientierung auf „Beschäftigungsfähigkeit" allerdings mit einer Ausrichtung auf das Zusammenwachsen Europas durch die Unterstützung des sozialen Zusammenhalts und die Förderung einer „Europäischen Identität" (Kraus 2001).

Die Förderung der Beschäftigungsfähigkeit hat über das „Lebenslange Lernen" nicht nur Eingang in die Bildungspolitik gefunden, sondern ist darüber hinaus ein konkreter Aktionsbereich der seit 1998 existierenden *„Beschäftigungspolitischen Leitlinien"* der EU.[3] Im Rahmen dieser Politik erfolgt auf europäischer Ebene eine Vereinbarung über beschäftigungsbezogene Ziele, an denen sich die nationale Politik der Mitgliedsländer ausrichten soll, z.b. wird eine Gesamtbeschäftigungsquote von 80% bis zum Jahr 2010 als übergreifendes Ziel formuliert. Die Umsetzung dieser Ziele unterliegt der Souveränität der Mitgliedsstaaten, ist aber über die jährlichen Berichte und die damit möglichen Vergleiche der Mitgliedsstaaten untereinander an der europäischen Ebene orientiert.

Mit der *Gipfelerklärung von Lissabon* (2000), Europa bis zum Jahr 2010 zur „wettbewerbsfähigsten und dynamischsten Wissensgesellschaft der Welt" zu machen[4], legte der Europäische Rat ein übergreifendes Ziel vor, das für den Bildungsbereich bereits 2001 in „Konkrete künftige Ziele der Bildungssysteme" (KOM (2001) 59 final) umgesetzt wurde. In diesem Dokument wird explizit betont, „dass das Bildungswesen einen soliden Beitrag" (ebd., S. 17) zur Erreichung des Lissabon-Ziels leisten muss, indem die Bildungssysteme „sich so anpassen und weiterentwickeln, dass sie die Grundfertigkeiten und -kompetenzen liefern können, die in der Wissensgesellschaft jeder benötigt" (ebd.).

Obwohl die bildungspolitische Strategie des Lebenslangen Lernens stets die berufliche und die allgemeine Bildung umfasst, erhält die *Berufsbildung* ein besonderes Gewicht im Rahmen der allgemeinen Zielformulierungen für die Bildungs- und Beschäftigungspolitik, da hierin ein direkter Beitrag zur individuellen Beschäftigungsfähigkeit und damit zur Wettbewerbsfähigkeit der EU gesehen wird. Berufliche Bildung wird als ein entscheidender Beitrag zur Förderung des „Humankapitals" verstanden, das wiederum als Grundlage für die Wettbewerbsfähigkeit und den sozialen Zusammenhalt in Europa gilt. Dies ist bei-

---

3   Die „Beschäftigungspoltischen Leitlinien" wurden zunächst in vier Säulen gefasst; Verbesserung der Beschäftigungsfähigkeit, Entwicklung des Unternehmergeistes, Förderung der Anpassungsfähigkeit der Unternehmen und ihrer Arbeitnehmer und Stärkung der Maßnahmen für Chancengleichheit (vgl. Leitlinien 1998). Im Jahr 2003 wurden sie von der Formulierung konkreter Maßnahmen auf die Formulierung von Zielen umgestellt, wobei die Verbesserung der Beschäftigungsfähigkeit nach wie vor ein wichtiger Ansatzpunkt ist. Seit 2005 existieren in diesem Bereich konkrete Indikatoren und Benchmarks (vgl. 2005/600/EG).

4   Die Lissabon Strategie hat mittlerweile eine Revision erfahren. Sie hält an der grundsätzlichen Ausrichtung fest, ist aber in einigen Punkten etwas anders formuliert, da man in einer Zwischenbilanz erkennen musste, dass die Zielvorgaben und Etappenziele nicht zu erreichen sind (vgl. KOM [2005] 24 endgültig).

spielsweise in der Deklaration von Copenhagen zu sehen, die den *„Copenhagen-Prozess"* der engeren Zusammenarbeit in der Berufsbildung begründet.
Dort wird explizit auf die Gipfel-Erklärung von Lissabon Bezug genommen und
hervorgehoben:

> „The development of high quality vocational education and training is a crucial
> and integral part of this strategy, notably in terms of promoting social inclusion,
> cohesion, mobility, employability and competitiveness." (The Copenhagen Decla-
> ration 2002)[5]

Um diese Anliegen umzusetzen, sollen Qualität, Effektivität, Zugang und Inter-
nationalität der beruflichen Bildung erhöht werden. Dies sieht neben der Schaffung eines international attraktiven „Europäischen Bildungsraums" beispielsweise auch eine Politik der Anerkennung von Lernen vor: Zum einen sollen Lernergebnisse unabhängig von der Struktur des Bildungssystems, in dem sie erbracht wurden, anerkannt werden und zum anderen geht es um Ansätze zur Validierung informellen Lernens. Beides soll insgesamt zu einer Förderung der
Lernaktivitäten führen (vgl. ebd.).

Im Rahmen des Copenhagen-Prozesses findet die *„Methode der offenen
Koordinierung"* auch für die Berufsbildung Anwendung, d.h. es werden auf europäischer Ebene gemeinsam Indikatoren und Benchmarks für diesen Politikbereich festgelegt, die einem jährlichen Berichtsverfahren unterliegen. Ein Indikator ist z.B. die Anzahl der unter 22-Jährigen, die mindestens einen Abschluss auf
Sekundarstufe II absolviert haben, ein anderer der Anteil der Erwerbstätigen mit
niedrigem Bildungsabschluss, die in den letzten vier Wochen an Weiterbildung
teilgenommen haben (vgl. SEC(2004) 73, S. 23). Mit diesen Indikatoren sind
jeweils konkrete Zielvorgaben (Benchmarks) verbunden, z.B. dass bis zum Jahr
2010 mindestens 85% aller 22-Jährigen über einen mittleren Bildungsabschluss
verfügen sollen (vgl. ebd., S. 25). Diese Benchmarks dienen als Zielorientierung
für die nationale Politik der Mitgliedsstaaten, die in jährlichen Berichten gegenüber der EU-Kommission ihre Kennzahlen offen legen und diese damit nicht nur
in Bezug auf die vorgegebenen Benchmarks, sondern auch untereinander vergleichbar machen. Mit diesem Steuerungsmodell ist es der EU gelungen, trotz
der Souveränität der Mitgliedsländer eine wirksame Strategie der berufsbil-
dungspolitischen Einflussnahme zu gewinnen.

„Beschäftigungsfähigkeit" verbindet die europäische und die nationale Politik und integriert darüber hinaus die beiden Politikbereiche Bildung und Beschäftigung. Die Forderung nach Beschäftigungsfähigkeit und damit verbunden
die Aufwertung von der Berufsbildung ist in der EU-Politik spätestens seit der

---

5   Mit der Implementierung des Copenhagen-Prozesses erfolgte außerdem die Grundle-
     gung der Implementierung des European Qualifikation Framework und der Kreditpunkte
     ECVET, die im Kommuniqué von Maastricht (2004) beschlossen wurden.

Gipfelerklärung von Lissabon im Jahr 2000 unübersehbar. Für Deutschland liegt hierin – insbesondere in den Indikatoren, Benchmarks und den jährlichen Berichten in der Bildungs- und Beschäftigungspolitik – ein wichtiger Ausgangspunkt für das Aufgreifen von Beschäftigungsfähigkeit bzw. Employability. Die europäische Politik der Wettbewerbs- und Beschäftigungsfähigkeit folgt dabei einer doppelten Ausrichtung, sie adressiert die Mitgliedsstaaten und die Individuen: Die nationalen Strukturen sind die entscheidenden Ansatzpunkte, um in den Mitgliedsstaaten die gemeinsam vereinbarten Ziele zu erreichen und diese gleichzeitig in eine übergeordnete europäische Strategie zu integrieren. Die Individuen wiederum sind durch die Bedeutung, die der individuellen „Beschäftigungsfähigkeit" für die Gesamtentwicklung der EU zugesprochen wird, direkt aufgefordert, diese aktiv zu erwerben, zu erhalten und einzubringen.[6]

Zusammenfassen kann man die EU-Politik in Bezug auf Beschäftigungsfähigkeit folgendermaßen:

- „Beschäftigungsfähigkeit" konkretisiert für die europäische Beschäftigungs- und Bildungspolitik die Ausrichtung der EU auf Wettbewerbsfähigkeit. Dies geht mit einer Aufwertung von Lernen – speziell der beruflichen Bildung – einher und führte in den 1990er Jahren zunächst zur Implementierung der Strategie des Lebenslangen Lernens, die Beschäftigungsfähigkeit und „Europäische Identität" als Ziele verbindet.

- Mit der Gipfelerklärung von Lissabon (2000) wurden die Ziele auf europäischer Ebene ausgeweitet und neue Steuerungselemente eingeführt: konkrete Zielvereinbarungen, Berichte und Vergleiche zwischen den Ländern („Methode der offenen Koordinierung"). Für die Berufsbildung findet eine Umsetzung dieser Methode in dem seit 2002 laufenden Copenhagen-Prozess statt, in dessen Rahmen auch die Implementierung von EQF und ECVET steht. Die europäische Politik der Beschäftigungsfähigkeit steht im Kontext von „Wettbewerbsfähigkeit", sie zielt unmittelbar auf die nationale Politik der Mitgliedsstaaten und mittelbar auf die Individuen.

3. „Employability" in der deutschen Diskussion

Neben der Europäischen Union, die wesentlich zur Verbreitung der Idee der Beschäftigungsfähigkeit beigetragen hat, spielt die betriebliche Personal- und Bildungsarbeit in der deutschen Diskussion um Employability eine wichtige Rolle.

---

6 In ihrer Adressierung der einzelnen Individuen ist die EU allerdings prinzipiell auf die Umsetzungspolitik der Mitgliedsstaaten angewiesen, da sie nur über eingeschränkte Möglichkeiten verfügt, diese direkt zu erreichen. Zu diesen Möglichkeiten gehören z.B. die Mobilitäts- und Aktionsprogramme, die von der EU im Bildungsbereich aufgelegt werden.

Hier werden seit einigen Jahren Ansätze erprobt, die zu einer Ausrichtung auf Employability führen sollen und dieses sogar als „das Thema für Beschäftigte und Unternehmen in der Zukunft schlechthin" (Speck 2005, S. X) bezeichnen. Um einen Eindruck von dem Employability-Verständnis im Rahmen des Personalmanagements zu vermitteln, werden im Folgenden zunächst einige Zitate zu Inhalt und Bedeutung vorgestellt, wie sie in aktuellen Publikationen zu finden sind:

> „Employability heißt, sich selbst in der Gegenwart zu verbessern und zum richtigen Zeitpunkt – also jetzt – geeignete Fähigkeiten zu entwickeln, die auf Handlungskompetenzen in einer fluiden, komplexen und vernetzten Welt zielen." (Lehmann/Wendt 2001, S. 218f.)

> „Es ist zu erwarten, dass neben allen fertigkeits- und verhaltensorientierten Teilkompetenzen persönliche Einstellungen wie Lern- und Veränderungsbereitschaft, Neugier, Commitment und Zielorientierung zu Markt-wertbestimmenden Faktoren heranreichen werden." (Jochmann 2005, S. 31)

> „Employability betont die Eigenverantwortlichkeit des einzelnen Arbeitnehmers, der als ‚Unternehmer in eigener Sache' [...] eigenständig und eigeninitiativ seine Arbeitskraft vermarktet, Beschäftigungschancen erkennt und nutzt, eigenverantwortlich darauf achtet, dass seine ‚Employability' in ständigem Wandel der Arbeitsanforderungen im Beschäftigungssystem erhalten bleibt." (Ackermann 2005, S. 253)

> „Employability ist die Fähigkeit, fachliche, soziale und methodische Kompetenzen unter sich wandelnden Rahmenbedingungen zielgerichtet und eigenverantwortlich anzupassen und einzusetzen, um eine Beschäftigung zu erlangen oder zu erhalten." (Rump/Eilers 2006, S. 21)

Die Hinwendung zum Thema Employability im Rahmen betrieblicher Personalarbeit geht zudem häufig mit Aussagen wie der folgenden zum Verhältnis zwischen Unternehmen und Beschäftigten einher: „Wir fühlen uns für die Mitarbeiter in unserem Unternehmen in hohem Maße verantwortlich. Wir erwarten jedoch in gleichem Maße von jedem Einzelnen die Bereitschaft, durch Eigeninitiative, Flexibilität und Eigenverantwortung dafür zu sorgen, dass er seine Beschäftigungsfähigkeit – seine ‚Employability' – erhält" (Weber/Thiele 2005, S. 119). Die Beschäftigungsfähigkeit des Einzelnen wird im Rahmen des betriebsbezogenen Verständnisses direkt mit dem Unternehmenserfolg in Verbindung gebracht:

> „Die Mitarbeiter nehmen die Rolle von selbständig Handelnden ein. Sie sind verantwortlich für ihre eigene Wettbewerbsfähigkeit und die des Unternehmens." (Lombriser/Lehmann 2001, S. 72)

Die zitierten Beispiele zum Verständnis von Employability verdeutlichen, dass es nicht nur um die Veränderung der Qualifikationen geht, sondern um eine

Neubestimmung des Selbstverständnisses der Beschäftigten. Die „Selbstverantwortung" und die „Eigeninitiative" nehmen dabei einen zentralen Stellenwert
ein. Ackermann spricht denn auch von einem „Bewusstseinswandel, den das
‚Employability'-Konzept von den Beschäftigten erfordert" (Ackermann 2005, S.
254), womit er eine Position formuliert, wie sie sich auch bei vielen anderen
Autoren in diesem Bereich findet (vgl. Kraus 2006, S. 83). Der Begriff Employability zeichnet sich durch einen starken Akzent auf der Selbstreflexivität aus,
der die „Arbeit an sich selbst" auch auf die eigene Arbeitskraft bezieht. Die
Voraussetzungen für eine Beschäftigung werden hierbei zurückgeführt auf die
Fähigkeiten und Bereitschaften zur Gestaltung der eigenen Fähigkeiten und ihrer
Anpassung an aktuelle Nachfragen auf dem internen und externen Arbeitsmarkt
(vgl. ebd., S. 71ff.). Zu den neu formulierten Voraussetzungen für Beschäftigung gehört nicht nur die Erfüllung von fachlichen und sozialen Anforderungen
innerhalb des Arbeitsprozesses, sondern auch die ständige Beobachtung des
„Passungsverhältnisses" der eigenen Fähigkeiten mit den gestellten Anforderungen sowie eine entsprechende Reaktion darauf. Diese Reaktion kann prinzipiell
in zweierlei Hinsicht erfolgen: in Form eines „Stellenwechsels" bzw. einer anderen Form der Veränderung der Anforderungen oder durch eine Anpassung der
eigenen Fähigkeiten. Da die Gestaltung der Anforderungen in der Regel nur in
eingeschränktem Maße in den Handlungsmöglichkeiten der Beschäftigten liegt,
richtet sich dieser Anspruch vor allem auf eine permanente Anpassung der eigenen Fähigkeiten. Die Beobachtung des Passungsverhältnisses von Anforderungen und Fähigkeiten sowie die Gestaltung der eigenen Arbeitskraft, die reflexiv
auf die Bedingungen ihrer Realisierung Bezug nimmt, gehört somit zu den
neuen Anforderungen an die Beschäftigen.[7]

Zusammenfassend kann Employability folgendermaßen definiert werden:
Employability bezeichnet die individuellen Fähigkeiten und Bereitschaften, die
es den Einzelnen ermöglicht, Beschäftigungsverhältnisse einzugehen, sich wert-
schöpfend in Arbeitsprozesse einzubringen und über eine beständige Anpassung
der eigenen Arbeitskraft, die sich reflexiv auf die Bedingungen ihrer Realisierung bezieht, in Beschäftigung zu bleiben.

---

7   Jeweils von unterschiedlichen Perspektiven ausgehend haben dieses Verhältnis verschie-
    dene Autor/innen analysiert: Voß/Pongratz (1998) mit ihrem Ansatz des „Arbeitskraft-
    unternehmers", Raeder/Grote (2001) in ihren Arbeiten zum „psychologischen Vertrag"
    oder Lehmkuhl (2002) in der Verbindung von neuen Arbeitsanforderungen und Psycho-
    analyse. In diesen Arbeiten wird jeweils versucht, die veränderten Anforderungen, die
    aus den neuen Arbeitsbedingungen resultieren, in der jeweiligen Perspektive genauer zu
    bestimmen.

4.   Employability: Widerspruch oder Ergänzung zur Beruflichkeit?

In den vorherigen Kapiteln wurde deutlich, dass die Forderung nach „Beschäftigungsfähigkeit" aktuell vor allem im Kontext von „Wettbewerbsfähigkeit" erhoben wird: volkswirtschaftlich wie auch bezogen auf die „Akkumulation von Volkswirtschaften" innerhalb der EU, die sich im internationalen Maßstab positioniert, sowie betriebswirtschaftlich in der Konkurrenz der Betriebe untereinander. Das Verständnis von Beschäftigungsfähigkeit ist dabei durch die Vorstellung einer „individuellen Wettbewerbsfähigkeit" auf dem (internen und externen) Arbeitsmarkt geprägt, die einen Beitrag zur betrieblichen, volkswirtschaftlichen und europäischen Wettbewerbsfähigkeit leistet. Über den Begriff der „Employability" werden in der deutschen Diskussion neue Anforderungen an das Individuum herangetragen, denen die auf dem Berufsprinzip beruhende Ausbildung scheinbar nicht gerecht wird, wie die anhaltende Kritik daran zum Ausdruck bringt.

Widersprüche zwischen dem Prinzip der Beruflichkeit und dem der Beschäftigungsfähigkeit lassen sich denn auch deutlich formulieren: Das Grundverständnis von Employability beruht darauf, die Voraussetzungen für Beschäftigung als individuelle Fähigkeiten und Bereitschaften zu fassen. Die inhaltliche Konkretisierung der Anforderungen wird allerdings arbeitsmarktseitig vollzogen, d.h. ausgehend von der Nachfrageseite nach Arbeitskraft. Damit unterscheidet sich der Ansatz vom Berufskonzept, das zwar auch die Anforderungen der Unternehmen einbezieht, dessen inhaltliche Ausgestaltung allerdings auf einem gesetzlich und politisch abgestützten Prozedere beruht, das neben der arbeitsmarktbezogenen Qualifizierung auch Aspekte der Persönlichkeitsbildung einbezieht und eine eher mittel- bis langfristige Perspektive der biografischen Gestaltung umfasst.

Der Indikator für das Vorhandensein von Employability ist ein Beschäftigungsverhältnis. Hierin zeigt sich ein weiterer Unterschied zum Beruf, bei dem die Beschäftigung zwar gleichfalls das Ziel darstellt, die erste Schwelle des Zugangs zur Ausbildung ebenfalls über den Ausbildungsarbeitsmarkt reguliert wird und auch der betriebliche Anteil innerhalb der Ausbildung eine große Rolle spielt. Dennoch lässt sich eine Trennung zwischen beiden Aspekten Beruf und Beschäftigung ziehen, da der Berufsabschluss zunächst durch eine auf der Ausbildung aufbauende Prüfung bescheinigt wird. Ein Beruf als individuelles „Vermögen" wird somit nicht unmittelbar unter Arbeitsmarktbedingungen realisiert. Man „hat" einen Beruf, auch wenn man damit das Ziel der Beschäftigung nicht in jedem Fall erreicht. Beschäftigungsfähigkeit stellt man jedoch nur unter Beweis, indem man in einem Beschäftigungsverhältnis steht. Employability kann vom Grundsatz her somit nicht unabhängig vom Arbeitsmarkterfolg gedacht werden, wobei Arbeitsmarkt in Bezug auf die Beschäftigungsfähigkeit als unternehmensintern und -extern verstanden wird, d.h. das Beginnen, Halten und Wechseln von Beschäftigungsverhältnissen innerhalb eines Unternehmens sowie zwischen Unternehmen umfasst.

Nimmt man einen theoretischen Ansatz als Ausgangspunkt für eine Analyse des Verhältnisses von Beruf und Employability, der auf einer analytischen Trennung der drei Dimensionen

– Fachlichkeit, d.h. Wissen und Können,
– überfachliche Kompetenzen, die im Arbeitsprozess als sozialem Kontext selbst gefordert sind *und*
– Erwerbsorientierung als Einstellung zur Erwerbsarbeit, ihre biografische Positionierung und die situative Realisierung von Arbeitsvermögen

beruht[8], dann wird Folgendes deutlich:

Im Berufskonzept liegt der Schwerpunkt traditionellerweise vor allem auf der ersten Dimension, d.h. der Fachlichkeit. Mit der Diskussion um die Notwendigkeit von Schlüsselqualifikationen – ausgehend von Mertens (1974) und in den frühen 1990er Jahren von Autor/innen wie Reetz (1990) oder Laur-Ernst (1990) in die berufspädagogische Diskussion getragen – haben darüber hinaus auch die überfachlichen Kompetenzen an Bedeutung gewonnen. Dies lässt sich nicht nur konzeptionell an der Vorstellung einer umfassenden „beruflichen Handlungsfähigkeit" sehen, sondern hat auch in der Neuordnung der Ausbildungsberufe einen strukturellen Niederschlag gefunden. Die mit diesem Berufsverständnis verbundene „Erwerbsorientierung" als dritter Dimension liegt vor allem in der – wenngleich zunehmend brüchig gewordenen – Vorstellung eines Lebensberufs, für den eine Ausbildung die Grundlage bildet und in dem durch den persönlichen Einsatz die „Meisterschaft" in einem Fachgebiet zu erreichen ist. Auch wenn die eigene Arbeitskraft in der Regel innerhalb von Strukturen abhängiger Beschäftigung eingebracht wird, resultiert hieraus auch eine vor allem auf den fachlichen Aspekten gründende persönliche Befriedigung.[9]

Von diesem umfassenden Verständnis unterscheidet sich der aktuelle Diskurs um Employability in Deutschland vor allem darin, dass er gerade nicht an der Fachlichkeit oder den überfachlichen Kompetenzen, d.h. den ersten beiden Dimensionen erwerbsbezogener Qualifizierung ansetzt, sondern in erster Linie auf die Dimension der Erwerbsorientierung fokussiert ist. Sehr deutlich wird

---

8   Dieser Ansatz wurde ausführlich in Kraus (2006) mit dem „Erwerbsschema" als Kern einer „erwerbsorientierten Pädagogik" entwickelt und auf eine Analyse des Verhältnisses von Beruf und Employability angewandt. Auf die dort entwickelten Begriffe und die Ergebnisse dieser Analyse wird hier Bezug genommen.

9   Damit entspricht dieses Berufskonzept vorwiegend dem männlichen Typus des Handwerkers oder Facharbeiters, was beispielsweise Mayer in ihrer historischen Analyse zum „weiblichen" und „männlichen" Berufskonzept herausgearbeitet hat (Mayer 1999).

dies im Moment der „Selbstreflexivität der Arbeitskraft", die in den Ausführungen zur Employability als wesentlicher Bestandteil dieses Konzepts herausgearbeitet wurde. Die Zielrichtung des Employability-Diskurses lässt sich knapp zusammengefasst als die Etablierung einer Haltung des „Unternehmers in eigener Sache" für alle Beschäftigten formulieren, was die Fokussierung dieses Diskurses auf die Erwerbsorientierung als Verhältnis zur eigenen Arbeitskraft und ihre Einbettung in den Lebenszusammenhang pointiert zum Ausdruck bringt.

Eine vergleichende Analyse des Berufskonzepts und mit Employability macht somit deutlich, dass der letztere zwar im Kontext einer kritischen Auseinandersetzung und Weiterentwicklung des Berufskonzepts steht, allerdings fokussiert an einer Dimension des umfassenden Erwerbsschemas Beruf ansetzt. Beruflichkeit bestimmt sich nach wie vor in erster Linie aus der Fachlichkeit, verbunden mit einer Integration überfachlicher Kompetenzen als Resultat der Diskussion um Schlüsselqualifikationen und ausgerichtet an einer traditionellen Erwerbsorientierung. Der Employability-Diskurs, wie er in Deutschland zu beobachten ist, ist hingegen klar auf die Dimension der Erwerbsorientierung ausgerichtet. Er baut damit insgesamt auf dem etablierten Konzept der Beruflichkeit und den entsprechenden Strukturen auf und ist Teil einer übergreifenden Diskussion, die eine Veränderung des Berufskonzepts und eine konzeptionelle Anpassung an neue Anforderungen anstrebt. Die Forderung nach Employability, die über die Beschäftigungs- und Bildungspolitik der EU sowie die betriebliche Personalarbeit in die deutsche Diskussion um erwerbsorientierte Pädagogik getragen wurde, steht somit zwar im Widerspruch zum etablierten Berufskonzept, zielt aber nicht auf seine Ablösung. Durch ihre Fokussierung auf die Dimension der Erwerbsorientierung und die implizite Voraussetzung der Beruflichkeit ist Employability hier vielmehr als weiterer Anstoß zur Ergänzung bzw. Veränderung des traditionellen Berufskonzepts – speziell der damit verbundenen Erwerbsorientierung – zu verstehen.

5.   Beruflichkeit, Employability und Kompetenz

Beruflichkeit ist angesichts veränderter Rahmenbedingungen selbst in Veränderung begriffen.

Auf verschiedenen Ebenen zeigt sich ein Bemühen um Anpassung des Berufskonzepts an die veränderten Bedingungen einer „post-industriellen Dienstleistungsgesellschaft" bei gleichzeitigem Anknüpfen an bewährte Traditionen. Das Aufgreifen von Employability ist in diesem Kontext zu sehen. In der darin liegenden Fokussierung auf das Individuum und die Selbstreflexivität zeigt sich aber auch eine inhaltliche Übereinstimmung von „Employability" mit anderen aktuellen Diskursen.

In der grundlegenden Ausrichtung des Employability-Diskurses in Deutschland und seiner Betonung des „unternehmerischen Handelns" findet sich nicht nur eine Parallele zur Debatte um die „Erziehung zum Unternehmer" (Sommer 2000), sondern auch zum Kompetenzdiskurs. Denn dieser greift in ähnlicher Weise neue Anforderungen auf, die durch eine Veränderung von Gesellschaft und Ökonomie entstehen, und stellt ihnen Eigenschaften des Individuums gegenüber, die es ermöglichen sollen, diesen Ansprüchen zu genügen. Der Ansatz geht dabei von verschiedenen Teilkompetenzen aus, die im Begriff der Kompetenz zusammenkommen und als Grundlage für verschiedene Formen der Kompetenzmessung dienen (vgl. z.B. Erpenbeck/von Rosenstiel 2003). In der Regel wird dabei in die Elemente Sach-, Sozial- und Selbst- bzw. Methodenkompetenz differenziert, die auch der Bestimmung beruflicher Handlungsfähigkeit zugrunde liegen und im Rahmen der „Kompetenzentwicklung zum Aus- und Ausbau einer umfassenden beruflichen Handlungskompetenz" (Dehnbostel/Lindemann 2007, S. 181) führen. Betont wird darüber hinaus in Abgrenzung zu einem rein kognitiven Verständnis die dem Kompetenzbegriff inhärente Handlungsdimension sowie in Abgrenzung zu rein anforderungsorientierten Bestimmungen der Subjektbezug dieses Begriffs: Kompetenzen „sind an das Subjekt und seine Befähigung zu verantwortlichem Handeln gebunden. Der Kompetenzbegriff umfasst Qualifikationen und nimmt in seinem Subjektbezug elementare bildungstheoretische Ziele und Inhalte auf" (ebd., S. 182). Die Integration des Kompetenzgedankens erfolgt in der Berufsbildung in anderer Weise als in der allgemeinen Pädagogik bzw. der Schulpädagogik. Dort muss Kompetenz nicht nur in Bezug auf die Frage ihrer adäquaten Prüfung mittels Standards operationalisiert werden (vgl. Klieme 2003), da es hier im Unterschied zur Berufsbildung keinen direkten Handlungskontext gibt, in dem sich die erworbene Kompetenz unmittelbar unter Beweis stellen lässt. Das Kompetenzverständnis in der Berufsbildung ist auf die „berufliche Handlungsfähigkeit" bezogen, d.h. auf das kompetente Handeln in beruflichen Anforderungssituationen.

Die verschiedenen Versuche der Reformulierung der Anforderungen an die Beschäftigten, die zur Zeit mit Ansätzen wie Kompetenz oder Employability vollzogen werden, sind nicht kontextlos und isoliert zu sehen. Es lassen sich vielmehr in einigen Aspekten direkte Bezüge zur gesellschaftlichen Entwicklung aufzeigen, etwa im Funktionswandel von (kollektiven) Institutionen und ihren Verbindlichkeiten und der damit einhergehenden Betonung der Bedeutung von individuellen „Fähigkeiten" und individueller Verantwortung (vgl. Kraus 2006, S. 61ff.). Gesellschaftstheoretisch sind Kompetenz und Employability als Elemente einer Reformulierung der Voraussetzungen von Beschäftigung damit im Kontext der Diskussion um „Individualisierung" zu verorten. Diese Reformulierung vollzieht sich im Rahmen des Transformationsprozesses von der Industriegesellschaft zur post-industriellen Dienstleistungsgesellschaft, der sich nicht nur auf die ökonomischen Veränderungen bezieht, sondern auch gesellschaftliche, soziale und politische Dimensionen umfasst. Im Rahmen dieses Transformationsprozesses hat sich nicht nur die Kritik am Beruf als kollektiver Institution deutlich zugespitzt, auch der generelle Imperativ der „Arbeit an sich selbst", wie er beispielsweise für den Employability-Diskurs kennzeichnend ist, ist in diesen Kontext einzuordnen.

Kompetenz und Employability sind auf das Individuum und seine individuelle Befähigung zu „kompetentem Handeln" ausgerichtet. Damit lässt sich Kompetenz einerseits – wie die Beschäftigungsfähigkeit – in die „Konjunktur der Fähigkeiten" (Kraus 2006, S. 61) einordnen, die die Bewältigung von Handlungsanforderungen individualisiert und einseitig als Ausdruck individueller Dispositionen versteht. Andererseits wird durch den Kompetenzbezug in der Berufsbildung aber noch mehr deutlich. Zum einen trägt er zur Veränderung des Berufskonzepts hin zu einer als „berufliche Handlungsfähigkeit" verstandenen Beruflichkeit bei. Zum anderen wird mit der Kompetenzdiskussion auch versucht, eine Sicht von individuellem Handlungsvermögen einzubringen, die zwar im Einklang mit der Individualisierung – und den Zumutungen eines „unternehmerischen Selbst" (Bröckling 2007) – steht, aber doch versucht, hier ein kritisches Potenzial zu entfalten.

Literatur

Ackermann, K. F. (2005): Führungskräfteentwicklung unter dem Aspekt der „Employability". In: Speck, P. (Hg.): Employability – Herausforderungen für die strategische Personalentwicklung (2. aktualisierte und erweiterte Auflage). Wiesbaden, S. 251-268

Baethge, M.; Solga, H.; Wieck, M. (2007): Berufsbildung im Umbruch. Signale eines überfälligen Aufbruchs. Studie im Auftrag der Friedrich-Ebert-Stiftung. Bonn

Bröckling, U. (2007): Das unternehmerische Selbst. Soziologie einer Subjektivierungsform. Frankfurt/M.

Corsten, M. (2006): Die gesellschaftliche Relevanz beruflicher Bildung im Spiegel von Sozialisationsstudien. In: Zeitschrift für Berufs- und Wirtschaftspädagogik, Bd. 102/Heft 3, S. 391-404

Dehnbostel, P.; Elsholz, U.; Meister, J.; Meyer-Menk, J. (2002) (Hg.): Vernetzte Kompetenzentwicklung. Alternative Positionen zur Weiterbildung. Berlin

Dehnbostel, P.; Lindemann, H.-J. (2007): Kompetenzen und Bildungsstandards in der schulischen und betrieblichen Berufsbildung. In: Dehnbostel, P.; Lindemann, H.-J.; Ludwig, Ch. (Hg.): Lernen im Prozess der Arbeit in Schule und Betrieb. Münster u.a.O., S. 179-197

Europäische Kommission (1994): Wachstum, Wettbewerbsfähigkeit, Beschäftigung. Herausforderungen der Gegenwart und Wege ins 21. Jahrhundert. Luxemburg

Europäische Kommission/Generaldirektion XXII Allgemeine und Berufliche Bildung und Jugend/Generaldirektion V Beschäftigung, Arbeitsbeziehungen und soziale Angelegenheiten (1996): Lehren und Lernen. Auf dem Weg zur kognitiven Gesellschaft. Weißbuch zur allgemeinen und beruflichen Bildung. Luxemburg: Amt für amtliche Veröffentlichungen der Europäischen Gemeinschaften

Euler, D.; Severing, E. (2006): Flexible Ausbildungswege in der Berufsbildung. Nürnberg, St. Gallen

Erpenbeck, J.; Rosenstiel, L. v. (2003): Einleitung. In: Erpenbeck, J.; Rosenstiel, L. v. (Hg.): Handbuch Kompetenzmessung. Erkennen, verstehen und bewerten von Kompetenzen in der betrieblichen, pädagogischen und psychologischen Praxis. Stuttgart, S. IX-XL

Jochmann, W. (2005): Einsatz von Auswahl-Instrumenten unter dem Aspekt der Employability. In: Speck, P. (Hg.): Employability – Herausforderungen für die strategische Personalentwicklung (2. aktualisierte und erweiterte Auflage). Wiesbaden, S. 31-47

Klieme, E. et al. (2003): Expertise zur Entwicklung nationaler Bildungsstandards (hrsgg. durch das Bundesministerium für Bildung und Forschung; Bildungsreform, Band 1). Berlin

(KOM [2001] 59 final): Die konkreten künftigen Ziele der Bildungssysteme. Bericht der Kommission. Brüssel, den 31.01.2001

(KOM[2005] 24 endgültig) Kommission der Europäischen Gemeinschaften (2005): Zusammenarbeit für Wachstum und Arbeitsplätze. Ein Neubeginn für die Strategie von Lissabon. Mitteilungen für die Frühjahrstagung des Europäischen Rates. Brüssel, den 2.2. 2005

Kraus, K. (2001): Lebenslanges Lernen. Karriere einer Leitidee. Bielefeld

Kraus K. (2006): Vom Beruf zur Employability? Zur Theorie einer Pädagogik des Erwerbs. Wiesbaden

Kraus, K. (2007): Die „berufliche Ordnung" im Spannungsfeld von nationaler Tradition und europäischer Integration. In: Zeitschrift für Pädagogik, Jg. 53/Heft 3, S. 381-397 (im Erscheinen)

Laur-Ernst, U. (1990): Schlüsselqualifikationen – innovative Ansätze in den neugeordneten Berufen und ihre Konsequenzen für Lernen. In: Reetz L.; Reimann, Th. (Hg.): Schlüsselqualifikationen. Dokumentation des Symposions in Hamburg „Schlüsselqualifikationen – Fachwissen in der Krise?" Materialien zur Berufsausbildung, Band 3. Hamburg, S. 36-55

Lehmann, J. A.; Wendt, M. (2001): Kapitel IV – Der Kompetenz-Navigator – „Einstieg in die Praxis". In: Lombriser, R.; Uepping H. (Hg.): Employability statt Jobsicherheit. Neuwied, Kriftel. S. 217-225

Lehmkuhl, K. (2002): Unbewusstes Bewusst machen. Selbstreflexive Kompetenzen und neue Arbeitsorganisation. Hamburg

Leitlinien (1998): Die Beschäftigungspolitischen Leitlinien für 1998. Entschließung des Rates vom 15. Dezember 1997. Dokument erstellt auf der Grundlage von Dokument Nr. 13200/97 des Rates; zugänglich über die Homepage der Europäischen Union: http://ec. europa.eu/employment_social/employment_strategy/98_guidelines_de.htm; zuletzt abgerufen am: 08.06.2006

Lombriser, R.; Lehmann, J.A. (2001): Kapitel I – Wandel der Wirtschaft. In: Lombriser, R.; Uepping H. (Hg.): Employability statt Jobsicherheit. Neuwied, Kriftel, S. 1-59

Mayer, Ch. (1999): Entstehung und Stellung des Berufs im Bildungssystem. In: Harney, K.; Tenorth, H. E. (Hg.): Beruf und Berufsbildung. Situation, Reformperspektiven, Gestaltungsmöglichkeiten. 40. Beiheft der Zeitschrift für Pädagogik. Weinheim, Basel. S. 35-60

Mertens, D. (1974): Schlüsselqualifikationen. Thesen zur Schulung für eine moderne Gesellschaft. In: Mitteilungen aus der Arbeitsmarkt- und Berufsforschung, 7, S. 36-43

Raeder, S.; Grote, G. (2001). Flexibilität ersetzt Kontinuität. Veränderte psychologische Kontrakte und neue Formen persönlicher Identität. In: Arbeit: Zeitschrift für Arbeitsforschung, Arbeitsgestaltung und Arbeitspolitik, Jg. 10/Heft 4, S. 352-364

Rauner, F. (2005): Rettet den Facharbeiter! In: Die Zeit Nr. 49 vom 1. Dezember 2005, S. 86

Reetz, L. (1990): Zur Bedeutung der Schlüsselqualifikationen in der Berufsausbildung. In: Reetz L.; Reimann, Th. (Hg.): Schlüsselqualifikationen. Dokumentation des Symposions in Hamburg „Schlüsselqualifikationen – Fachwissen in der Krise?" Materialien zur Berufsausbildung, Band 3. Hamburg, S. 16-35

Rump. J.; Eilers, S. (2006): Managing Employability. In: Rump, J.; Sattelberger, Th.; Fischer, H. (Hg.): Employability Management. Grundlagen, Konzepte, Perspektiven. Wiesbaden, S. 13-73

Sommer, K.H. (2000): Wirtschaftsbildung und „Erziehung zum Unternehmer" als aktuelle Forderung. In: Metzger Ch.; Seitz, H.; Eberle, F. (Hg.): Impulse für die Wirtschaftspädagogik. Zürich, S. 23-35

Speck, P. (2005): Vorwort. In: Speck, P. (Hg.): Employability – Herausforderungen für die strategische Personalentwicklung (2. aktualisierte und erweiterte Auflage). Wiesbaden, S. VII-XVII

(SEC [2004] 73): Indicators and Benchmarks. Commission Staff Working Paper towards the Common Objectives in Education and Training. Brussels 21.1.2004

The Copenhagen-Declaration (2002): Declaration of the European Ministers of Vocational Education and Training, and the European Commission, conviened in Copenhagen on 20 and 30 November 2002, on enhanced European cooperation in vocational education and training

Voß, G. G.; Pongratz, H. J. (1998): Der Arbeitskraftunternehmer. Eine neue Grundform der Ware Arbeitskraft? In: Kölner Zeitschrift für Soziologie und Sozialpsychologie, Jg. 50/ Heft 1, S. 131-158

Vonken, M. (2003): Berufspädagogik als Wissenschaft von der Kompetenzentwicklung. In: Arnold, R. (Hg.): Berufs- und Erwachsenenpädagogik. Baltmannsweiler, S. 44-68

Weber R.; Thiele D. (2005): Auswirkungen der Employability auf die Personalpolitik der Unternehmen des Karlsberg Verbundes. In: Speck, P. (Hg.): Employability – Herausforderungen für die strategische Personalentwicklung (2. aktualisierte und erweiterte Auflage). Wiesbaden

(2003/578/EG): Beschluss des Rates vom 22. Juli 2003 über die Leitlinien für beschäftigungspolitische Maßnahmen der Mitgliedstaaten. Veröffentlicht im Amtsblatt der Europäischen Union Nr. L 197 vom 5.8.2003, S. 13-21

(2005/600/EG): Entscheidung des Rates vom 12. Juni 2005 über die Leitlinien für beschäftigungspolitische Maßnahmen der Mitgliedstaaten. Veröffentlicht im Amtsblatt der Europäischen Union Nr. L 205 vom 6.8.2005, S. 21-27

Primat der Ökonomie?

Arbeitnehmerinteressen in der betrieblichen Weiterbildung

Rita Meyer

Dass die betriebliche Weiterbildung und in erheblichem Maß auch die Kompetenzentwicklung von Arbeitnehmerinnen und Arbeitnehmern vorrangig der betrieblichen Handlungslogik unterliegen und damit in erster Linie durch ökonomische Prämissen bestimmt sind, ist eine vielfach belegte Tatsache. Die Gewerkschaften haben nicht zuletzt mit zahlreichen Initiativen zur Etablierung einer Weiterbildungsgesetzgebung über viele Jahrzehnte versucht, dies zu ändern.

Auch wenn diese Versuche bisher nicht zu einem direkten Erfolg im Sinne der Einführung eines Weiterbildungsgesetzes führten, so gaben sie doch Anlass für Veränderungen: In den letzten Jahren gibt es vermehrt Ansätze dafür, dass Weiterbildungsinteressen von Beschäftigten in der betrieblichen Qualifizierungspolitik Berücksichtigung finden und ihre individuelle Kompetenzentwicklung befördert wird. Beispiele dafür und die Erfahrungen, die damit gemacht wurden, werden hier benannt und es werden Perspektiven aufgezeigt, wie trotz der Dominanz ökonomischer Zwänge Arbeitnehmerinteressen in Bezug auf ihre Kompetenzentwicklung angemessen berücksichtigt werden können. Trotz dieser erfolgreichen Projekte, die jenseits einer Weiterbildungsgesetzgebung zu verzeichnen sind, ist allerdings das Ziel, Weiterbildung durch eine Regulierung von staatlicher Seite abzusichern, nicht aus den Augen zu verlieren.

1.   Divergenz oder Konvergenz der Interessen

Der Betrieb als Lernort unterliegt jenseits der beruflichen Erstausbildung nicht der öffentlichen Kontrolle, d.h. dass sowohl die Festlegung der Qualifizierungsziele als auch die Wahl der Methoden den Unternehmen überlassen bleiben. Die Qualifizierung erfolgt in erster Linie verwertungsorientiert, und die Gestaltung der Maßnahmen unterliegt der Rationalität und Funktionalität des Betriebes (vgl. Harney 1998; Hendrich 1999).

Die unterschiedlichen Interessen, die im Hinblick auf Fragen betrieblicher Qualifizierungserfordernisse einerseits und individueller Kompetenzentwicklung andererseits bestehen, müssen im Betrieb von den Akteuren individuell oder im Rahmen kollektiver Auseinandersetzungen verhandelt werden. Dabei stehen die an den ökonomischen Erfordernissen orientierten Qualifizierungsinteressen der Unternehmen den subjektiven Lern- und Entwicklungsbedürfnissen der Beschäftigten zum Teil entgegen. Im Zuge neuer Formen der Arbeitsorganisation, die auf eine verstärkte Partizipation der Mitarbeiter setzen, können sich diese Interessen zwar einerseits annähern. Anderseits führt die hohe Arbeitsverdichtung und die Zunahme an Verantwortung aber auch zu neuen Problemen und zu neuem Regulierungsbedarf.

Auch wenn aufgrund methodischer Erhebungsprobleme ein quantitativ bedeutsamer Zusammenhang von individueller Kompetenzentwicklung und betrieblicher Organisationsentwicklung empirisch kaum nachzuweisen ist, so kommt es doch im Rahmen betrieblicher Weiterbildung zu einer wechselseitigen Beeinflussung. Nach Harney (1998) findet z.b. im Zuge von betrieblichen Weiterbildungsmaßnahmen gleichzeitig eine Reproduktion von Person und Organisation statt. Dabei zielt die Reproduktionsleistung der Organisation darauf, betriebliche Anpassungsleistungen zu erbringen, während die der Person demgegenüber eigene Autonomiebestrebungen verfolgt, die sie vor einer Vereinnahmung für betriebliche Zwecke schützt. Insofern wird in diesem Prozess immer auch eine Integrationsleistung von Organisation und Person erbracht. Dies gilt vor allem dann, wenn betriebliche Organisationsprozesse auch explizit mit individuellen Lernprozessen gekoppelt werden (vgl. Geißler/Orthey 1997). Berufsbildung am Lernort Betrieb wird damit selbst zu einem integralen Bestandteil der betrieblichen Organisationsentwicklung (vgl. Kühnlein 1997). Einerseits tragen die Maßnahmen der betrieblichen Bildung so auch zur Personalentwicklung und Organisationsentwicklung bei, andererseits können aber auch betriebliche Reorganisationsmaßnahmen Auswirkungen auf die Qualifikation der Mitarbeiter haben, ohne dass sie explizit als Maßnahme einer internen Qualifizierung ausgewiesen sind.

Deckungsgleich sind die Interessen der Arbeitgeber und der Arbeitnehmer in den seltensten Fällen. Die Unternehmen kommen den Beschäftigten in Qualifizierungsfragen allenfalls entgegen, wenn sich damit für sie ein Nutzen verbindet. Sie stehen unter dem Primat der Ökonomie, das aufgrund der bestehenden Machtverhältnisse als eine Art – auch historisch gesetzter – Artefakt anzusehen ist. Auch ein Blick auf die Geschichte der Beruflichen Bildung zeigt, dass diese sich schon immer im Spannungsfeld von politischen und ökonomischen Interessen vollzogen hat (vgl. Dobischat/Neumann 1987; Büchter 2004).

In der Interessenperspektive bleibt festzustellen, dass die Unternehmen in modernen Arbeitsformen betriebliche Bildungsmaßnahmen zur Bewältigung des Strukturwandels einsetzen und sie damit explizit der *ökonomischen* Handlungslogik unterwerfen. Das Interesse der Arbeitgeber ist bezogen auf Weiterbildung insofern darauf gerichtet, den Ressourceneinsatz möglichst gering zu halten und dennoch zugleich einen hohen Output zu erzielen. Allerdings verweisen selbst Managementtheoretiker inzwischen darauf, dass dies nicht ausschließlich unter dem Diktat und der „Moral des ökonomischen Reduktionismus" (Malik 2006) geschehen kann und dass selbst der „echte" Liberalismus nicht verlangt, dass *alle* Ziele der Wirtschaft unterstellt werden.

Für die Beschäftigten hat diese Haltung der Unternehmen zur Folge, dass die betriebliche Weiterbildungspolitik auch individuelle Formen des Lernens steuert und im Zuge der Verschränkung von Arbeiten und Lernen mit der zunehmenden „Subjektivierung der Arbeit" (Moldaschl/Voß 2002) ein erweiterter Zugriff auf persönliche Lebensbereiche erfolgt. Konfliktpotenzial liegt vor allem darin, dass die Arbeitnehmerinnen und Arbeitnehmer auf der einen Seite bis hin zur Selbstrationalisierung ihr gesamtes Potenzial und ihre Persönlichkeit in das Unternehmen einbringen sollen. Auf der anderen Seite werden aber zugleich die kollektiven Schutz- und Sicherungsmechanismen immer weiter reduziert. Die Ansprüche der Beschäftigten auf Anerkennung ihrer Leistung, z.B. über eine angemessene, tariflich abgesicherte Vergütung oder über Zertifikate, die ihre Mobilitätschancen auf dem Arbeitsmarkt erhöhen, finden in flexiblen Formen der Arbeitsorganisation nur marginal Berücksichtigung.

Arbeitnehmern wird nicht zuletzt vor dem Hintergrund des Konzeptes des Lebenslangen Lernens ein immer höheres Maß an Eigenverantwortung für den Erhalt ihrer Beschäftigungsfähigkeit – der so genannten „employability" abverlangt. Das heißt u.a., dass bisher private und höchst subjektive Dispositionen der Menschen in den Arbeitsprozess einfließen, was wiederum die Entgrenzung von Arbeitskraft und Qualifikationen zur Folge hat (vgl. Voß/Pongratz 1999). Die zunehmende Selbstverantwortung und die Tendenz zur permanenten Überforderung in neuen Arbeitsformen führt zu Selbstentfremdung und endet nicht selten im Typus des „erschöpften Selbst" (Lehmkuhl 2005).

Erfahrungen in der Praxis haben diesbezüglich gezeigt, dass nicht alle Arbeitnehmerinnen und Arbeitnehmer uneingeschränkt positiv auf die Einführung von betrieblichen Qualifizierungsprojekten reagieren, sondern dass durchaus auch Vorbehalte und Widerstände gegen das Lernen in der betrieblichen Weiterbildung zu verzeichnen sind. Faulstich (2006) kennzeichnet dieses Phänomen als das „Sinnlosigkeitssyndrom", das besagt, dass die Betroffenen oftmals keine positive Erwartung bezogen auf eine Veränderung ihrer Arbeits- und Lebensbedingungen im Zusammenhang mit der Lernanstrengung sehen. Dies bestätigen auch empirische Untersuchungen: In einer Befragung nannten zwei Drittel der Weiterbildungsverweigerer mangelnde berufliche Verwertungschancen als Grund für ihre Lernabstinenz (vgl. Bolder 2006). Gerade bei Minderqualifizierten führt dies zu einem doppelten Exklusionsprozess:

> „Praktisch ausgeschlossen schließen sie sich selbst aus, verweigern sie aus negativen persönlichen oder auch kollektiven Erfahrungen in der Familie, bei Freunden und Kollegen, die Teilnahme." (Ebd. S. 31)

Letztlich entscheidet der Lernende über seine Teilnahme oder Nicht-Teilnahme an Weiterbildung. Dies relativiert ein Stück weit die uneingeschränkte Macht, die die Unternehmen im Rahmen der betrieblichen Weiterbildung haben. Es ändert jedoch nichts daran, dass ein Großteil der Nicht-Beteiligung an Weiterbildung systematischer Natur ist und mit den subjektiven und individuellen Beweggründen der Einzelnen nichts zu tun hat. Die systematische Ausgrenzung von der Weiterbildungsbeteiligung hat strukturelle Gründe und sie erfolgt nach wie vor im Wesentlichen nach Kriterien wie Schulbildung, Berufsausbildung, Erwerbssituation und Region (vgl. ebd. S. 27).

2. Betriebliche Weiterbildung – ein gesetzlich ungeregelter Bereich

In der beruflichen und betrieblichen Bildungsbeteiligung wirkt ein Muster, das die Sozialstruktur der Teilnahme an Weiterbildung als ein Selektions- und Segmentationsproblem immer wieder neu reproduziert und das nur schwer zu durchbrechen ist. Sozialwissenschaftliche Forschungen belegen, dass die Beteiligung an Weiterbildung stark nach Berufsposition, Bildungs- und Qualifikationsniveau, Berufsgruppen- und Branchenzugehörigkeit sowie nach Alter und Geschlecht differiert (vgl. Baethge 1992; Baethge et al. 2003). Die langjährige Forderung der Gewerkschaften nach einem Weiterbildungsgesetz hatte vor dem Hintergrund, dass Weiterbildungsteilnahme zu einer neuen sozialen Frage wird (vgl. Bayer 2002) zum Ziel, genau diese Situation zu verändern. Auch wenn Mahnkopf (1990) konstatiert, die betriebliche Weiterbildung sei traditionell ein Geschäft, das die Gewerkschaften ohne viele Bedenken der Arbeitgeberseite überließen, so zeigt doch ein Blick auf die Tarifgeschichte, dass die Regulierung von Qualifizierungsfragen durchaus schon in den 1980er Jahren eine Rolle gespielt hat (vgl. Bahnmüller/Fischbach 2006). Faktische Umsetzungen zur Regulierung der Weiterbildung sind allerdings tatsächlich erst seit Ende der 1990er Jahre zu verzeichnen (vgl. zusammenfassend Faulstich 2002).

Auch wenn sich in diesem Zusammenhang andeutet, dass im Verlauf der Jahre auch die Arbeitgebervertreter ihre grundlegend ablehnende Position zur Regulierung der Weiterbildung relativiert und eine realistischere Haltung eingenommen haben, so kann als Fazit doch festgehalten werden: In der Vergangenheit haben trotz der Regulierungsbestrebungen auf Seiten der Gewerkschaften die Unternehmen ihre Interessen in Bezug auf die Qualifizierung ihrer Mitarbeiter bruchlos durchsetzen können. Das heißt, betriebliche Weiterbildung ist bis heute „ein weitgehend regelungsfreier Raum geblieben" (Bahnmüller/Fischbach 2006, S. 25).

Die Tatsache, dass Weiterbildung als ein arbeitspolitisches Feld trotz eines offenkundigen Handlungsbedarfes im Bereich der Mitbestimmung randständig geblieben ist, gab u.a. den Anstoß dazu, Fallstudien zu innovativen gewerk-schaftlichen Bildungsinitiativen auf betrieblicher Ebene durchzuführen und dar-aus arbeitspolitische Strategien abzuleiten. In diesen Studien kommen die Auto-ren Pongratz und Trinczek (2006) zu dem Ergebnis, dass Weiterbildung eine un-eingeschränkte Handlungsdomäne der betrieblichen Personalpolitik darstellt. Dies gelte nicht zuletzt deshalb, weil Betriebsräte und Gewerkschaften bisher auf diesem Gebiet wenig Engagement entwickelt hätten. Eine einheitliche Ver-tretungsstrategie sei – so die Autoren – allerdings bezogen auf die Qualifizie-rungsfrage auch nur schwer zu realisieren, weil die Bildungsansprüche und Kar-riereperspektiven von Arbeitnehmern individualisiert sind, das heißt, dass sie höchst unterschiedlich ausfallen. Damit ist eine der wesentlichen Herausforde-rungen für die Arbeit der betrieblichen Interessenvertretung in Bezug auf Quali-fizierungsfragen benannt: Die individuellen und subjektiven Lernerfahrungen und Lernbedürfnisse der Arbeitnehmerinnen und Arbeitnehmer müssen Berück-sichtigung finden. Welche Ansätze es dazu trotz der eher pessimistisch stim-menden Forschungserkenntnisse bereits gibt, wird im Folgenden dargestellt.

3. Ansätze zur Regulierung der betrieblichen Weiterbildung

Die Regulierungen, die in der IT-Branche getroffen wurden (vgl. Meyer 2006), sind ein Beispiel dafür, dass es nicht notwendigerweise eines gesonderten Wei-terbildungsgesetzes bedarf, um Einfluss auf das betriebliche Lernen zu nehmen, sondern dass dies auch im Rahmen der bestehenden Berufsbildungsgesetzge-bung möglich ist. Neben der strukturellen Ordnung von 29 Spezialistenprofilen und insgesamt sechs Fortbildungsberufen auf zwei Ebenen wurde hier mit dem Konzept der „Arbeitsprozessorientierten Weiterbildung" (APO-IT) *erstmalig* ein didaktisch-curriculares Modell zur Umsetzung der konkreten Qualifizierung in den Betrieben empfohlen. Damit werden in der Weiterbildung nicht nur wie bis-her, Lernziele und Lerninhalte vorgegeben, sondern auch die *Methode* des ar-beitsprozessorientierten Lernens. Mit diesen Regulierungen wurde in Deutsch-land für eine ganze Branche Weiterbildung über die Erstausbildung hinaus auf der Basis des Prinzips der *Beruflichkeit* geregelt. Da in dieser Form das Lernen u.a. durch ein hohes Maß an Selbststeuerung und Anerkennung beruflichen Er-fahrungswissens gekennzeichnet ist, lässt sich die These formulieren, dass die Ausweitung des Prinzips der Beruflichkeit auf die Weiterbildung Mitbestim-mung und Partizipation sichern kann. Auch dies gilt allerdings nur im Fall einer entsprechend sozial „gerecht" verteilten Weiterbildungsteilnahme, für die im Fall des IT-Weiterbildungssystems noch keine repräsentativen Daten vorliegen.

Mitbestimmungspotenziale ergeben sich jedoch neben der konkreten be-trieblichen Ausgestaltung von Weiterbildungsmaßnahmen auch auf der bildungspolitischen Ebene. Die Tatsache, dass Arbeit in Deutschland berufsförmig auf der Basis eines korporatistischen Steuerungsmodells organisiert ist, sichert über das Zusammenwirken der Arbeitgeber, der Gewerkschaften und des Staates die Mitbestimmung bezogen auf Fragen der Qualifizierung:

> „Die moderne Form der Berufsbildung in Deutschland wird nicht durch die Aus- bildung und Qualifizierung vor Ort, sondern durch die auf der Ebene der Koordi- nation der Kontexte stattfindenden Operationen immer wieder hergestellt." (Har- ney 1998, S. 19)

Über dieses institutionelle Setting haben die Sozialpartner in der Erstausbildung einen gesicherten Einfluss, der weit über die betriebliche Ebene hinausreicht. Hier deutet sich eine Regulierungsmöglichkeit an, die bei weitem noch nicht ausgeschöpft ist: der Ausbau des Dualen Systems über die Erstausbildung hin- aus und die Regelung von Weiterbildung auf der Basis von Beruflichkeit. Darin liegt eine Chance, den Ausschluss der Gewerkschaften aus dem Bereich der be- ruflichen und betrieblichen Bildung jenseits der Erstausbildung aufzuheben und die Erfahrungen, die dort gemacht wurden, auf die Weiterbildung zu übertragen (vgl. Bahnmüller/Fischbach 2006, S. 17).

Es kann darüber hinaus festgestellt werden, dass Fragen der beruflichen Qualifizierung und damit auch der betrieblichen Weiterbildung immer häufiger Gegenstand betrieblicher Regelung im Rahmen von Betriebsvereinbarungen werden und auch auf tarifvertraglicher Ebene zunehmend Berücksichtigung fin- den. Auch oder vielleicht gerade weil die Forderung nach einer gesetzlichen Re- gulierung der beruflich-betrieblichen Weiterbildung nicht realisiert werden konnte, ist es inzwischen über Betriebsvereinbarungen zu vielen innerbetriebli- chen Regelungen gekommen (vgl. Kruse et al. 2003), die zum überwiegenden Teil in Verbindung mit dem Thema Arbeitszeit stehen (vgl. Dobischat et al. 2003):

Über die Regulierung des Betriebsverfassungsgesetzes im Jahr 2001 sind zudem neue und erweiterte gesetzliche Möglichkeiten zur Mitbestimmung des Betriebsrates bei der Weiterbildung geschaffen worden (vgl. Koch et al. 2002). In der Metallindustrie ist es darüber hinaus zu einer flächendeckenden Regelung im Tarifgebiet Baden-Württemberg gekommen und auch in der Chemieindustrie ist ein Qualifizierungstarifvertrag geschlossen worden. Die Umsetzung des Qua- lifizierungstarifvertrages in der Metallindustrie in Baden-Württemberg, die wis- senschaftlich begleitet worden ist (vgl. Bahnmüller/Fischbach 2006), wird nach- folgend näher betrachtet. Damit liegen hier bereits erste Erfahrungen vor, die hilfreich bei der Gestaltung von Maßnahmen zur Regulierung betrieblicher Wei- terbildung sein können.

Umsetzung des Qualifizierungstarifvertrages der IG Metall in Baden-Württemberg

Kern des Tarifvertrages ist der Anspruch auf ein (in der Regel jährliches) Qualifizierungsgespräch, in dem der Qualifizierungsbedarf festgestellt wird und die Qualifizierungsmaßnahmen vereinbart werden. Es besteht ein Anspruch auf eine Vereinbarung von Qualifizierungsmaßnahmen ohne eine zeitliche Begrenzung. Wesentlich ist das Vorliegen eines Qualifizierungsbedarfes im Sinne der Definition betrieblicher Weiterbildung. Kommt hier keine Einigung zustande, wird diese Einigung in einem betrieblichen Konfliktlösungsverfahren gefunden. Zusätzlich wurde vereinbart, bei älteren Beschäftigten besonders das Erfahrungswissen zu berücksichtigen. Vorgesetzte, Beschäftigte oder Betriebsrat können Qualifikationsmaßnahmen vorschlagen, insofern kann hier das Initiativrecht der Betriebsräte nach § 97 BetrVG genutzt werden.

Die Ergebnisse der Evaluation zeigen, dass der Qualifizierungstarifvertrag auf eine relativ breite Akzeptanz stößt, auch wenn der zunächst arbeitgeberseitig nicht gewollt war. Auch die Betriebsräte sehen die Regelungen, die dort getroffen wurden, und deren Umsetzung größtenteils als Erfolg an. Die Umsetzung der einzelnen Elemente (Qualifizierungsgespräche, Verpflichtung zur Dokumentation, Kostenübernahme von Weiterbildungsmaßnahmen) verläuft relativ konfliktarm. Einschränkend merken die Autoren der Studie jedoch an, dass einer der Gründe für die konfliktarme Umsetzung der Tatsache geschuldet ist, dass die Qualifizierungsvereinbarung im Wesentlichen auf formale Prozesse und Strukturen und nicht auf Inhalte zielt. So sind z.B. keine Gütekriterien für die Durchführung der Qualifizierungsgespräche und anderer Maßnahmen formuliert worden. Dies führt dazu, dass sich für die Unternehmen keine Verpflichtung zur Veränderung ihrer Weiterbildungspraxis ergibt. Welche Inhalte die Unternehmen in der Weiterbildung vermitteln, unterliegt so weiterhin dem einzelbetrieblichen Verwertungskalkül. Insofern – so die Autoren der Studie – sei der Qualifizierungstarifvertrag aufgrund des mangelnden qualitativen Gehaltes „recht zahnlos" (ebd. S. 241) und kann leicht unterlaufen werden. Als den „heikelsten Punkt" des Qualifizierungstarifvertrages formulieren die Autoren der Studie die mangelnde Verbindlichkeit in der Umsetzung der Weiterbildungsmaßnahmen. Ein Problem in der Durchführung sehen die Forscher darin, dass die Beschäftigten im Rahmen des Qualifizierungsgesprächs in eine hierarchisch und machtpolitisch asymmetrische Aushandlungssituation gestellt werden. Darin verbirgt sich u.a. die Gefahr, dass aufgrund potenzieller Sanktionsmöglichkeiten Qualifizierungsinteressen seitens der Arbeitnehmer *nicht* geäußert werden. Auch die mangelnde Expertise der Vorgesetzten in Bildungsfragen wird zum Problem.

Insofern liegt es nahe, und auch das bestätigen die Ergebnisse, dass eine „nachhaltige Korrektur der sozialen Selektivität in der Weiterbildungsteilnahme"

(ebd. S. 246) *nicht* erreicht werden konnte. Das Fazit der Untersuchung zur Umsetzung des Qualifizierungstarifvertrages fällt entsprechend ambivalent aus.
Einerseits formulieren die Autoren eher pessimistisch:

> „Darauf zu vertrauen, dass die Unternehmen rechtzeitig aus eigenem Antrieb und
> ohne Druck der betrieblichen Weiterbildung den Stellenwert verschaffen, der ihr
> zur Sicherung der Innovations- und Wettbewerbsfähigkeit der Unternehmen so-
> wie der Potenzialentwicklung und Beschäftigungssicherheit der Arbeitnehmerin-
> nen und Arbeitnehmer gebührt, wäre fahrlässig." (Ebd. S. 238)

Andererseits ziehen die Autoren aber auch eine positive Bilanz, indem sie feststellen, dass sich die „Artikulations- und Beteiligungschancen der Beschäftigten,
ihre Qualifizierungsinteressen in den betrieblichen Planungs- und Entscheidungsprozess einbringen zu können" (ebd. S. 246) deutlich verbessert haben. Ohne
den Qualifizierungstarifvertrag hätte Weiterbildung nicht den Stellenwert, den
sie heute in den untersuchten Betrieben hat. Es sind also Anstöße notwendig und
wie die Evaluation des Qualifizierungstarifvertrages zeigt, sind diese – zumindest ansatzweise – auch wirksam. Mit der Erkenntnis, dass mit diesem Instrument auch keine Verbesserung der Chancengleichheit erzielt werden konnte,
liefern die Erfahrungen mit dem Qualifizierungstarifvertrag auch Hinweise für
die Ausgestaltung einer staatlichen Weiterbildungsgesetzgebung.

4.   **Berücksichtigung von Arbeitnehmerinteressen in der betrieblichen**
        Weiterbildung – Was ist zu tun?

Im Rahmen eines Gutachtens zum aktuellen Stand und den Problemen in der
beruflichen und betrieblichen Weiterbildung im Auftrag der Hans-Böckler-Stiftung haben Baethge et al. (2003) neue Anforderungen an die kollektive Interessenvertretung formuliert. Dabei loten sie die Möglichkeiten und die Grenzen
gesetzlicher, tarifvertraglicher und betrieblicher Regelungen im Hinblick auf die
Lösung der obig genannten Selektivitätsproblematik und Fragen der Zertifizierung und Finanzierung aus. In diesem Gutachten wird sehr deutlich, wie komplex die Problematik um die Regulierung betrieblicher Bildungsfragen ist. Dies
liegt zum einen an der Verschränkung mit anderen Politikbereichen und zum
anderen an der hohen Interessengeleitetheit dieses Themas. Was dennoch zu tun
ist, lässt sich in drei Punkten zusammenfassen: Es geht darum,

(a) Arbeitnehmer zu aktivieren,
(b) ihre Interessen zu klären und
(c) eine konstruktive Kooperation in der betrieblichen Weiterbildungspolitik zu
     erreichen.

(a)   Arbeitnehmer aktivieren

Die vorangegangenen Ausführungen haben gezeigt, dass die betriebliche Bildungspolitik immer auch Ausdruck von Machtverhältnissen ist. Einen möglichen Ansatz, Einfluss auf die ungleichen Machtverhältnisse zu nehmen, liefert das Konzept „Empowerment", das in der amerikanischen Bürgerrechtsbewegung wurzelt (vgl. Bröckling 2003). Eine machttheoretische Grundannahme dieses Konzeptes ist, dass asymmetrische Machtverhältnisse nicht ein für alle mal gegeben sind, sondern dass sie Gegenstand fortwährender Auseinandersetzungen sind und dass die Verhältnisse zu verändern sind. Allerdings führt die Wahrnehmung, keine Macht zu haben, als ein Gefühl der Ohnmacht in der Regel dazu, dass Autonomie- und Partizipationspotenziale ungenutzt bleiben und das Machtgefälle sich noch verfestigt. Empowerment zielt vor diesem Hintergrund darauf, lähmende Ohnmachtsgefühle zu überwinden und durch die Förderung von Problemlösekompetenzen bei Betroffenen letztlich auch zu neuen Machtverteilungen zu kommen (vgl. ebd. S. 328).

Hier könnten auch gewerkschaftliche Handlungsstrategien für eine stärker beteiligungsorientierte Beratung und Begleitung von Arbeitnehmerinnen und Arbeitnehmern ansetzen: Arbeitnehmer müssen in ihrem Selbstbewusstsein gestärkt und dabei unterstützt werden, Qualifizierungsansprüche gegenüber den Arbeitgebern zu formulieren. Sie müssen darin bestärkt werden, bewusst ein subjektives Wissensmanagement zu betreiben, dem eine Systematisierung ihres Erfahrungswissens vorausgeht. Subjektives Wissensmanagement meint in diesem Zusammenhang, eine Selektion von Wissensformen und Lernstrategien vorzunehmen und zwar im Hinblick darauf, wie sinnvoll sie für die eigene Berufs- und Erwerbsbiografie sind (vgl. Bolder 2006, S. 36). In diesem Zusammenhang müsste auch verstärkt auf den in vielen Bundesländern nach wie vor bestehende, aber kaum genutzter Anspruch auf Bildungsurlaub verwiesen werden.[1]

(b) Klärung der Arbeitnehmerinteressen

In seiner Streitschrift zur Zukunft der Gewerkschaften fordert Oskar Negt (2004) eine „radikale Wende nach unten [...], zu den spezifischen Lebensorientierungen der Menschen, die es betrifft" (S. 72). Es gehe im Sinne einer „Erweiterung des Interessenmandats" (S. 89) von Gewerkschaften und Betriebsräten darum, „Bruchstellen in den Lebensverhältnissen der Menschen aufzudecken, in denen Störungen ihrer Selbstwertgefühle und verweigerte Anerkennung ihrer fachlichen Kompetenzen sichtbar sind" (S. 86). Auch Pongratz und Trinczek (2006) fordern diesbezüglich eine konsequente Klärung von Arbeitnehmerinteressen. Es sei Aufgabe der Interessenvertretung zu klären, inwieweit betriebliches und

---

1   Vgl. die länderspezifischen Regelungen zum Bildungsurlaub auf der Homepage des Deutschen Bildungsservers: http://www.iwwb.de/links/bildungsurlaub/ sowie Faustich 2002.

individuelles Bildungsinteresse sich decken und inwieweit sie voneinander abweichen (vgl. ebd. S. 153).

Auch die Qualifikationsforschung hat die Interessen und Lernbedürfnisse der Arbeitnehmer bisher nicht in den Mittelpunkt ihrer Forschung gestellt, sondern ist eher von den Anforderungen des Arbeitsplatzes und der Arbeitsprozesse ausgegangen. Dies gilt auch für die berufspädagogische Qualifikations- und Curriculumforschung, die sich zwar verstärkt an konkreten beruflichen Handlungssituationen orientiert, aber eben auch eher selten das Subjekt zum Ausgangspunkt ihrer Forschungen macht.

In der Beruflichen Bildung geht es immer auch um eine mögliche Kollision von ökonomischen und moralischen Standards. Werden die unterschiedlichen Positionen und Interessen der Akteure tangiert, ist eine anwendungsorientierte Theorie gefordert, die nicht nur analytisch beschreiben kann, sondern darüber hinaus auch Hinweise zur inhaltlichen Gestaltung eines bildungspolitischen Diskurses liefert. Angesichts der tendenziellen Unbestimmbarkeit zukünftiger Qualifikationsanforderungen ist über die fachspezifische Bestimmung von Lerninhalten hinaus auf der inhaltlichen Seite auch eine differenzierte Beschreibung der *subjektiven* und *strukturellen* Voraussetzungen für berufliche Lehr-Lernprozesse zu leisten. Hierzu bietet eine Untersuchung von Baethge und Baethge-Kinsky (2004) zu Lernerfahrungen und Lernbedürfnissen von Arbeitnehmerinnen und Arbeitnehmern eine Basis. Ein Ergebnis dieser Studie ist, dass angesichts struktureller Bildungsbenachteiligung das Lernen im Prozess der Arbeit als eine „zweite Chance" zum nachholenden Bildungserwerb gelten kann.

(c)   Konstruktive Kooperation

Den Betriebsräten kommt bei der Umsetzung von betrieblichen Vereinbarungen zur Qualifizierung eine Schlüsselrolle zu. Dass sie dabei nicht unbedingt Konflikte mit den Arbeitgebern eingehen müssen, hat eine Untersuchung der Universität Bochum gezeigt. Resultat dieser Studie ist, dass bei betrieblichen Veränderungsprozessen eine „konstruktive Kooperation" zwischen den Betriebsräten und den Geschäftsleitungen erfolgen kann. Hervorzuheben ist als Ergebnis dieser Untersuchung, dass insbesondere das Management die Zusammenarbeit mit dem Betriebsrat positiv erlebt (vgl. HBS 2006).

In diesem Zusammenhang fordern Pongratz und Trinczek (2006) eine „innovative" bzw. „eigensinnige" Arbeitspolitik, die es aus bildungspolitischer Sicht mit einer ebensolchen betrieblichen Weiterbildungspolitik zu verschränken gilt. Dabei gehen sie von der Annahme aus, dass im Rahmen einer konsensorientierten „Kooperation von Betriebsrat und Management Umstrukturierungen verwirklicht werden, die zur Verbesserung der Arbeitsbedingungen der Beschäftigten führen ebenso wie zu Produktivitätsgewinnen für die Unternehmen" (ebd. S.

150). Grundlage dafür sei ein hohes Maß an Kompromissbereitschaft, allerdings ohne dass strukturelle Interessenskonflikte geleugnet werden müssten. Bezogen auf diese Haltung stellt sich allerdings die Frage, ob es tatsächlich darum geht, eine Übereinstimmung im Sinne eines Konsens zu erzielen oder ob nicht statt der *Konsensorientierung* vielmehr das Gewicht auf die *Regelung des Dissens* gelegt werden müsste. Denn die Interessen von Arbeitnehmern und Arbeitgebern werden divergierend bleiben, die Frage ist, ob die divergierenden Positionen als legitim respektiert werden und gegenseitig Akzeptanz erhalten. Hier gibt es einen deutlichen Nachholbedarf auf Seiten der Arbeitgeber: Kein Arbeitnehmer würde seinem Unternehmen das legitime Interesse absprechen, die Produktivität zu erhalten bzw. zu steigern, um am Markt wettbewerbsfähig zu sein. Aber im Gegenzug dazu gestehen nur wenige Unternehmen ihren Beschäftigten das Recht zu, in der Arbeit ihre individuellen Entwicklungs- und Bildungsinteressen zu realisieren. Hier gilt es noch Überzeugungsarbeit zu leisten.

Im Rahmen der gewerkschaftlichen Weiterbildungspolitik stellt sich die Frage, inwiefern es angesichts der Historie zielführend ist, auf staatlicher Ebene die Forderung nach der Realisierung eines Weiterbildungsgesetzes aufrecht zu erhalten oder ob nicht das Engagement für regionale Lösungen, wie sie mit dem Qualifizierungstarifvertrag der IG Metall in Baden-Württemberg und mit dem der IG BCE vorliegen, mehr Erfolg verspricht. Ein Weiterbildungsgesetz würde ganz unbestritten dem Bereich der öffentlich geförderten Weiterbildung zugute kommen. Die Dominanz der unternehmerischen und ökonomischen Interessendurchsetzung auf der Ebene der *betrieblichen* Weiterbildung wäre davon allerdings kaum tangiert. Insofern gilt es unter dem Motto „Kompetenzentwicklung in betrieblichen Weiterbildungsprozessen braucht aktiv gestaltete Rahmenbedingungen" (Heimann 2002), für die betriebliche Weiterbildung bestehende Ansätze auszubauen: die Arbeitnehmer zu aktivieren, ihre spezifischen Interessen in den Blick zu nehmen und eine kooperative betriebliche Weiterbildungspolitik zu verfolgen.

Die Herausforderung an die Berufsbildungspolitik liegt darin, zwischen ökonomischen Marktzwängen und individuellen Lernansprüchen zu vermitteln (vgl. Röder/Dörre 2002). Sie besteht auf unterschiedlichen Ebenen: auf der Ebene der *staatlichen Berufsbildungspolitik* in der Schaffung von institutionellen Rahmenbedingungen und auf der Ebene der *betrieblichen Umsetzung* in der Implementierung betrieblicher Regelungen und der Gestaltung lernförderlicher Arbeitsformen. Dies gilt besonders in kleinen und mittleren Unternehmen, in denen die Beschäftigten aufgrund des Fehlens institutionalisierter Interessenvertretungen der ökonomischen Funktionslogik des Betriebes unmittelbarer ausgesetzt sind als in Großbetrieben.

Literatur

Baethge, M. (1992): Die vielfältigen Widersprüche beruflicher Weiterbildung. In: WSI-Mitteilungen, Jg. 35/Heft 6, S. 313-321

Baethge, M. et al. (2003): Anforderungen und Probleme beruflicher und betrieblicher Weiterbildung, Expertise im Auftrag der Hans-Böckler-Stiftung, Arbeitspapier 76. Düsseldorf

Baethge, M.; Baethge-Kinsky, V. (2004): Der ungleiche Kampf um das lebenslange Lernen. Münster, New York

Bahnmüller, R.; Fischbach, S. (2006): Qualifizierung und Tarifvertrag – Befunde aus der Metallindustrie Baden-Württembergs. Hamburg

Bayer, M. (2002): Arbeitnehmerorientierte berufliche Aufstiegs- und Entwicklungswege. In: Dehnbostel, P.; Elsholz, U.; Meister, J.; Meyer-Menk, J. (Hg.): Vernetzte Kompetenzentwicklung. Alternative Positionen zur Weiterbildung. Berlin, S. 321-336

Bolder, A. (2006): Warum Lisa M. und Otto N. nicht weiter weitergebildet werden wollen. In: Faulstich, P.; Bayer, M. (Hg.): Lernwiderstände – Anlässe für Vermittlung und Beratung. Hamburg, S. 26-38

Bröckling, U. (2003): You are not responsible for being down, but you are responsible for getting up. Über Empowerment. In: Leviathan – Zeitschrift für Sozialwissenschaft, Jg. 31/Heft 3, S. 323-344

Büchter, K. (2004): Betriebliche Qualifizierungspolitik, Arbeitsorganisation und interne Arbeitsmärkte – Auslöser für industriebetriebliche Weiterbildung zu Beginn des 20. Jahrhunderts. In: Gonon, P.; Stolz, S. (Hg.): Betriebliche Weiterbildung – Empirische Befunde, theoretische Perspektiven und aktuelle Herausforderungen. Bern, S. 133-149

Dobischat, R.; Neumann, G. (1987): Betriebliche Weiterbildung und staatliche Qualifizierungsoffensive – Qualifizierungsstrategien zwischen privatwirtschaftlicher Modernisierung und staatlichem Krisenmanagement. In: WSI-Mitteilungen, Jg. 30/Heft 10, S. 599-607

Faulstich, P. (2006): Lernen und Widerstände. In: Faulstich, P.; Bayer, M. (Hg.): Lernwiderstände – Anlässe für Vermittlung und Beratung. Hamburg, S. 7-25

Faulstich, P. (2002): Lernzeiten – Für ein Recht auf Weiterbildung. Hamburg

Geißler, K. A.; Orthey, F. M. (1997): Weiterbildungspolitik und Modernisierung im Betrieb: (k)ein Beitrag zum lernenden Unternehmen? In: Betriebswirtschaftliche Praxis, Jg. 26/Heft 3, S. 16-21

Hans-Böckler-Stiftung (HBS) (2006): „Konstruktive Kooperation". In: Böckler Impuls 8/2006, S. 2

Harney, K. (1998): Handlungslogik betrieblicher Weiterbildung. Stuttgart

Heimann, K. (2002): Kompetenzentwicklung in betrieblichen Weiterbildungsprozessen braucht aktiv gestaltete Rahmenbedingungen. In: Dehnbostel, P.; Elsholz, U.; Meister, J.; Meyer-Menk, J. (Hg.):Vernetzte Kompetenzentwicklung. Alternative Positionen zur Weiterbildung. Berlin, S. 275-287

Hendrich, W. (1999): Betriebliche Weiterbildung und Arbeitspolitik – ein unzeitgemäßer Ansatz? In: Hendrich, W.; Büchter, K. (Hg.): Politikfeld betriebliche Weiterbildung. München, Mering, S. 11-31

Koch, J.; Kraak, R.; Heidemann, W. (2002): Mitbestimmung bei betrieblicher Weiterbildung, Edition der Hans-Böckler-Stiftung Bd. 3, Düsseldorf

Kruse, W.; Tech, D.; Ullenboom, D. (2003): Betriebliche Kompetenzentwicklung. 10 Fallstudien zu betrieblichen Vereinbarungen. Edition der Hans-Böckler-Stiftung, Bd. 81. Düsseldorf

Kühnlein, G. (1997): „Verbetrieblichung" von Weiterbildung als Zukunftstrend? Anmerkungen zum Bedeutungswandel von beruflicher Weiterbildung und Konsequenzen für die Bildungsforschung. In: Arbeit, Jg. 6/Heft 3, S. 267-281

Lehmkuhl, K. (2005): „Das erschöpfte Selbst" – Befindlichkeiten und Befremdlichkeiten im flexiblen Kapitalismus. In: Elsholz, U.; Gillen, J.; Meyer, R.; Molzberger, G.; Zimmer, G. (Hg.): Berufsbildung heißt: Arbeiten und Lernen verbinden! Bildungspolitik, Kompetenzentwicklung, Betrieb. Münster, New York, S. 83-95

Mahnkopf, B. (1990): Betriebliche Weiterbildung – Zwischen Effizienzorientierung und Gleichheitspostulat. In: Soziale Welt, Jg. 41/Heft 1, S. 70-96

Malik, F. (2006): Die verlorene Generation. Sie denken in Zahlen und glauben nur ans Geld: warum viele Manager heute versagen. In: Die Zeit, Nr. 49 vom 1.11.2005, S. 28

Meyer, R. (2006): Theorieentwicklung und Praxisgestaltung in der beruflichen Bildung – Berufsbildungsforschung am Beispiel des IT-Weiterbildungssystems. Bielefeld

Moldaschl, M.; Voß, G. (2002): Subjektivierung von Arbeit, Band 2. München

Negt, O. (2004): Wozu noch Gewerkschaften? Göttingen

Pongratz, H. J.; Trinczek, R. (2006): Praxis und Interesse: Bildungsinnovationen aus arbeitspolitischer Sicht. In: WSI-Mitteilungen, Jg. 59/Heft 3, S. 150-155

Röder, W. J.; Dörre, K. (2002): Lernchancen und Marktzwänge. Bildungsarbeit im flexiblen Kapitalismus. Münster

Voß, G.; Pongratz, H. J. (1999): Entgrenzte Arbeitskraft – entgrenzte Qualifikation. In: Hansen, H. et al. (Hg.): Bildung und Arbeit – Das Ende einer Differenz? Aarau/Schweiz, S. 39-49

EQF und ECVET

Meilenstein zur Verwirklichung Lebenslangen Lernens oder Zerstörung deutscher Beruflichkeit?

Winfried Heidemann

Mit dem 2002 eingeleiteten Kopenhagen-Prozess ist die europäische Berufsbildungspolitik in eine neue Phase getreten, die potenziell nachhaltige Auswirkungen auf die nationalen Systeme der Berufsbildung hat. Auf einer Vielzahl von „Baustellen" werden derzeit neue Instrumente für Zusammenarbeit und Vereinheitlichung der Berufsbildung entwickelt. Von besonderer Bedeutung sind dabei das Europäische Kreditpunktesystem für die berufliche Bildung (European Credit System for Vocational Training – *ECVET*) und der Europäische Referenzrahmen für die Qualifikationsniveaus (European Qualification Framework – *EQF*).

Im Folgenden werden zunächst EQF und ECVET im Kontext der Lissabon-Strategie der Europäischen Union skizziert, dann Outcome-Orientierung und Transparenz als ihre tragenden Grundsätze erläutert, mögliche strukturelle Folgen – insbesondere für das Berufsprinzip und für das Lebenslange Lernen – diskutiert, bevor abschließend ein Blick auf die Globalisierung der Ökonomie als „Agens" einer Globalisierung der Qualifizierungsprozesse geworfen wird.

1. Europäische Berufsbildung zwischen Lissabon-Strategie und Kopenhagen-Prozess

Die Vorschläge für die beiden neuen Systeme wurden von der EU-Kommission mit Expertengruppen aus Vertretern der Mitglieds- und Beitrittsstaaten sowie der europäischen Sozialpartner erarbeitet. Der EQF soll nach Durchlaufen des europäischen Konsultationsverfahrens (Winter 2005/2006) im Herbst 2006 zur Beschlussfassung an Rat und Parlament der EU gehen; der ECVET-Vorschlag wird im Herbst 2006 in das Konsultationsverfahren gegeben.

Ziel des ECVET ist eine Erleichterung von Bildungs- und Arbeitsmarktmobilität über die nationalen Grenzen hinweg durch Vergabe von Kredit- oder Leistungspunkten für die Anrechnung von individuellen Bildungsabschnitten, die im Ausland absolviert werden. Zugleich soll Lebenslanges Lernen gefördert werden, indem Bildungsindividuen ihre Lernleistungen sukzessive zu Zertifikaten oder Teil- und Vollqualifikationen akkumulieren können, und zwar auch in anderen als den ursprünglichen institutionellen Lernkontexten. Der Qualifikationsrahmen EQF ist ein Ordnungsschema zur Umrechnung und zum Vergleich der relativen Höhe von Kompetenzen oder Qualifikationen in den unterschiedlichen nationalen Qualifikationssystemen. Er zählt für berufliche Qualifikationen acht Niveaustufen, deren vier obere zugleich den Stufen des Rahmens für die Hochschulqualifikationen (European Higher Education Area, EHEA) entsprechen. Damit wird ein Kontinuum der Qualifikationen zwischen postsekundärem und tertiärem Bereich der Berufsbildung konstruiert. Eine berufliche Vollqualifikation wird auf einer Niveaustufe angesiedelt, wobei aber einzelne Module dieser Qualifikation niedriger oder höher eingestuft werden können. Dadurch soll prinzipiell die Möglichkeit einer Anrechnung von postsekundären beruflichen auf akademische Qualifikationen eröffnet werden. Insofern stellt der Qualifikationsrahmen EQF für das Kreditpunktesystem ECVET ein Hilfsmittel zur „Verortung" anzurechnender Bildungsabschnitte und Kompetenzen dar.

Die Entwicklung von EQF und ECVET kann nicht aus den internen Logiken der Berufsbildung oder der nationalen Berufsbildungssysteme verstanden werden, sondern erklärt sich im Kontext der Strategie der Europäischen Union zur Förderung wirtschaftlichen Wachstums, der Beschäftigung und des sozialen Zusammenhalts. Im März 2000 wurde auf dem Europäischen Gipfel von Lissabon eine Politik mit dem strategischen Ziel verabredet, Europa bis 2010 „zum wettbewerbsfähigsten und dynamischsten wissensbasierten Wirtschaftsraum in der Welt zu machen – einem Wirtschaftsraum, der fähig ist, ein dauerhaftes Wirtschaftswachstum mit mehr und besseren Arbeitsplätzen und einem größeren sozialen Zusammenhalt zu erzielen" („Lissabon-Strategie").

Aus der Sichtweise der Lissabon-Strategie wird mangelnde Bildungs- und Arbeitsmarktmobilität als ein Hemmnis für wirtschaftliches Wachstum angesehen. Als operationalisierbare Ziele nennt die Lissaboner Deklaration die Steigerung der Investitionen in Humankapital, die Reduzierung des Anteils junger Menschen ohne weiterführende Schul- oder Berufsausbildung, die Vorbereitung auf die Wissensgesellschaft, die Verbesserung der Mobilität und die Transparenz der beruflichen Befähigungsnachweise.

Für die Realisierung der Ziele von Lissabon wird in der Folgezeit die „Offene Methode der Koordinierung" (OMK) eingeführt, um auch in diesem Politikbereich, für dessen Regulierung die EU nach den geltenden Verträgen nicht zuständig ist, gemeinsame Ziele durch Vorgabe von Leitlinien, Entwicklung von Benchmarking-Indikatoren sowie Überwachung und Bewertung durch Monitoring zu erreichen. Elemente davon wurden bereits in der Beschäftigungspolitik mit den Europäischen Beschäftigungsleitlinien, den jährlichen Nationalen Aktionsplänen und den bewertenden Beschäftigungsberichten genutzt („Luxemburg-Prozess", seit 1997).

Vorbereitet durch eine Reihe von Berichten und Entschließungen des Ministerrates und des Europäischen Rates wurden im November 2002 auf der Kopenhagener Zusammenkunft der Bildungsminister aus der EU und den damaligen Beitrittsländern mit der EU-Kommission und den Spitzen der europäischen Sozialpartner vier Prioritätenbereiche für eine Verbesserung der Zusammenarbeit in der Berufsbildung vereinbart, um die Lissabon-Ziele zu unterstützen: Stärkung der Europäischen Dimension in der beruflichen Bildung (Förderung der Mobilität), Sicherung von Transparenz, Information und Orientierung, transnationale Anerkennung von Fähigkeiten und Qualifikationen (Anrechnung von Ausbildungsleistungen, Validierung informellen und nicht formalen Lernens) sowie *Qualitätssicherung* (gemeinsame Kriterien für die Qualität der beruflichen Bildung). Das Bündel der Prioritätenbereiche macht den Zusammenhang deutlich, in dem EQF und ECVET stehen.

Bereits im Vorfeld hatten die europäischen Sozialparteien (Europäischer Gewerkschaftsbund EGB, Europäische Arbeitgebervereinigung Unice, Zentralverband der öffentlichen Wirtschaft CEEP) im Februar 2002 ein Abkommen über einen Rahmen für das Lebenslange Lernen geschlossen, in dem sie für ihre eigenen Aktivitäten vier *prioritäre Aktionsbereiche* festlegten: *Erkennung und Identifizierung des Bedarfs* an beruflichen Fähigkeiten und Qualifikationen (auf nationaler, sektoraler und Unternehmens-Ebene), *Anerkennung und Bewertung* beruflicher Fähigkeiten und Qualifikationen, Information, Beratung und Orientierung, Mobilisierung von *finanziellen Ressourcen*. Zugleich verpflichteten die Sozialpartner sich zu *jährlichen Berichten* über die Umsetzung ihrer Prioritäten in den Mitgliedsstaaten. Diese Übereinkunft hat einen hohen Stellenwert für den folgenden Kopenhagen-Prozess, da sie das Interesse der europäischen Sozialparteien an einer Europäisierung der Berufsbildung markiert, um sowohl ökonomische Entwicklung als auch breiteren Zugang zu Berufsbildung und Qualifikationen zu unterstützen.

Im Gefolge von „Kopenhagen" begann eine Reihe von Arbeiten nach den Verfahrensprinzipien der offenen Methode der Koordinierung. Die Arbeiten zu Mobilität, Transparenz und Anerkennung mündeten zunächst in der Empfehlung des Europäischen Rates für die Anwendung *Gemeinsamer europäischer Grundsätze für die Validierung des nicht formalen und des informellen Lernens* (März 2004) und in die Verabschiedung des Europass durch Rat und Parlament (Dezember 2004), die Arbeiten zur Qualitätssicherung führten zur Ratsempfehlung für ein *Europäisches Qualitätsmodell* (Mai 2004). Im Zentrum standen aber die Vorbereitung des Kreditpunktesystems und des Qualifikationsrahmens durch Expertengruppen der EU-Kommission mit Vertretern der Mitglieds- und Beitrittsstaaten sowie der europäischen Sozialpartner.

2.   Outcome-Orientierung

ECVET sieht vor, Bildungsabschnitte, die im Ausland absolviert werden, mit Kreditpunkten (Leistungspunkten) zu versehen, die im Heimatland auf die Berufsbildung angerechnet werden können. Grundprinzip ist dabei die Outcome-Orientierung: Die Bildungsabschnitte sollen ergebnisorientiert, auf Kompetenzen für die Berufspraxis bezogen sein. Es kommt also nicht auf die Art und Weise des Kompetenzerwerbs, nicht auf den Lernweg oder die Lerninstitution an, sondern nur darauf, dass eine bestimmte definierte Kompetenz erworben wurde und nachgewiesen werden kann. Diese Outcome-Orientierung ist ein wichtiger Unterschied zum ECTS für den Hochschulbereich, der sich bei der Vergabe von Kreditpunkten auf quantifizierbare Kriterien von Zeit und Arbeitsleistung (time und workload) stützt.

Diese Grundentscheidung wurde in der Expertengruppe für das ECVET-System bereits frühzeitig getroffen und dann auch in die Konstruktion des Europäischen Qualifikationsrahmens EQF übernommen. Dies soll den Besonderheiten beruflicher Aus- und Weiterbildung im Vergleich zu Bildungsgängen des tertiären Bereichs entgegenkommen. Denn da nicht nur die Inhalte und die Zuschnitte der jeweiligen formalen Qualifikationen unterschiedlich sind, sondern auch und besonders die Art und Weise, in der in den unterschiedlichen institutionellen Settings ausgebildet und gelernt wird, besteht die einzige Möglichkeit für die Vergabe von anrechenbaren Kreditpunkten darin, den Outcome zu bewerten. Insbesondere die deutsche Vertretung in den Expertengruppen von ECVET und EQF hat auf diesem Prinzip bestanden und auch die Stellungnahme des Hauptausschusses des Deutschen Instituts für Berufsbildung wertet diese Grundentscheidung positiv. In der Praxis transnationaler Austauschmaßnahmen ist dies relativ einfach zu handhaben: Hier verständigen sich die am Austausch beteiligten Institutionen auf die zu vermittelnden Kompetenzen und legen die Modalitäten für Vergabe und Anrechnung der Punkte fest. Dazu gehört dann konsequenterweise das Vertrauen der Ausbildungseinrichtung des einen Landes in diejenigen in einem anderen Land, die vereinbarten Kompetenzen tatsächlich und qualitativ ausreichend zu vermitteln.

Outcome muss allerdings qualitativ beschrieben werden. Eine Bewertung nach Kriterien von Zeit und Arbeitsleistung wäre zwar zunächst einfacher und käme den Ansprüchen an eine Universalisierung von Kriterien entgegen, würde aber den spezifischen Besonderheiten beruflicher Bildungsgänge nicht gerecht werden. Denn hier sind die Unterschiede dessen, was in einer vorgegebenen Zeit gelernt oder an Kompetenzen erworben wird, wegen der institutionellen Eigenheiten der Berufsbildungssysteme höchst unterschiedlich. Die Hochschulbildung ist von Input und internen Prozessen her europaweit wesentlich stärker vergleichbar oder sogar vereinheitlicht als etwa die Ausbildung in einem Kleinbetrieb in Deutschland mit der in einem lycée professionell in Frankreich.

Die Beschreibung der Kompetenzen als Outcome von Bildungsgängen und Bildungsabschnitten kann jedoch im Interesse von Transparenz nicht beliebig sein. Der EQF gibt deshalb Deskriptoren für die Beschreibung in folgenden Dimensionen vor: Wissen, Fertigkeiten, Autonomie und Verantwortung. An der technik- und kontextunabhängigen Formulierung der Deskriptoren entzündete sich die Kritik, dass Kompetenzen immer inhaltlich auf eine konkrete Verwendungssituation, auf eine benennbare Berufstätigkeit bezogen werden müssen („domänenspezifisch" – ITB 2005). Dies ist zwar zutreffend, doch geht die Kritik ins Leere, da die Leistungspunkte für Kompetenzen immer im Rahmen der jeweiligen Bildungsgänge angerechnet werden – natürlich wird nicht eine in der Ausbildung zu Büroberufen definierte fachliche Kompetenz umstandslos angerechnet auf eine Ausbildung in Metallberufen.

3. Transparenzsystem – kein europäisches Zertifizierungssystem

Kreditpunktesystem und Qualifikationsrahmen sind ihrem Anspruch nach ausdrücklich kein neues europäisches Berufsbildungs-, Qualifikations-, Zertifizierungs- oder Anerkennungssystem, das neben oder an die Stelle vorhandener nationaler Systeme tritt. Abgesehen davon, dass die Europäische Union für die Etablierung eines solchen Systems spätestens seit dem Maastrichter Vertrag von 1992 keine Kompetenzen hat, würde ein solcher Versuch sehr schnell an die Grenzen der jeweiligen nationalen und kulturellen Verfasstheit der Bildungssysteme stoßen. ECVET und EQF sind vielmehr Instrumente, um Ergebnisse von Bildungsprozessen nationaler Qualifizierungssysteme transparent, bewertbar und wechselseitig anrechnungsfähig zu machen.

Der Outcome soll in ein einheitliches Format übersetzt werden, das seine Nutzung in einem anderen nationalen Berufsbildungssystem erleichtert. Die Übersetzung von Bildungssequenzen und Bildungsgängen aus den unterschiedlichen nationalen Qualifikationssystemen wird durch den EQF als Metarahmen geleistet. Die Einordnung in die nationalen Qualifikationsrahmen erfolgt durch die in den Mitgliedsstaaten jeweils zuständigen Stellen („competent bodies" – nicht zu verwechseln mit dem deutschen Terminus technicus für die zuständigen Stellen nach dem Berufsbildungsgesetz und der Handwerksordnung). Der EQF bedarf also, um angewendet zu werden, der Ergänzung und Konkretisierung durch einen nationalen Qualifikationsrahmen, in dem erst die Einstufung von Qualifikationen und Bildungsgänge erfolgt. ECVET ist demgegenüber ein Angebot an die Akteure der Berufsbildung, im Ausland nach dort geltendem Recht absolvierte Lernabschnitte zu bewerten und im Heimatland anzurechnen. Bei

Austauschmaßnahmen in der beruflichen Ausbildung – an denen aus Deutschland nur ein sehr kleiner Teil von Auszubildenden und Berufschülerinnen teilnimmt – war das zwar auch bisher schon durch Absprachen zwischen den beteiligten Ausbildungseinrichtungen möglich, doch soll dies nun durch einen europaweit geltenden allgemeinen Rahmen und gemeinsame Kriterien für die Bewertung von Lernabschnitten erleichtert werden.

Die tatsächliche Anrechnung von Kreditpunkten für im Ausland absolvierte Lernabschnitte erfolgt nach den Regeln des Heimatlandes. Darüber entscheiden die nach nationalem Recht jeweils zuständigen Institutionen: Betriebe, Schulen, öffentliche Körperschaften, Ausbildungsorganisationen usw. In dieser Frage folgt ECVET dem Kreditpunktesystem für den Hochschulbereich, bei dem es in der Definitionsmacht der einzelnen Hochschulen liegt, inwieweit im Ausland erbrachte Lernleistungen auf das Studium im Heimatland angerechnet werden.

4.   Strukturelle Folgen

Da Einstufung von Qualifikationen und Anrechnung von Kreditpunkten nach nationalen Regeln erfolgen, muss sich von daher an der Praxis der Berufsbildung in den Mitgliedsstaaten nichts ändern. Ebenso wenig wird eine schematische Reformulierung von Ausbildungsordnungen oder Curricula in Form von Einheiten, Modulen oder Leistungspunkten erzwungen. Insofern trifft die im Rahmen des Konsultationsprozesses vereinzelt geäußerte Vermutung nicht zu, ECVET und EQF konstituierten ein neues Qualifizierungssystem, das an die Stelle oder in Konkurrenz zu nationalen Ausbildungssystemen träte.

Dennoch sind nicht-intendierte Folgen in Richtung einer – möglicherweise auch grundlegenden – Veränderung nationaler Systeme nicht auszuschließen. Ganz allgemein gesprochen werden die Folgen davon abhängen, wie die Neuerungen implementiert werden und wie die Akteure auf den verschiedenen Ebenen von Regulierung und Praxis der Berufsbildung damit umgehen. Wenn etwa Bildungseinrichtungen sich bei transnationalem Austausch von Bildungsteilnehmern auf ECVET beziehen, werden sie Lerneinheiten outcome-definiert abgrenzen, sie ihren Partnerinstitutionen in anderen Ländern anbieten und umgekehrt solche Lerneinheiten für ihre eigenen Bildungsteilnehmer bei den Partnerinstitutionen aussuchen. Bei der Abgrenzung dieser Lerneinheiten werden sie sich entweder an ihren jeweils aktuellen Bedarfen orientieren, also fallweise Lerneinheiten konstruieren, oder sich an abgegrenzte Lerneinheiten aus Ausbildungsordnungen, Curricula etc. halten.

Bei transnationalem Austausch werden nicht nur deutsche Auszubildende und Schülerinnen eine Zertifizierung ihrer Ausbildungsabschnitte im Ausland erwarten, sondern umgekehrt auch ausländische Bildungsteilnehmerinnen und deren Ausbildungseinrichtungen eine Zertifizierung der in Deutschland erworbenen Kompetenzen. Will man sich nicht von europäischer Öffnung abkoppeln, werden die deutschen Ausbildungseinrichtungen sich diesen Erwartungen nicht verschließen können. Daraus können sich Veränderungspotenziale für eine grundlegende Strukturierung der Ausbildung in Form von Einheiten und Modulen ergeben. Ob und wie schnell dies vonstatten geht, hängt von der Entwicklung der Teilnahme an transnationaler Kooperation und transnationalem Austausch ab.

Über eine solche auf das Handeln in den Ausbildungsinstitutionen bezogene mikroanalytische Betrachtung hinaus kann die Frage gestellt werden, ob die Anwendung der Grundprinzipien von EQF und ECVET strukturelle Folgen nach sich zieht, die Praxis oder nationales Berufsbildungssystem insgesamt verändern. In der deutschen tagespolitischen und wissenschaftlichen Diskussion werden hierzu zwei konträre Ansichten geäußert: Die eine nimmt eine weitgehende Inkompatibilität zwischen den europäischen Ansätzen und dem deutschen dualen Ausbildungssystem an (vgl. Rauner 2005; Drexel 2005; Severing 2006), die andere hält das deutsche System für anpassungsfähig an die europäischen Vorgaben (vgl. Clement 2006; Ehrke 2006; Grollmann/Ruth 2006; Hanf/Hippach-Schneider 2005; Fahle 2004).

Die Inkompatibilitätsthese fokussiert auf die Unvereinbarkeit einer in abgrenzbare Einheiten oder Module gegliederten Ausbildung mit dem deutschen Verständnis von Berufsförmigkeit der Ausbildung und den Prinzipien einer so genannten ganzheitlichen Ausbildung. Demgegenüber verweist die Kompatibilitätsthese darauf, dass die praktischen Aktivitäten unter ECVET nur im Rahmen des deutschen Rechtssystems – und das heißt: im Rahmen der deutschen Berufsordnungen – umgesetzt werden, und nimmt die Chancen für eine Weiterentwicklung der Berufsbildung insgesamt, unter Einschluss von Weiterbildung und akademischer Bildung, in den Blick.

Für eine Antwort auf die Inkompatibilitätsthese ist zunächst wichtig, dass es für die Nutzung von EQF und ECVET grundsätzlich möglich sein muss, die Ergebnisse von Ausbildungsabschnitten als Einheiten (Bündel von Kompetenzen) zu definieren und ihnen Kreditpunkte zuzuordnen. Sodann muss das Niveau von abgrenzbaren Kompetenzen wie auch von Vollqualifikationen in nationalen Qualifikationsrahmen bestimmt werden können, damit sie im europäischen Qualifikationsrahmen umrechenbar sind. Das bedeutet aber nicht von vornherein eine Unvereinbarkeit mit deutschen Formen der betrieblichen Ausbildung – abgesehen davon, dass mittlerweile ein nicht unbeträchtlicher Teil der Qualifizierung eines Jahrganges in beruflichen (Vollzeit-)Schulen erfolgt. Damit aber die Lern- oder Kompetenzeinheiten nicht von Betrieb zu Betrieb oder Schule zu Schule unterschiedlich ausfallen und um die Nutzung von ECVET zu erleichtern, kann sich der Bedarf einer vorlaufenden Strukturierung gerade aus der Praxis der Ausbildung heraus ergeben. Die Berufsbildpositionen der Ausbildungsordnungen können dabei als Ausgangsposition für eine Strukturierung der in einer Ausbildung zu vermittelnden Kompetenzen in Einheiten sein (vgl. ITB 2005). Festzuhalten bleibt jedenfalls, dass die deutsche duale Ausbildung zumindest von den Ausbildungsordnungen her sich nicht grundsätzlich gegen eine Gliederung in kompetenzbasierte Einheiten (Module) sperrt. Solche Module haben aber im deutschen Berufsbildungsrecht für sich genommen keinen Anerkennungswert.

5.   Auflösung des Berufsprinzips?

Verfechter der Inkompatibilitätsthese in Deutschland äußern die Befürchtung, die Anwendung von ECVET und bereits die Verortung von Qualifikationen im EQF könne durch die Gliederung in Module zu einer Auflösung des traditionellen Berufsprinzips und zu einer Erosion des Dualen Ausbildungssystems insgesamt führen. Von daher seien das „deutsche Produktionsmodell" mit seiner Bindung an die Figur des Facharbeiters und damit der ökonomische Erfolg der deutschen Wirtschaft gefährdet. Soweit „Berufsprinzip" meint, dass Ausbildung auf eine gebündelte Gesamtqualifikation („Beruf") gerichtet ist, ist diese Befürchtung grundlos. Dieses Prinzip ist kein Alleinstellungsmerkmal der Ausbildung in Deutschland. Auch in modularisierten Systemen erfolgt Ausbildung für „Berufe". Probleme können sich allerdings ergeben, wenn mit dem Begriff der „Beruflichkeit" auch die spezifische Prozessdimension der Ausbildung und die spezifischen Regulierungsweisen umfasst (Meyer 2006) und dies zum politischen Dreh- und Angelpunkt der Definition des Ausbildungssystems gemacht wird. Eine deutsche Besonderheit ist dabei, dass einzelne absolvierte Ausbildungsabschnitte für sich genommen keinen Wert in der Ausbildung (und aus tariflichen Bedingungen heraus auch keinen auf dem Arbeitsmarkt) haben. Damit sind sie aber auch nicht anschlussfähig an formale Prozesse des Weiterlernens im Bildungssystem.

Nun sehen zwar die Ausbildungsordnungen (und Rahmenlehrpläne für die Berufsschulen) eine sachliche und zeitliche Gliederung der Ausbildung vor, jedoch lässt diese sich in der betrieblichen Ausbildungspraxis für Externe oft nicht nachvollziehen, da die Praxis sich an betriebsspezifischen Arbeits- und Geschäftsprozessen ausrichtet. Mit der Verankerung der Prozessorientierung in neueren Ausbildungsordnungen wird zunehmend die im Ausbildungssystem verbrachte Zeit das wichtigste äußere Kriterium für den Erwerb von Kompetenzen. Denn unter dem Ziel der Befähigung für Arbeitstätigkeiten in betriebsspezifischen Leistungsprozessen wächst mit längerer Ausbildungsdauer die Wahrscheinlichkeit, dass alle nach der Ausbildungsordnung vorgesehenen Fertigkeiten, Kenntnisse und Kompetenzen auch wirklich in den betrieblichen Prozessen erworben werden können (vgl. Koch/Meerten 2003). Damit mutiert das von der Intention her ursprünglich outcome-orientierte deutsche System („Berufsfähigkeit" als nachzuweisendes Ergebnis der Ausbildung) zu einem input- und prozessorientierten System, in dem es zentral auf die institutionellen Vorkehrungen der Ausbildung ankommt. Soweit ein solches System keine abgrenzbaren Lerneinheiten bzw. den daraus entstehenden Outcome transparent darstellen kann, hat es mit der Übertragung seiner Lernerfahrungen in andere Systeme wie auch mit der Anrechnung anderweitig absolvierter Lernleistungen Schwierigkeiten. Sie scheinen jedoch nicht grundsätzlich unlösbar: Für prozessorientierte Ausbildungen müssten Referenzprozesse definiert und sachlich und zeitlich strukturiert werden, wie es in dem Weiterbildungssystem für IT-Berufe versucht wurde (vgl. Koch 2006; Ehrke 2006). Damit könnte eine Zertifizierung auch von einzelnen Einheiten bei Beibehaltung der Orientierung an einer Vollqualifikation („Beruf") gelingen.

Zweifelsohne ist eine an ECVET orientierte Praxis leichter möglich, wenn Ausbildung sich modular gliedern lässt. Deshalb werden Länder wie Irland, Großbritannien, Finnland, Dänemark und selbst Österreich mit seinem in einem kleineren Teilbereich mit Deutschland vergleichbaren Ausbildungssystem mit ECVET geringe Schwierigkeiten haben (vgl. Schneeberger 2006). Die europäischen Prozesse der Berufsbildung treffen das deutsche System aber zu einem Zeitpunkt, an dem es aus inneren Gründen heraus in einer lang andauernden Krise ist. Äußeres Zeichen ist das trotz Ausbildungspakt zurückgehende Angebot an betrieblichen Ausbildungsplätzen. Eine mögliche Bedrohung des (deutschen) Berufsprinzips resultiert nicht aus einer Implementierung des Kreditpunktesystems, sondern aus den Entwicklungen der Produktions- und Dienstleistungsprozesse in einer sich globalisierenden Ökonomie. Ein auf einen lebenslangen Erwerbsberuf ausgerichtetes Berufskonzept ist von der sozialen Wirklichkeit schon länger überholt, Berufs- und Betriebswechsel sowie gegenüber früher atypische Beschäftigungen nehmen zu. Innerhalb der dualen Ausbildung selbst vollzieht sich eine Auflösung des Berufskonzeptes (vgl. Baethge 2004). In der deutschen wissenschaftlichen Diskussion ist bislang umstritten, ob die zunehmende Wissensbasierung der Ökonomie eher breite Schlüsselqualifikationen denn streng fachliche Kompetenzen in abgrenzbaren Berufen erfordert (vgl. Severing 2006), oder ob nach wie vor „domänenspezifisches" Wissen und Können für lebenslange Berufstätigkeit zentral sind (ITB 2005). Zumindest die Ablösung von der Orientierung an enge Berufsbilder ist jedoch auch bei Anhängern der Domänenthese Konsens, wenn Formen einer „neuen Beruflichkeit" anvisiert werden. In der internationalen Diskussion ist die Orientierung an Ansätzen breiter Schlüsselqualifikationen dominant – was keineswegs eine Betonung der Notwendigkeit der Stärkung praktischer Anteile in der Ausbildung ausschließt. Das in der deutschen Berufsbildungsdiskussion entwickelte Konstrukt „offener und dynamischer Berufsbilder" kann nur dann ein Ansatz zur Lösung der Probleme sein, wenn es auf eine modulare Struktur zielt, die Ausbildungseinheiten herausnehmbar und ersetzbar konstruiert und anschlussfähig macht an Ergänzungen und Fortsetzungen von Ausbildung in Weiterbildung und im Hochschulbereich.

6.   Chancen für Lebenslanges Lernen?

Das ECVET-Projekt zielt in seiner Begründung auch auf eine Verbesserung des Zugangs zu Lebenslangem Lernen. ECVET ist zwar zunächst auf die Anwendung beim transnationalen Austausch von Ausbildungsteilnehmern gerichtet, seine Logik und seine Potenziale weisen jedoch weit darüber hinaus. Grundsätzlich angelegt sind in diesem System auch die Zertifizierung der Teilnahme an Weiterbildung im In- und Ausland, die wechselseitige Anrechnung zwischen unterschiedlichen institutionellen (etwa schulischen und betrieblichen) Ausbildungsgängen und Ausbildungsabschnitten auf nationaler Ebene, die Anrechnung von Einheiten aus der postsekundaren Berufsausbildung auf akademische Bildung (und konsequenterweise auch umgekehrt), die Anrechnung von nicht-formalem Lernen („accreditation of prior learning") und die Möglichkeit der „Akkumulierung" von Kreditpunkten für die Zusammenstellung individueller Lernwege. Dadurch soll auch eine Wiederaufnahme abgebrochener Bildungsgänge leichter möglich sein. Eine Strukturierung von bisher geschlossenen Ausbildungsgängen in Einheiten oder Module, die auf unterschiedlichen Niveauebenen des Qualifikationsrahmens verortet sind, könnte solche Anrechnungen erleichtern. Speziell für Deutschland bestünde die Chance, die bisher wechselseitig abgeschotteten Bereiche von Berufsbildung und Hochschulbildung zu öffnen.

Die Anrechnung von Weiterbildungsabschnitten, die im Ausland absolviert worden sind, dürfte dann unproblematisch sein, wenn die heimischen Weiterbildungsabschlüsse bereits ergebnisorientiert formuliert sind. Dies gilt für die Fortbildungsberufe nach §§ 53 und 54 Berufsbildungsgesetz in Deutschland: Hier wird der Outcome einer Qualifizierung durch eine Prüfung festgestellt; die Art und Weise des Erwerbs der geforderten Fertigkeiten und Kompetenzen ist im Prinzip irrelevant.

In der Logik des ECVET-Ansatzes liegt es, eine Nutzung prinzipiell auch in Kontexten anderer Teilsysteme der Bildung auf nationaler Ebene zu ermöglichen („Akkumulierung" und „Kapitalisierung" von Kreditpunkten). Dazu gehört auch die wechselseitige Anerkennung von institutionellen Bildungsabschnitten, etwa schulischer und betrieblicher Ausbildung. Hier tun sich Systeme leichter, in denen die verschiedenen Lernorte oder Vorgehensweisen prinzipiell als gleichwertig gelten. In Deutschland mit seiner kulturellen Tradition der Übergewichtung betrieblicher Praxis ist dies schwieriger, wie bereits der Widerstand von Betrieben und Unternehmerverbänden gegen die Anrechnung des schulischen Berufsgrundbildungsjahres seit den 1970er Jahren und in jüngster Zeit der gemeinsame Widerstand von Wirtschaftsverbänden und Gewerkschaften gegen die Ermöglichung der Zulassung von Absolventen schulischer Ausbildungsgänge zur Kammerprüfung (§ 43, Abs. 2 Berufsbildungsgesetz) zeigen.

Ein ähnliches Potenzial besteht in der Übertragung von Kompetenzen, die in nicht-formaler oder informeller Bildung erworben wurden, in formale Bildungsgänge und in der Anerkennung beruflicher Ausbildungsabschnitte und beruflicher Erfahrungen für den Zugang oder Anrechnung zu oder auf ein Hochschulstudium. Für beides gibt es in Deutschland Ansätze: Die Externenprüfung nach Berufsbildungsgesetz (§ 45, Abs. 2) und der Zugang für Berufstätige zum Hochschulstudium nach Länderrecht, die beide allerdings wenig genutzt werden. ECVET eröffnet jedenfalls grundsätzlich die Möglichkeit, auch nicht-formale betriebliche Weiterbildungssequenzen kompetenzbasiert zu beschreiben, zu zertifizieren und für den Zugang zu formaler Bildung oder zu formalen Qualifikationen zu akkumulieren. Denn es ist klar, dass in der Berufspraxis erworbene Kompetenzen sich beim Zugang zu formaler Bildung oder bei der Zusammensetzung zu formalen Qualifikationen an denen des formalen Bildungssystems messen lassen müssen. Aus einer europäischen Zusammenarbeit im ECVET-Kontext könnten hierzu Erfahrungen aus anderen Ländern mit einer schon weitergehenden Praxis genutzt werden.

Die Einlösung der Chancen von ECVET für Lebenslanges Lernen ist jedoch nicht garantiert. Die Wahrscheinlichkeit ihrer Realisierung wächst mit der Möglichkeit, das in Deutschland dominierende betrieblich-duale Ausbildungssystem für die Orientierung an den europäischen Prozessen zu öffnen. Eine Politik der Abschottung würde in der Konsequenz auch die Möglichkeiten für die Konstituierung eines Systems des Lebenslangen Lernens minimieren.

7. Globalisierung der Ökonomie – Globalisierung der Qualifizierungsprozesse?

Die Frage, ob die Bestandsbedingungen des in seinen Wurzeln ständischen Systems der Dualen Berufsausbildung in Deutschland an Grenzen der Ökonomie der Betriebe, auf die es sich vorrangig stützt, stoßen, wird nicht durch Instrumente wie EQF oder ECVET entschieden. Diese sind allenfalls eine Reaktion auf Entwicklungen in Unternehmen und Betrieben. In einer globalisierenden Ökonomie tendieren transnational tätige Unternehmen zur Vereinheitlichung ihrer Geschäfts- und Arbeitsprozesse und entwickeln von daher ein Interesse an ähnlichen oder wenigstens vergleichbaren Arten von Kompetenzen, Qualifikationen und Zertifikaten (vgl. Severing 2006). Angesichts national-kulturell bestimmter Arten der gesellschaftlichen Qualifizierung (Input und Prozess) scheint eine Lösung des Problems nur möglich, wenn für Unternehmen wie auch für Beschäftigte und Arbeitssuchende der Outcome von Qualifizierungsprozessen transparent beschrieben und in unterschiedlichen institutionellen Zusammenhängen anrechenbar wird. Von daher besteht ein Interesse an einer Europäisierung der Berufsbildung nicht nur auf Seiten von Unternehmen, sondern auch bei den europäischen Gewerkschaften. Eine Abschottung nationalstaatlicher Regelungen gegen europäische Entwicklungen würde verstärkte Forderungen nach europäisch vereinheitlichten Ausbildungsformen hervorrufen. Eine Bewahrung national-kultureller Besonderheiten bei Input und Prozess der Ausbildung scheint in der sich globalisierenden Ökonomie nur möglich, wenn bei transnationalen Austauschprozessen ein Outcome-Prinzip verfolgt wird.

Ein weiterer Aspekt der Globalisierung betrifft das Angebot an Qualifizierung durch ausländische Anbieter. Hier hat sich bereits in den vergangenen Jahren zunehmend ein weltweiter Markt entwickelt (vgl. Hovestadt et al. 2005) und die Erweiterung der Möglichkeiten dafür werden im Rahmen der GATS-Verhandlungen (General Agreement on Trades in Services) verhandelt. Im Rahmen der EU-Dienstleistungsfreiheit können Bildungsanbieter ohnehin transnational tätig werden: Sie können im Ausland Niederlassungen eröffnen und Angebote nach dem Recht ihres Herkunftslandes wie auch nach dem Recht des Angebotslandes machen; dabei ist eine öffentliche Förderung von Bildungsmaßnahmen auf Bildungsmaßnahmen nach den Regeln des Angebotslandes beschränkt. Bisweilen wurde befürchtet, ECVET könne das Tor für zertifizierte (kleinteilige) Qualifizierungsbausteine durch deutsche und ausländische Bildungsanbieter weiter öffnen. Angesichts des rückläufigen Angebotes an betrieblicher Ausbildung könnten Jugendliche sich zur Wahrnehmung solcher Angebote auf eigene Kosten veranlasst sehen, um auf diese Weise sukzessive einen Ausbildungsabschluss zu erwerben. Diese Möglichkeit ist aber nicht abhängig von der Europäisierung der Berufsbildung. Bereits jetzt können Bildungsorganisationen solche Angebote machen und können Betriebe ihre Qualifizierungsangebote durch Bausteine modularisieren, soweit ihre Auszubildenden älter als 18 Jahre sind. Für die Weiterbildung gilt das ohnehin. Wenn denn im Gefolge von ECVET und unter den gegebenen Rahmenbedingungen der Globalisierung tatsächlich die Anreize zu einer verstärkten Nutzung modularer Qualifizierungsangebote verstärkt werden, kann eine Lösung nicht in einer Beschränkung von Angeboten auf solche im Rahmen traditioneller Ausbildungsgänge bestehen. Gerade dann müsste das Ziel sein, diese für neue Angebote aufnahmefähig zu machen und für Durchlässigkeit und Anschlussfähigkeit an formale Bildung außerhalb der Betriebe und im Ausland aufzulockern. Dies würde den Interessen der Bildungsteilnehmerinnen an transferierbaren Kompetenzen entgegenkommen. Im Falle eines weiteren Rückzugs der Betriebe aus traditionellen Ausbildungsformen wäre es Aufgabe der Berufsbildungspolitik, die volle Bandbreite der für Vollqualifikationen notwendigen Module – etwa durch breite Verbundausbildung – zu gewährleisten. Dies würde dem alten Grundsatz auch gewerkschaftlicher Ausbildungspolitik entsprechen, dass Ausbildung eine öffentliche Aufgabe ist.

Eine Bedrohung der Bestandsbedingungen des Dualen Systems in Deutschland resultiert jedenfalls nicht aus den europäischen Prozessen der Berufsbildung, sondern aus der abnehmenden Ausbildungsbereitschaft der Betriebe. Hinter den vordergründigen Klagen über mangelnde Ausbildungsreife der Jugendlichen, das „PISA-Syndrom" und die Kostenbelastung der Betriebe stehen strukturelle Ursachen aus zunehmender Wissensbasierung und Globalisierung der Ökonomie.

8. Schlussfolgerungen

Werden EQF und ECVET nicht nur widerwillig und formal, etwa nach dem „Archimedes-Szenario" („störe meine Kreise nicht" – Sellin 2006) umgesetzt, dann werden sie strukturelle Folgen für die nationalen Berufsbildungssysteme haben. Denn Mobilität und transnationaler Austausch werden zu „Lernen von den Anderen" führen. Chancen für die Berufsbildung in Deutschland bestehen in der Entwicklung eines systematischen Zusammenhanges für das Lebenslange Lernen. Deutsche Beruflichkeit wird nicht durch die europäische Berufsbildungspolitik unterminiert, sondern durch Entwicklungen der globalen Ökonomie. Diese durch nationale Berufsordnungen steuern zu wollen, um traditionelle stabile Lebensberufe aufrechtzuerhalten, erscheint illusorisch. Berufliche Regulationsmuster der (früh-)industriellen Epoche greifen nicht mehr unter Bedingungen von Globalisierung und Wissensgesellschaft. Berufsbildungssysteme müssen Menschen befähigen, sich beruflich in Eigenverantwortung in den Wandlungen der Ökonomie zu bewegen. Angesichts erschwerter „Passung" von Berufsbildung und Beschäftigung durch Veränderungen in wirtschaftlichen, technischen und gesellschaftlichen Bedingungen besteht eine zentrale Antwort in einer Modularisierung des Bildungsangebotes, die keineswegs im Gegensatz zu zusammenhängenden Vollqualifikationen steht (vgl. Sachverständigenrat Bildung bei der Hans-Böckler-Stiftung 2002). Diese Antwort kann durch die Nutzung von EQF und ECVET europäisch abgesichert werden. Ein den europäischen Vorgaben folgender Nationaler Qualifikationsrahmen kann eine institutionelle Voraussetzung für die Durchlässigkeit des Bildungssystems insgesamt und durch Kompetenzorientierung für die Gleichstellung beruflicher und allgemeiner Bildung bieten (vgl. Hanf/Rein 2006).

Literatur

Baethge, M. (2004): Entwicklungstendenzen der Beruflichkeit – neue Befunde aus der industriesoziologischen Forschung. In: Zeitschrift für Berufs- und Wirtschaftspädagogik, Bd. 100/Heft 3, S. 336-347

Clement, U. (2006): Zertifikate und Standards für die berufliche Bildung. In: Clement, U.; Le Mouillour, W. (Hg.): Standardisierung und Zertifizierung beruflicher Qualifikationen in Europa. Bielefeld, S. 10-27

Drexel, I. (2005): Das Duale System und Europa (unveröffentlichtes Gutachten im Auftrag von ver.di und IG Metall). München

Ehrke, M. (2006): Der Europäische Qualifikationsrahmen – eine Herausforderung für Gewerkschaften. In: Berufsbildung in Wissenschaft und Praxis, Jg. 36/Heft 2, S. 18-23

Fahle, K. (2004): Anrechnung, Bescheinigung, Anerkennung – Zum Umgang mit im Ausland erworbenen Qualifikationen. Arbeitspapier im Rahmen der Fachtagung „Grenzüberschreitende Verbundausbildung" am 21./22. April 2004 in Berlin (zugänglich über http://www.na-bibb.de/uploads/leo/ftgv _beitrag2_klaus_fahle_nabibb.pdf)

Grollmann, P.; Ruth, K. (2006): Zertifizierung, Innovationen und Qualitätsentwicklung in der beruflichen Bildung in Europa. In: Clement, U.; Le Mouillour, W. (Hg.): Standardisierung und Zertifizierung beruflicher Qualifikationen in Europa. Bielefeld, S. 61-78

Hanf, G.; Hippach-Schneider, U. (2005): Wozu dienen nationale Qualifikationsrahmen? Ein Blick in andere Länder. In: Berufsbildung in Wissenschaft und Praxis, Jg. 35/Heft 1, S. 9-14 (zugänglich auch über http://www.boeckler.de/forum)

Hanf, G.; Rein, V. (2006): Auf dem Weg zu einem nationalen Qualifikationsrahmen (zugänglich über http://www.bibb.de)

Hovestadt, G.; Keßler, N.; Pompe, O.; Stegelmann, P. (2005): Internationale Bildungsanbieter auf dem deutschen Markt (Edition der Hans Böckler Stiftung, Nr. 163). Düsseldorf

ITB (2005): Berufsbildung in Europa – Zur Begründung eines europäischen Qualifikationsrahmens (EQF). Arbeitsgruppe des ITB an der Universität Bremen. ITB-Diskussionspapiere 1.05/2005 (zugänglich über http://www.boeckler.de/forum)

Koch, J.; Meerten, E. (2003): Prozessorientierte Qualifizierung – ein Paradigmenwechsel in der beruflichen Bildung. In: Berufsbildung in Wissenschaft und Praxis, Jg. 33/Heft 5, S. 42-47

Koch, J. (2006): Diskussionspapier: Passen prozessorientierte Ausbildungsordnungen und der Europäische Qualifikationsrahmen zusammen? (Manuskript, zugänglich unter www.boeckler.de/forum)

Meyer, R. (2006): Bildungsstandards im Berufsbildungssystem – Ihre Relevanz für das berufliche Lernen zwischen Anspruch und Wirklichkeit. In: Zeitschrift für Berufs- und Wirtschaftspädagogik, Bd. 102/Heft 1, S. 49-63

Rauner, F. (2005): Rettet den Facharbeiter! In: Die Zeit Nr. 49. 1.12.2005, S. 49

Sachverständigenrat Bildung bei der Hans-Böckler-Stiftung (2002): Reformempfehlungen für das Bildungswesen. München

Schneeberger, A. (2006): Über die Unterschiedlichkeit beruflicher Bildung in Europa und „Übersetzungshilfen" zur Förderung von Ausbildungs- und Arbeitsmarktmobilität. In: ibw-Mitteilungen, 1. Quartal 2006, S. 1-21

Sellin, B. (2006): Auf dem Wege zu einem Europäischen Qualifikationsrahmen EQR. Unv. Folienvortrag auf einem Seminar der IG Metall am 30./31.03.2006, Berlin

Severing, E. (2006): Europäische Zertifizierungsstandards in der Berufsbildung. In: Zeitschrift für Berufs- und Wirtschaftspädagogik, Bd. 102/Heft 1, S. 15-29

(Einschlägige Dokumente aus dem Kopenhagen-Prozess sind zugänglich unter: www.boeckler.de/forum)

Herausforderungen in der Weiterbildung aus gewerkschaftlicher Perspektive

Michael Ehrke, Uwe Elsholz, Thomas Habenicht, Klaus Heimann

1. Einleitung

Lebenslanges Lernen bzw. lebensbegleitendes Lernen ist in aller Munde. Auch zwischen den Sozialpartnern scheint ein grundsätzlicher Konsens über den Sinn von Weiterbildung zu bestehen. Viele nationale und europäische Projekte und Gremien haben sich in den letzten Jahren mit diesem Thema beschäftigt. Immerhin hatte der letzte Bundestag eine Expertenkommission eingesetzt, die eine exzellente Bestandsaufnahme und viele gute Vorschläge speziell zu Finanzierungsfragen entwickelt hat (vgl. Expertenkommission 2004). Einige Förderprogramme wurden auf den Weg gebracht wie z.B. die „Lernenden Regionen" (vgl. BMBF 2004). Auch das Projekt KomNetz war in den letzten Jahren eine der wichtigen Initiativen, um insbesondere betriebliche Interessenvertreter zu befähigen, die immer wichtigere Zukunftsaufgabe Weiterbildung mitzugestalten.

Die Formel des lebenslangen Lernens in Verbindung mit den sich immer schneller verändernden Qualifikationsanforderungen zeitigen neue Anforderungen an das Lernen der Menschen in der Arbeitswelt. Prägende Trends sind dabei u.a. eine verstärkte Prozessorientierung in der Arbeitsorganisation und in der Folge auch in der betrieblichen Weiterbildung (vgl. Baethge/Schiersmann 1998). Damit geht eine Bedeutungszunahme des Lernens im Prozess der Arbeit einher (vgl. u.a. Dehnbostel 2001), die sich auch in empirischen Untersuchungen abbildet (vgl. Kuwan et al. 2006).

Was bringen nun aber die Trends und Veränderungen in der Weiterbildung für Anforderungen an betriebliche und gewerkschaftliche Interessenvertreter mit sich? Und welcher Gestaltungsrahmen ist zu deren erfolgreicher Bearbeitung auf rechtlicher Ebene notwendig, um arbeitnehmerorientierte Weiterbildung zu ermöglichen? Dies sind die Kernfragen des folgenden Beitrags, denen nachfolgend vor dem Hintergrund der Erkenntnisse und Ergebnisse des KomNetz-Projekts nachgegangen wird.

Zentral werden dazu die aus unserer Sicht wichtigsten Herausforderungen für betriebliche Interessenvertreter und die Gewerkschaften ausgeführt. Auf dieser Grundlage wird dann in einer politischen Bewertung analysiert, auf welchen Gestaltungsebenen Regelungsbedarf besteht und wo es eher darum geht, Konzepte der Umsetzung zu entwickeln.

2.   Herausforderungen aus gewerkschaftlicher Perspektive

Die Ausgangsbedingungen für eine zunehmende Bedeutung von Weiterbildung, wie den grundlegenden Wandel von der Industrie- zur Wissensgesellschaft und die Durchsetzung der IuK-Technologien, sind hinreichend beschrieben. Schlagwortartig seien sie hier benannt und zeigen sich in einer zunehmenden

- Prozessorientierung in der Weiterbildung,
- Bedeutung informellen Lernens und des Lernens in der Arbeit,
- Notwendigkeit lebenslangen Lernens,
- Individualisierung und Subjektivierung von Weiterbildung (vgl. u.a. Baethge/Schiersmann 1998; Voß/Pongratz 1998; Dehnbostel 2001; Kuwan et al. 2006).

Die demografische Entwicklung und die damit einher gehende Notwendigkeit, die Beschäftigungsfähigkeit länger zu erhalten, tun ein Übriges, um Weiterbildung und Kompetenzentwicklung auf die betriebspolitische Tagesordnung zu setzen.

In der Konsequenz bedarf es neuartiger Weiterbildungsangebote, die Arbeiten und Lernen verbinden, verbesserte Orientierung und Beratung für den Einzelnen bieten und nicht zuletzt einer lern- und kompetenzförderlichen Arbeitsgestaltung. Auf verschiedenen Gestaltungsebenen zeichnen sich aus unserer Sicht folgende zentrale Herausforderungen ab, die wir hier mit Blick auf das konkrete Handeln von Interessenvertretern und der Gewerkschaften ausweisen.

2.1   Lernen im Prozess der Arbeit

In der Weiterbildung gibt es eine zunehmende Aufmerksamkeit für Lernformen jenseits von Seminaren und Kursen (vgl. u.a. Kuwan et al. 2006; Dehnbostel et al. 2005; Dehnbostel/Elsholz in diesem Band). Beschäftigte, und damit in der Folge auch die Betriebs- und Personalräte, sind mit einem neuen Typ von Weiterbildung konfrontiert, der unter den Stichworten „Lernen im Prozess der Arbeit" und „Kompetenzentwicklung" diskutiert wird. Durch solche Formen des Lernens entstehen Chancen, den weiterbildungsfernen oder weiterbildungsbenachteiligten Gruppen neue und vermehrte Möglichkeiten ihrer beruflichen Entwicklung zu eröffnen. Besonders älteren Beschäftigten – denen unter dem Druck des demografischen Wandels verstärkte Aufmerksamkeit in der Weiterbildung zuteil wird – wird man mit erfahrungsorientierten Lernkonzepten, die sich im praktischen Tun realisieren lassen, eher gerecht werden. Es ist zu vermuten, dass gerade ältere Arbeitnehmer von einer solchen Art des Lernens erfolgreicher angesprochen werden, da sie stärker über Erfahrungen und deren Weitergabe lernen als über die für Ältere eher ungewohnte trainerzentrierte und stofflastige

Weiterbildung in Seminaren. Gleiches oder Ähnliches gilt für Geringqualifizierte und benachteiligte Jugendliche. „*Training on the job*" macht aber nur Sinn, wenn neben einem ausgereiften Lernarrangement gerade in den hochstandardisierten, technikdominierten oder getakteten Arbeitsprozessen verlässliche Spielräume für Lernen eröffnet werden. Die Arbeitsorganisation einschließlich des praktizierten Führungsmodells spielen hier eine große Rolle, denn durch diese Rahmenbedingungen werden Handlungs- und Gestaltungsspielräume entscheidend beeinflusst, die der Einzelne oder das Team benötigen, um zu lernen und Lernergebnisse in die Praxis umzusetzen. Lernen und Arbeiten zu verbinden, das kann zu sehr guten Qualifizierungsergebnissen führen, trotzdem ist Lernen nicht genau dasselbe wie Arbeiten. Der kurzsichtigen Erwartung vieler Manager, durch Integration der betrieblichen Qualifizierung in den Arbeitsprozess könnte Lernen künftig zeit- und kostenneutral organisiert werden, muss man entschieden widersprechen.

Der Trend zum arbeitsintegrierten Lernen beinhaltet zudem die Gefahr, dass der Einfluss der Interessenvertreter auf die Gestaltung der Weiterbildung abnimmt. Personalabteilungen machen immer wieder den Versuch, Lernformen jenseits von Seminaren und Kursen nicht als Weiterbildung zu deklarieren, um die Mitbestimmungsregelungen insbesondere nach § 96 BetrVG zu umgehen. Zudem deutet sich an, dass solchen neueren Formen der Weiterbildung auch von den Interessenvertretungen selbst ein geringerer Stellenwert eingeräumt wird, weil sie schwieriger in Betriebsvereinbarungen zu regeln sind. Für diese Vermutung spricht, dass Regelungen für das Lernen im Prozess der Arbeit dann geschaffen werden, wie etwa beim E-Learning, wenn es relativ leicht erscheint, kontrollierbare Normen etwa zum Datenschutz oder zu zeitlichen Aspekten zu formulieren. Prozessorientiertes und arbeitsplatznahes Lernen bedarf hingegen neuartiger Formen von Regelungen, indem eben nicht mehr Fragen der Teilnahme und Kostenübernahme im Vordergrund stehen, wie dies üblich ist bei Betriebsvereinbarungen zur Weiterbildung in Form von Kursen und Seminaren. Vielmehr müssen Prozessabläufe zur Erschließung arbeitsplatznaher Lernarrangements, eine flexible Lernorganisation sowie Partizipationsmöglichkeiten der Beschäftigten bei der Gestaltung solcher Lernformen gesichert werden (vgl. Elsholz/Linderkamp 2005, S. 76).

Der Blick von betrieblichen und gewerkschaftlichen Interessenvertretern sollte also nicht nur auf formale Weiterbildungsangebote gerichtet sein, sondern die Frage lernförderlicher Arbeit dringend stärker in den Fokus der betrieblichen und gewerkschaftlichen Interessenvertreter geraten.[1] Die Schaffung lernförderli-

---

1   So auch die nachdrückliche Aufforderung von Martin Baethge im Rahmen eines Workshops zur Programmdebatte bei ver.di im Mai 2005, (http://www.verdi.de/politik_und_planung/programmdebatte/vortrag_martin_baethge).

cher Arbeit und einer engeren Kopplung von Arbeiten und Lernen bleibt daher eine Herausforderung auf unterschiedlichen gesellschaftlichen Ebenen, arbeitsmarktpolitisch, in der Weiterbildung und betriebspolitisch. Wenn Gewerkschaften „kompetent in Sachen Arbeit und Beruf" sein wollen (vgl. IG Metall 2006), müssen sie dieses Feld stärker besetzen, um ihre Kompetenzen auszubauen. Es existieren zwar Problembeschreibungen (vgl. u.a. Baethge et al. 2003), doch fehlen bisher systematische Analysen zu den neuen Lernformen aus Sicht betrieblicher Interessenvertreter als auch konkrete Ansatzpunkte für ihr Handeln.

2.2   Weiterbildung mit System

Das Lernen im Prozess der Arbeit ist mit der Anerkennung und Zertifizierung dieses Lernens zu verbinden, um die berufliche Flexibilität und Mobilität der Beschäftigten zu erhöhen. Vorbild für eine solche Anerkennung ist das IT-Weiterbildungssystem, das maßgeblich von der IG Metall mit entwickelt wurde (vgl. Ehrke 2004). Im IT-Weiterbildungssystem als Konzept einer „Arbeitsprozessorientierten Aus- und Weiterbildung" (APO) wurden 35 Weiterbildungsabschlüsse aus der Praxis heraus entwickelt. Im Kern geht es bei APO darum, Arbeitsprozesse lernförderlich zu gestalten und Wissen anwendungs- und problemorientiert zu erwerben. Eine weitere zentrale Intention des Konzeptes ist, nicht mehr system- oder herstellerspezifisch zu lernen, sondern betriebsunabhängig und längerfristig verwertbare Kompetenzen zu erwerben. In Verbindung mit einheitlichen und geordneten Qualitätsstandards für das IT-Lernen sind staatlich geregelte Abschlüsse und international anerkannte Zertifikate Grundlage für die angestrebte Durchlässigkeit zwischen Studium und Weiterbildung. Die mit der Konzeption der IT-Weiterbildung verfolgten Ziele orientieren sich an der Vorstellung, dass die Beschäftigten breite Kompetenzen erwerben, die sie zur Arbeit in unterschiedlichen Feldern befähigen. Es werden anerkannte Qualifikationsstandards entwickelt, die die IT-Weiterbildung unabhängiger machen sollen von aktuellen Produkten, von Herstellern und von der jeweiligen Arbeitsmarktsituation (vgl. Meyer 2006, S. 91ff.).

Aus gewerkschaftlicher Perspektive ist das IT-Weiterbildungssystem Teil eines Umstrukturierungsprozesses in der Weiterbildung (vgl. Ehrke 2004). Die Verknüpfung von beruflicher Bildung und allgemeiner Bildung im Rahmen eines Studiums ist dabei ein wesentlicher Baustein und Bedarf der Weiterentwicklung.

Ein entscheidender Punkt für höhere Teilnehmerzahlen in der Weiterbildung ist, dass die Lernenden von den Verwendungs- und Verwertungsmöglichkeiten überzeugt sind. Wichtig dafür ist, dass Lernleistungen durch überzeugende und verwertbare Zertifikate dokumentiert werden. Deshalb gilt es, geregelte Abschlüsse im Weiterbildungsbereich auszubauen.

Durch die Bestrebungen zur Schaffung eines Europäischen Qualifikationsrahmens (EQF) und Europäischen Leistungspunktsystems (ECVET) werden Rahmenbedingungen geschaffen, welche auch die deutsche Weiterbildungslandschaft verändern werden (vgl. u.a. Heidemann in diesem Band). Anerkennung außerinstitutionell erworbener Kompetenzen und Übertragbarkeit von Ansprüchen im EQF sind zu begrüßen. Es muss allerdings gesichert werden, dass die Besonderheiten des deutschen Bildungssystems, besonders der erfolgreichen dualen Berufsausbildung, nicht zerstört werden. Ein nationaler Qualifikationsrahmen (NQR) muss insbesondere Gleichwertigkeit und Durchlässigkeit zwischen Berufs- und Allgemeinbildung sowie akademischer Bildung regeln. Er muss folglich für Bund und Länder gleichermaßen gelten und eine entsprechende juristische Normierung auf der Grundlage transparenter Strukturen erfahren.

2.3   Beratung in der Weiterbildung

Im Zuge der Diskussion um lebenslanges Lernen wird zunehmend die Forderung erhoben, dass die Beschäftigten sich ihrer eigenen Kompetenzen gewahr werden müssen und diese bewusst weiter zu entwickeln sind. Vom Arbeitgeber finanzierte Weiterbildung ist in der Regel an unmittelbaren Arbeitsplatzanforderungen orientiert und reicht damit nicht zum langfristigen Erhalt der Beschäftigungsfähigkeit aus. Um die eigene Weiterbildung aktiv gestalten zu können, benötigen die Beschäftigen Beratung und Begleitung zur und über Weiterbildung.

Lernberatung wird immer wichtiger mit unterschiedlichen Reichweiten: Es geht um Informationen über Träger, Einrichtung, Programme und Kurse, aber auch um die Aufnahme der Situation der Lernenden, Einbeziehen der Lebensumstände – zum Beispiel von Frauen oder von Erwerbslosen. Die Klärung der Weiterbildungsinteressen unter Beachtung der Rahmenbedingungen und der Lebens- und Erwerbssituation des Betroffenen ist ein weiterer Punkt. Kern der Beratung ist es, Lernmotivation und Lernstrategien zu entwickeln, um Biografien durch Lernen selbstbestimmter zu gestalten.

Beratung in der Weiterbildung wird eine Querschnittsaufgabe, innerbetrieblich für Betriebs- und Personalräte und überbetrieblich für die Gewerkschaften. Die Herstellung von Transparenz am Weiterbildungsmarkt für den Einzelnen und ein aktiver „Verbraucherschutz" in Form von Maßnahmen zur Qualitätssicherung sind ein wichtiger Teil davon.

Auf betrieblicher Ebene bieten die in vielen Betrieben stattfindenden Mitarbeitergespräche oder Qualifizierungsgespräche einen Ansatzpunkt, darin auch Weiterbildung zu thematisieren und Vorschläge zur persönlichen Weiterbildung einzubringen. Neue Tarifverträge z.B. im öffentlichen Dienst (TVöD) oder in der Metall- und Elektroindustrie bieten mit verbindlichen und regelmäßigen „Qualifizierungsgesprächen" mögliche Ansatzpunkte für mehr Weiterbildung und vor allem für individuell abgestimmte Weiterbildung. Hier sind Interessenvertreter gefordert, die Durchführung und die Qualität der Mitarbeitergespräche sicherzustellen, etwa durch Informationsveranstaltungen oder Schulungen sowohl für Vorgesetzte als auch für Beschäftigte. Zudem sollten die Belegschaften die Möglichkeit erhalten, sich auf diese Gespräche vorzubereiten, um für sich eigene Weiterbildungsinteressen zu klären, diese zu formulieren und auch zu vertreten. Es ist davon auszugehen, dass Betriebs- und Personalräte nicht in erster Linie selbst als Weiterbildungsberater tätig sein werden – dies würde sie zeitlich und inhaltlich überfordern (vgl. Linderkamp 2005, S. 40f.). Ihnen kommt zunehmend die Rolle zu, im Betrieb geeignete Rahmenbedingungen zu schaffen und zu gestalten, um darüber zu einer Qualitätssicherung beizutragen. Dabei sind sie aber auf die Unterstützung durch die Gewerkschaften angewiesen, die etwa Handlungshilfen anbieten und Formen des Erfahrungsaustauschs in Netzwerken organisieren sollten.

Davon zu unterscheiden ist die längerfristige Beratung zur beruflichen Entwicklung, die auch überbetriebliche und längerfristige Entwicklungsoptionen in den Blick nimmt. Wenn die Gewerkschaften als Anwalt der Beschäftigten auftreten wollen, sollten sie in diesem Bereich aktiv konkrete Dienstleistungen zur Beratung und Begleitung in Weiterbildungsfragen auf- und ausbauen, sowohl bezogen auf eine fachlich-inhaltliche Beratung als auch hinsichtlich einer Finanzierungsberatung. Ansätze dazu sind bereits vorhanden, z.B. das Projekt „Job Check" von ver.di Hamburg, das für bestimmte Berufe genau solche Angebote entwickelt hat, die Projekte LeA und KomNetz (vgl. ebd., S. 15). Die IG Metall hat den Job-Navigator entwickelt, der als Angebot für die berufliche Zukunfts- und Weiterbildungsgestaltung Arbeitnehmer dazu anleiten soll, selbstverantwortlich die persönliche berufliche Zukunft zu gestalten (vgl. IG Metall 2006). Mit diesem Instrument wird auf Seiten der IG Metall die Hoffnung verbunden, Arbeitnehmer und Arbeitslose bei der Gestaltung ihrer beruflichen Entwicklungs- und Aufstiegswege gezielt zu unterstützen und dadurch ihre Beschäftigungsfähigkeit zu sichern und sie vor Arbeitslosigkeit zu bewahren (vgl. den Beitrag von Gillen/Habenicht/Krämer in diesem Band).

Überbetrieblich wird Beratung in Deutschland derzeit in der Regel nur punktuell in spezifischen Übergangssituationen angeboten (bei der Berufs- oder Studienwahl, bei Arbeitslosigkeit, bei Weiterbildungsentscheidungen). In jüngster Zeit haben Impulse der OECD und der EU dazu geführt, dass eine neue nationale Initiative „Zukunft der Beratung für Bildung, Beruf und Beschäftigung – Gestalten und Vernetzen" (vgl. NfB 2006) entstanden ist, die von einer Reihe von gesellschaftlichen Gruppen (u.a. auch von der IG Metall) getragen wird. Wichtig für die Weiterbildung ist es, dass solche Impulse verstetigt und entsprechend juristisch bzw. durch öffentliche Mittel abgesichert werden.

2.4 Lernzeiten

In der Diskussion über lebensbegleitendes Lernen wird deutlich, dass alles Lernen seine Zeit braucht. Perspektiven des Lernens im 21. Jahrhundert sind gekoppelt an neue Horizonte der Zeitverwendung. Langfristig geht es um grundlegend neue Verteilungen zwischen Erwerbszeit, Freizeit und Lernzeit. Damit werden differenzierte Interessenstrukturen deutlich.

Dies gilt vor allem auch für die Zeitverwendung für Lernen, denn Lernen ist nicht bloß in der Arbeitszeit zu verorten, sondern kann auch der umfassenden, über die Arbeit hinausreichenden Entfaltung der Individuen dienen. Umgedreht kann das Lernen aber nicht nur Teil von Freizeit sein, es nutzt auch der Unternehmensentwicklung, so dass hier ein betriebliches und tarifliches Aushandlungsfeld entsteht.

Die These, durch den Übergang von klassischen Lehrgangsformen zu arbeitsintegriertem Lernen würde man keine Lernzeiten mehr einplanen müssen, ist in der Praxis nicht haltbar. Seriöse Konzepte von arbeitsplatznahem und arbeitsprozessorientiertem Lernen, wie sie zum Beispiel die IG Metall mit der Automobilindustrie entwickelt hat, beweisen, dass ein völlig zeit- und kostenneutrales Lernen zu keinen ernst zu nehmenden Ergebnissen und folglich auch nicht zum gewünschten betriebswirtschaftlichen Nutzen führt.[2] Wie betriebliche Regelungen aussehen können, die angemessene und faire Zeitverteilung vorsehen, bleibt weitgehend offen (vgl. Kap. 2.1), erste Ansatzpunkte bietet das Projekt Auto 5000 (vgl. Schumann et al. 2006).

Nach der in den 1970er Jahren erfolgreichen Einführung des Bildungsurlaubs, die sich dann auch in Bildungsfreistellungsgesetzen niedergeschlagen hat, sind in den letzten Jahren vor allen Dingen auf der Ebene der Tarifverträge und Betriebsvereinbarungen verstärkt Initiativen gestartet worden. Die IG Metall hat in Tarifvereinbarungen auch das Thema Lernzeitansprüche auf die Tagesordnung gesetzt. Es geht darum, Lernzeiten als ein Feld zwischen Arbeitszeit und Freizeit zu sichern.

Gegen Tendenzen, betrieblich erforderliche Weiterbildungszeiten mehr und mehr in die Freizeit zu verlagern, werden Überlegungen für eine investive Arbeitszeitpolitik und für Lernzeitansprüche aufgenommen. Dadurch können neue Verteilungsmuster bei der Weiterbildung entstehen. Diskutiert wird z.B. ein „time-sharing" Modell, das die notwendigen Lernzeiten zwischen den Beteiligten aufteilt. Über betriebliche Vereinbarungen hinaus sollen auch tarifvertragliche Prämissen verankert werden. Dies reicht aber nicht aus, wenn die Weiterbildungsbeteiligung der gesamten Bevölkerung erhöht werden soll. Dazu ist es notwendig, dass durch gesetzliche Regelungen weitergehende Rahmensetzungen

---

2   Vgl. www.projekt-alf.de und www.eucam.org.

erfolgen, die Allgemeinverbindlichkeit besitzen und sich nicht auf einzelne Tarifgebiete beschränken.

Für die betriebliche Lösung des Zeitproblems bietet sich das Modell der Lernzeitkonten an. Dieser Ansatz basiert auf der Tatsache, dass immer mehr Unternehmen zu Jahresarbeitszeitkonten übergehen, in die auch Lernzeiten gut geschrieben werden können. Nicht genutzte Lernzeiten verwandeln sich dann wieder in Arbeitszeiten.[3] Auch Langzeitlernkonten sind denkbar, auf denen Lernzeiten angespart werden können, bis zum Beispiel ein *Sabbatical* finanzierbar wird (vgl. zu Lernzeiten auch Faulstich 2002).

2.5   Lerngelder

Durch die Expertenkommission des Bundestages zur Finanzierung Lebenslangen Lernens und das Programm Lernende Regionen hat es Anstöße gegeben, wie finanzielle Ressourcen in verschiedenen Bereichen und aus unterschiedlichen Quellen aktiviert werden können. Die gegenwärtige Diskussion, die sich hauptsächlich auf das Konzept *„Bildungssparen"* kapriziert, zerbricht jedoch den innerhalb der Expertenkommission hergestellten Konsens für einen Finanzmix. Bildungssparen ist ein ausschließlich marktkonformes Instrument, das hauptsächlich diejenigen erreicht, die heute schon besser gestellt sind. Es droht damit, sofern es nicht durch andere Instrumente und begleitende Aktivitäten (wie z.B. Beratung) gestützt wird, eher zu einer Verschärfung sozialer Ungleichheiten beizutragen.

Ein von der *Initiative Bundesregelungen für die Weiterbildung* vorgeschlagenes Gesamtmodell der Ressourcenverantwortung geht davon aus, dass ein Finanzmix aus verschiedenen Quellen notwendig ist (vgl. Gewerkschaftliche Initiative 2002).

Zentrale Finanzierungsinstrumente für betrieblich veranlasste Weiterbildung sind dabei Branchenfonds, die von den Sozialparteien auf der Grundlage gesetzlicher Rahmenbedingungen eigenständig verwaltet und vom Staat (Bund und Ländern) bezuschusst werden. Sektorale Fonds ermöglichen eine gleichberechtigte Verantwortung und Mitbestimmung von Gewerkschaften und Arbeitgebern. Sie weisen zudem folgende Vorteile auf: Sie beziehen sich auf das eigene Interesse sowohl der Unternehmen als auch der Beschäftigten, sie sind leicht zu steuern, verursachen geringe Kosten der Umsetzung und ermöglichen gerechte Erhebungs- und Verwendungsparameter.

In der Weiterbildung gibt es aber in jedem Fall auch eine öffentliche Finanzverantwortung, die es auszugestalten gilt. Insgesamt ist es notwendig, die Ressourcen für die Weiterbildung zu stärken und zu verstetigen.

---

3   So sieht es zum Beispiel der Ergänzungstarifvertrag der Debis vom 3. September 1998 vor.

Dies braucht eine öffentliche Unterstützung durch ein Bildungsförderungsgesetz. Zum Ausgleich der Bildungsungleichheit und zur Unterstützung gleicher Teilhabe ist das Meister-BAFöG (ABFG) als steuerfinanziertes Instrument geschaffen worden. An dieses Konzept schließt die Expertenkommission Finanzierung Lebenslangen Lernens mit dem Vorschlag eines Erwachsenenbildungsförderungsgesetzes (EBifG) und längerfristig eines einheitlichen Bildungsförderungsgesetzes (BifG) an (vgl. Expertenkommission 2004).

Die Aufgabe des Gesetzgebers besteht darüber hinaus darin, die rechtlichen Rahmenregelungen festzulegen, die in Betriebsvereinbarungen und Tarifverträgen ausgefüllt und konkretisiert werden können. Außerdem muss die Weiterbildung für Erwerbslose, die in den letzten Jahren drastisch gekürzt wurde, wieder verstärkt werden.

3. Politische Bewertung

Eine Einschätzung zur Verfasstheit der Weiterbildung ist differenziert für die verschiedenen gewerkschaftlichen Handlungsebenen vorzunehmen – die betriebliche Ebene, die tarifliche Ebene und gesetzliche Ebene (vgl. Bayer 2002).

Auf betrieblicher Ebene gibt es – zumindest im Geltungsbereich des Betriebsverfassungsgesetzes – qualitativ wertvolle Rechte der Betriebsräte. Bereits seit der Novelle von 1972 sind Kollektiv- als auch Individualrechte in der Betriebsverfassung verankert, die mit der Reform des Betriebsverfassungsgesetzes 2001 noch erweitert wurden (vgl. Habenicht/Heimann 2002). In Zusammenhang mit der Förderung der Berufsbildung in § 96 verbindet sich seither die Verpflichtung des Arbeitgebers, auf Verlangen des Betriebsrates im Betrieb den Berufsbildungsbedarf zu ermitteln. Damit wird die Pflicht von Arbeitgeber und Betriebsrat, im Rahmen der Personalplanung die betriebliche Berufsbildung der Arbeitnehmer zu fördern, konkretisiert. Damit in Verbindung steht auch die Einführung des § 92a BetrVG zur Beschäftigungssicherung, in dem Qualifizierung als eine wichtige Maßnahme verstanden wird. Die Mitbestimmung bei der Durchführung von Maßnahmen der Berufsbildung nach § 98 BetrVG bleibt unverändert und umfassend.

Die steigende Bedeutung von Weiterbildung schlägt sich auch in der Arbeit der betrieblichen Interessenvertreter nieder. Wie die letzte WSI-Befragung von Betriebs- und Personalräten aus dem Jahr 2004/05 zeigt, hat das Thema berufliche Weiterbildung in den letzten Jahren deutlich an Bedeutung gewonnen (vgl. Schäfer 2005, S. 292). Mit 66% der Betriebsräte, die mit dem Thema Weiterbildung befasst waren, liegt es nach dem Thema Arbeitsschutz und Gesundheitsförderung (74%) an zweiter Stelle. Allerdings ist trotz der quantitativen Ausweitung in der Befassung mit Weiterbildung auch zu konstatieren, dass diese umfangreichen Rechte des Betriebsverfassungsgesetzes in der Praxis bisher nur unzureichend genutzt werden (vgl. u.a. Elsholz/Jaich 2005).

Auf *tariflicher Ebene* sind erste Schritte erfolgt und die Weiterbildung hat in den letzten Jahren einen neuen Stellenwert gewonnen. Neben der Chemischen Industrie drückt sich dies besonders in den Tarifverträgen zur Qualifizierung für die Metall- und Elektroindustrie aus den Jahren 2001 und 2006 aus. Die Regelung von 2001 war zunächst auf Baden-Württemberg bezogen und beinhaltet im Kern die Verpflichtung, den Qualifizierungsbedarf zu ermitteln, ihn festzuschreiben und mit dem Betriebsrat den Bedarf und die Umsetzung zu beraten. Die tariflichen Regelungen aus dem Jahr 2006 stellen im Wesentlichen eine Erweiterung des Geltungsbereichs dar, so dass damit in der Metall- und Elektroindustrie ein flächentariflicher Rahmen besteht, der in den Betrieben eine verbindliche Bildungsplanung fordert und ihre Durchführung fördert. Zumindest der Tarifvertrag in Baden-Württemberg von 2001 hat denn auch erwiesenermaßen das Thema der Bedarfsermittlung in den Betrieben auf die Agenda gesetzt, auch wenn sich nicht alle damit verbundenen Hoffnungen etwa hinsichtlich einer verbesserten Chancengleichheit verwirklicht haben (vgl. Bahnmüller et al. 2006).

Auf gesetzlicher Ebene ist hingegen seit geraumer Zeit ein Stillstand zu konstatieren. Während es in diversen europäischen Ländern gesetzgeberische Aktivitäten im Bereich der Weiterbildung gibt – etwa in England mit der Etablierung von Learning Representatives (vgl. Deffner/Elsholz 2003) oder in Frankreich mit gesetzlichen Ansprüchen zur Kompetenzbilanzierung (vgl. Drexel 1997) – bleibt es in Deutschland bisher bei Absichtserklärungen, wie etwa im Koalitionsvertrag der Großen Koalition. Die Gewerkschaften machen in ihrer Initiative für eine Bundesregelung in der beruflichen Weiterbildung konkrete

Abb. 1: Gestaltungsnotwendigkeiten in der Weiterbildung

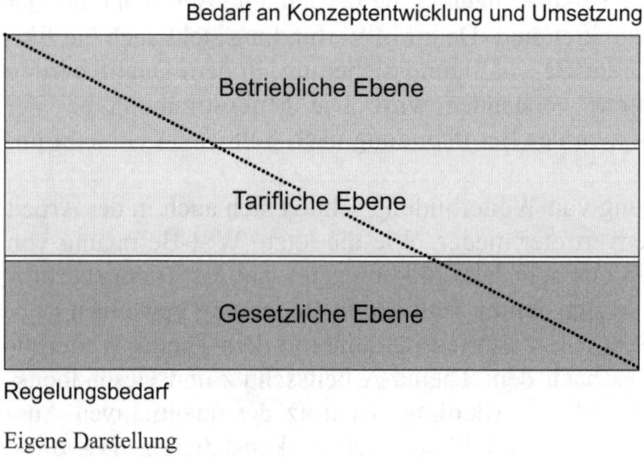

Eigene Darstellung

Vorschläge, welche Themen anzupacken sind: Zeit, Finanzierung, Beratung, Transparenz, Qualität und Verwertung am Arbeitsmarkt (vgl. Gewerkschaftliche Initiative 2002). Gefordert ist nunmehr die Bundesregierung, ihren Ankündigungen im Koalitionsvertrag auch Taten folgen zu lassen.

Zusammenfassend zeigt sich, dass sich gegenwärtig der Bedarf an Konzeptentwicklung und die Notwendigkeit von formellen Regelungen in einem komplementären Verhältnis darstellen. Während auf betrieblicher Ebene die Notwendigkeit der Konzeptentwicklung dominiert, ist auf der gesetzlichen Ebene unbedingt der Mangel an Reglungen z.b. in Form eines Bundesweiterbildungsgesetzes zu konstatieren.

4.   Fazit

Es findet kaum eine öffentliche Diskussion über die großen Herausforderungen unserer Zeit statt, in der nicht das lebenslange Lernen als Schlüssel für die Gestaltung der Zukunft betont wird. Für die betrieblichen als auch gewerkschaftlichen Interessenvertretungen ist die Auseinandersetzung mit den Themen Weiterbildung und Kompetenzentwicklung daher essentiell. Die Schaffung lernförderlicher Arbeit, die Begleitung und Beratung beruflicher Entwicklungen und die Schaffung eines neuen gleichwertigen Weiterbildungssystems sind dabei wichtige Ansatzpunkte gewerkschaftlichen Handelns.

Die Gewerkschaften sind gefordert, selbst konkrete Konzepte in diesen Feldern zu entwickeln, die auch inhaltlich-methodische Ansatzpunkte aufnehmen und Gestaltungswege aufzeigen. So gilt es z.B. konzeptionell an der Frage weiterzuarbeiten wie und ob eine Rollenerweiterung von Betriebs- und Personalräten erfolgen kann, wenn diese als Begleiter oder Berater beruflicher Entwicklungen aktiv werden. Mehr als die besten Broschüren und Konzepte zur Verbreitung und aktiven Gestaltung moderner Weiterbildung in arbeitnehmerorientierter Perspektive hilft es zudem, dafür zu sorgen, dass betrieblichen und gewerkschaftlichen Interessenvertretern Erfahrungsräume geöffnet werden, um selbst neue Formen des Lernens und der Weiterbildung zu erleben und darüber Gestaltungskompetenzen zu entwickeln. Gewerkschaften und betriebliche Interessenvertreter sollten praktische Konzepte erarbeiten und erproben, die parallel auf politischer Ebene begleitet und über Regelungen abgesichert werden – auf betrieblicher, auf tariflicher, ordnungspolitischer und gesetzlicher Ebene. Regelungen auf den verschiedenen Ebenen zur Qualitätssicherung und zur Verbesserung der Chancengleichheit bleiben unverzichtbar, denn Weiterbildung ist und bleibt ein öffentliches Gut und die Teilhabe an ihr wird immer mehr zu einer neuen sozialen Frage.

Literatur

Baethge, M.; Baethge-Kinsky, V.; Holm, R.; Tullius, K. (2003): Anforderungen und Probleme beruflicher und betrieblicher Weiterbildung (Arbeitspapier 76 der Hans-Böckler-Stiftung). Düsseldorf

Baethge, M.; Schiersmann, C. (1998): Prozessorientierte Weiterbildung – Perspektiven und Probleme eines neuen Paradigmas der Kompetenzentwicklung für die Arbeitswelt der Zukunft. In: Arbeitsgemeinschaft Betriebliche Weiterbildungsforschung e.V./Projekt QUEM (Hg.): Kompetenzentwicklung '98. Forschungsstand und Forschungsperspektiven. Münster u.a.O., S. 15-87

Bahnmüller, R.; Fischbach, S.; Jentgens, B. (2006): Was nützen und was bewirken Qualifizierungstarifverträge? In: WSI-Mitteilungen, Jg. 59/Heft 2, S. 71-78

Bayer, M. (2002): Arbeitnehmerorientierte berufliche Aufstiegs- und Entwicklungswege. In: Dehnbostel, P.; Elsholz, U.; Meister, J.; Meyer-Menk, J. (Hg.): Vernetzte Kompetenzentwicklung. Alternative Positionen zur Weiterbildung. Berlin, S. 321-336

BMBF (2004): Lernende Regionen – Förderung von Netzwerken. Programmdarstellung. Berlin

Deffner, S.; Elsholz, U. (2003): Europa – die stille Revolution der englischen Gewerkschaften und was wir davon lernen können. In: Gewerkschaftliche Bildungspolitik, Heft 7/8, S. 26-28

Dehnbostel, P.; Habenicht, T.; Proß, G. (2005): Lernförderliche Arbeitsgestaltung und kompetenzfördernde Weiterbildungsformen. In: Gillen, J.; Dehnbostel, P.; Elsholz, U.; Habenicht, T.; Proß, G.; Skroblin, J.-P. (Hg.): Kompetenzentwicklung in vernetzten Lernstrukturen. Bielefeld, S. 137-150

Dehnbostel, P. (2001): Perspektiven für das Lernen in der Arbeit. In: Arbeitsgemeinschaft Betriebliche Weiterbildungsforschung e.V./Projekt QUEM (Hg.): Kompetenzentwicklung 2001. Tätigsein – Lernen – Innovation. Münster u.a.O., S. 53-93

Drexel, I. (1997): Die bilans de compétences – ein neues Instrument der Arbeits- und Bildungspolitik in Frankreich. In: Arbeitsgemeinschaft Betriebliche Weiterbildungsforschung e.V./Projekt QUEM (Hg.): Kompetenzentwicklung '97. Münster u.a.O., S. 197-249

Ehrke, M. (2004): Zukunft der beruflichen Weiterbildung – das Beispiel IT. In: Meyer, R.; Dehnbostel, P.; Harder, D.; Schröder, T. (Hg.): Kompetenzen entwickeln und moderne Weiterbildungsstrukturen gestalten. Münster u.a.O., S. 107-123

Elsholz, U.; Linderkamp, R. (2005): „Flexicurity" – ein zukunftsfähiges Konzept (auch) für die Weiterbildung!? In: Elsholz, U.; Gillen, J.; Meyer, R.; Molzberger, G.; Zimmer, G. (Hg.): Berufsbildung heißt: Arbeiten und Lernen verbinden! Münster u.a.O., S. 67-82

Elsholz, U.; Jaich, R. (2005): Weiterbildung im Betrieb: Triebkräfte und Hemmschuhe. Fallbeispiele, Analyse und Handlungsempfehlungen. Projektbericht. Berlin

Expertenkommission „Finanzierung Lebenslangen Lernens" (2004): Finanzierung Lebenslangen Lernens – der Weg in die Zukunft. Schlussbericht (Schriftenreihe der Expertenkommission Finanzierung Lebenslangen Lernens [Hg.], Bd. 6). Bielefeld

Faulstich, P. (Hg.) (2002): Lernzeiten. Für ein Recht auf Weiterbildung. Hamburg

Gewerkschaftliche Initiative (2002): Vorschläge für Bundesregelungen in der beruflichen Weiterbildung. Frankfurt/M.

Habenicht, T.; Heimann, K. (2002): Mitwirkungsmöglichkeiten nach dem neuen BetrVG. In: Arbeitsrecht im Betrieb, Heft 11, S. 693-698

IG Metall (2006): Der Job-Navigator. CD zur beruflichen Zukunftsberatung

KomNetz (2004): Profiling-TÜV. Handreichung des Projektes KomNetz. Hamburg (Manuskriptdruck)

Kuwan, H.; Bilger, F.; Gnahs, D.; Seidel, S. (2006): Berichtssystem Weiterbildung IX. Integrierter Gesamtbericht zur Weiterbildungssituation in Deutschland. (Durchgeführt im Auftrag des Bundesministeriums für Bildung und Forschung). Bonn, Berlin

Linderkamp, R. (2005): Arbeitnehmerorientierte Beratung und Begleitung – Ergebnisse einer Befragung bei IG BCE, IG Metall und ver.di. Herausgegeben vom Projekt KomNetz. Hamburg (Manuskriptdruck)

Meyer, R. (2006): Theorieentwicklung und Praxisgestaltung in der beruflichen Bildung. Berufsbildungsforschung am Beispiel des IT-Weiterbildungssystems. Bielefeld

NfB (2006): Dokumente zur Gründung des Nationalen Forum für Beratung (unv. Manuskripte; Leitdokument, Protokoll der Gründung)

Schäfer, C. (2005): Die WSI-Befragung von Betriebs- und Personalräten 2004/05 – Ein Überblick. In: WSI-Mitteilungen, Jg. 58/Heft 6, S. 291-300

Schumann, M. et al. (2006): Vom Risiko- zum Vorzeigeprojekt: Auto 5000 bei Volkswagen. In: WSI-Mitteilungen, Jg. 59/Heft 6, S. 299-306

Voß, G.; Pongratz, H. J. (1998): Der Arbeitskraftunternehmer. Eine neue Grundform der Ware Arbeitskraft? In: Kölner Zeitschrift für Soziologie und Sozialpsychologie, Jg. 50/Heft 1, S. 131-150

Autorinnen und Autoren

Markus Bretschneider, Dipl.-Pädagoge, wissenschaftlicher Mitarbeiter am Deutschen Institut für Erwachsenenbildung, Friedrich-Ebert-Allee 38, 53113 Bonn (bretschneider@die-bonn.de)

Peter Dehnbostel, Professor Dr., Dipl.-Mathematiker, Professur für Berufs- und Arbeitspädagogik, Projektleiter des Projektes „KomNetz", Helmut-Schmidt-Universität Hamburg, Holstenhofweg 85, 22043 Hamburg (peter.dehnbostel@hsu-hh.de)

Andreas Diettrich, Dr. rer. pol. Dipl.-Ökonom, Arbeitsbereichsleiter Entwicklungsprogramme/Modellversuche am Bundesinstitut für Berufsbildung, Robert-Schumann-Platz 3, 53175 Bonn (diettrich@bibb.de)

Michael Ehrke, Dr. phil., IG Metall Vorstand, Wilhelm-Leuschner-Str. 79, 60328 Frankfurt/Main (michael.ehrke@igmetall.de)

Uwe Elsholz, Dr., Dipl.-Sozialwissenschaftler, wissenschaftlicher Mitarbeiter am Forschungsinstitut Betriebliche Bildung gGmbH, Obere Turmstr. 8, 90429 Nürnberg, ehemaliger wissenschaftlicher Mitarbeiter im Projekt „KomNetz" an der Helmut-Schmidt-Universität Hamburg (elsholz.uwe@f-bb.de, uwe.elsholz@hsu-hh.de)

Julia Gillen, Dr., Studienreferendarin für das Lehramt Berufliche Schulen Hamburg, Blankeneser Landstr. 52, 22587 Hamburg, ehemalige wissenschaftliche Mitarbeiterin im Projekt „KomNetz" an der Helmut-Schmidt-Universität Hamburg (julia.gillen@hsu-hh.de)

Thomas Habenicht, Dipl.-Berufspädagoge, Projektmanager im Ressort Bildungs- und Qualifizierungspolitik beim Vorstand der IG Metall, Wilhelm-Leuschner-Str. 79, 60328 Frankfurt/Main, ehemaliger Mitarbeiter im Projekt „KomNetz" bei der IG Metall Frankfurt/Main (thomas.habenicht@igmetall.de)

Winfried Heidemann, Dr., Referatsleitung Mitbestimmungsförderung der Hans-Böckler-Stiftung, Hans-Böckler-Str. 39, 40476 Düsseldorf (Winfried-Heidemann@boeckler.de)

Klaus Heimann, Dr., Ressortleiter Bildung und Qualifizierungspolitik bei der IG Metall, Wilhelm-Leuschner-Str. 79, 60328 Frankfurt/Main (klaus.heimann@igmetall.de)

Bernd Käpplinger, MA Erziehungswissenschaften, wissenschaftlicher Mitarbeiter am Bundesinstitut für Berufsbildung, Robert-Schumann-Platz 3, 53175 Bonn (kaepplinger@bibb.de)

Rosemarie Klein, Dipl.-Pädagogin, geschäftsführende Gesellschafterin des bbb Büro für berufliche Bildungsplanung, R. Klein Partner GbR, Saarbrücker Str. 33, 44135 Dortmund (klein@bbbklein.de)

Katrin Kraus, Dr., Dipl.-Pädagogin, wissenschaftliche Assistentin an der Professur für Berufsbildung der Universität Zürich, Rämistr. 71, CH-8006 Zürich (katrin.kraus@hlm.unizh.ch)

Martin Krämer, Dipl.-Volkswirt, Dipl.-Sozialökonom, Gewerkschaftssekretär beim Vorstand der IG Metall, Ressort Wirtschaft und Statistik, Wilhelm-Leuschner-Str. 79, 60328 Frankfurt/Main, ehemaliger Mitarbeiter im Projekt „KomNetz" an der Helmut-Schmidt-Universität Hamburg (martin.kraemer@igmetall.de)

Rita Linderkamp, Dipl.-Pädagogin, Projektkoordinatorin „Erfassung und Dokumentation informellen Lernens" im Weiterbildungsverbund Neumünster-Mittelholstein, Kaiserstr. 11-19, 24534

Neumünster, ehemalige wissenschaftliche Mitarbeiterin im Projekt „KomNetz" an der Helmut-Schmidt-Universität Hamburg (profilpass@weiterbildungsverbund.de, rita.linderkamp@hsu-hh.de)

Rita Meyer, Professor Dr., Universität Trier; Fachbereich I, Berufliche und Betriebliche Weiterbildung, 54286 Trier (rmeyer@uni-trier.de)

Gabriele Molzberger, Dipl.-Pädagogin, wissenschaftliche Mitarbeiterin an der Professur für Berufs- und Arbeitspädagogik an der Helmut-Schmidt-Universität Hamburg, Holstenhofweg 85, 22043 Hamburg (gabriele.molzberger@hsu-hh.de)

Gerald Proß, Dipl.-Pädagoge, wissenschaftlicher Mitarbeiter im Projekt „KomNetz", Helmut-Schmidt-Universität Hamburg, Holstenhofweg 85, 22043 Hamburg (gerald.pross@gmx.de)

Jörg-Peter Skroblin, Historiker M.A., wissenschaftlicher Mitarbeiter im Projekt „KomNetz", Helmut-Schmidt-Universität Hamburg, Holstenhofweg 85, 22043 Hamburg (joerg-peter.skroblin@ verdi.de)

Anja Wenzig, wissenschaftliche Mitarbeiterin im bbb Büro für berufliche Bildungsplanung R. Klein Partner GbR, Saarbrücker Str. 33, 44135 Dortmund (wenzig@bbbklein.de)

Ebenfalls bei edition sigma – eine Auswahl

Uwe Elsholz, Peter Dehnbostel (Hg.)
Kompetenzentwicklungsnetzwerke
Konzepte aus gewerkschaftlicher, berufsbildender und sozialer Sicht
2004   254 S.   ISBN 3-89404-522-1   € 18,90

Peter Dehnbostel, U. Elsholz, J. Meister, J. Meyer-Menk (Hg.)
Vernetzte Kompetenzentwicklung
Alternative Positionen zur Weiterbildung
2002   404 S.   ISBN 3-89404-494-2   € 22,90

Peter Dehnbostel, Heinz-H. Erbe, Hermann Novak (Hg.)
Berufliche Bildung im lernenden Unternehmen
Zum Zusammenhang von betrieblicher Reorganisation, neuen Lernkonzepten
und Persönlichkeitsentwicklung
1998   262 S.   ISBN 3-89404-450-0   € 15,90

Rolf Dobischat, Hartmut Seifert (Hg.)
Lernzeiten neu organisieren
Lebenslanges Lernen durch Integration von Bildung und Arbeit
Forschung aus der Hans-Böckler-Stiftung, Bd. 32
2001   321 S.   ISBN 3-89404-892-1   € 18,90

Rolf Dobischat, Hartmut Seifert, Eva Ahlene (Hg.)
Integration von Arbeit und Lernen
Erfahrungen aus der Praxis des lebenslangen Lernens
Forschung aus der Hans-Böckler-Stiftung, Bd. 38
2003   271 S.   ISBN 3-89404-898-0   € 16,90

Martina Morschhäuser
Reife Leistung
Personal- und Qualifizierungspolitik für die künftige Altersstruktur
Forschung aus der Hans-Böckler-Stiftung, Bd. 72
2006   152 S.   ISBN 3-8360-8672-7   € 12,90

Gerhard Syben, E. Gross, W. Kuhlmeier, J. Meyser, E. Uhe
Weiterbildung als Innovationsfaktor
Handlungsfelder und Kompetenzen in der Bauwirtschaft – ein neues Modell
2005   307 S.   ISBN 3-89404-531-0   € 19,90

Ralf Mytzek, Klaus Schömann (Hg.)
Transparenz von Bildungsabschlüssen in Europa
Sektorale Studien zur Mobilität von Arbeitskräften
2003   198 S.   ISBN 3-89404-230-3   € 16,90

– bitte beachten Sie auch die folgende Seite –

Ebenfalls bei edition sigma – eine Auswahl

Andrea Baukrowitz, Thomas Berker, Andreas Boes, Sabine Pfeiffer, Rudi Schmiede, Mascha Will (Hg.)
Informatisierung der Arbeit – Gesellschaft im Umbruch
2006   518 S.   ISBN 3-89404-547-7   € 28,90

Andreas Drinkuth
Die Subjekte der Subjektivierung
Handlungslogiken bei entgrenzter Arbeit und ihre lokale Ordnung
2007   205 S.   ISBN 978-3-89404-554-8   € 15,90

Wolfgang Dunkel, Dieter Sauer (Hg.)
Von der Allgegenwart der verschwindenden Arbeit
Neue Herausforderungen für die Arbeitsforschung
2006   303 S.   ISBN 3-89404-545-0   € 19,90

Berndt Keller, Hartmut Seifert (Hg.)
Atypische Beschäftigung – Flexibilisierung und soziale Risiken
Forschung aus der Hans-Böckler-Stiftung, Bd. 81
2007   230 S.   ISBN 978-3-8360-8681-3   € 15,90

Martin Kronauer, Gudrun Linne (Hg.)
Flexicurity
Die Suche nach Sicherheit in der Flexibilität
Forschung aus der Hans-Böckler-Stiftung, Bd. 65
2005, ²2007   423 S.   ISBN 3-89404-996-0   € 19,90

Steffen Lehndorff (Hg.)
Das Politische in der Arbeitspolitik
Ansatzpunkte für eine nachhaltige Arbeits- und Arbeitszeitgestaltung
2006   279 S.   ISBN 3-89404-534-5   € 19,90

Susanne Pernicka, Andreas Aust (Hg.)
Die Unorganisierten gewinnen
Gewerkschaftliche Rekrutierung und Interessenvertretung atypisch Beschäftigter –
ein deutsch-österreichischer Vergleich
2007   358 S.   ISBN 978-3-89404-553-1   € 22,90

Der Verlag informiert Sie gern umfassend über sein Programm. Kostenlos und unverbindlich.

edition sigma   Tel. [030] 623 23 63   und jederzeit
Karl-Marx-Str. 17   Fax [030] 623 93 93   aktuell im Internet:
D-12043 Berlin   Mail verlag@edition-sigma.de   **www.edition-sigma.de**